GenAI와 함께하는 경영학의 이해

Understanding Management with GenAI

| 김상만 · 강병서 지음 |

한 경 사

GenAI와 함께하는 **경영학의 이해**

저　　자　김상만·강병서
발 행 일　2025년 2월 25일
발 행 처　**한경사**
발 행 인　이계남
등록사항　제10-1951호. 2000년 4월 14일
주　　소　서울시 마포구 신수로 59-1 3층
전화번호　02_717_7264~5
팩스번호　02_717_7226
홈페이지　hankyungsa.co.kr
전자우편　hankyungsa@hanmail.net
I S B N　978-89-6844-513-2　93320
가　　격　35,000원

차례

머리말

제1편 목적

제1장 경영과 가치 12

제1절 경영이란 무엇인가 14

제2절 조직의 목적과 경영 목표 15

2.1 조직과 존재 목적 15

2.2 조직 목표의 달성 기준 18

제3절 경영 활동 23

3.1 계획 23

3.2 조직화 23

3.3 지휘 24

3.4 통제 26

제4절 경영자와 역량 27

4.1 경영자의 의의 27

4.2 경영자와 관리자 29

4.3 경영자의 업무와 역할 31

4.4 성공적인 경영자의 역량 34

제5절 조직 목적과 가치 창출 41

5.1 가치의 개념 41

5.2 직원 가치 42

5.3 고객 가치 43

5.4 기업 가치 44

제6절 가치 경영의 개념도 46

제2장 윤리 경영과 ESG 50

제1절 윤리의 철학적 이해 52

제2절 윤리 모형 55

2.1 공리주의 이론 55

2.2 도덕적 개인 권리 이론 55

2.3 사회 정의 이론 56

제3절 윤리 경영 57

3.1 윤리 경영이란 무엇인가 57

3.2 기업의 사회적 책임 59

제4절 ESG 경영 62

4.1 ESG의 배경 62

4.2 ESG 경영의 기본 요소 64

제5절 윤리 경영과 ESG 경영의 도전 과제 75

제3장 경영 전략 80

제1절 경영 전략이란 무엇인가 82

1.1 경영 전략의 필요성 82

1.2 경영 전략의 개념 83

1.3 경영 전략의 수준 85

제2절 사업 영역의 결정 86

2.1 수직적 통합 87

2.2 관련 사업 다각화 88

2.3 비관련 사업 다각화 89

제3절 경쟁 우위와 핵심 역량 90

3.1 핵심 역량의 파악 90

3.2 핵심 역량 파악의 이점 92

제4절 경영 전략의 수립 절차 94

4.1 조직의 경영 플랫폼 구축 94

4.2 경영 목표 100

4.3 외부 환경의 기회와 위협 분석 102

4.4 내부 자원의 강점과 약점 분석 104

4.5 전략 방안 개발 104

제5절 본원적 전략 모형 106

제2편 조직 구성원

제4장 조직 구조와 조직 문화 112

제1절 조직 구조의 개념 114
1.1 노동의 분업화 115
1.2 부서화 116
1.3 권한의 위임 118
1.4 통제와 조정 120
제2절 조직 설계의 상황 접근 방법 122
제3절 일반적인 조직 구조 124
3.1 라인-스태프 조직 124
3.2 매트릭스 조직 125
3.3 팀 조직 126
제4절 조직 문화 131
4.1 조직 문화의 개념 131
4.2 조직 문화의 종류 133
4.3 조직 문화 패러다임의 변화 137
4.4 WCO의 조직 문화 138

제5장 리더십 142

제1절 리더십이란 무엇인가 144
1.1 리더십의 중요성 144
1.2 리더십의 개념 145
제2절 권력과 리더십 148
2.1 권한, 권력 그리고 리더십 148
2.2 관리와 리더십의 비교 150
제3절 동기 부여 152
3.1 매슬로우의 욕구 계층 이론 153
3.2 허즈버그의 두 요인 이론 154
3.3 브룸의 기대 이론 154
3.4 아담스의 공정성 이론 155
제4절 개인 리더십 이론 155
4.1 특성 이론 156
4.2 행동 이론 157
제5절 상황 리더십 이론 162
5.1 피들러의 상황 모형 162
5.2 허시와 블랜차드의 상황 리더십 모형 166
5.3 하우스의 경로-목표 모형 168
5.4 상황 모형의 비교 170
제6절 변혁적 리더십 171
제7절 감성 리더십 171
7.1 감성과 리더십 171
7.2 감성 리더십의 개발 173

제6장 인적 자원 관리 176

제1절 인적 자원 관리란 무엇인가 178
1.1 인적 자원 관리의 개념 178
1.2 인적 자원 계획 수립 179
제2절 모집과 선발 활동 182
제3절 교육·훈련과 개발 186
제4절 업적 평가 및 보상 관리 187
4.1 업적 평가 187
4.2 보상 관리 188
제5절 노사 관리 189
5.1 노사 관계와 노동조합 189
5.2 노사 관리 활동 190
제6절 인적 자원 관리의 변화 인식 191

제3편 제품/서비스

제7장 제품 196

제1절 제조와 서비스의 관련성 198

제2절 생산 활동 202

2.1 생산 활동의 개념 202

2.2 생산 활동의 목표 203

제3절 생산 전략과 생산 의사 결정 203

3.1 생산 전략 203

3.2 생산 의사 결정 207

제4절 생산 계획 208

4.1 총괄 계획 209

4.2 주생산 계획 210

4.3 자재 소요 계획 210

4.4 일정 계획 210

4.5 생산 능력 계획 211

제5절 기술 혁신 214

5.1 기술의 의의 214

5.2 기술 혁신 216

제8장 서비스 220

제1절 서비스 산업의 발전 222

제2절 제조와 서비스의 비교 224

제3절 서비스란 무엇인가 226

3.1 서비스의 개념 226

3.2 서비스의 분류 228

3.3 서비스의 운영상 특성 230

3.4 서비스 패키지 234

제4절 서비스의 삼각 구조 235

제5절 서비스의 마케팅적 사고 237

제9장 제품과 서비스 개발 242

제1절 제품/서비스 개발의 개념과 필요성 244

제2절 제품의 개발 246

2.1 제품 개발의 의미 246

2.2 제품 수명 주기와 제품 개발 247

2.3 제품 개발의 절차 249

제3절 제품 개발의 전략적 요인 252

제4절 서비스의 개발 253

4.1 서비스 개발의 어려움 253

4.2 서비스 상품과 직원 만족 253

제5절 서비스 개발의 전략적 요인 255

제6절 제품, 서비스 그리고 감성의 결합 257

제4편 프로세스

제10장 가치 창출 프로세스...................... 264

제1절 프로세스란 무엇인가 266

1.1 프로세스의 개념 266

1.2 프로세스의 종류 268

1.3 프로세스 조직 268

제2절 생산 프로세스 271

2.1 제조업의 생산 프로세스 271

2.2 서비스업의 생산(전달) 프로세스 274

제3절 가치 창출 프로세스 279

3.1 가치 사슬과 가치 시스템 279

3.2 새로운 SCM 281

제4절 지속적인 프로세스 개선 282

제11장 경영 정보와 e비즈니스 290
제1절 데이터란 무엇인가 292
제2절 데이터 관리와 경영 정보 293
2.1 정보의 역할 293
2.2 기업의 정보 시스템 296
제3절 지식 경영과 학습 조직 299
3.1 기업에서 지식의 정의 299
3.2 지식 경영의 중요성 301
3.3 지식 경영과 지식경영시스템 302
3.4 지식 경영과 학습 조직 306
제4절 e비즈니스와 고객 309
4.1 e비즈니스 309
4.2 고객관계관리시스템 311

제5편 고객

제12장 고객 316
제1절 고객이란 무엇인가 318
1.1 고객의 정의 318
1.2 고객의 변천 319
1.3 고객의 분류 320
제2절 고객 가치의 명제 324
2.1 고객 만족 324
2.2 고객 만족 측정 328
제3절 고객 만족 경영 329
제4절 고객 충성도 332

부록 1: GenAI와 함께 보는 미래 경영 337
부록 2: GenAI에 들어가기 355
부록 3: 경영의 영어 프롬프트 예시 364
부록 4: 토의 주제 답변 예시 367
참고 문헌 391
찾아보기 395
저자 소개 400

머리말

기업이 최근 들어 가장 심하게 변화하는 부분은 디지털 전환과 기술 중심 경영일 것이다. 이것은 인공지능, 빅데이터, 클라우드, 사물인터넷 등 첨단 기술을 기업 전반에 도입하여 업무 프로세스를 자동화하고 효율성을 높이는 일임을 의미한다. 그리고 지속 가능성과 ESG 경영의 압박은 재무 성과뿐만 아니라 환경(Environment) 보호, 사회(Social)적 책임, 투명한 지배구조(Governance)를 균형 있게 추구할 책임과 함께 장기적인 신뢰와 성장을 요구한다.

이뿐만 아니라 경영은 글로벌화와 다양성을 모색하고 있다. 세계화된 시장 환경에서 다양한 문화와 가치관을 존중하는 조직 문화를 구축하는 것이 중요해졌다. 성별, 인종, 국적, 연령 등에 따른 차별 없이 인재를 등용하고, 다양한 시각과 아이디어를 바탕으로 혁신을 추구하며, 글로벌 시장에서 경쟁력을 강화하고 있다.

본 서는 이러한 변화를 인식하면서 조직이 경쟁력 있고 지속 가능한 성장을 추구하는 방법론을 제시한다. 이를 위해 먼저 경영을 간단히 이해할 필요가 있다. 경영이란 비즈니스 활동을 효율적이며 효과적으로 그리고 유연하게 계획, 조직, 지휘, 통제하는 과정을 포함한다.

이 경영 개념은 영리 조직뿐만 아니라 비영리 조직에도 통용된다. 두 조직의 목적은 모두 가치 창출을 존재 이유로 삼기 때문이다. 가치는 주체가 대상에 대해 소중히 여기는 것이며 그 평가는 주관적 판단에 따른다. 어떤 고객이 특정 제품이나 서비스에 대해 애착을 느낀다고 할 때, 그 대상은 가치를 지닌다고 하겠다. 고객 가치는 고객이 쓸모 있다고 여기는 것으로서 구매할 때 느끼는 총체적 가치이다. 영리 기업의 경우에는 가격, 품질, 브랜드, 디자인, 명성, 자부심 등이 포함된다. 정치, 종교, 사교모임 같은 비영리단체는 존경과 신뢰의 가치를 제공할 수 있어야 한다. 가치 창출은 조직의 근본 목적이므로 리더가 해결해야 하는 필수 과제이다.

머리말

경영자는 경영이 조직의 가치 창출을 위하여 의사를 결정하고 이를 실천에 옮기는 방법론임을 인식해야 한다. 이 인식론은 기술적이면서 철학적이다. 가치 창출은 조직의 내부 프로세스에 의해서만 이루어지는 것이 아니다. 제품이나 서비스는 외부에 있는 고객에게 제공되어야 비로소 가치가 창출된다. 안 팔리면 고스란히 재고 또는 기회 손실로 남는다. 고객 가치를 창출하기 위해서 리더는 조직의 내부 고객이 소중히 여기는 가치, 즉 직원 가치를 존중하며 확대하는 분위기를 조성해야 한다. 직원 가치가 고객 가치로 연결되기 때문이다.

효과적인 경영은 팬데믹 이후 원격 근무와 유연 근무제가 보편화되면서 직원들의 워라밸(일과 삶의 균형)을 지원하면서 운영 비용을 절감한다. 그리고 고객 중심 경영이 더욱 강화되면서 고객의 요구와 기대에 맞춘 맞춤형 제품과 서비스를 제공하는 것을 중시한다. 데이터 분석과 고객 피드백을 통해 고객 경험을 개선하고, 충성도를 높이는 전략을 강조하고 있다. 따라서 경영자는 조직의 가치 창출이 내부 역량과 외부 환경 요소들을 효과적이고 유연하게 결합하는 전략적 사고를 갖추어야 한다.

본 서의 특징은 다음 두 가지로 요약된다. 첫째, 경영자의 비즈니스와 경영 능력 향상을 목표로 5P 개념적 틀을 구축하고 설명한다. 이 개념도는 목적(Purpose), 조직 구성원(Personnel), 제품/서비스(Product/Service), 프로세스(Process), 고객(People) 등을 포함한다. 이 개념도를 구성하고 있는 요소들을 하나씩 검토하고 또한 요소들 간의 관계를 통합적으로 설명한다.

둘째, 각 장의 말미에 생성형 인공지능(GenAI = Generative Artificial Intelligence)을 활용하여, 배운 지식을 한 번 더 확인할 수 있는 토의 주제가 제시되어 있다. 현재 많은 수의 GenAI가 소개되어 있으나 여기서는 ChatGPT 3.5, Claude 3.5 sonnet, Copilot, Perplexity 등과 같이 무료(약간의 제약이 있음) 도구를 중심으로 답변을 얻을 수 있게 도와준다. 예를 들어, "경영에 대하여 중학생 지식 수준으로 200자 설명해 줘."와 같이 지시하면 이들은 요구에 적합한 답변을 제시할 것이다. GenAI에 대한 접근 방식은 본 서 맨 뒤에 부록으로 추가한다.

본 서를 통하여 자신감 있는 자기 관리와 경영 능력을 향상시키는 기회를 갖기 기원하며, 책이 출판될 수 있도록 도와준 한경사 관계자 여러분께 고마움을 전하고 싶다.

2025년 1월
저자 일동

제1편 목적

제1장 경영과 가치
제2장 윤리 경영과 ESG
제3장 경영 전략

제1장
경영과 가치

제1절 경영이란 무엇인가
제2절 조직의 경영 목표
2.1 조직과 존재 목적
2.2 경영 목표의 달성 기준
제3절 경영 활동
3.1 계획
3.2 조직화
3.3 지휘
3.4 통제
제4절 경영자와 역량
4.1 경영자의 의의
4.2 경영자와 관리자
4.3 경영자의 업무와 역할
4.4 성공적인 경영자의 역량
제5절 조직의 목표와 가치 창출
5.1 가치의 개념
5.2 직원 가치
5.3 고객 가치
5.4 기업 가치
제6절 가치 경영의 개념도

스티브 잡스

스티브 잡스(Steve Jobs, 1955-2011)는 그의 56년 동안 혁신적 사고와 도전 정신으로 세계 기술 산업에 엄청난 영향을 미친 인물이다. 입양아로 태어나 어려운 환경에서도 끊임없이 도전하며 애플을 세계 최고의 기술 기업으로 성장시킨 그는, '혁신은 리더와 추종자를 구분 짓는다'는 신념으로 '아이폰', '아이패드', '맥북' 등 수많은 혁신 제품을 탄생시키며 현대 기술의 아이콘으로 자리매김했다.

미국 캘리포니아주 산호세에서 태어난 잡스는 21세에 애플 컴퓨터를 공동 설립하며 본격적으로 기업가의 길로 들어섰다. 그는 컴퓨터, 음악, 영화 등 다양한 산업에 진출하여 '애플'이라는 세계적인 브랜드를 성공적으로 이끌어 냈다. 애플의 첫 번째 개인용 컴퓨터인 '애플 II'는 가정용 컴퓨터 시장을 혁신적으로 바꾸었으며, 이후 '매킨토시'의 출시로 그래픽 사용자 인터페이스(GUI)의 새로운 시대를 열었다.

잡스의 대표적인 일화로는 애플에서 쫓겨났다가 다시 복귀한 후 회사의 위기를 극복하고 혁신적인 제품을 연이어 출시한 것이 있다. 그는 디자인과 사용자 경험을 중시하며 제품의 디테일 하나하나에 철저한 신경을 썼고, 이를 통해 소비자들에게 차별화된 가치를 제공했다. 또한, 그는 픽사 애니메이션 스튜디오를 성공적으로 이끌어 '토이 스토리'와 같은 히트작을 제작, 영화 산업에도 큰 발자취를 남겼다.

잡스는 IT 산업뿐만 아니라 21세기 전반에 걸쳐 사회적, 문화적 변화를 이끌어 낸 인물이다. 아이튠즈와 아이팟을 통해 음악 산업의 판도를 바꾸었고, 아이폰으로 스마트폰 시장을 개척하여 현대인의 생활 방식을 근본적으로 변화시켰다. 그는 '사람들은 자신이 원하는 것을 모르기 때문에, 우리는 그들에게 보여 줘야 한다'는 철학을 바탕으로 끊임없이 새로운 것을 창조해 냈다.

그러나 그의 리더십과 카리스마에도 불구하고, 개인적 삶에서는 많은 갈등과 어려움을 겪었다. 건강 문제로 인해 2011년 세상을 떠났지만, 그의 유산은 오늘날까지도 기술 산업에 큰 영향을 미치고 있다. 그의 혁신적인 정신과 비전은 여전히 많은 사람들에게 영감을 주고 있으며, 그의 이름은 애플과 함께 영원히 기억될 것이다.

잡스는 "오늘이 인생의 마지막 날인 것처럼 살아라."라는 말을 남기며, 매 순간을 최선을 다해 살았다. 그의 이러한 삶의 자세는 많은 이에게 귀감이 되었으며, 그의 도전 정신과 혁신적인 사고는 지금도 계속해서 전 세계인들에게 영향을 미치고 있다.

자료: Walter Isaacson의 "Steve Jobs: The Exclusive Biography" (Simon & Schuster, 2021) (Simon & Schuster Books).

제1절 경영이란 무엇인가

최근 기업 경영은 급격히 변화하는 환경에 적응하기 위해 다양한 변화 모습을 보이고 있다. 주요 변화의 특징은 ① 디지털 전환과 기술 중심 경영, ② 지속 가능성과 ESG 경영, ③ 글로벌화와 다양성 등 세 가지로 말할 수 있다. 이를 차례로 설명하면 다음과 같다.

첫째, 디지털 전환과 기술 중심 경영은 인공지능, 빅데이터, 클라우드, 사물인터넷 등 첨단 기술을 기업 전반에 도입하여 업무 프로세스를 자동화하고 효율성을 높이고 있다. 따라서 디지털 플랫폼을 통한 고객 경험 혁신, 데이터 기반의 의사 결정, 스마트 팩토리 구축 등을 통해 생산성을 향상시키고 새로운 비즈니스 기회를 창출하고 한다.

둘째, 지속 가능성과 ESG 경영은 재무 성과뿐만 아니라 환경(environment) 보호, 사회(social)적 책임, 투명한 지배 구조(governance)를 균형 있게 추구하며 장기적인 신뢰와 성장을 도모한다. 예를 들어, 탄소 중립, 자원 순환 경제, 이해관계자 중심 경영, 윤리 경영 등을 통해 조직이 지속 가능한 성장을 도모하며, 이는 소비자의 가치 판단과 투자자들의 관심에 대한 평가 기준이 되고 있다.

셋째, 경영은 글로벌화와 다양성을 모색하고 있다. 세계화된 시장 환경에서 다양한 문화와 가치관을 존중하는 조직 문화를 구축하는 것이 중요해졌다. 성별, 인종, 국적, 연령 등에 따른 차별 없이 인재를 등용하고, 다양한 시각과 아이디어를 바탕으로 혁신을 추구하며, 글로벌 시장에서 경쟁력을 강화하고 있다.

격변하는 환경 속에서 경영은 우리에게 긴장감을 주는 용어가 되었다. 제조업체, 통신 업체, 호텔 등과 같은 영리 단체는 물론, 대학, 병원, 정부, 종교 단체, 생활협동조합 등과 같은 비영리 단체를 포함하여 심지어는 가정까지도 경영한다고 말한다. 여기서 경영이란 모인 사람들이 공동으로 정한 사업을 함께 추구하는 활동을 말한다. 공동 사업이란 구체적으로 생산할 제품이나 서비스의 종류를 결정하는 것이다. 예컨대, 자동차 회사는 경영자와 직원들이 자동차라는 제품을 함께 만들어서 소비자에게 판매하는 활동을 하며, 그 활동 결과로 이익을 얻는다. 그리고 대학의 경우 교수, 직원, 학생 등으로 이루어진 구성원들이 함께 학문의 뜻을 익히고 연마하는 활동을 벌인다. 교수는 학생에게 가르치고 학생과 함께 연구하는 일을 하며, 직원은 교수와 학생이 하는 활동이 원만하게 이루어지도록 행정 지원을 한다. 대학은 교육 서비스를 제공함으로써 사회적으로 존경과 신뢰를 획득하려고 한다.

이러한 예에서 알 수 있듯이, 경영은 여러 사람이 모여서 함께 일하는 일종의 활동적인 기술이다. 자동차 회사는 자동차를 만들어 파는 기술, 대학은 가르치고 연구하는 기술을 갖고 있다.

이 기술을 이용하여 사업을 한다. 모든 조직은 본질적으로 추구하고자 하는 사업을 가지고 있다. 그 사업의 활동 내용은 조직의 설립 목적에 알맞게 결정되어야 한다. 자동차 회사가 처음부터 냉장고를 만들 수는 없는 일이며, 대학이 정당 활동이나 종교 활동을 할 수는 없다. 조직 활동을 하다가 나중에 확대하여 또는 변형하여 다른 사업을 할 수는 있겠지만 말이다.

조직이 본래의 목적에 충실하려면 무엇보다도 경영에 관련된 여러 개념에 대하여 구체적으로 알아야 기술을 발휘할 수 있다. 그 해답을 얻으려면 다음의 질문에 대답할 수 있어야 한다.

- 조직은 무엇을 위하여 존재하여야 하는가?
- 무엇이 조직의 목표가 되는가?
- 목표 달성 기준은 어디에 있는가?
- 목표를 달성하기 위하여 어떠한 경영 활동을 하여야 하는가?
- 경영자가 하는 일은 무엇이며, 어떠한 역량이 필요한가?
- 가치 창출이란 무엇인가?

이에 대한 답을 얻기 위해 하나씩 살펴보고자 한다.

제2절 조직의 목적과 경영 목표

우리는 앞에서 경영이란 여러 사람이 모여서 공동 사업을 하는 기술이라고 간단히 언급하였다. 마치 제조기술을 배워야 제품을 만들 듯이, 경영도 마찬가지로 경영기술을 알아야 사업을 할 수 있다. 여기서 기술은 영어로 표현하면 'art'이다. 경영이 잘 되려면 영어 단어 art가 의미하는 바와 같이 기술적인 것과 예술적인 것이 아울러 실천되어야 한다. 마치 오케스트라 지휘자가 훌륭한 음악을 만들어 내듯이 경영자도 예술적인 경영을 해야 좋은 성과를 낼 수 있다. 좋은 성과를 내려면 경영의 개념부터 잘 파악하는 것이 중요하다. 경영은 조직이 추구하는 목적을 달성하기 위하여 목표를 세우고 그것을 효과적이고 효율적으로 계획하고 실행하고 검토하는 기술적 활동이다. 경영의 의미를 이해하려면, 조직, 존재 목적, 목표, 효율성, 효과성, 유연성, 계획, 조직화, 지휘, 통제 등과 같은 개념을 차례로 이해할 필요가 있다.

2.1 조직과 존재 목적

사회에는 기업체를 비롯하여 의료 기관, 정부, 종교기관 등 여러 조직이 있다. 그중에서 기업은 생산력을 직접 실현하는 주체로서, 경제적인 목적을 위하여 만들어진 생산 조직이다. 조직은 사람들이 존재 목적과 목표를 공동으로 달성하기 위하여 구성된 단체이다. 따라서 조직은 한 사람 이상 여러 사람이 모여 있는 집합체를 말하며, 개인이 혼자서 성취할 수 없는 공동 목표를 세우고 달성하기 위해 여러 사람이 공동으로 모여서 일하는 단체를 뜻한다.

앞의 자동차회사 경우에 혼자서 자동차를 만든다면 아마도 평생 걸려서 한 대조차 만들기도 어려울 것이다. 혹 만든다 하더라도, 누가 일생동안 그를 경제적으로 보살펴 줄 것인가? 동네 의원인 경우, 간호사 없이 의사 혼자서 소아과를 운영하는 것이 가능하다. 그러나 환자 수와 그들의 욕구가 점차 늘어나면 혼자서 감당하기가 힘들어 진다. 여러 진료 과목으로 확대하여 서비스하는 경우에는 많은 전문 의사가 필요하고, 그 외에도 간호사, 행정 직원 등이 필요하다. 이처럼 조직은 혼자 있는 경우에 해당되는 단어가 아니며, 여러 사람이 모여서 함께 일하는 단체를 뜻한다.

조직이 필요한 이유는 무엇보다도 개인이 할 수 없는 일을 여러 사람이 함께 할 수 있다는 데에 있다. 또한 조직은 정보와 지식을 지속적으로 제공할 수 있다. 많은 사람이 일을 하다보면 혼자서 일하는 것보다 더 많은 정보와 지식을 생성하게 된다. 그리고 사람들은 조직에 근무함으로써 경험과 경력을 얻을 수 있어, 조직은 개인이 경력을 쌓는 데에 중요한 원천이 된다.

그런데 조직들은 무엇을 위하여 일을 하고 활동을 하는 것인가? 자동차 회사나 병원은 자신의 본래 목적인 제품이나 서비스를 제공하기 위하여 설립되었으나, 금전적인 이익을 위해서 일을 하면 영리 조직이 되고, 금전적인 이익보다는 사회의 존경과 신뢰를 위하여 일하면 비영리 조직이 된다. 영리 조직과 비영리 조직에 대한 규정은 우리나라 법으로 제정되어 있다. 영리 조직은 일반적으로 이익을 추구하는 기업을 들 수 있으며, 조직 구성원 규모에 따라 대기업 혹은 중소기업으로 분류할 수 있다. 그리고 가족들이 운영하는 소규모 아이스크림 가게도 영리를 추구하면 영리 조직이 된다.

한편, 비영리 조직으로는 정부, 교육 기관, NGO(non-government organization) 단체, 의료 기관, 종교 단체 등이 있다. 그리고 소규모로 운영되는 '아름다운 가게'[1]는 이익을 추구하지 않기 때문에 비영리 조직이 된다. 이들 조직이 추구하는 것은 봉사 활동을 통하여 사회를 건전하게 하며 사회로부터 존경과 신뢰 획득을 기본 목적으로 한다. 조직이 설립 목적을 천명하는 것은 어떤 제품이나 서비스를 제공하겠다는 것을 외부에 밝히는 것이다.

[1] 아름다운 가게는 NGO 단체들이 운영하는 가게이다.

그런데 과연 영리 조직은 이윤만을 추구할 수 있는 것인가? 기업에서 돈은 기본적으로 조직을 경영하는 데에 윤활유 역할을 해 준다. 물건을 만들고 판매하는 사람들에게 급여를 주어야 하고, 원자재도 구매하여야 하고, 새로운 제품을 개발하여야 하며, 미래의 불확실성에 대비하여 축적도 하여야 하는 등 여러 모로 쓰임이 많다. 그렇다고 기업의 존재 이유를 이윤 추구라고 할 수 있는가? 기업이 이윤을 추구하는 것은 당연한 것인가 혹은 죄악인가?

우리나라는 1960년대 이후 관 주도하에서 단기간에 산업화를 이루었고, 많은 기업들은 비정상적인 관치금융 덕분에 성장할 수 있었다. 구조적 모순과 혼란 속에서 기업가들은 개인적인 부를 증식하는 데에 힘을 쏟았고, 한편으로 정치가들도 이에 편승하여 단물을 빨아먹었다. 이것은 오늘날까지도 국민들에게 기업에 대한 불신과 적대 감정이 지배하는 원인이 되었다. 물론 참기업은 예외로 하여야 할 것이다. 여기서 유념할 것은 기업 이윤의 종류에 생산 이윤과 의제(擬制) 이윤 두 가지가 있다는 점이다. 생산 이윤은 가치를 창출한 대가로 정당하게 사회적으로 보상을 받은 것이다. 이것은 슘페터가 지적한 원료, 기술, 조직. 제품, 시장 등의 분야에서 혁신을 일으킨 대가이다. 참기업은 혁신을 통하여 생산 이윤을 산출하는 기업이다. 그러나 의제 이윤은 사회 정의에 반하는 기업 이윤이다. 불공정 거래 행위, 금융 부조리, 정치적 특혜 조치, 부동산 투기 등으로 얻어진 이윤으로서, 사회 구성원이 그 피해를 고스란히 물려받는 경우이다.

기업이 참기업으로서 스스로 의제 이윤을 거부하고 생산 이윤을 추구하려면 공동체 의식과 윤리의식이 중요하다. 공동 목표를 세워서 경영성과를 높여야 하며, 분배 정의를 위해 힘써야 한다. 기업이 오직 이윤만을 추구하는 것은 천박한 자본주의를 표출시키는 행위이다. 사회적 책임을 다하는 기업이 되어야 한다. 예컨대, 자동차 회사에서 생산한 수출 제품은 품질 관리를 철저히 하여 만들면서, 내수용은 저급한 품질에다 높은 가격으로 판매하여 수출 제품의 원가 부담을 국내 소비자에게 전가하는 행위는 윤리적으로 용납할 수 없다. 조직에 여러 사람이 함께 일하고 있다는 것은 공식적인 단체가 된다는 것이고, 공식화된다는 것은 사회성을 가진다는 의미이다. 사회성은 공동체 의식을 갖는 것이므로, 따라서 기업은 이윤만을 추구할 수 없으며, 사회로부터 존경과 신뢰를 구하는 목적도 함께 가져야 한다.

그렇다면, 비영리 단체는 과연 이윤을 도외시할 수 있는 것인가? 비영리 단체는 이윤 개념보다는 예산 개념을 잘 이해하여야 한다. 대학이 아무리 비영리 단체라 하더라도 조직을 운영하려면 예산 편성과 집행을 위한 자금이 필요하다. 우리나라 대학은 예산의 많은 부분을 정부나 외부 기부금보다는 학생 등록금에 의존하면서 조직을 운영하고 있기 때문에, 세계적인 대학과 비교하면 경쟁력이 취약하다. 우리나라 대학이 교육 기관인가 연구 기관인가 하는 질문에 대한 대답은 예산 편성의 특성에 달려 있다. 학생 등록금의 비중이 예산에서 높으면 교육 기관이 되어야 하며, 외부 기금(정부, 기업, 기타 기부자)의 비중이 높으면 그 뜻에 맞추어서 조직을 경영하여야 한다. 이와 같이 조직은 자금의 원천이 어디에서 오는가에 따라서 그 설립 목적을 결정하여야 한다. 대학이 예산의 취약성을 근본적으로 극복하기 위해서는 본질적 가치인 교육 서비스나 연구를 성실하게 수행하여야 한다. 이렇게 하여야 기업이나 사회로부터 기부금을 받을 수 있기 때문이다(유감스럽게도 정부는 아직 기대하기 어렵다).

사실 비영리 조직은 영리 조직과 경쟁 관계에 있다. 일반 국민들이 자신의 가처분 소득을 제품이나 서비스에 모두 써버린다면, 비영리 단체에 기부할 것이 남아 있지 않는다. 많은 사람들은 제품이나 서비스에 소비할 부분을 절약하여 사회적으로 신망이 높은 비영리 단체에 기부할 준비가 되어 있다. 효과적인 비영리 단체의 경영은 존경과 신뢰의 성과를 가져오며, 더 많은 예산을 확보하는 기회가 된다.

결론적으로 영리 조직이든 비영리 조직이든, 조직의 목적은 가치 창출에 있다(이에 관한 상세한 내용은 본 장의 제5절에서 다룸). 여기서 가치는 경제학적으로 말하면 효용에 해당된다. 더 나은 제품과 서비스의 혁신을 통하여 효용을 창출하면 조직의 가치가 상승한다. 기업의 이윤이 성과 획득에 직접 참여한 결과이고 또한 그 결과에 대한 위험 부담과 자기 책임을 전제로 얻어진 것이라면, 이것은 자기 자본의 지분이며 정당하게 얻어진 이윤이다. 그리고 이윤이 기업 내부와 사회에 공정하게 분배된다면 그 기업은 사회적 책임을 다하는 것이고, 이로 말미암아 국가 경쟁력이 높아질 것이다.

2.2 조직 목표의 달성 기준

(1) 경영 목표의 중요성

목표란 조직의 존재 이유를 기초로 경영 활동을 하면서 미래에 달성하고자 하는 기준 표적이다. 일반적으로 이윤을 추구하는 기업은 매출 규모, 순이익, 시장 점유율 같은 것을 경영 목표로 내세우게 된다. 이것은 조직 전체의 목표이며, 이를 달성하기 위하여 하부 조직에서 적절하게 분할하여 달성할 목표를 세운다. 이러한 재무적인 목표 이외에 다른 목표도 세워야 하는 것인가? 그렇다. 직원 만족이나 고객 만족에 관하여도 목표를 세울 수 있다. 예컨대, 우리 회사의 고객 만족도가 작년에 5점 만점에서 3.5점이라고 한다면, 올해의 목표는 3.8점으로 상향 조정할 수 있다. 그리고 비영리 조직의 목표는 무엇으로 할 수 있는 것인가? 각자가 생각하여 보기 바란다.

목표는 숫자가 포함되는 정량적 목표와 숫자가 포함되지 않는 정성적 목표 등 두 가지로 나눌 수 있다. 앞에서 숫자로 제시한 고객 만족 목표는 정량적인 것이지만, 다음의 목표는 정성적인 것이라고 하겠다. '기업은 자신이 생산하는 제품이나 서비스의 품질을 세계 최고 수준으로 한다' 혹은 '정부는 국민이 최대로 만족하는 행정을 실천한다' 등의 목표를 세울 수 있다.

올바른 목표의 수립은 조직의 방향을 바로 잡는 역할을 한다. 목표는 특정 시점에서 달성하고 노력하려는 구성원들의 욕구를 나타내어 결집한 것으로서, 계획 수립 과정에 중요한 단계이다. 그래서 많은 조직에서는 목표에 의한 경영(management by objective: MBO)을 강조하고 있다. 계획된 조직 전체의 목표를 부서별, 팀별, 그리고 개인별로 세분하여 달성하도록 체계화하는 것이 중요하다. 체계화된 목표 수립은 구성원들에게 동기 부여를 제공하여서, 목표 달성을 위한 행동을 유발시킨다. 조직은 도달한 성과에 근거하여 구성원들의 능력을 평가한다. 목표 달성 정도에 대한 성과 측정 기준은 다음에서 다루기로 하자.

(2) 목표 달성의 세 가지 기준

경영은 기술적 활동이기 때문에 목표를 설정하고 실천하는 기준을 이해하여야 한다. 본 서에서는 **효율성**, **효과성**, **유연성** 등 세 가지 핵심적인 목표 달성 기준에 대하여 설명하기로 한다. 이러한 세 기준을 그림으로 나타내면 [도표 1-1]과 같다.

첫째, **효율성**(efficiency)이란 산출 대비 투입의 크기를 말하며, 최소한의 자원 투입으로 주어진 목표 달성에 관심을 갖는다. 효율성은 일을 제대로 하는 것을 말하며, 생산성과 유사한 단어로 사용되기도 한다. 예컨대, A회사와 B회사에서는 김치 냉장고를 만들고 있다. 연간 생산량이 두 회사 모두 2만 대인데, 전자는 직원 수가 100명이고 후자는 200명이라고 하자. 그렇다면 A회사는 1인당 200대의 제품을 생산하는 것이며, B회사의 경우에는 100대가 된다. 전자는 후자보

[도표 1-1] 세 가지 목표 달성 기준

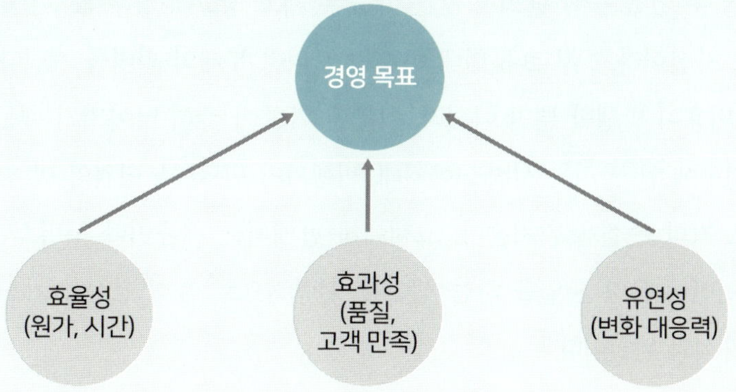

다 생산성이 두 배 높은 셈이다. 따라서 A회사는 B회사에 비해 효율성이 두 배 높으며, 일을 더 효율적으로 하는 회사이다. 이 경우에 B회사가 A회사의 수준으로 생산성을 향상시키려면 어떻게 경영하여야 하는가? 이러한 과제가 경영의 문제이다.

이와 같이 효율성이란 투입에 대하여 산출의 결과를 의미하며, 일을 바르게 처리하는 것을 의미한다. 효율성을 높이기 위해서는 반드시 산출만을 고려할 필요는 없다. 상대적으로 투입을 줄일 수 있다면, 효율성은 높아진다. 예컨대, 원가 절감이 그것이다. 효율성은 생산성과 동일한 의미를 가지면서, 기업에서 중요한 지표로 활용되고 있다. 일반적으로 기업은 효율성의 지표로서 비용과 시간을 사용한다.

둘째, **효과성**(effectiveness)이란 적합한 목표를 설정하여 올바른 일을 하는 것을 의미한다. 성공하는 기업은 효율성보다 이것을 더 중요시 한다. 예컨대, 두 기업이 생산한 김치 냉장고의 품질을 비교한다고 하자. 아무리 원가를 더 낮게 그리고 신속하게 만들어 낸다 하더라도 불량률이 높은 회사는 고객들의 불만을 야기하기 때문에 결국 경쟁력을 잃고 말 것이다. 그리고 생산한 제품은 누구를 대상으로 판매할 것인가? 30대 주부의 가정인가 혹은 4~50대 주부의 가정인가? 가령 30대 주부를 목표 고객으로 정하고 김치 냉장고를 생산한다고 하자. 그들의 김치 소비가 늘어나고 있다는 예측이 적중하면, 김치 냉장고의 판매 목표는 성공적으로 이루어질 것이다.

우리는 이 경우에 회사가 효과적인 경영을 한다고 말한다. 저렴한 원가로 생산하는 것은 효율성의 경영 원리이지만, 품질 좋은 제품을 만들어 판매하는 것은 효과성의 경영 원리인 셈이다. 올바른 표적 시장을 구하는 것이 올바른 목표를 갖는 일이다. 따라서 효과성은 목표 달성의 정도를 의미한다. 올바른 목표를 세워서 올바른 일을 수행하여 밤새워서라도 목표를 달성하고자 하는 것이 효과성의 경영 원리이다.

기업에서 올바른 일이란 고객에게 팔리는 제품이나 서비스를 생산하는 활동이다. 여러 경쟁 회사 중에서 우리 회사가 가장 효율적으로 제품을 만들었다 하더라도, 그것이 팔리지 않는다면 무슨 의미를 가질 수 있겠는가? 팔리지 않는 제품은 재고 창고에서 부채로 남게 된다. 전통적인 개념으로는 재고 자산이라고 부르나, 현대 와서는 오히려 부채의 의미를 지닌다. 재고로 남아있는 동안에 금융 비용이 발생할 뿐만 아니라, 처분될 확률이 극히 낮아지기 때문이다. 그리고 항공사나 병원의 경우에 안 팔리는 서비스(예컨대, 비행기의 빈 좌석, 병원의 빈 침상 등)는 재고로 보존되지 않으며, 기회 손실을 가져온다. 고객에게 판매되는 제품이나 서비스만이 의미를 가지므로, 그러한 기업만이 올바른 일을 하는 셈이다. 일반적으로 품질 향상, 브랜드 개발 등의 차별화된 전략은 효과성의 원천이다.

셋째, **유연성**(flexibility)은 변화에 신속하게 대응하고 조정할 수 있는 능력을 나타내는 목표 달성 기준이다. 경쟁 회사보다 우리 회사에서 김치 냉장고에 대한 소비자 욕구의 변화를 더 신속하게 읽어 내는 실력이 중요하다. 예전과 달리, 1인 가족이 급증하고 있으며, 이들은 작은 공간에 적합한 냉장고를 원한다. 기업은 통상 4인 가족용의 김치 냉장고뿐만 아니라, 독신자 생활에 알맞는 김치 냉장고를 개발하고 공급할 있는 능력이 요구된다. 우리가 잘 아는 3M 회사는 신제품 매출이 매년 전체 매출의 20~30%를 차지할 정도로 신제품 개발을 활발히 하고 있다.

또한, 생산 라인에서는 판매량에 따라서 생산량을 조절할 수 있는 능력을 갖춘 회사가 더 유연한 회사인 것이다. 유연성은 세계적인 경쟁력을 갖추는 데에 중요한 경영 목표의 달성 기준이 된다.

(3) 세 가지 기준의 관계

우리나라 기업의 경영을 살펴보면, 대체로 효과성이나 유연성보다는 효율성 위주로 운영하고 있음을 알게 된다. 기본적으로 아직도 저렴한 가격의 이미지를 가지고 있는 것이 우리나라 제품이나 서비스의 특성이다. 1962년도에서부터 시작한 경제 개발 5개년 계획 이후 절대 빈곤으로부터 벗어나기 위하여 주로 저가 제품을 생산하고 해외 수출에 진력하여 왔으며, 아직도 그 타성에서 벗어나지 못하고 있는 경영자가 적지 않다. 품질이나 브랜드를 통하여 차별화된 제품이나 서비스 제공이라는 효과성을 달성함으로써 발생하는 직원 만족이나 고객 만족 대한 경영 마인드가 아직 부족한 것이 현실이다.

기업은 과연 세 가지 기준 중에서 무엇을 가장 중요시하여야 할 것인가? 앞에서 설명한 것을 이해한다면, 효율성은 내부 지향성을 갖으며, 효과성과 유연성은 외부 지향성을 갖는 경영 원리이다. 잠시 유연성은 제외하고, 효과성과 효율성의 조합을 만들어 보자.

[도표 1-2] 효과성과 효율성의 조합

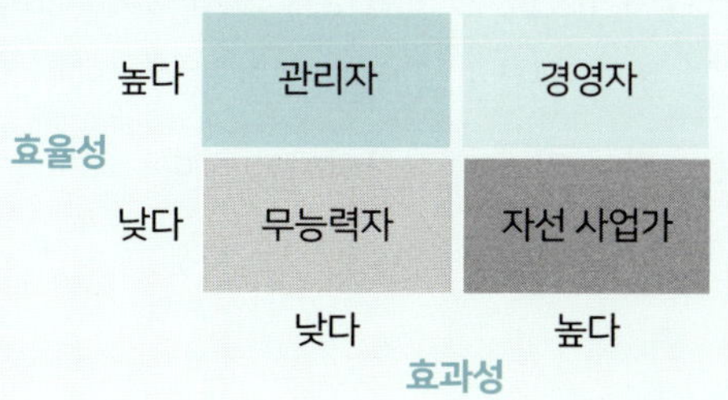

만일 효율성만 추구하고 효과성이 없다면, 조직의 발전과 성장을 기하기 어렵다. 효율성 원리는 목표를 달성하기 위하여 원가 절감과 같이 최소한의 자원만을 투입하려고 하기 때문이다. 품질이 낮은 값싼 원자재를 구매하거나 사내 교육을 등한시하는 등 투입 생산 요소를 저렴하게 유지하려고 한다면, 시장에서 경쟁력을 잃기 십상이다. 왜냐하면 시장에는 우리 회사와 비슷한 가격에 더 우수한 제품을 생산하는 경쟁자가 많기 때문이다. 이러한 회사의 경영자는 내부 '관리자' 정도 수준에 미치는 사람이다. 반대로 최고의 품질만을 고집하는 높은 효과성만을 추구하고 내부 효율성이 낮으면, 방만한 경영이 되어 남 좋은 일만 시키는 '자선 사업가' 정도의 일을 하는 셈이다. 두 문제 중에서 한 문제만 해결하고 그에 만족한다는 사람은 진정한 경영자라고 할 수 없다.

한편, 효율성과 효과성이 모두 결여된 사람은 현 회장의 친인척이라 하더라도 경영자가 될 수는 없다. 그가 현재의 사업을 물려받는다 하더라도 '무능력자'로서 기업을 망하는 것은 시간 문제일 것이다. 기본적으로 효율성 문제를 먼저 해결하지 않고서는 효과성의 문제를 해결하기 어려우며, 또한 효과성 문제의 해결 없이 효율성도 달성하기 어렵다. 진정한 '경영자'는 효율성과 효과성의 두 문제를 모두 해결할 수 있는 능력자이다. 그렇게 해야 유연성의 목표를 달성할 수 있기 때문이다. 경영자는 단기적인 목표 달성을 위하여 부하들을 못살게 구는 관리자가 아니다. 그는 비전을 가지고 장기적으로 부하의 성장을 돕고, 고객 만족을 목적으로 기업을 경영하며, 경영 목표 달성의 세 가지 기준을 이해하고 실천하는 사람이다.

일반적으로 우리나라 기업에서는 효율성을 중시하여 원가 부담이 적은 제품이나 서비스를 생산하려고 한다. 그러나 이에 못지않게 더 중요한 것은 효과성과 유연성이 아닌가 한다. 경쟁력 있는 조직은 이러한 기준을 동시에 모두 고려할 수 있어야 한다. 지나치게 낮은 가격만을 중시하여 제품을 만들어 판매할 수 없는 것처럼, 또한 지나치게 고가의 품질에만 의존할 수만도 없는 것이 기업이다. 오히려 적절한 가격에 경쟁적으로 차별화된 제품을 유연하게 제공한다면 다른 회사보다 더 높은 성과를 얻을 수 있으며, 이것은 일반적으로 생각하는 것보다 달성 가능성이 더 높다. 효율성은 원가 절감을 위한 내부 지향적인 특성을 가지며, 효과성과 유연성은 외부 지향적인 특성을 가진다. 특히 유연성은 효율성과 효과성의 목표를 달성한 후에 학습되는 경영 원리가 아닌가 한다. 모든 조직에서는 이러한 효율성(efficiency), 효과성(effectiveness), 유연성(flexibility)이 목표 달성을 위한 경영 원리로 실천되어야 한다.

제3절 경영 활동

지금까지 설명한 경영 목표의 달성 문제를 해결하기 위해서는 경영 활동을 구체적으로 이해하는 것이 필요하다. 경영은 효율적으로, 효과적으로, 그리고 유연하게 목표를 달성하기 위하여 사업을 계획하고(plan), 실행하고(do), 검토하는(see) 활동 프로세스를 말한다. 간단하게, plan-do-see의 경영 활동을 간단히 살펴보면, 조직의 주요 활동은 일을 계획하고, 인적·물적 자원을 동원하여 목표를 달성하도록 지휘한다. 그리고 나서 달성된 성과가 계획된 목표와 차이가 있는지 여부를 검토한다. 이것은 경영자들의 직급에 관계없이 실행하는 활동이다. 이러한 일련의 사이클 활동을 경영학적으로 풀어서 설명하면 다음과 같다. 즉, 경영 활동이란 조직이 목표를 달성하기 위하여 인적 물적 자원을 **계획**(planning), **조직화**(organizing), **지휘**(leading), **통제**(controlling)하는 프로세스(process)를 뜻한다. 이에 대하여 하나씩 알아 보자.

3.1 계획

사업을 계획한다는 것은 무슨 의미인가? 계획이란 사업을 본격적으로 추진하기 전에 준비되는 활동으로서, 조직의 목표를 설정하고 그것을 달성하는 방법을 미리 제시한다. 예컨대, 인터넷 쇼핑몰에서 어떠한 상품을 고객에게 소개할 것이며, 어떠한 방식으로 주문 상품을 배달할 것이며, 그리고 조직 구성원들에게 어떠한 일을 분담시킬 것인가 등을 사전에 계획한다. 또한 대학에서 학교 당국은 신입생들이 장기적인 인생 목표를 세워서 달성하도록 상담을 통하여 도움을 주며, 특히 향후 재학 4년간 무엇을 공부할 것인가를 계획하도록 독려한다.

계획을 세우면 다음과 같은 이점이 있으므로, 일하기 전에 계획을 잘 세울 필요가 있다. 첫째, 계획은 조직의 미래, 예컨대 이익 증대, 시장 점유율 증대, 경쟁력 향상, 사회적 책임 완수 등에 대하여 미리 전반적인 목표와 방향을 설정해 준다. 둘째, 목표를 달성하기 위하여 조직은 어떠한 자원과 역량을 보유하고 있는가를 확인하게 해 준다. 셋째, 이러한 목표를 달성하려면 어떠한 업무가 요구되는가를 결정하는 데 도움을 준다. 기업에서 매년 행해지는 예산 편성 프로그램, 혹은 해외시장 진출 방안 수립 등은 대표적인 계획이 될 것이다.

3.2 조직화

조직에서 계획을 수립하고 나면, 이 추상적인 아이디어를 어떻게 현실화시킬 것인가를 구체적으로 생각해 본다. 실현되지 않는 계획은 한낮 꿈에 불과하다. 계획의 실현 가능성을 탐색하는 것이 **조직화**이다. 조직화는 계획을 실천에 옮기고 목표를 달성하려는 구성원들의 관계 구조를 창출하는 과정을 말한다. 경영자가 조직화하는 것은 인적 자원뿐만 아니라 물적 자원과 경영 정보도 포함한다.

다시 말해서, 조직화는 조직 구성원들이 경영 계획을 수행하고 목표를 달성하도록 구조물을 만드는 것이다. 성공하는 조직은 인적, 물적, 정보 자원을 효율적으로, 효과적으로, 그리고 유연하게 활용한다. 조직화는 연구·개발부, 생산부, 마케팅부 등의 부서를 만들고, 각 부서에 해당되는 업무를 적절하게 할당하는 과정을 의미한다. 이러한 부서의 조직은 기업의 특성에 따라 다르다. 컴퓨터 소프트웨어를 판매하는 기업에서는 기술 개발을 중요시하여, 연구·개발 부서가 확대되는 경향이 있다. 반면에, 저가 제품을 대량으로 생산하는 기업은 생산 부서를 중요시한다. 그리고 고객의 변화에 민감하게 반응하는 기업은 마케팅 부서를 중요시한다.

조직의 설립 목적에 근거하여 마련된 사업을 계획에 따라 수행하려면, 몇 단계의 조직화 과정을 거치게 된다. 첫째, 사업을 수행하기 위하여 필요한 업무가 무엇인가를 파악한다. 둘째, 각 업무를 부서에 나누어 주고 개인이 할 과업을 결정한다. 셋째, 개인의 과업과 부서의 업무가 타인 혹은 타 부서와 연결되어 있으면 조정하는 메커니즘을 만든다. 전통적으로 기업은 생산, 영업, 재무, 인사, 마케팅, 회계 등과 같은 기능적인 부서를 만들어서, 각 부서에 적합한 사람을 선발하여 일하도록 한다. 간단히 말해서, 일의 전문화를 추구하는 것이 조직화이다.

그런데 전통적인 기능 부서 메커니즘을 가지고 회사를 운영하는 경우 각 부서는 제각기 자기중심적으로 방어벽을 높이 쌓은 채 일을 추진하는 경향이 많다. 각 부서는 결국 부서 이기주의의 고립된 섬으로 활동하고, 공동 목표 달성을 위한 연계와 조정이 잘 이루어지지 않는 단점이 있다. 최근 들어 급변하는 환경 추세와 업무의 복잡성은 효과적이고 유연한 경영을 추구하기 어렵게 만들고 있다. 이러한 점을 극복하기 위하여 고객 중심의 프로세스 조직을 구축하여야 한다(이에 대한 설명은 차후 제4편에서 상세하게 함). 오늘의 조직화는 업무 흐름에서 고객 중심적으로 모든 재화와 정보가 물 흐르듯이 부드럽게 흘러가는 것에 초점을 맞추고 있다.

3.3 지휘

회사가 일단 조직 구조를 갖추고 적합한 사람을 선발하고 나면, 선발된 사람은 직장 동료로서 조직의 구성원이 된다. 그 조직 구성원이 일을 어떻게 하는가에 따라 조직의 성공과 실패가 판가름 난다. 일은 사람이 하는 것이며, 그의 마음가짐과 일하는 방식에 의하여 조직의 성공 여부가 결정된다. 따라서 신입 사원을 선발할 때에는 까다롭게 심사하여 태도가 올바른 사람을 선발하여야 한다. 일본 기업 중에는 부모와 함께 신입 사원 면접을 치루는 곳도 있다. 태도란 생활 경험을 통하여 내재화된 것으로서 가치 판단을 포함하는 심적인 상황을 말한다. 일반적으로 태도는 이미 후천적으로 학습화된 판단력으로서 성인되고 나면 고치기 어렵다. 직원은 고객이나 협력 업체와의 관계에 직접적인 영향을 미치므로 가장 확실한 경쟁력의 원천이다. 무엇보다도 올바른 사람을 가려서 뽑는 것이 중요하다. 그러한 사람만이 성실하게 배우고 일하며, 조직에 충성하는 자세를 갖춘다.

경영자는 준비된 직원들로 하여금 일할 맛이 나게 분위기를 조성하여야 한다. 그는 마치 오케스트라 지휘자가 각종 악기의 소리를 모아 화음을 이루어 내는 것처럼 조직을 **지휘**하여야 한다. 조직 혹은 다른 사람을 지휘하려면 어떠한 역량이 필요한 것인가? 무엇보다도 중요한 것은 자기 자신에게 충분한 동기 부여가 이루어져서 리더십 역량을 갖추어야 한다. '나는 왜 살아야 하는가? 왜 내가 이 일을 하여야 하는가? 이 일을 어떻게 진행하여야 하는가?' 등에 관한 질문을 자신에게 계속 던지고 그 해답을 구해야 한다. 남을 변화시키려면 자기 자신이 먼저 변해야 하듯이, 자신을 리드하는 셀프 리더십이 우선적으로 필요하다. 그리고 나서 자신의 뜻과 조직의 목표를 전달하는 의사소통 능력이 필요하다. 의도한 바를 충분히 이해시키는 능력이 의사소통 능력이다.

조직이 목표를 달성하려면 구성원들을 효과적으로 지휘하여야 한다. 최근에는 일의 내용이 복잡하고 방대하여 경영자 혼자서 수행하기 어렵다. 조직의 성공은 구성원들의 지식, 기술, 동기 유발 등에 의하여 좌우된다. 직원들은 새로운 기술을 배우고 익히는 기회를 놓치지 말아야 하며, 배운 것을 팀 단위로 실천하는 방법을 알아야 한다. 팀워크는 상사나 부하와 함께 수직적으로 일을 추진하는 것과 그리고 동료들과 함께 팀을 이루어 수평적으로 일하는 두 가지 방식이 있다. 이뿐만 아니라, 나아가서 협력 회사나 고객들과 함께 호흡을 맞추는 역량도 키워야 한다.

사람들은 일반적으로 팀 단위로 일하게 되며, 그 성과는 개인의 공로와 함께 팀 전체가 얻게 된다. 집단 문화의 장점인 품앗이 형태의 팀워크는 우리나라 사람들에게 과히 낯설은 것이 아니다. 우리는 전통적으로 이웃과 함께 서로 도우면서 살아 왔다. 최근 들어 아름다운 집단주의 문화는 집단 이기주의 문화로 바뀌고 있다. 변질된 집단 이기주의 속에서 발생한 과도한 이기심 때문에 파행적이고 불법적인 행동이 일어나기도 한다. 개인적 성향이 높아져 가는 이 시대에 그리고 집단 이기심이 팽배해지는 우리나라 현실에서 어떻게 하면 팀 혹은 조직 전체가 목표와 방향을 잃지 않고, 개인들은 올바른 일을 할 수 있는가? 이러한 문제를 다루는 것이 경영이다.

3.4 통제

일반적으로 통제는 금지를 뜻하지만, 경영에서 사용하는 통제라는 용어는 단순히 어떤 일을 금지하는 것을 의미하지 않는다. **통제**는 실적을 목표와 비교 검토하고, 필요하면 조치를 취하는 과정을 뜻한다. 예컨대, 실내 자동 온도 조절 장치가 섭씨 25도 기준으로 맞추어져 있다고 하자. 실내가 그 기준 온도보다 높으면, 에어컨이 그 장치에 연결되어있어 자동으로 반응하도록 하는 경우와 같은 이치이다. 사실 기계는 자동으로 응답하는 것이 가능하지만, 사람들은 그렇지 못하다. 실적에 대비하여 기준치가 마련되어 있어도 자동으로 조절되는 것은 아니다. 자동차 안에 설치된 온도계는 차안의 온도가 너무 높거나 혹은 너무 낮을 때에 냉온방 시스템에 작동하라는 신호를 보내는 것과 같이, 경영 통제 시스템은 계획된 목표를 달성하고 있는지 여부를 감지하여 경영자에게 알려준다. 예를 들어, 각 부서의 예산 편성은 중요한 통제 시스템 역할을 한다.

일반적으로 통제 메커니즘은 다음과 같은 절차를 거친다.

① 실적에 대한 기준을 마련한다.
② 이 기준에 대하여 현재 실적을 비교한다.
③ 차이가 발생한 경우에는 반드시 조치를 취한다.
④ 필요하면 기준을 재조정한다.

성과가 기준보다 낮은 경우에는 그 원인을 살펴보게 된다. 혹시 그 팀 구성원의 역량이 부족한 것인가 혹은 목표 기준이 과도한 것인가 등을 살펴보아야 한다. 반대로, 성과를 기준보다 높게 도달한 경우에는 잉여부분을 어떻게 배분할 것인가를 결정하면서, 차후에는 그 기준을 상향 조정하게 된다.

지금까지 설명한 경영 활동을 이용하여 경영 개념을 정리하여 보자. 경영이란 조직에서 세운 목표를 달성하기 위하여 인적·물적 자원을 계획, 조직화, 지휘, 통제하는 프로세스를 말한다. 이것을 정리하면 [도표 1-3], [도표 1-4]와 같다.

요컨대, 경영은 조직의 존재 이유를 근거로 사업 목표를 결정하고, 이를 달성하기 위하여 효율성, 효과성, 유연성 원리를 활용하여 일에 대한 계획을 세우고, 자원을 조직화하고, 사람을 지휘하며, 성과를 계획된 목표에 비교하는 통제 활동을 포함하는 프로세스이다. 경영은 다른 사람을 통하여 POLC 프로세스에서 제품이나 서비스 제공 관련 업무를 수행하여 목표를 달성하는 기술이다.

[도표 1-3] 경영의 개념

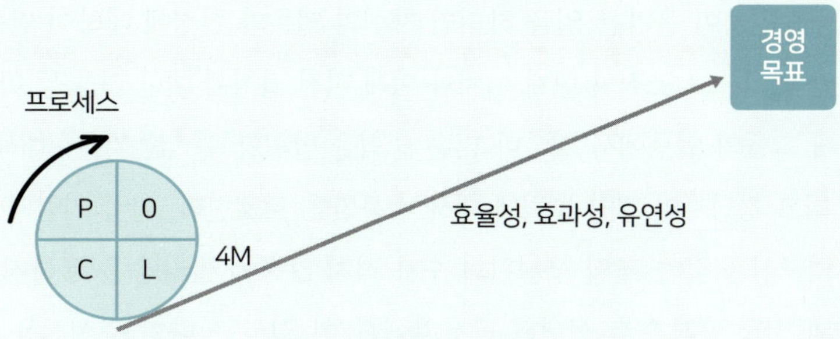

[도표 1-4] 경영의 개념

용어		설명
경영 목표		정성적 혹은 정량적인 공동 목표를 제시함
인적·물적 자원		4M (manpower*, machine, material, method) + 경영 정보
경영 활동	계획(planning)	목표를 정하고 달성하는 방법을 결정하기 위하여 필요한 일들을 미리 생각하는 활동
	조직화(organizing)	인적 물적 자원을 동원하고 조정하는 활동
	지휘(leading)	구성원들에게 작업지시 뿐만 아니라 분위기도 조성하는 활동
	통제(controlling)	조직이 목표를 향하여 나아가고 있는가를 확인하는 활동
프로세스		목표를 효율적으로, 효과적으로 그리고 유연하게 달성하기 위하여 업무를 체계적으로 처리함

* manpower보다는 human power가 더 적절하나, 단어를 m으로 시작하기 위하여 전자를 그대로 사용함.

제4절 경영자와 역량

4.1 경영자의 의의

성공적인 경영자는 지금까지 설명한 경영 개념을 잘 이해하고, 그리고 조직의 내부 혹은 외부에서 발생하는 현상들을 주의 깊게 살핀다. 일반적으로 조직을 위에서 이끌어 나가는 사람을 **경영자**라고 부른다. 조직에서 사람들은 자신의 업무와 타인 업무 간의 상호 작용에서 적절한 조정 내지는 관리를 원한다. 조직에서 중요한 것은 업무 프로세스이지만, 그보다 더 중요한 것은 인적 자원의 활용이다. 인적 자원의 활용이란 구성원들이 책임감과 능력을 가지고 업무를 수행할 수 있도록 환경을 조성하는 것을 말한다. 피터 드러커에 의하면, 경영은 다른 사람들로 하여금 올바른 일을 하게 하는 것이므로, 경영자의 역할이 매우 중요하다.

무엇보다도 구성원들이 올바른 일을 하려면 자신의 업무와 환경에 대하여 만족하여야 한다. 조직 구성원의 만족도는 그 조직의 현재 위치와 미래 비전 달성에 대한 가능성 여부를 예견하게 한다. 직원들에게 '그들의 업무에서 얼마나 많은 능력을 발휘할 수 있는가?'에 대해 질문해 보자. 많은 사람들은 최고 경영자의 경영 능력에 대하여 불만을 토로한다. 미국 기업의 경우 경영자의 능력에 대하여 의구심을 갖는 조직 구성원의 수가 적지 않음에 놀라움을 금하지 못한다. 한 연구에서 2,000명의 전국 표본으로 선택된 근로자에게 '이 회사는 나의 충성심을 기대할 자격이 있는가?' 라는 질문에 45%만이 긍정적으로 대답하였고, 중립적인 의견과 부정적인 대답은 각각 32%, 23%에 달하고 있다.[2] 이 질문을 우리나라 기업의 근로자들에게 적용한다면 과연 어떠한 결과가 나올지 궁금하다.

여러 사람과 함께 성공적으로 공동 목표를 달성하는 능력 있는 경영자는 그리 많지 않은 것으로 보인다. 많은 조직에서 경영이 개선되지 않는 중요한 이유 중의 하나는, 경영자의 역할 수행이 미진하기 때문이다. 경영자가 갖추어야 할 역량은 간단히 말해서 조직력과 도덕성이다. 조직력만 있고 도덕성이 없다면 조직폭력배 수준의 조직이 될 것이며, 반대로 조직력 없이 도덕성만 강조된다면 산만한 자선 단체 수준에 머무를 것이다. 위대한 경영자가 흔치 않는 이유는 구성원들을 교육시키고 훈련시키는 데에 있어서 기술적인 능력에만 집중하고, 성품에는 거의 관심을 두지 않기 때문이다. 경영의 과학적 기술에 필요한 역량인 자료 분석, 생산성 향상, 재무 통제, 유통 등에 관한 지식은 주위에 있는 많은 교육 기관에서 얻을 수 있다. 이것에 대한 지식은 경영상 매우 필요한 것이기 때문에 잘 교육되고 있다. 그럼에도 불구하고, 경영 전반 상태는 나아지고 있지 않다. 그 이유는 아직도 일반 경영자들은 위대한 경영자의 행동 결과에만 관심을 가질 뿐, 그들의 동기 유발에 대해서는 배우려 하지 않기 때문이다. 예컨대, 용기, 온전성, 절제, 정의 등과 같은 것들을 배우려 하지 않는다. 어떤 경영자들은 자신이 다른 사람의 행복에 책임이 없다고 말하기도 한다. 직장은 유치원이 아니라고 말한다. 일반적으로 경영자는 이익, 시장점유율, 성장률 등과 같은 내용에 대하여 걱정하면 그만이라고 한다. 그러나 위대한 경영자는 경영이 단지 기계적인 업무의 연결이 아니라, 사람들의 상호 작용이라는 것을 잘 알고 있다.

사실 사람들로 하여금 고객, 사업, 심지어는 자기 자신을 위하여 최상의 것을 실행하도록 하

[2] 로열티 경영의 원칙, 2002.

는 것은 어려운 일이다. 왜냐하면 무엇이 최상인가를 이해하여야 하고 또한 실천하도록 하여야 하기 때문이다. 이렇게 하려면, 온전성, 임파워먼트 의지, 용기, 집중력, 코칭 기술 등을 필요로 한다. 경영자 자신도 어려운 기술을 배워야 한다. 그는 또한 일할 맛이 나는 즐거운 분위기를 창출하는 능력이 있어야 한다. 위대한 경영자는 인간성의 사회적 핵심을 극대화하며, 개인의 재능을 열매 맺게 하며, 가치를 창출하고, 모든 직원들에게 이익이 되도록 활동과 열정을 결합한다.

경영자는 조직의 목표를 달성하기 위하여 다른 사람으로 하여금 일을 하도록 독려하는 사람이다. 앞에서도 말한 바와 같이, 조직은 목표를 가지고 있다. 이 목표를 누가 달성하는가에 따라서 경영자인지 혹은 아닌지의 여부를 알 수 있다. 경영자는 자신이 직접 목표를 달성하는 것이 아니라, 다른 사람으로 하여금 목표를 달성하게끔 이끌어 가는 사람이다. 조직에는 많은 구성원들이 일하고 있다. 이들 모두가 경영자가 되는 것은 아니다. 적절한 경력과 능력을 갖춘 사람이 경영자가 되며, 나머지는 직원들이다. 다양한 조직 구성원은 현재의 일을 통하여 미래 경영의 꿈을 가지는 사람들이다.

4.2 경영자와 관리자

현대 조직의 구조는 고객의 변화에 민첩하게 대응하기 위하여 수직형보다는 수평형 또는 네트워크형의 모습을 갖추고 있다. 그러나 여기서는 이해를 돕기 위하여 간단한 계층별 조직으로 나타낸다. [도표 1-5]에서 보면, 조직의 구성원 중에서 직원의 위에 위치한 사람들은 경영자이다. 이들을 모두 한꺼번에 경영자로 부르기보다는 직급의 계층 수준에 따라서 **최고 경영자**, **고위 관리자**, **중간 관리자**, **일선 감독자** 등으로 부르는 것이 더 적절할 것으로 보인다.

[도표 1-5] 최고 경영자와 관리자

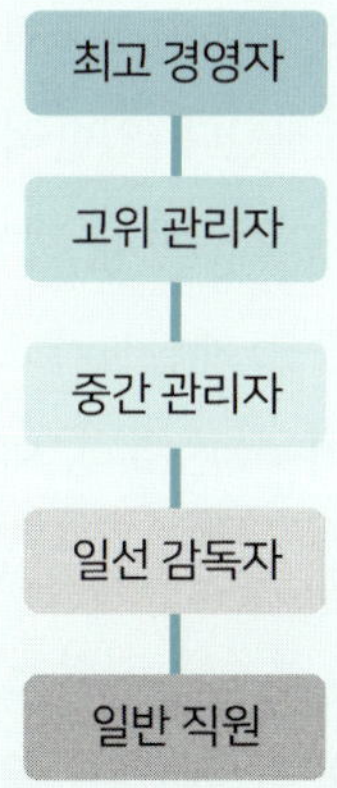

[도표 1-5]는 대기업의 수직적인 조직을 간단하게 나타낸 것이다. **경영자**는 기업이 대규모든 중소 규모든지 간에 조직의 목표를 효율적이고 효과적으로 달성하도록 하는 사람이다. 조직이 큰 경우에는 [도표 1-5]와 같이 여러 계층으로 그리고 중소기업의 경우에는 더 적은 수의 계층으로 나눌 수 있을 것이다. 사실 경쟁력 있는 초우량 기업의 조직은 수직적으로 분할하기보다는 수평적인 형태를 갖추고 있으나, 이에 대한 논의는 다음으로 미루고 여기서는 전통적인

기업 조직의 구조에 대하여 언급하기로 한다.

먼저, 일반적으로 **일선 감독자**는 직원들의 일일 과업을 감독하고 지도하는 사람이다. 이들을 경영자라고 부르기보다는 감독자라는 표현이 더 적절한 것 같다. 과장, 계장, 대리, 반장 등이 해당된다. 생산 부서의 반장은 작업이 순조롭게 진행되는지 혹은 기계 설비가 잘 보전되고 있는지 여부를 감독하며, 영업 부서의 과장은 고객 주문이 잘 이루어졌는지 여부를 검토한다. 일선 감독자들은 각 부서의 운영을 연결한다. 이들은 최고 경영자 또는 다른 회사와 특별히 의견 교환을 하지 않는다. 대신에 자신의 부서 직원들을 감독하거나, 다른 일선 감독자와 업무를 조정하는 데에 많은 시간을 보낸다.

일선 감독자는 계획과 조직화에 거의 시간을 보내지 않는다. 대부분의 시간은 실제로 생산이나 서비스 제공을 다루는 직원들을 지휘하는 데에 시간을 보낸다. 그리고 그들은 부품이 도착했는지, 직원들 사이에 갈등이 있는지, 휴가나 잔업의 일정을 조정하며, 제품을 검사한다. 따라서 많은 시간을 지휘와 통제에 보내고 있다. 일선 감독자는 일반적으로 직원들을 가르치고 일일 업무를 독려하는 기술적인 전문 능력을 가져야 한다. 경력자로서 다른 회사로부터 이제 막 이적해 온 일선 감독자 들은 비록 업무 기술이 부족하더라도, 배우려는 자세를 가지고 다양한 사람들과 의사소통하며, 건설적인 피드백을 제공할 수 있다면 별 문제가 없다고 하겠다.

중간 관리자는 조직이 커지면 상하간의 의사소통 채널의 다리 역할을 담당한다. 그들은 상급 경영자로부터 광범위한 전략과 정책에 관하여 전달받고, 이를 실행할 일선 감독자들을 위해 목표 설정과 계획을 수립한다. 일반적으로 차장이나 부장급이 이에 속한다. 이들은 일선 감독자의 활동을 지도하고 조정하는 책임을 가진다.

중간 관리자의 업무는 집단 성과와 자원 배분에 더 많은 초점을 둔다. 중간 관리자는 제품이나 서비스의 납기를 책임지고 있으며, 직원에 대한 성과를 평가하는 기준을 마련하기도 한다. 그리고 최고 경영자나 고위 관리자로부터 받은 조직 전체 목표를 세부적인 운영 계획과 일정 계획으로 전환시킨다. 일반적으로, 중간 관리자는 최고 경영자로부터 받은 명령을 수행하기 위하여, 부하들에게 권한과 책임을 위임하며 또한 중간 관리자들 간의 의견을 조정한다. 중간 관리자는 부하들을 계발시키고, 의사소통 라인을 열어 두며, 다른 중간 관리자와 고위 관리자들에게 접촉이 가능하도록 도와준다.

상무이사, 전무이사 등과 같은 임원진들은 **고위 관리자**에 속하는 사람들이다. 이들은 중간 관리자들의 업무를 지휘 통제하며, 최고 경영자 함께 중요한 정책 결정을 내리면서 회사 전반에 관한 상황에 민감하게 반응한다. 고위 관리자들은 보통 몇 개의 부서를 동시에 맡아서 지휘 감독한다. 따라서 이들을 최고 경영자에 포함시켜도 무방하다고 하겠다.

일반적으로 경영자는 최고 경영자를 통칭한다. 최고 경영자는 조직의 최고 높은 위치에 있다. **최고 경영자**는 조직에 대하여 전체적인 책임을 지니고 있다. 영어로 CEO(Chief Executive Officer)라고 부르며, 회장 또는 사장의 위치에 있다. 경영자 중에서 최고 경영자는 회사를 상징적으로 대표하면서, 사회적으로 많은 업무를 수행하며, 많은 책임을 지닌다. 우리나라와 같이 유교적인 문화를 가진 나라에서는 최고 경영자가 절대적인 권한을 가지고 있어, 그 권한에 상응하는 책임도 가지고 있다. 최고 경영자에는 대표이사 사장과 일반 사장이 있다. 전자는 이사회에서 의결권을 갖고 있으면서 회사를 대표하며, 후자는 의결권 없이 단지 대외적으로 회사를 대표하면서 조직을 총괄 지휘하는 사람이다.

최고 경영자는 전체 업무 시간 중에서 4분의 3 이상을 계획과 지휘에 보낸다. 이들은 사내의 주요 핵심 인물과 시간을 보내며, 사외의 중요한 기업, 정부 기관 등과 많은 시간을 보내야 한다. 이들은 중간 관리자와 달리, 일반 직원의 작업을 통제하는 데에 시간을 거의 사용하지 않는다. 최고 경영자는 밤낮으로 회사 일에 골몰한다. 집무실에서 밤늦게까지 일하기도 하고, 다른 외부 기관과 조정 업무를 수행하기도 하고, 회의 참석을 위하여 해외에 출장을 가기도 한다. 어떤 경영자는 집에 쉬기 위하여 가는 것이 아니고, 업무의 연장으로 사무실을 옮기는 형태가 되기도 한다. 최고 경영자는 거의 모든 하루를 일에 매달리고, 심한 스트레스를 받기도 한다. 그들은 특히 조직의 대외 이미지와 관련된 일에는 거의 거절하지 못하고 참석한다. 우리나라의 경영자들 중에서 과중한 업무로 인하여 자신의 건강을 해치는 사람도 있으나, 현명한 경영자는 자신의 건강을 지키면서 가정 및 조직에서 성공적인 생활을 즐기고 있다.

4.3 경영자의 업무와 역할

전통적으로 중간 관리자는 최고 경영자와 부하 직원들 사이에서 중간 역할을 해오고 있다. 즉, 다리 역할을 하고 있다. 최고 경영자로부터 전반적인 전략과 정책을 지시 받은 후, 이것을 일선 감독자나 부하 직원들이 수행하도록 특정 목표와 계획으로 전환시킨다. 중간 관리자들은 현장의 활동을 지시하고 조정하는 업무에 책임을 지닌다.

중간 관리자를 포함하여 조직의 경영자들은 계획, 조직화, 지휘, 통제 등의 기능적인 프로세스를 수행한다. 일선 감독자는 지휘와 통제에 많은 시간을 보내고 있다. 이와 대조적으로, 중간 관리자는 일선 감독자나 부하 직원들이 될 수 있는 대로 효율적으로 일하도록 계획하고, 조직하고, 지휘하는 일에 많은 시간을 보내고 있다. 이들의 업무는 고객 불평을 해결하고 일선 감독자의 관심을 대변한다. 그리고 최고 경영자들은 계획과 지휘에 많은 시간을 사용한다. 이들은 주

Ⅱ 현대 CEO가 되는 방법

1. **미래를 내다보라.** 산업의 미래를 예측하고, 혁신적인 전략을 수립하라. 이는 Microsoft의 사티아 나델라가 제안한 것으로, 그는 회사의 사회적, 모바일, 클라우드 전략을 통해 CEO로 발탁되었다.
2. **디지털 변화를 주도하라.** CEO는 최고 기술 설계자여야 하며, 고급 분석, 사이버 보안 강화, 업무 자동화를 통해 디지털 혁신을 이끌어야 한다.
3. **결단력 있게 행동하라.** 어려운 상황에서도 신속하고 결정적인 선택을 할 수 있는 능력이 중요하다. 이는 신뢰를 얻고 회사를 성공으로 이끄는 데 필수적이다.
4. **리더십 스타일을 확립하라.** 자신만의 리더십 스타일을 찾고, 이를 팀에 명확하게 전달하며, 팀원의 피드백을 수용하라.
5. **효과적으로 커뮤니케이션하라.** 명확하고 간결하게 소통하며, 팀과 고객의 의견을 경청하고 이를 반영하라.
6. **피드백을 수용하라.** 피드백을 통해 성장하고, 이를 기반으로 더 나은 리더가 되기 위한 개선점을 찾으라.
7. **인적 자원을 중시하라.** 직원들에게 공정하고 존중하며, 그들의 노력을 인정하고 지원하라.
8. **긍정적인 태도를 유지하라.** 회사의 목표와 비전에 대한 열정을 팀에게 전파하며, 긍정적인 업무 환경을 조성하라.
9. **겸손하라.** 자신의 결점을 인정하고, 팀원들과 협력하여 문제를 해결하며, 지속적인 학습 자세를 유지하라.
10. **공정하게 행동하라.** 모든 팀원을 공평하게 대하고, 정직하게 소통하며, 투명한 결정을 내려라.
11. **지속적인 교육에 투자하라.** 최신 정보와 아이디어를 지속적으로 습득하며, 직원들에게도 학습과 성장을 장려하라.
12. **성장과 수익성을 이해하라.** 회사의 성장과 수익성 간의 균형을 맞추며, 장기적인 성장을 위한 전략을 수립하라.
13. **리스크 관리를 철저히 하라.** 경제적 불확실성에 대비해 비용을 줄이고, 재무 건전성을 유지하라.
14. **지속 가능한 공급망을 구축하라.** 공급망의 회복력을 높이고, 변화하는 글로벌 환경에 대비하라.
15. **지속 가능한 기술 및 전략을 개발하라.** 신기술과 전략을 통해 기업의 경쟁력을 강화하라.

자료: McKinsey, "How to become a CEO" 및 "Actions that define CEO leadership in 2023", TeamBuilding, "19 Top CEO Tips for Aspiring Executives" (McKinsey & Company) (McKinsey & Company) (teambuilding.com) (McKinsey & Company).

요 내부 핵심 인물은 물론 외부 조직과 긴밀한 연계를 갖는다. 그리고 우리가 유념할 것은 고위 관리자와 최고 경영자는 통제하는 일에 그리 많은 시간을 쓰지 않는다는 사실이다.

급변하는 환경에서 최고 경영자와 고위 관리자를 포함하는 경영자들은 앞서 제시한 대로 관리 기능을 수행하고 있는 것인가? 전문가들의 연구에 의하면 그들의 업무는 이론적인 내용과 다르다. 사실 그들은 심사숙고하면서 체계적으로 계획을 수립하지 않는다. 오히려, 숨 돌릴 틈도 없이 업무를 수행하고 있으며 행동 지향적이다. 그들의 행동은 다양하고, 간결하고, 불연속적이라는 것이다. 다시 말해서, 경영자들은 자극에 순간적으로 반응하면서, 업무를 통하여 차후 계획적인 일보다는 당장의 문제에 대응하는 경향이 높다.

업무의 특성이 어떠하든지 간에, 경영자들은 조직 단위별로 공식적인 지위와 권한을 가지고 업무를 수행한다. 그들은 이 과정에서 어떠한 역할을 수행하는 것인가? 그들의 역할은 민츠버그에 의하면 열 가지가 된다고 한다. 이 역할은 [도표 1-6]에서 보는 바와 같이 공식적인 권한과 지위를 통하여 발생한다.

[도표 1-6]에서 보면, 경영자는 대인 업무에서 세 가지, 의사 결정 업무에서 네 가지, 그리고 정보 업무에서 세 가지 역할을 담당한다. 대인 업무는 의례적이고 상징적인 역할을 수행하는 것이다. 그는 의전상의 대표로 우두머리가 되며, 부하 직원들의 동기 부여와 행동에 책임을 지며, 외부 이해관계자와 내부를 연결하는 역할을 수행한다. 의사 결정 업무는 기업가 정신을 가지고 전략을 수립하고, 예기치 않게 발생한 중요한 문제를 검토하고 해결하며, 필요한 자원을 할당하

[도표 1-6] 경영자의 업무와 역할

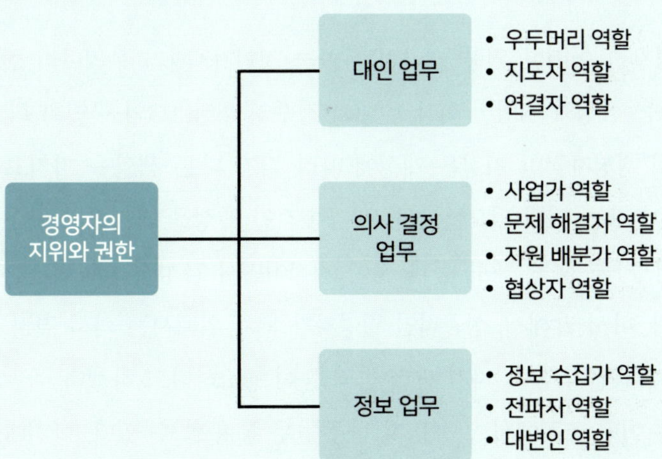

고, 노조와 단체 협상에 참여한다. 그리고 정보 업무는 정보를 수집하고 분석하며, 전달하는 역할을 담당한다. 능력 있는 경영자는 정보에 민감하다. 대부분의 탁월한 경영자는 이러한 역할을 효과적으로 수행하며, 그리고 중간 관리자에게 이들 역할에 대한 재량권을 위임한다.

경영자는 기본적으로 조직을 대표하고 구성원들을 이끌어 나가지만, 다양한 종류의 인간유형이 있고 역량에서 차이가 있다. 이것을 그림으로 나타내면 [도표 1-7]과 같다.

이 도표에서 '이'형 경영자는 높은 경지의 전문 지식을 갖고 있으나 시야가 좁은 사람이며, '으'형 경영자는 시야가 넓으나 전문성이 결여된 사람이다. '오'형 경영자는 폭넓은 시야와 한께 한 가지 전문 지식을 갖고 있으며, '요'형은 두 가지의 전문영역을 갖고 있다. 성공적인 경영자는 '오'형에 머무르지 않고 '요'형을 추구하면서 자기개발과 함께 타인개발을 지속적으로 수행하는 사람이다. 경영자가 자신에게 주어진 역할을 성공적으로 수행하려면 역량이 있어야 가능하다. 다음에서 성공적인 경영자에게 어떠한 역량이 필요한지 살펴보자.

[도표 1-7] 경영자의 인간 유형

(a) '이'형 (b) '으'형 (c) '오'형 (d) '요'형

4.4 성공적인 경영자의 역량

성공적인 경영자는 어떠한 역량을 가지고 있는 것인가? 과거 우리나라 산업 발전에 이바지한 탁월한 경영자는 삼성의 이병철 회장, 현대의 정주영 회장, LG의 구인회 회장 등과 같은 사람일 것이다. 이들의 경영자적인 기질은 개성에 따라 각기 다른 색깔을 가지고 있었지만, 조직을 성공적으로 이끌어 가는 데에 필요한 역량은 공통적인 특성을 가지고 있었다. 일반적으로 경영자의 역량은 지식, 기술, 행동, 태도 등과 같이 지적이면서 감성적인 능력을 전반적으로 갖추어야 성공할 수 있다. 다시 말해서, 성공적인 경영자가 되기 위해서는 의사 결정 능력, 전략적 사고와 관리 능력, 세계화 인식 능력, 자기 관리 능력 등이 필요하다고 하겠다.

이러한 능력은 어떤 조직에서 일하든지 두루두루 통용될 수 있다. 예컨대, 지점에서 성공한 경영자는 본점에서도 유능하게 업무를 수행할 수 있다. 학교 앞 커피숍에서 많은 매출을 올리

[도표 1-8] 경영자의 역량

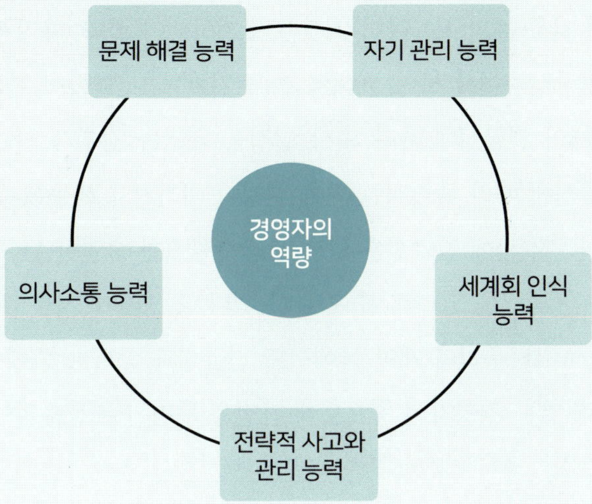

는 주인은 호텔 지배인으로 근무한다 하더라도 성공할 수 있다. 유능한 경영자는 조그만 팀의 팀장이든, 기업의 사장이든 관계없이 성공할 수 있다. 경영자가 갖는 기본 능력을 소유하고 있다면 언제 어디서 무엇을 경영하든지 성공적인 경영자가 될 수 있다. 의사소통 능력은 어느 조직에서나 공통적으로 활용될 수 있는 덕목이다. 다른 사회봉사 활동에서도 전략적 사고와 관리 능력은 잘 활용될 수 있다. 이제 경영자가 갖추어야 할 능력을 하나씩 살펴보자.

(1) 문제 해결 능력

경영자는 매일 발생하는 문제에 대하여 의사 결정을 내려야 하고 그 해답을 구해야 한다. 예를 들어, '유가가 오를 경우 이미 해외 구매자들과 결정하여 선적하기로 한 제품의 원가 부담을 어떠한 방법으로 해결할 것인가?' 또는 '새로운 직원을 선발하는 경우에 어떠한 사람을 선택할 것인가?' '정치인들로부터 기부금을 요청받는 경우에 어떻게 대응할 것인가?' 등 온갖 종류의 문제에 직면한다.

의사 결정이란 문제를 정의하고, 정보를 모은 후에 여러 방안을 세우며, 그중에서 최선의 것을 선택하는 과정을 말한다. 의사 결정은 쉬운 것도 있고 어려운 것도 있다. 특히 조직 외부와 관련된 문제는 해결하기 어려우며, 경영자가 직접 통제할 수 없고 혹시 나중에 발생하는 사건에 의하여 제약을 받는 경우도 있다. 기업의 주요 의사 결정은 이해관계자들뿐만 아니라 새로운 기술이나 경쟁자들에 의하여 영향을 받기 때문에, 경영자들은 심한 긴장감과 함께 압박감을 받는다. 누구든지 최적의 결정을 내리기 원한다. 그러나 의사 결정 문제는 선택과 동시에 포기의 문제가 제기된다. 선택된 것을 제외하고 나머지 것은 포기하여야 한다. 따라서 현명한 선택을 위해서는 통찰력과 분석력을 갖추어야 하며, 제대로 잘 포기할 줄도 알아야 한다.

사실 경영자는 문제의 긴급성에 따라 의사 결정을 내리는 경우가 허다하다. 조직에 위기가 있다고 할 때에는 긴급성에 따라 즉각적인 의사 결정이 내려지고 행동에 옮긴다. 조직에 기회가 되든지 또는 위기가 되든지 간에 긴급성은 의사 결정에 중요한 요인이 된다. 그러나 여기서 하나 더 생각해서 중요도라는 요인을 고려해 볼 필요가 있다. 경영자가 지금 내리는 의사 결정은 긴급하고 중요한 것인가? 또한, 우리의 개인 삶에서도 긴급성과 중요도 중에서 어느 것을 더 고려하여야 할 것인가? 능력 있는 경영자는 중요도에 관점을 두면서 우선순위의 문제를 해결한다.

목표 달성

자신의 삶 중에서 중요한 목표임에도 불구하고 아직도 달성하지 못한 것이 무엇인지를 적어 보자. 그러고 나서 그 목표보다 우선순위에서 더 중요한 것이 무엇이 있는가를 확인하여 보라. 이렇게 하면, 달성하지 못한 목표가 왜 아직도 성취되지 못했는가를 알 수 있다.

(2) 의사소통 능력

의사소통이란 정보나 지식을 전달하거나 교환하여, 나(말하는 사람)와 상대방(듣는 사람) 사이의 이해와 공감 정도를 높이는 행위를 말한다. 무릇 경영자는 다른 사람들을 통하여 일하는 것이 많기 때문에, 조직에서 의사소통 능력이야 말로 가장 기본적이면서 중요한 역량이다. 일방적인 명령은 의사소통이 아니다. 의사소통은 사람들에게 무엇인가를 함께 하자고 제의하는 것이다. 이것은 설득이 아니며, 의미 있는 전달 행위이다.

많이 달라졌다고는 하지만 우리나라는 여전히 가부장적인 분위기가 강하다. 이러한 환경에서는 상사가 부하에게 일방적으로 지시하는 경향이 높다. 또한 이공 계열 사람들이 인문 계열 사람들보다 상호 커뮤니케이션을 덜 즐기는 경향이 있다. 의사소통이 미숙하여 상대방이 오해하거나 반발하면, 서로 당황하여 감정적으로 좋지 않은 단계로 가는 경우도 흔히 있다. 이것은 서로 간의 대화를 나누는 학습 기회가 많지 않거나 또는 상대방에 대한 배려감이 부족하기 때문인 것으로 풀이된다. 네트워크 경영 환경에서는 어느 한 사람이 다른 사람으로부터 메시지를 전달받으면, 그는 또 다른 사람에게 그것을 전달한다. 따라서 수평적인 생각을 가지고 의사소통을 하려는 노력이 필요하다. 지위가 높다고 해서 일방적으로 지시해서는 안 되며, 지위가 낮다고 해서 일방적으로 복종하는 일은 결국 조직의 효과성에 부정적인 결과를 가져온다.

의사소통을 하는 방법을 보면, 말이나 글로 하는 것이 일반적이지만, 표정이나 몸짓으로 전달하는 경우도 있다. 심지어 말하기에 곤란한 경우에는 침묵의 대화도 가능하다. 공기 속의 진동으로 의사가 전달되기도 한다. 그러나 이러한 경우에는 묵시적인 내용만 전달되며, 명시적인 의사소통은 어려울지도 모른다. 경영자가 효과적으로 일한다는 것은 극심한 경쟁 환경 속에서 구성원들이 자신의 능력을 최고로 발휘하도록 하는 것이다. 경영자의 주요 업무는 공식적으로 또는 비공식적으로 의사소통하는 경우가 많은 부분을 차지한다. 오히려 공식적인 회의 석상에서 자신의 의사를 전달하는 경우 보다는, 자신의 집무실 또는 직원의 책상 옆에서 이루어지는 비공식적 의사소통이 더 많을 것이다. 의사소통 역량은 공식·비공식 의사소통, 외국어 구사 등에서 나타나게 된다.

비공식적 의사소통은 사교적인 접촉 망을 구축하게 한다. 우리나라는 인맥을 중요시하는 문화이기 때문에 비공식적인 의사소통을 매우 소중하게 여긴다. 심지어는 공식적으로 약속한 것도 비공식 석상에서 뒤집는 경영자도 있다. 관계(關係)는 동양 문화권에서 매우 중요한 단어로 취급된다. 이들 국가에서 장기적으로 사업을 하려면, 관계를 지속적으로 유지하지 않으면 불가능하다. 동양은 인간적인 신뢰를 바탕으로 한 관계를 중요시하므로 비공식적 의사소통 능력이 중요하다. 반면에 서양은 계약에 근거한 신뢰를 중요시하므로 공식적 의사소통 능력이 중요하다.

의사소통을 공식적으로 할 수 있는 능력은 조직의 목적 달성에 커다란 중요성을 갖는다. 공식적인 의사소통 방법으로는 공식 회의를 능숙하게 주재하는 것이 중요하며, 그리고 담화문이나 뉴스레터와 같이 글로 쓴 것을 사내에 두루 돌려서 현재 상황을 누구나 다 알 수 있도록 유지하여야 한다. 사내 직원뿐만 아니라, 기업의 이해관계자들에게도 회사의 현재 상황을 공식적으로 알리는 것은 경영의 투명성을 높이며, 나아가서 회사의 명성을 알리는 길이 된다. 특히 이것은 고객이나 협력 업체와의 관계에서 회사의 방침을 알리고, 서로가 공조 체제를 유지하는 데에 매우 중요하다.

기업의 경영자는 의사소통이 사내 또는 국내용으로만 그치게 해서는 안 된다. 개방적이고 범세계적인 환경 속에서 우리 기업이 세계적인 입지를 구축하려면, 외국어에 능통하여야 할 것이다. 영어는 세계적으로 통용되는 언어이기 때문에, 수출 지향적인 우리 기업의 경영자는 영어 숙달을 위해 많은 노력을 기울여야 한다. 심지어 어느 대기업에서는 영어를 공용어로 선언하여 사용할 정도로 영어에 관심이 높다. 이뿐만 아니라, 고도의 경영 기술을 가지고 있는 일본 기업을 알기 위해서는 일본어를 알아야 하며, 그리고 방대한 시장(세계인구의 25%)을 가지고 있는 중국을 이해하기 위해서는 중국어 습득이 중요하다. 그리고 중국의 광동 언어와 북경 언어가 서로 통하지 않는다는 것을 알아야 한다. 언어 습득 능력은 나이와 많은 관련이 있어 젊은 시절에 공부하여야 하며, 미래의 경영자 꿈을 이루는 중요한 수단임을 알아야 한다.

의사소통은 사고 능력의 표출이며, 자신의 품성을 표현하는 통로이다. 또한 외국어를 잘 한다는 것은 현지 문화를 잘 이해하고 있다는 것으로 해석될 수 있다. 또한, 의사소통 능력을 높이려면 좋은 품성과 함께 지적 사고력이 높아야 한다. 경영자는 업무에 정통하여야 할 뿐만 아니라, 인격적으로도 훌륭하기를 기대하기 때문이다. 좋은 품성으로 이루어진 생각만이 좋은 의사소통을 가능하게 한다. 조직 구성원들이 의사소통 능력이 탁월하기를 기대한다면, 경영자 자신이 먼저 그러한 능력을 보유하여야 할 것이다.

(3) 전략적 사고와 관리 능력

전략적 사고와 **관리 능력**이란 기업의 전반적인 사명과 비전을 이해하고, 경영자와 직원들의 행동이 이와 동일한 선상에 있다는 것을 확인하는 능력을 의미한다. 구체적으로 이것은 외부 환경을 이해하고, 내부 조직을 파악하고, 그리고 전략적인 행동을 실천할 수 있는 능력이다. 여기서 전략이란 어떤 사업에 진출할 것이며 이것에 대한 독특한 행동 방침을 마련하는 과정을 말한다. 오늘의 조직에서 구성원들은 직위나 근무 부서에 관계없이 모두가 더 나은 과업을 성취하기 위하여 전략적으로 행동하도록 요구되고 있다.

기업의 외부 환경적인 요소로서 산업을 이해하는 것은 매우 중요하다. 예를 들어, 반도체 산업의 경우 16GB 디램에서 32GB 디램으로 올라가는 추세에서 과연 우리 회사는 어떤 방향을 모색하여야 하는가? 현재의 수준을 그대로 유지하여야 하는 것인가 혹은 투자를 결정하여 한 단계 높은 제품을 만들어야 하는 것인가? 산업의 안팎을 이해하는 것은 전략적 사고와 행동 능력을 개발하려는 경영자에게 가장 좋은 조언이 된다.

그리고 경영자의 전략적 행동 능력은 내부 조직의 장단점을 알아야 가능하다. 경영자는 전체적인 관점에서 조직을 시스템으로 이해하여야 한다. 이것은 부서들이 상호 간에 어떻게 연결되어 있으며, 한 부서의 변화는 다른 부서에 어떻게 영향을 미치는가를 이해하는 문제이다. 능력 있는 경영자는 경영상의 여러 문제를 진단하고 평가한다. 무조건적인 목표 설정과 판단이 아니라 상대적인 중요도에 입각하여 결정한다. 최고 경영자는 조직의 환경 변화를 인지하고, 전략적인 행동을 취할 준비가 되어 있어야 한다. 다시 말해서, 지속적으로 발전하기 위하여 장기적인 방향을 설정하며, 전략 달성을 위한 전술적이고 운영적인 목표를 설정하여야 한다.

따라서 경영자는 구성원에 대한 관리 능력도 요구된다. 어떠한 일을 할 것인가, 이 일을 위하여 자원을 어떻게 배분할 것인가, 그리고 일이 진행되는 과정을 어떻게 관리할 것인가 등에 관한 사고 능력이다. 사람들은 일을 계획하는 순간에 정보 수집, 분석, 문제 해결 방안 등에 관하여 생각한다. 사업의 계획 및 조직화, 일정, 예산 등의 관리 문제도 생각한다. 경영자에게 하루 전체는 일련의 의사 결정 과정이라고 해도 무리는 아닐 것이다. 전문 경영자는 그의 하루를 어떻게 보낼 것인가를 알아야 한다. 정보 수집과 분석 및 문제 해결은 중요하며, 고객이 유용한 정보의 원천이라는 것을 잘 알고 있다. 그러나 그는 이러한 일로만 하루를 다 보낼 수 없다. 어떠한 일들은, 예컨대 일부 고객 전화는 권한을 위임하여 시간을 효율적으로 사용할 수 있다.

사업을 기획하고 조직화하는 것은 조직 구성원들과 함께 일하면서, 광범위한 목적을 설정하고, 자원 할당을 토의하고, 일정을 합의하는 것을 의미한다. 다시 말해서, 특정 목표를 달성하는 기간과 일정을 계획하며, 과업의 우선순위를 결정하는 것을 의미한다. 그리고 원자재, 노동력, 자금 등과 같은 자원을 획득하고 조직화하는 일을 하며, 과업 완성을 위하여 권한 위임을 실시한다. 경영자는 전략적 방향에서 벗어나지 않으면서 운영적인 관리 능력을 갖추어야 한다.

(4) 세계화 인식 능력

세계화 인식 능력은 해외 국가와 관련되는 노동력, 자금, 정보, 원자재 등에 관한 사실을 인식하고, 다양한 문화를 가지고 있는 시장에 진출하려는 경영 능력을 의미한다. 사실 모든 기업의 제품과 서비스가 세계시장으로 나가는 것은 아니다. 저렴한 노동력이나 질 높은 노동력을 얻기 위하여 반드시 다른 나라로 진출할 필요는 없다. 그러나 거시적으로 보면, 대부분의 기업은 글로벌 시장의 한 부분을 담당하고 있음을 알게 된다. 우리나라 기업은 특히 해외시장을 개척하지 않으면 국가 경제 발전에 기여하지 못할 뿐만 아니라, 세계적인 기업도 될 수 없다. 국제적인 기회를 포착하기 위해서는 문화적인 지식과 이해가 필요하며, 문화적인 민감성과 개방적인 자세를 지녀야 한다.

경영자는 세계적으로 일어나고 있는 정치, 경제, 사회에 대한 변화와 추세를 알아야 하며, 이러한 내용들이 자신의 기업에 어떠한 영향을 미칠 것인가를 인식하여야 한다. 또한 기업이 관심을 가지고 있는 지역을 정기적으로 여행하여 현장 경험을 얻도록 한다. 사실, 특정 국가나 지역에서 오래 살다 보면, 자신의 생활과 사업의 행동을 나타내는 문화적인 지식과 이해가 자연스럽게 생기게 된다. 해당 지역에만 관련된 독특한 정치, 경제, 사회, 역사, 가치관, 습관 등에 관한 것을 이해할 수 있다. 국내용 경영자는 우리 문화의 특성이 자연스럽게 몸에 배어 있기 때문에 특별히 많은 노력이 필요 없을 것이다. 그러나 해외로 진출하는 경우에는, 특별한 지식이나 경험을 사전에 배우는 것과 해당 지역의 문화에 대한 지식과 이해가 요구된다. 기초적으로 언어의 습득은 매우 중요하다. 언어는 해당 지역의 문화를 단적으로 드러내기 때문이다.

다음으로, 경영자는 문화적인 개방성과 민감성을 지녀야 한다. 문화를 아는 것만으로 충분하지 않다. 알고 있는 지식을 효과적인 성과로 전환시키는 데에 필요한 태도와 기술이 요구된다. 이를 위해서는 타 문화에 대한 이해를 통하여 독특성과 차이를 알고, 객관적이고 진솔한 태도를 가져야 한다. 문화의 차이를 인식한다는 것은 현지 사람들이 생각하고 행동하는 것의 차이점을 안다는 것이다. 그러고 나서 현지 문화의 관점에서 자신의 사업을 검토하여야 할 것이다. 이렇게 타 문화를 적극적으로 이해한다는 것은 여러 배경의 사람들과 함께 일할 수 있는 능력을 제공해 준다.

(5) 자기 관리 능력

자기 관리 능력은 자신의 감정을 헤아릴 줄 알고 자신이 무엇을 원하는가를 분명히 아는 것으로부터 시작된다. 다시 말해서 이것은 자기 인식을 통하여 자신의 감정, 능력, 한계, 목적에 대하여 충분히 이해한 후에 구체적으로 목표를 달성하려는 힘이다. 경영자는 자기 감정의 균형을 유지하여야 한다. 감정은 전염성이 강하기 때문에 다른 사람들에게 많은 영향을 미친다. 경영자는 자신의 감정을 통제하여야 올바른 리더십을 발휘할 수 있다. 자신의 감정을 균형 있게 관리한다면, 조직에 위기와 혼란이 발생하여도 조직 구성원들과 긍정적인 공감대를 유지하고, 낙관적인 태도와 열정으로 위기 상황을 극복할 수 있다.

이 시대의 고객은 기업이 윤리적으로 행동하는 것을 기대하기 때문에, 경영자가 우선 모범적으로 온전하고 정직하게 행동하여야 한다. 정직함은 리더십의 덕목이며 조직의 힘이 된다. 그의 정직함을 통하여 조직은 신뢰감을 얻을 수 있다. 이러한 경영자는 직장에서나 다른 장소에서도 자신의 삶에 대하여 책임을 진다. 일이 잘 안 될 때에 사람들은 흔히 환경의 어려움을 탓하곤 한다. 능력 있는 경영자는 그렇지 않다. 자기 관리 능력이 있는 사람은 지나치게 자기 비판적이거나 지나치게 낙관적이지도 않으면서 현실 감각이 있는 사람이다. 그는 일과 생활의 균형을 유지하며, 자아를 의식하고 발전시킨다.

자기 관리 능력은 다른 사람이 예전에 해보지 않은 일을 처음으로 시도할 때에 매우 중요하다. 경영자는 실패와 좌절감을 맛볼 수도 있기 때문에, 이를 극복하려면 자기 관리 능력이 필요하다. 동적인 업무 환경으로 인하여 사람들은 자신을 개발할 필요가 있다. 이것은 일과 관련된 학습을 말할 뿐만 아니라, 자신에 대하여도 배우는 것을 의미한다. 지식 사회에서 일과 학습의 경계가 불분명하며, 일하면서 배우고, 배우면서 일하게 된다. 어제의 지식은 오늘의 상식이 되기도 하고, 쓸모가 없어지기도 한다. 자신에 대하여 배우는 것은 자신의 특성을 잘 파악하며, 새로운 일이 주어졌을 때에 현명한 선택에 대한 판단을 내릴 수 있게 된다. 일과 인생 경험으로부터 배우고 잘 분석하는 것이 필요하다. 계속적인 자아 발전과 학습에 대하여 책임감을 가지고, 장기적인 계획을 세우고, 기회를 모색하는 것이 중요하다. 경영자의 자기 관리 능력은 정직과 윤리적인 행동, 개인적인 역동감, 일과 생활의 균형, 자아 개발 등을 포함한다. 성공적인 경영자는 자신의 시간 중에서 40%를 자신을 관리하는 데에 사용한다고 한다.

결론적으로, 경영자는 따뜻한 가슴과 냉정한 머리를 갖고 있어야한다. 그는 단순히 좋은(good) 경영자가 아니라 위대한(great) 경영자가 되는 것을 꿈꾸고, 이를 추구하여야 한다.

제5절 조직 목적과 가치 창출

5.1 가치의 개념

조직의 존재 목적은 가치 창출이다. 가치는 무엇이며 그리고 어떻게 창출되는 것인가? **가치**는 일반적으로 말해서 사람들이 제품이나 서비스를 통하여 기대하는 이익이나 혜택이다. 사람들은 일상생활에서 무엇인가 의미 있는 것을 경험하면 '가치 있다' 라고 말한다. 이를 통하여 어떤 혜택을 얻었다는 것을 뜻한다. 경제학적으로 말하면, 가치는 효익(만족, 행복 등)을 희생(시간, 비용 등)으로 나눈 값이다(또는 효익에서 희생을 뺀 값으로 나타내기도 한다).

$$가치 = \frac{효익}{희생}$$

이 값이 1보다 크면 가치 있는 제품 혹은 서비스라고 하며, 반대로 1보다 작으면 가치 없는 것이라고 말할 수 있다. 예를 들어, 어떤 식당에서 저녁 식사를 하였다고 하자. 음식 맛이 좋고 친절하면 그 식사 자체에 만족한다. 그런데 바로 그 순간 식사하기 위하여 지불할 가격을 생각한다. 만일 만족감이 지불할 가격보다 크다고 인식하면 가치가 발생하게 되는 것이다. 경제학적으로 말해서, 이것은 일종의 교환가치인 셈이다.

기업의 경영자들이 저지르는 잘못 중의 하나는 고객이 가치와 가격을 동일시한다고 생각하는 것이다. 그렇게 생각하는 고객은 많지 않다. 가치는 고객이 어떤 대가를 치루면서 얻고자 하는 그 무엇이다. 가격은 단지 가격일 뿐이며, 가치는 총체적인 경험이다. 고객이 원하는 경험을 희생해 가면서 낮은 가격을 제시하는 것은 가치를 오히려 감소시키는 행위이다.

사람들은 제품이나 서비스를 통하여 인식한 효익과 자신이 지불하는 희생과 비교하여 전자가 더 큰 경우에 가치가 발생한다고 생각한다. 경쟁력 차원에서 간단히 말하면, 가치는 품질과 가격의 관계를 의미한다. 고객이 기업에서 생산하는 제품의 품질이 가격 보다 높다고 느끼면, 그 제품은 경쟁력 있는 높은 가치를 지니게 된다. 반대로, 품질이 가격보다 낮다고 느끼면, 가치가 낮다고 하겠다. 사실 소비자는 단순히 가격에 기준하여 구매하는 것이 아니라, 가치에 근거하여 구매하는 것이다.

앞에서도 언급한 바와 같이, 모든 조직은 존재 이유를 갖고 있다. 조직을 만들어서 하고 싶은 일을 한다. 예컨대, 병원은 환자의 병을 잘 고치고 싶어 하며, 백화점은 좋은 물건을 적절한 값에 판매하고 싶어 한다. 이렇게 하고 싶은 일은 남에게 혜택을 베푸는 일이며 또한 가치 있는 일이다. 이것을 짧게 줄여서 가치라고 부른다. 따라서 기업의 존재 목적은 가치 창출이며, 소비자들은 창출된 가치를 구매하는 것이다.

그러면 가치는 어떻게 창출되는 것인가? 간단히 말해서 가치 창출은 기업이 제품이나 서비스를 생산하고 소비자들에게 판매함으로써 발생한다. 기업이 제공한 제품이나 서비스를 소비함으로써 발생하는 가치에는 직원 가치, 고객 가치, 기업 가치 등 세 종류가 있다. 가치의 사전적 의미는 '특정 대상이 소중히 여기는 믿음'이다. 즉, 직원 가치는 직원 또는 구성원이 소중히 여기는 믿음이고, 고객 가치는 고객이 소중히 여기는 믿음이며, 기업 가치는 기업이 소중히 여기는 믿음이다. 조직의 존재 이유는 본질적으로 말해서 이러한 가치 창출에 있다.

5.2 직원 가치

기업에서 직원들은 제품이나 서비스를 생산하고 판매하는 역할을 직접 혹은 간접으로 담당한다. 직원 가치는 직원들이 업무 프로세스 중에서 소중히 여기는 가치이다. 현대는 경쟁이 심화되고, 소비자의 욕구가 다양하고, 그리고 상품 회전 주기가 빨라지고 있다. 제품이나 서비스를 출시한다고 해서 무조건 팔리는 시대가 아니다. 소비자가 진정으로 원하는 것을 파악하여 그것을 상품화하는 능력이 요구된다. 이러한 소비자의 욕구를 파악하는 원동력이 **직원 가치**이다. 특히 서비스업의 경우에는 사람 간의 상호 작용이 일어나면서 가치가 창출되므로 직원의 교육·훈련과 헌신적인 노력이 중요하다.

직원의 가치를 수학 방정식으로 표현하면, 가치 창출 활동을 위하여 시간과 노력을 들이면서 상대적으로 얻는 물질적, 정신적 보상이 된다. 보상(효익)이 뒤따르는 헌신(희생)은 감내할 만하다. 단, 그 효익이 희생보다 커야 직원은 가치를 느끼고 일할 맛을 느끼는 것이다. 직원 가치의 방정식은 다음과 같다.

$$\text{직원 가치} = \frac{\text{업무 수행 능력} + \text{작업장 품질}}{1 \div \text{임금} + \text{직무 접근 비용}}$$

직원은 업무 수행 능력과 함께 좋은 분위기의 작업장을 원한다. 그리고 많은 임금과 적은 비용을 들여서 직무에 임하고 싶어 한다. 직원들이 일반적으로 원하는 것은 일에 대한 흥미와 기술, 장래성, 건전한 조직 문화, 급여 등이 된다. 이 직원 가치는 직원의 생산성, 만족도, 충성도에 영향을 미친다. 만족한 직원이 고객을 만족시킬 수 있다.

5.3 고객 가치

고객 가치는 고객이 소중히 여기는 믿음이며, 고객이 제품이나 서비스를 구입할 때 느끼는 총체적인 가치이다. 세간에 명품에 대한 선호도가 높은 것은 상대적으로 높은 가격에도 불구하고 높은 가치를 얻을 수 있기 때문이며, 사람에 따라서는 카드 빚이라도 내서 구매하게 된다. 소비자들은 가치가 높아야 만족을 얻게 된다. 마케팅에서 말하기를, 소비자는 감성으로 구매하고 이성으로 합리화한다고 한다. 구매 시에 여러 효익을 감정적으로 확대 해석하며, 구매 후에는 그 만한 가치가 있다고 자기 합리화를 통하여 가격을 이해한다.

고객 가치 방정식을 개발하기 위하여 다음을 생각해 보자. 대체로 소비자는 초기 단계에서 제품이나 서비스의 기능이나 외형적인 모양에 관심을 갖다가, 점차로 결과적인 혜택에 관심을 표명한다. 예를 들어, 어떤 소비자가 나무를 자르기 위하여 톱을 구매한다고 하자. 적절하게 자를 수만 있다면 좋겠다고 생각하면서 톱처럼 생긴 것이면 모두 구매 가치가 있다고 생각할 것이다. 단지 나무를 자르기만 하면 된다고 보기 때문이다. 그러나 나무 자르기에 대한 학습과 경험이 증가하면서 톱 종류에 여러 가지가 있다는 것을 알게 되고, 자신이 결과적으로 목적하는 바를 효과적으로 달성할 수 있는 톱을 구매하고자 할 것이다. 그리고 구매하기 위하여 들인 비용뿐 아니라 시간과 노력도 접근 비용으로 감안하면서, 구매 과정에서 교차되는 감성(프로세스 품질)도 평가할 것이다.

따라서 고객 가치 방정식은 다음과 같다.

$$\text{고객 가치} = \frac{\text{결과} + \text{프로세스 품질}}{\text{가격} + \text{고객 접근 비용}}$$

고객은 제품이나 서비스의 결과와 거래 프로세스에서 느끼는 품질(평판, 편의성, 신뢰성, 친

[도표 1-9] 고객 가치 사고의 개발

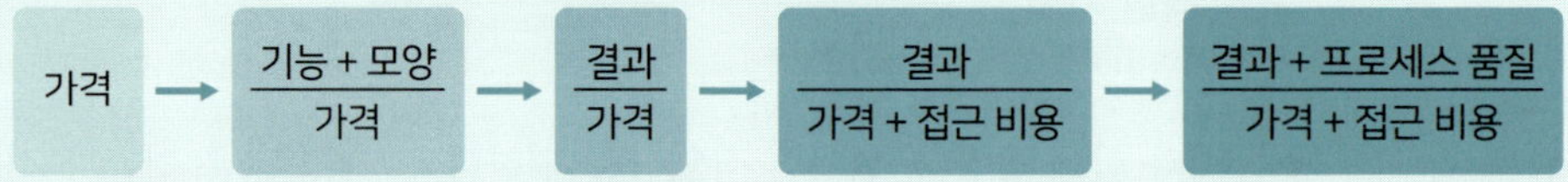

자료: The Value Profit Chain, 2003, p. 47.

절 등)을 극대화하기를 원하며, 가격이나 비용과 같은 희생을 극소화하고 싶어 한다. 이런 경우 고객 가치는 극대화되며, 이것은 고객 만족으로 이어진다. 이러한 고객 가치와 고객 만족에 대한 생각은 기업의 구성원인 경영하는 경영자와 직원들의 창의력과 의욕에서 나온다.

5.4 기업 가치

기업 가치는 기업이 소중히 여기는 믿음이며, 기업은 이익 창출을 중요시한다. 이익은 매출에서 매출 원가를 공제한 나머지이므로, 제품이나 서비스를 생산 판매하는 과정에서 매출은 효익에, 매출 원가는 희생에 해당하는 셈이다. 매출, 매출 원가, 이익은 기업의 중요한 재무제표이며, 이것을 반영한 것이 주가이다. 주가는 그 회사의 자산 가치를 나타내는 것이므로, 기업 가치를 단적으로 반영한다고 말할 수 있다. 예컨대, 어느 기업의 총 발행 주식 수가 100만이라고 하고, 현재 주가가 만 원이라고 하면, 이 회사의 기업 가치는 100억 원이 되는 것이다.

지금까지 직원 가치, 고객 가치, 기업 가치의 순서로 설명하였다. 기업은 성과를 얻기 위하여 가치를 창출하는 것이며, 그 성과는 고객으로부터 직접 얻어진다. 말하자면, 고객이 존재하기 때문에 기업이 존재할 수 있는 것이다. 기업 구성원들의 급여는 고객에게 봉사한 대가로 얻어지는 것이므로 고객이 월급을 주는 셈이다. 그리고 고객 가치는 직원들의 가치로부터 창출되기 때문에 직원들의 능력은 기업 성장에 결정적인 역할을 한다. 이러한 가치들은 연쇄적인 사슬로 연결되어 창출되는 것이다. 그리고 경영자는 일련의 가치 창출 행위에서 주도적인 역할을 담당하므로, 경영자의 리더십은 가치 창출에 지대한 영향을 미친다. 이것을 그림으로 나타내면 [도표 1-10]과 같다.

[도표 1-10]에서 기업 가치가 높으면 결국 그 혜택은 조직 구성원과 고객에게 돌아가는 셈이다. 간단히 말해서, 사업이 잘되면 직원들에게 승진, 칭찬, 좋은 분위기 등의 정신적인 보상이 뒤따를 것이며, 아울러서 월급이나 보너스 등도 더 많이 받을 수 있다. 그리고 고객들은 더 낮은

[도표 1-10] 경영자 리더십과 가치 창출 체인

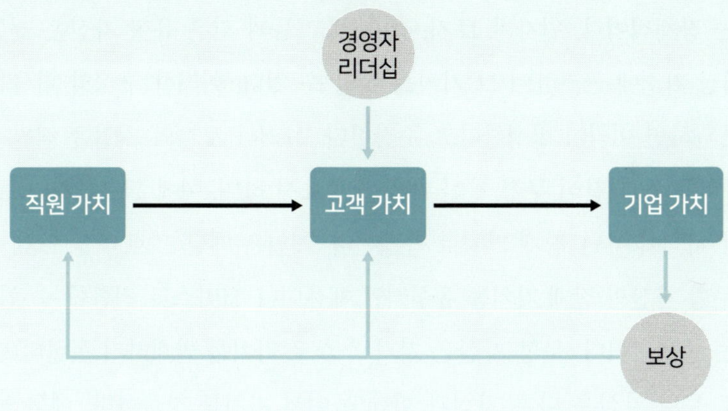

가격으로 더 좋은 제품이나 서비스를 제공받을 수 있다. 이러한 선순환적인 사슬에서 결정적인 역할을 하는 사람이 바로 경영자이다.

과거 기업의 경쟁 우위는 기업 가치로서 유형 자산을 잘 관리함으로써 확보되었다. 그러나 현대의 기업은 무형 자산을 개발함으로써 가치가 창출된다. 여기서 무형 자산이란 조직 구성원의 기술과 지식, 조직 구성원을 지원하고 고객 및 협력 업체를 기업에 연결시키는 정보 기술, 그리고 개선, 혁신, 문제 해결을 촉진시키는 조직 문화 등을 말한다. 지금까지 설명한 가치의 특성은 다음과 같다.[3]

첫째, **가치는 간접적이다.** 지식과 기술과 같은 무형 자산은 재무 성과에 직접적으로 영향을 미치지 않는다. 두 개 내지 세 개의 중간 단계를 거친 인과 관계를 지난 후에 성과가 나온다. 예컨대, 직원 교육은 서비스 품질 향상에 영향을 미치며, 이것은 더 높은 고객 만족을 가져온다. 높은 고객 만족은 고객 충성을 가져오며, 이것이 기업 수익과 이익을 증대시킨다. 이와 같이 재무 성과와 직원 교육 간에 인과 관계가 있음에도 불구하고 몇 개의 다리를 건너는 동안에 직원 교육의 중요성이 잊혀지기 쉽다.

둘째, **가치는 상황적이다.** 무형 자산의 가치는 조직의 상황과 전략에 따라 달라진다. 예를 들어, 홈쇼핑이나 이동통신 회사에서는 고객 관계를 개발하고 관리하는 것이 매우 중요하여 이

[3] The Strategy-Focused Organization, 2001.

러한 기술을 갖고 있는 직원이 소중하다. 그러나 학생을 대상으로 하는 식당에서는 운영상의 효율성과 낮은 가격을 중요시하기 때문에 그러한 기술을 갖고 있는 인력을 고용할 필요는 없다.

셋째, **가치는 잠재적이다.** 원자재, 토지, 장비, 재고 등과 같은 유형 자산은 전통적인 회계 처리 방식에서 시장 가격에 근거하여 그 가치를 정할 수 있다. 이러한 구식의 회사는 시장 가격이 획득 원가를 초과하면 이익이 발생한다고 주장한다. 그러나 오늘의 기업은 직원 교육이나 데이터베이스 구축 비용 등과 같이 무형 자산 개발을 중요시 하며, 이에 필요한 원가를 계산한다. 무형 자산은 시장 가격이 아닌, 잠재 가치로 측정된다. 기업은 배달 프로세스, 고객 서비스 프로세스 등과 같은 무형 자산의 잠재 가치를 유형적인 제품이나 서비스로 전환할 수 있어야 한다.

넷째, **가치는 종합적이다.** 무형 자산은 자기 스스로 가치를 발휘하지 못한다(단, 브랜드는 예외). 일반적으로 무형 자산은 다른 자산과 함께 묶여서 가치를 창출한다. 예를 들어, 새롭게 성장 전략을 추구하는 기업은 고객에 대한 새로운 지식, 새로운 교육·훈련, 새로운 조직, 새로운 정보 시스템, 새로운 보상 시스템 등과 것이 필요하다. 이것을 종합적으로 추구해야지, 소수의 것에만 투자한다면 실패하기 쉽다. 가치는 개별적인 무형 자산에 있지 않다. 기업의 가치는 전략과 함께 연결되어 전체 자산을 활용함으로써 일어난다.

제6절 가치 경영의 개념도

다시 한번 강조하면, 조직의 존재 이유는 기본적으로 가치 창출에 있다. 경영은 다른 사람들로 하여금 목표를 달성하게 하는 기술이다. 혼자서 사업을 하는 경우에는 단독으로 알아서 적당히 일하면 된다. 그러나 일단 여러 사람이 모이면 거기에는 일정한 약속과 규칙이 필요하다. 이 약속과 규칙을 준수하기 위해서는 경영 기술이 필요한 것이다.

현대 경영의 기술은 예전의 것과 다르다. 경영자가 가부장적으로 획일적인 명령을 내려서 조직을 경영하는 것은 급변하는 환경에 대응하기 어렵다. 새로운 패러다임이 요구되는 시대가 왔다. 가치 창출을 위해서 전사적인 경영을 이해하여야 한다. 즉, 조직의 통합적인 개념도를 이해하면서 경영을 하여야 한다. 본 서에서는 이러한 개념도를 설정하고, 이에 따라 가치 창출을 위한 효과적인 경영이 되는 방안을 제시한다.

[도표 1-11]에서 보는 바와 같이 조직은 직원 가치, 고객 가치, 기업 가치, 사회적 가치 등을 창출하기 위해 **목적**(Purpose), **조직 구성원**(Personnel), **제품/서비스**(Product/Service), **프로세스**(Process), **고객**(People)을 포함한 **5P** 문제를 다룬다. 이를 차례로 설명하면 다음과 같다.

[도표 1-11] 가치 경영의 개념도

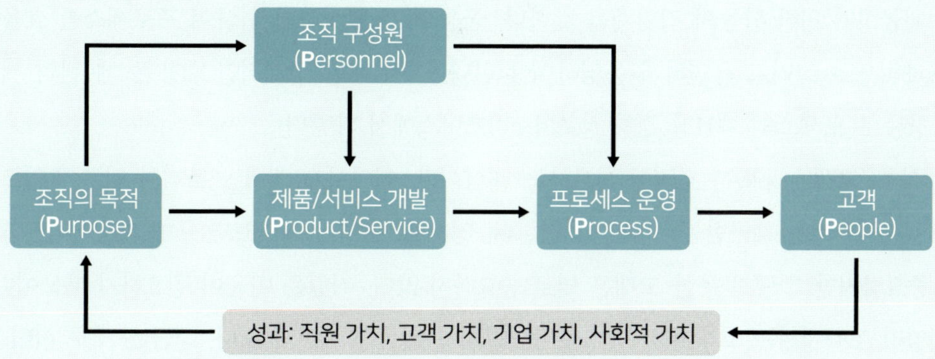

첫째, 조직의 **목적**(purpose)을 설명하여 보자. 조직의 존재 이유인 목적은 가치 창출에 있다. 조직은 자신의 목적에 합당한 가치를 창출하기 위하여 정체성을 가져야 한다. 이를 위해서는 경영 환경을 파악하고 전략 경영 마인드를 통하여 고객 만족과 세계시장에 눈을 돌려야 한다. 그리고 윤리 경영으로 사회적 책임을 완수하는 조직체가 되어야 한다. 조직의 목적은 제1편에서 다루기로 한다. 이는 제1장 경영과 가치, 제2장 윤리 경영과 ESG, 제3장 경영 전략에서 각각 다룬다.

둘째, 경영은 **조직 구성원**(personnel)으로 하여금 조직을 갖추어서 목표를 달성하게 하는 것이다. 조직 구성원들의 동기 부여나 리더십은 건전한 기업 문화를 조성하며, 고객에게 가치를 창출하는 원천이다. 이 내용은 제2편의 제4장 조직 구조와 조직 문화, 제5장 리더십, 제6장 인적 자원 관리에서 다룬다.

셋째. 조직은 자신의 **제품/서비스**(product/serevice) 산출물을 무엇으로 할 것인가를 결정하고 개발한다. 제품의 경우에는 자동차, 냉장고 등과 같은 하드웨어적인 생산물이 되며, 서비스의 경우에는 진료, 교육, 행정 등과 같이 소프트웨어적인 생산물이 된다. 전자는 제조업이 되며, 후자는 서비스업에 종사하는 기업이 된다. 생산은 가치를 창출하는 활동이며 제품과 서비스 모두가 도구로서 포함된다. 그리고 제품이나 서비스를 상품화하려면 집중적인 연구·개발이 필요하다. 이 내용은 제3편의 제7장 제품, 제8장 서비스, 제9장 제품과 서비스 개발 등에서 각각 다룬다.

넷째, 제품이나 서비스를 제공한다는 것은 단순히 최종 산출물만 판매하는 것이 아니다. 이것을 제공하기 위해서 핵심적인 프로세스와 부가적인 프로세스가 결합된다. 경영을 올바로 알려면 **프로세스**(process) 개념을 이해하는 것이 중요하다. 프로세스는 고객에게 가치 있는 산출물을 제공하기 위한 활동의 집합체를 말한다. 공동 목표 달성하기 위하여 프로세스를 효율적이고 효과적으로 그리고 유연하게 운영하여야 한다. 이에 대한 구체적인 내용은 제4편의 제10장 가치 창출 프로세스와 제11장 경영 정보와 e비즈니스에서 다룬다.

다섯째, **고객**(people)은 조직이 서브하는 대상이다. 여기서 고객이란 조직의 외부에 있으면서 제품이나 서비스를 제공받는 사람을 의미한다. 영리 조직 입장에서 보면 구매 가능성을 지닌 고객이 중요하지만, 그렇지 못한 고객은 별로 중요하지 않다. 기업은 이윤이 필요하기 때문이다. 한편 비영리 조직에서는 고객이 부자인지 가난한지가 별로 중요하지 않다. 그들은 모두 서비스 대상이기 때문이다. 이 문제는 제5편의 제12장 고객에서 다루기로 한다.

이러한 경영의 내부적인 5p 요인은 가치 창출을 위한 경영 목표와 경영 활동을 포함하고 있다. 각 5p 요인은 경영 목표를 달성하기 위하여 시스템적으로 연결되어야 하며, 이를 위해서 경영 활동이 체계적으로 이루어져야 한다. 계획, 조직화, 지휘, 통제의 경영 활동은 경영 전체의 프로세스에서 주기적으로 이루어진다. 부연하면, 조직 목적은 계획 단계에서 잘 수립되어야 하며, 제품/서비스 개발은 계획 단계뿐만 아니라 조직화를 활용하여야 한다. 인적 자원은 조직화와 지휘 활동을 활용하여 목표를 달성하게 한다. 프로세스 운영은 지휘, 통제 등의 활동을 포함한다. 그런데 기업이 이러한 제반 경영 활동을 올바르게 수행하려면 경영 환경, 내부 자원의 분석을 통한 올바른 전략 수립이 우선되어야 한다.

GenAI를 활용한 토의 주제

● 다음 주제에 대하여 적절한 지시문을 만든 후, 여러 GenAI(예컨대, ChatGPT 3.5, Claude 3.5 sonnet, Copilot, Perplexity.ai) 중에서 하나를 선택하여 답변을 구하라.

① 가치 경영 (답변의 예시가 부록 4에 제시되어 있음)

② 경영의 효율성과 효과성

③ 세계적인 경영자

④ 성공적인 경영자의 역량

⑤ 가치에 대한 철학적인 설명

제2장
윤리 경영과 ESG

제1절 윤리의 철학적 이해

제2절 윤리 모형

- **2.1** 공리주의 이론
- **2.2** 도덕적 개인 권리 이론
- **2.3** 사회 정의 이론

제3절 윤리 경영

- **3.1** 윤리 경영이란 무엇인가
- **3.2** 기업의 사회적 책임

제4절 ESG 경영

- **4.1** ESG의 배경
- **4.2** ESG 경영의 기본 요소

제5절 윤리 경영과 ESG 경영의 도전 과제

항공 여행과 탄소 배출

COVID-19 팬데믹 이전에 항공 여행은 전 세계 CO_2 배출량의 약 2.5%를 차지했으나 2050년까지 300% 증가할 것으로 추정된다. 이러한 이유로 유럽위원회(European Commission, EC)는 수년간 교통과 관련된 외부성의 내부화를 평가하고 옹호해 왔다.

2010년에 EU는 항공 부문을 포함시키며 그 영역을 확장한 배출권 거래 제도(Emissions Trading System, ETS)를 시행했다. 항공을 위한 ETS는 EU 및 유럽 경제 지역(European Economic Area, EEA) 회원국 간에 이동하거나 해당 국가로 들어오고 나가는 모든 비상업 운영자에게 자신들의 CO_2 비행 배출량을 모니터링하고, EU 내에서 1,000톤 이상의 CO_2를 배출하는 경우 그 비행에 해당하는 탄소 배출권을 구매하도록 요구했다.

2019년에 네덜란드, 독일, 프랑스, 스웨덴, 이탈리아, 벨기에, 룩셈부르크, 덴마크, 불가리아의 재무부 장관들은 유럽위원회에 항공기의 CO_2 배출을 상쇄할 수 있는 조치를 도입할 것을 요청했다.

컨설팅 기관인 CE Delft의 보고서에 따르면 항공 부문에 대한 세금 면제는 항공편 수를 증가시키고 세금 부과는 평균 티켓 가격을 10% 상승시키며, 승객 수요를 11% 감소시켜 CO_2 배출을 11% 줄일 수 있다고 한다.

한편 스웨덴과 프랑스는 독자적으로 행동했는데(Stokel-Walker 2019) 스웨덴은 2018년 모든 항공 승객에게 6달러에서 35달러의 탄소세를 도입했다. 프랑스의 경우, 세율이 여행 등급과 승객의 최종 목적지에 따라 달라지는데 최저 등급의 여행을 하는 승객은 낮은 세율을 지불하고, 다른 모든 항공 승객은 높은 세율을 지불해야 한다. EEA 및 스위스로 가는 승객은 현재 승객당 3.25달러(낮은 세율) 또는 25달러(높은 세율)를 부과받는다. 그 외의 모든 목적지로 여행하는 승객은 승객당 9.30달러(낮은 세율) 또는 76.50달러(높은 세율)를 지불한다. 프랑스 정부는 '친환경세(eco-tax)'가 항공편으로부터 연간 2억 2천만 달러를 조성될 것으로 추산하며, 이 자금은 교통부에 따라 기차와 같은 다른 더 환경친화적인 교통 수단에 투자될 것이다.

에어프랑스(Air France)는 친환경세로 인해 회사가 매년 약 6천만 유로의 추가 비용이 발생할 것으로 예상하고 있으며, 이는 보다 효율적인 항공기를 구매하기 위한 정부와 협상 방안으로 간주하고 있다. 또한 승객들은 세금으로 인한 티켓 가격에 대한 민감도는 상대적으로 낮으며, 이 세금을 상징적인 첫 단계로 간주하고 있다. 과거에도 정부는 세금을 인상하기 전에 사람들이 정책에 익숙해지도록 환경 관련 세금을 낮게 시작하는 경우가 많았다. 예를 들어, 1996년에 도입된 영국의 매립세는 폐기물 1톤당 7파운드에서 시작하여 나중에 12배로 증가했다.

2021년 프랑스 의원들은 기차와 항공으로 2시간 반 이내에 갈 수 있는 행선지의 항공편을 종료하는 법안에 통과시켰고 2022년 12월에 이 조치는 유럽위원회에 의해 공식적으로 승인되었다. 하지만 프랑스가 항공편을 기차로 대체한 첫 번째 국가는 아니다. 2020년 오스트리아 항공은 정부의 구제 금융을 받고 탄소를 줄이라는 요구를 받은 후 빈과 잘츠부르크 간의 항공 노선을 기차로 대체했다.

제1절 윤리의 철학적 이해

윤리(倫理)란 행위의 옳고 그름을 판단하는 규범이다. 이것은 협의의 행위원리인 도덕과 거의 같은 의미이며, 사람과 사람의 관계를 규정하는 원리 내지는 규칙이다. 윤(倫)에 사람 인(人)변이 있는 것을 보면, 사람들 사이에 지켜야 할 신사 규정으로 보인다. 윤리는 생활이나 행위의 방식을 규정하므로, 필연적으로 가치나 의무와 밀접하게 연결된다. 윤리적인 규범은 사람이 어떤 행동을 할 때 그것이 사회적으로 받아들여질 것인가 혹은 거부될 것인가의 기준이 된다. 예컨대, 정치인이 뚜렷한 목적 없이 기업으로부터 선거 자금을 강요하는 것에 대하여 국민은 납득하지 못한다. 따라서 이러한 행위는 비윤리적이며 범죄 행위가 되는 것이다. 윤리적인 규범은 사람들로 하여금 사실과 믿음의 차이를 구별하게 해 주며, 그리고 문제 제기를 정확하게 하여 어떤 도덕적 원칙을 어떤 상황에 적용할 것인가를 결정하게 해 준다.

윤리는 현실 도덕의 기준 또는 규범이 되는 인간 행위의 원리이다. 윤리는 도덕적 원칙과 가치관의 기본이 된다. 도덕은 윤리와 거의 비슷한 의미를 가지고 있다. 그러나 도덕이 사회적 사실의 관점에서 구성원들 간에 일반적으로 승인된 규범이며, 동시에 개인적으로도 적용되는 규범이라는 점에서 윤리와 다르다. 도덕적 원칙은 공정하게 적용될 수 있는 일반 행동규칙이다. 예를 들어, 남의 물건을 마음 속으로도 탐내지 않는 것은 윤리적으로 당연한 것이며, 남의 물건을 도둑질 하지 않는 것은 도덕적으로 옳은 일이다. 도덕이 관습이나 종교와 결합되면 외부로 강제적인 힘을 나타내지만, 지역, 민족, 시대 등에 따라 다르다. 이것은 사회에서 중시되어 보존되며, 어느 한 개인이 만들거나 변경할 수 없다.

기본적으로 올바른 윤리관은 정직성에 기초한다. 정직은 윤리적·도덕적 행위의 기본 가정이며, 동시에 필수 요건이다. 정직성이 확보되어 있어야 타인에게 해가 되지 않으며 도움이 되는 일을 하게 된다. 윤리관이 충만한 경영자는 법이나 정부 규정에서 제시하는 기준보다 더 성실하게 업무를 수행하며, 조직 구성원들은 편협한 경제적이익 그 너머의 것을 추구하게 된다. 앞 사례의 유한킴벌리는 윤리적이며 사회적 책임을 기꺼이 지는 기업으로서 많이 취업 예정자들이 일하고 싶어 하는 직장이다.

기업의 윤리 준수는 자율성에 근거한 자유 의지로 자신의 행위를 결정할 수 있어야 한다. 자유와 책임은 동적의 양면과 같은 것으로서 자유에는 책임이 뒤따라야 할 것이다. 기억은 경영자의 윤리적 의사에 따라 운영되어야 하므로, 무비판적으로 환경의 변화에 적용하려는 전략·정책은 책임이나 도덕성이 결여된 것이다. 개인과 마찬가지로, 자율적인 제도로서의 기업에게도 엄격한 윤리성, 도덕성이 요구된다.

그리면 윤리적 행동은 나라마다, 기업마다, 부서마다, 개인마다 어떻게 해서 다르게 나타나는 것인가? 개인이나 조직의 윤리적 행동에 영향을 미치는 요인들은 무엇인가? 네 가지로 살펴보자.

첫째, 사회규범과 문화가 윤리적 행동에 영향을 미친다. 윤리가 무엇인가에 대한 정의는 대부분 행동이 일어나고 있는 사회에서 내려진다. 신문과 방송에서 보도되는 사건과 견해는 국민들이나 특정 집단 사이에서 공개적으로 판단이 내려진다. 예를 들어, 정치인들의 정치 현금 모금 행태에서 범죄 행위에 가까운 행동에 대한 보도는 국민들에게 윤리적으로 많은 영향을 미친다. 또한 신용불량자에 대한 채무 감면에 대한 보도도 마찬가지이다. 특히 뉴스 보도에서 부정적인 사건을 많이 다루게 되면 마치 사회가 온통 악으로 가득 차있는 것처럼 보이고, 급기야는 모방 범죄가 발생하거나, 도덕적 양심이 무너지는 경우가 발생한다. 사회적인 아노미 현상이 일어나는 것이다. 반대로 선행에 대한 뉴스보도는 사람들에게 자신의 양심을 다시 한번 되돌아보게 하고, 자숙하게 만든다.

둘째, 법과 제도가 윤리적 행동에 영향을 미친다. 법이란 간단히 말해서 법원에서 강제화된 사회 가치나 기준이다. 즉, 법적인 제재 대상이 되는 사회적 가치와 규범이다. 그렇지만 합법적인 행동이 반드시 윤리적이지 않을 때도 있다. 예컨대, 불경기가 도래하였다고 직원들을 해고하는 것이 불법은 아니지만, 윤리적으로 문제가 있을 수 있다. 직원들에게 잘했다고 평가할 때에는 언제이고, 지금 와서 그들을 해고하는 것인가? 해고할 때에는 충분히 솔직하게 설명하고, 그들의 앞날이 불안하지 않도록 보살펴 주는 것이 윤리적일 것이다. 이렇게 해고당한 사람들은 기업 밖에서도 그 기업의 명성을 지켜줄 것이다.

정부에서는 공무원들의 윤리의식을 높이기 위하여 50만 원 이상의 선물은 받지 못하도록 하는 법을 제정하여 시행하고 있으며, 그 이상을 초과하는 경우에는 신고하도록 되어 있다. 과연 그들은 이 법을 지킬 윤리적 힘이 있는가? 많은 정치인들로 야기된 비윤리적인 사회 분위기는 개인적인 윤리 행동에 제약을 줄 수도 있다. 그리고 외국에서 기업을 하는 경우에는 국가마다 다르게 적용되는 법을 우선적으로 준수하여야 한다. 이렇지 못한 경우에는 비윤리적인 기업으로 낙인찍힐 위험이 높다.

셋째, 조직 관행과 문화는 윤리적 행동에 영향을 미친다. 특히 기업의 최고 경영자의 의지가 나타나는 공식적·비공식적 지시, 정책, 윤리 규정, 연설 등은 전체 조직에 영향을 미친다. 그리고 조직 문화, 리더십, 보상 제도, 업무 실행 방식 등은 구성원 행동에 공식·비공식적으로 영향을 미친다. 예컨대, 기업에서 명확한 윤리 규정을 강조하고 준수할 것을 강력하게 요구하면 구성원들은 그렇지 않은 경우보다 훨씬 더 윤리적이 된다. 근래의 많은 기업들은 윤리에 대한 기본적인 자세로서 윤리 규정을 제정 실천하려고 노력하고 있다. 이에 대한 대표적인 기업의 예로는 IBM이 있는데, 이 회사는 사원 교육과 윤리 규정 준수를 철저히 하여 다른 기업에 모범이 되고 있다. IBM의 윤리 규정을 살펴보자.

① 지역사회, 국가, 세계의 좋은 시민으로서의 역할을 다하도록 힘쓴다.
② 페어플레이 정신에 입각해서 경쟁 상대를 존중하고 활발하게 경쟁한다.
③ IBM의 시설이 있는 지역에서는 주민이 일하고 생활하는 데 적합한 환경 조성을 적극 원조한다.
④ 사회의 향상에 진력하는 것은 기업의 의무이다.
⑤ 모든 사업 분야에서 인종, 국적, 피부색, 신념, 연령, 성별에 관계없이 기회 균등을 실현하도록 적극 노력한다.

다음은 공정한 거래에 대한 윤리 규정이다.

① 거래 업체의 선정은 제품이나 서비스의 질, 상대적인 신뢰성, 가격을 고려한 다음에 한다.
② 계약 이후에는 IIBM과 거래선 쌍방의 정당한 이익을 고려하여 성의를 가지고 계약을 이행한다.
③ 거래선이 과도하게 IBM에 의존하는 것을 피한다(30%가 한계).

조직이 좀 더 윤리적이려면 윤리 규정을 잘 준수하는 조직 구성원들에게 공식적인 보상을 해 주어야 한다. 상사와 부하 간의 관계에서 자칫 윤리성이 무너지는 경우도 있다. 상사가 무능하거나 혹은 목표를 과도하게 설정하는 바람에 비도덕적인 사태가 오기도 한다. 조직에서 소위 밀고(whistle-blowing)를 어떻게 다루느냐에 따라 조직 문화가 달라지게 된다. 문제가 있을 때에는 자체적으로 해결하게 하는 것이 가장 바람직하지만, 최고 경영자는 원활한 의사소통의 측면에서 용기 있는(때로는 아닐 수도 있음) 밀고에 대하여 현명하게 대처하는 것이 중요하다.

넷째, 개인 관점은 윤리적 행동에 영향을 미친다. 개인들은 옳고 그름에 대한 자신만의 가치관과 감각을 가지고 있다. 예컨대, 시험장에서 부정행위가 윤리적으로 옳지 않다 하더라도, 주위 사람이 부정행위를 하고 있는데 나라고 예외인가 하면서 부정행위를 합리화하는 경우도 있다. 이것은 공정하지 않기 때문에 당연히 비윤리적이다. '아무도 보는 사람이 없을 때 나는 무엇을 하고 있는 사람인가?'에 따라서 그 사람의 윤리의식 수준을 가늠해 볼 수 있다. 윤리성 제고에는 개인적인 용기와 학습이 필요하다. 윤리의식은 어릴 때부터 학습되어야 하며, 성인이 되어서도 매일 연습을 하여야 한다.

제2절 윤리 모형

사람들은 각자 무엇이 옳고 그른가에 대한 판단력이 있다. 윤리적인 갈등에 직면하였을 때 개인들의 판단력이 무엇에 근거하는가를 살펴보는 것은 흥미로운 일이다. 여기에는 공리주의 이론, 도덕적 개인 권리 이론, 사회 정의 이론 등 세 가지가 있다.

2.1 공리주의 이론

공리주의(utilitarianism)란 '사람들은 대다수에게 유익하게 행동하여야 한다'라는 철학 이념이다. 다수에게 최대 선을 베푸는 것이 윤리적이라는 이념이다. 반대로 어떤 행동이 대다수의 사람들에게 불리하면, 그것은 윤리적으로 옳지 않다는 것이다. 이 이념을 신봉하는 사람은 비록 소수가 희생하더라도 대다수의 이익을 위하는 일이라고 믿으면 그렇게 행동에 옮기기 십상이다. 이 이론의 특징 중 하나는 행동과 결과에 있으며, 동기 부여에 대해서는 관심이 없다는 것이다. 조직의 목적 달성을 위해서는, 갈등 시에 경영자나 조직 구성원 모두 개인적인 이익을 구하지 말아야 한다. 예컨대, 구매 부서에서 협력 업체 부품의 가격이 비싸도 품질 면에서 최상이라면, 기업 전체의 장기적인 이익을 위하여 계약을 체결할 수 있어야 한다.

공리주의 경영자들은 조직의 목적 달성이 주요 관심사이다. 그들은 경쟁이 심한 자유 시장에서 기업이 이익을 극대화함으로써 대다수 사람들에게 선을 행할 수 있다고 생각한다. 이익을 내는 기업은 더 낮은 가격으로 더 높은 품질의 제품을 계속 생산 공급할 수 있기 때문이다. 그러나 경제학자 밀튼 프리드먼은 기업이 무제한적으로 경쟁을 하다 보면 결국은 환경 보존의 문제에 봉착하게 된다는 것이다. 따라서 기업은 환경친화적인 경영을 하여야 하며, 이를 위해서 정부가 더 적극적으로 개입하여야 한다고 주장한다.

2.2 도덕적 개인 권리 이론

개인 권리(individual rights) 이론에서는 조직의 의사 결정이 개인의 기본권(생명, 안전, 행복 추구 등)과 일치하여야 한다고 주장한다. 어느 사회이든 외부 환경과 관계없이 사람에게는 기본 인권이 존재하기 때문이다. 따라서 이러한 인권은 자의적으로 빼앗아서는 안 되며, 정부는 특수 상황(예: 전쟁)을 제외하고 적극적으로 보호해 주어야 한다.

개인은 자신의 도덕적 혹은 종교적인 믿음에 저해되는 명령 수행을 거부할 수 있는 권리가 주어져야 한다. 특히 사람들은 언론의 자유와 양심의 자유를 보장받아야 한다. 그들의 비평이 양심적이고 신뢰성이 있고 다른 사람의 권리를 침해하지 않는 한, 다른 사람들의 비윤리성과 비합법성에 대하여 비난할 권리를 가진다. 그리고 개인 사생활에 대한 정보 유출이나 음란물 유통과 같은 것은 법적으로 강한 제재를 받아야 한다. 컴퓨터나 비디오 등의 기술 발달에 따라 건전하고 안전한 사생활 보장이 더욱 요구되고 있다.

2.3 사회 정의 이론

윤리적 활동에 영향을 미치는 것에는 개인의 믿음뿐만 아니라 사회 정의(justice)가 있다. **사회 정의**란 사회 통념의 기준으로 공정하다고 믿는 것이다. 사람들은 자신의 생활이 비교적 공명정대해야 한다고 기대한다. 시험 문제와 채점이 공정해야 하며, 동일한 직무에 대해서 동일한 임금을 받아야 한다고 생각한다. 그리고 사회적으로 공정한 분배가 이루어지기를 바란다. 공정성은 자신의 능력에 적합한 대우를 받아야 한다는 것을 강조한다. 남녀가 동일한 기계를 사용하여 생산성이 같은 데에도 불구하고 임금 차이가 발생한다면, 그것은 윤리적으로 부적절한 것이다. 즉, 공정하지 못한 처사이다.

한편, **평등성**(equality)은 모든 사람에게 생존권을 보장하여 최소 생계를 유지하게 해 주어야 한다는 개념이며, **공평성**(fairness)은 능력을 발휘하도록 누구에게나 기회를 균등하게 주는 것을 말한다. 따라서 기업이 특수한 경우를 제외하고 남녀라는 성별에 따라 입사를 제한하는 것은 공평성에 어긋나는 처사이며, 또한 공정하지 못한 방침이다. 우리나라 기업에서 발생하는 과격한 분규 행동은 많은 사람들의 우려를 자아낸다. 왜냐하면 공정성이나 공평성 문제를 다루어야 하는데, 그릇된 평등성을 주장하는 분규가 종종 발견되기 때문이다.

지금까지 윤리적 판단에 대한 세 가지 이론을 검토하였다. 어느 이론도 최고라고 할 수는 없다. 각 이론은 장단점을 가지고 있기 때문이다. 우리나라 기업들은 대체로 공리주의 이론을 따르고 있어, 생산성 향상이나 이윤 극대화에 많은 관심을 보인다. 반면에 개인 권리나 공정성은 법으로 보호되는 최소한으로 범위에서만 고려할 뿐이다. 유럽의 기업은 대체로 이와 반대이다. 비록 나라마다 그 역사와 문화에 따라서 윤리 판단 기준이 다르기는 하지만, 이러한 특성은 기업 문화와 최고 경영자의 윤리 실천 의지에 따라 강하게 나타난다. 예컨대, 앞서 언급한 유한킴벌리의 경우에는 개인 권리나 공정성에 대한 윤리 실천을 더 강조한다. 세 가지 이론을 모두 수용하여 실천하는 기업은 폭넓은 가치와 믿음을 기업 문화에 접목시킨다면 윤리 경영을 실천할 수 있는 조직이 된다.

제3절 윤리 경영

3.1 윤리 경영이란 무엇인가

기업 윤리이란 기업이 정책, 조직, 행동 등에 적용하는 반드시 지켜야 할 도덕적 기준을 말하며, **윤리 경영**은 기업이 시장에서 질서를 존중하고 사회적 실체로서 권리와 의무를 다하는 경영이다. 간단히 말해서, 이것은 시장 윤리와 사회적 책임을 다하는 경영이다. 최근 우리나라의 많은 기업이 윤리가 경쟁력이라는 사실을 믿기 시작하면서, 삼성, LG, 현대자동차, SK, KT, 교보생명 등을 비롯한 대기업들이 공식적으로 윤리 경영을 선포하거나 윤리 경영 전담 팀을 구성하여 전사적인 차원에서 노력하고 있다. 이러한 노력은 자발적인 것도 있지만, 정부의 방정에 따르는 일시적인 행사에 그칠 우려도 있다. 사실 윤리 경영을 선포하면, 선포 당시에는 기업의 이미지가 오를 수 있으나, 윤리적인 문제가 발생하면 해당 기업에 더 큰 피해를 가져올 수 있다.

그렇다고 해서 우리나라 기업이 윤리 경영를 무시하기에는 세상이 이미 많이 변했다. 기업에 대한 국민의 기대감과 세계화 관점에서 본다면, 기업은 세계적 윤리 표준에 알맞는 행동을 실천하여야 하기 때문이다. 앞에서 이미 설명한 IBM 사례는 우리나라 기업이 어떠한 윤리 경영을 실천하여야 할 것인가를 잘 보여 주고 있다. 윤리 경영의 국제적 동향은 표준화와 의무화가 강화되고 있다는 사실이다. 미국의 뉴욕증권거래소(NYSE) 상장 기업들은 윤리 헌장 제정과 그 실천을 의무화하고 있다. 법원에서는 윤리 경영 기업에 대해서 민·형사상 인센티브를 주고, 그렇지 않은 기업에게는 가중 처벌하겠다는 것이다. 적어도 미국기업에게는 윤리 경영이 덕목이 아니라 필수 과목처럼 되고 있다. 선진국 기업의 적극적인 윤리 경영 제도는 우리나라 기업들도 이에 적극적인 자세로 임하는 계기가 되고 있다.

최근 전국경제인연합(전경련)과 시민 단체에서는 기업마다 윤리 강령을 만들어 임직원 윤리 교육을 강화하도록 요구하고 있다. 전경련은 30대 기업 윤리 담당 임원으로 구성된 기업윤리담당임원협의회와 기업윤리지원센터를 발족했으며, 지식경제부와 합동으로 기업 윤리 경영 성과 지표를 마련하고 윤리 경영 우수 기업을 대상으로 '올해의 기업시민상(Corporate Citizenship)'을 제정하는 등 제도화를 서두르고 있다. 그리고 기업의 최고 경영자와 학계 인사들의 모임인 한국 CEO포럼에서는 기업의 후진적 관행을 고치고 주주 권익 및 기업 가치 중시, 경영 투명성 제고 등 새로운 경영 문화를 실천하기 위한 행동 윤리 강령을 선포하였다. 이 강령은 다음의 실천 내용을 포함한다.

- 주주 권익 및 기업 가치 극대화

- 채권자, 근로자, 고객 등 이해관계자의 권익 보호 및 공존 공영
- 의사 결정 및 집행의 투명성
- 과거 불법적 관행에 대한 거부와 법과 윤리에 맞는 경영
- 경영 체제 선진화 및 글로벌 스탠더드에 맞는 지배 구조

기업은 사람이 모인 유기체로서 부패가 발생할 수 있다. 따라서 이를 강화하는 자체적인 기업 윤리 실천 조직을 갖추어서 적극 대응해야 한다. 이제 우리 기업들도 윤리 경영 정착에 적극 나서고 있다. 예컨대, 삼성은 윤리 지침에 따라 각종 비리에 연루된 임직원의 징계와 협력·납품 업체에 대한 감시를 한층 강화했으며 전 계열사 직원 12만 명을 대상으로 특별 윤리 교육을 실시하고 있다. LG칼텍스정유는 준법감시인제도를 도입해 사내 규정 준수 여부를 점검하고 있다. 고객, 조직 구성원, 주주, 협력 업체, 지역사회 등 기업 경영을 둘러싼 모든 이해관계자의 신뢰를 얻고 이들을 만족시켜야 진정하게 강한 기업이 될 수 있다.

윤리 경영의 성공 여부는 최고 경영자의 의지, 실행 조직, 의사소통과 조직 문화 등이 얼마나 잘 지속되는가에 따라 달려 있다. 최고 경영자는 윤리 과목에서 탁월한 윤리 선생님이 되어야 한다. 그의 윤리 리더십은 전 사원에게 영향을 미칠 수 있는 권한을 가지고 있고, 그에게는 도덕적 용기가 필요하다. 미국의 존슨앤존슨사의 '우리 기업의 신조(Our Credo)'는 고객, 조직 구성원, 지역사회, 주주에 대한 회사의 책임을 강조한다. 1982년 타이레놀 사건(시카고에서 독극물이 첨가된 타이레놀에 의하여 피해자 발생)이 일어났을 때에, 비록 시카고에 국한된 문제이었지만 전 미국의 타이레놀을 수거하여 폐기 처분하였다. 이 회사의 경영층은 사건을 축소 은폐하지 않고, '투명성은 최선의 정책'이라는 신조하에 철저하게 경영 사항을 공개하였다. 이 사건으로 당시에 2억 달러의 손실을 입었지만, 소비자들은 신제품을 다시 구매하게 되었고 이 회사는 연간 매출액 330억 달러와 함께 초일류 기업으로 거듭났다.

윤리 경영은 비록 단기적으로 보면 비용도 많이 들고 가치 창출과 직접적인 관계가 없어 보이지만, 장기적으로 보면 기업의 성장과 무관하지 않다. 더욱이 비윤리적인 기업들은 손실과 함께 생존에도 위협을 받는 사례가 많이 있다. 기업의 궁극적인 사회적 책임은 망하지 않고 계속 기업으로서 고용 증대를 이루어야 한다. 따라서 CEO는 윤리 경영 선포 후에도 지속적인 관심을 가지고, 현장을 순회하여 변화의 필요성과 실천성을 강조하여야 한다. 그리고 윤리 경영 시스템이 구체화되고 있는지 여부를 확인할 필요가 있다. 윤리 경영 시스템은 윤리 강령, 윤리 담당 임원과 전담 조직, 윤리 교육 체계, 감독 기능 등을 포함한다. 기업은 윤리 경영을 통하여 법이나 제도를 준수하며 나아가서 사회적 책임을 다할 수 있다.

3.2 기업의 사회적 책임

국가의 경제 주체인 기업은 기본적으로 이해관계자(stakeholder)에 대하여 책임을 가져야 한다. **이해관계자**란 조직의 의사 결정과 행동에 영향력을 미치는 단체로써 주주(shareholders), 고객, 직원, 노조, 경쟁자, 정부, 채권자, 협회, 주요 공급자 등을 포함한다. 이해관계자의 개념으로 포괄적으로 확장시킨 것이 사회적 책임이다. 기업의 사회적 책임이란 사회 전체의 복지에 대한 기업의 관심을 말한다. 이것은 법적이거나 노사 협의에서 요구되는 수준의 범위보다 더 큰 의무감이다.

여기에는 두 가지 요점이 있다. 첫째, 사회적 책임은 자발적인 것이다. 자유 의지로 자신의 행위를 결정하는 것이다. 이것은 자유와 책임이라는 동전의 양면성을 지닌다. 법적으로 요구되는 공장의 청결이나 공해 방지 시설 설치 및 유지 등은 자발적인 것이 아니다. 그러나 사회적 책임은 어느 누구도 억지로 강요하는 의무감이 아니다. 둘째, 사회적 책임의 의무감은 범위 폭이 넓다. 이것은 기업의 투자자들에 대한 의무를 넘어서서 조직 구성원, 협력 업체, 고객, 지역사회 등으로 확장되는 개념이다.

기업의 사회적 책임 종류에는 **경제적 책임**, **법적 책임**, **윤리적 책임**, **자선적 책임** 등 네 가지를 들 수 있다.

첫째, 기업은 **경제적인 책임**을 져야 한다. 기업은 가치 창출의 경제 주체이기 때문에 사람들에게 일자리를 제공하여 노동의 의미를 알게 해 주어야 한다. 이것이 가장 기본적인 책임이다. 기업을 유지한다는 것은 조직 구성원들을 한 가족처럼 여기며 함께 하는 것이며, 이를 지속적으로 유지하려면 수익성을 높여서 투자자와 조직 구성원에 대해 충분히 보상을 할 수 있어야 한다. 그리고 투자자에 대하여 적절한 배당금을 지급하여야 하며 적어도 이자율 이상의 배당이 보장되어야 할 것이다. 이뿐만 아니라, 신제품이나 서비스를 개발하기 위하여 충분한 연구·개발 자금을 축적하여야 한다.

둘째, 기업은 **법적인 책임**을 져야 한다. 직원에 대하여 법적으로 보장된 고용 법규를 준수하여야 한다. 위생적이고 안전한 작업장을 제공하여야 하며, 정당한 이유 없이 해고할 수 없으며, 언론의 자유나 사생활을 보장해 주어야 한다. 그리고 인간으로서 차별 대우를 해서는 안 된다. 외부 회사와 공정하게 경쟁하여야 한다. 담합이나 속임수로 불공정 거래를 하는 경우에는 법적인 제재를 받아야 한다. 법적으로 세금을 적절하게 냄으로써 지역사회 발전에 기여하는 것도 중요하다.

공급자와 소비자는 기업의 부가가치 사슬에서 한 부분을 차지하고 있기 때문에, 윤리적으로 존중되어야 한다. 공급자에게 부당한 요구를 해서는 안 되며, 납품 검사 결재 과정에서 공정하게 대우해야 한다. 협력 업체와 상호 협력 및 공존 공영의 관계를 유지하면서 품질 안정과 원가 절감을 성취하는 것이 바람직하다. 생산자는 소비자를 보호하여야 하는데, 이를 위해서는 법적으로도 보장되어야 한다. 제조물배상법(product liability, PL)이 한 예이다. PL법은 제품의 결함으로 소비자가 피해를 볼 경우에 제조사가 의무적으로 배상해 주는 제도이다. 이렇게 되면, 소비자 보호 정책은 선진국 수준으로 올라가며, 기업은 품질 개선에 더욱 노력을 기울일 것이다.

셋째, 기업은 **윤리적인 책임**을 져야 한다. 비록 법적으로 공식화되지 않았지만, 사회가 기대하고 요구하는 바를 충족시켜야 한다. 고객, 조직 구성원, 투자자 등 이해관계자들의 기대와 가치에 합당하게 행동할 책임을 말한다. 조직 구성원들은 극한 비밀 사항을 제외하고 모든 것을 공개하여 투명 경영을 하도록 기대한다. 이것은 기업이 많은 성과를 얻었을 때에는 기여한 사람들에게 분배하고, 어려움이 있을 때에는 함께 공동으로 어려움을 분담하는 길이 된다. 이렇게 함으로써 조직 구성원들의 생산성을 향상시킬 수 있으며, 이직 성향을 줄일 수 있다. 이와 동시에, 좋은 품질과 적절한 가격의 제공과 서비스로 고객을 만족시켜야 하는 책임을 가져야 한다. 불만 고객의 요구 사항을 해결해 주는 것은 법적인 문제이기도 하지만, 적극적으로 그들에게 귀를 기울여서 장기적 고객 관계를 유지하도록 한다. 고객은 이것을 기대하고 있다.

기업 전략에서의 윤리 문제는 경영자와 관련된 것이 많다, 앞에서 강조되었지만 경영자는 윤리 강령을 제정하고, 스스로로 모범적으로 준수하는 자세가 요구된다. 그리하여 윤리적으로 건전한 기업 문화가 성숙되도록 노력하여야 한다. 그리고 전략적 의사 결정에 있어, 그 내용은 법을 준수하는 것인가, 그리고 도덕적으로 올바른가 하는 문제를 검토하여야 한다. 상급자인 경영자는 직원이 직무 수행을 통하여 만족을 느낄 수 있도록 직무를 설계하여야 한다. 작업자의 동기 유발, 작업 안전, 작업 능률 등을 높이도록 고안하며, 나아가서 직무 만족을 통하여 생활의 질이 높아지도록 배려하여야 한다.

생산 시스템의 투입 요소 중에서 노동력은 가장 중요하다. 궁극적으로 제품 및 서비스의 창출에는 작업자의 정신과 능력이 관건이 되기 때문이다. 작업자는 예술가적인 기질을 가지고 작업에 임하여야 한다. 자본주의 정신은 근면 노력의 정신이다. 직업 정신이 투철하여 자신이 하고 있는 일이 개인적으로나 집단적으로 얼마나 중요한 일인가를 자신에게 일깨워야 한다. 그리고 직업적인 양심을 성찰하여야 한다. 작업자는 맡은 일에 성심성의를 다하여 근면하고 신뢰감이 가도록 일하여야 한다.

생산 과정에서 알게 된 정보를 외부에 누출하여, 개인의 이익을 챙기는 일은 윤리적으로 거부되어야 한다. 만일 그 정보가 누구나 이용할 수 있는 내용의 기술이라면, 윤리적으로 문제가

[도표 2-1] 기업의 사회적 책임 종류

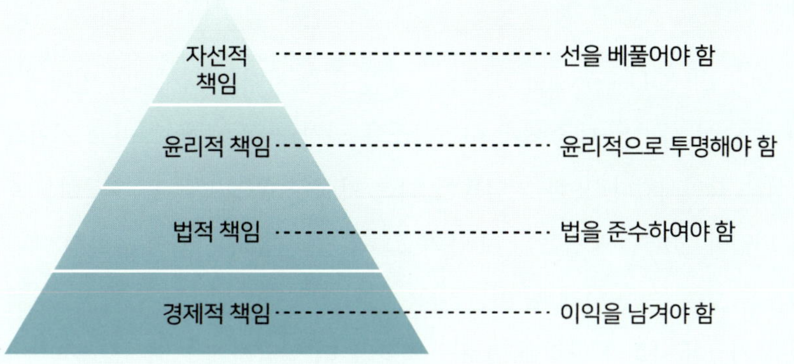

된다고 볼 수 없다. 그러나 기업의 이해에 영향을 미치며, 이것이 사내 비밀로 보안 조치 대상이 되는 경우, 이에 대한 유출은 비윤리적인 행위가 된다. 기술이나 지식이 회사에 속한 것인 경우에는 개인이 유출해서는 안 된다. 하지만 회사에 근무하면서 얻은 관리 기술 또는 경험은 저작권이나 특허로 보호되는 대상이 아니므로, 이에 대한 유출은 윤리적으로 문제가 되지 않는다. 따라서 정보나 기술이 회사에 속하는가 혹은 개인에 속하는가에 따라서 윤리적인 문제가 발생된다고 볼 수 있다.

넷째, 기업은 **자선적인 책임**을 져야 한다. 조직 구성원 중에서 심리적으로 육체적으로 고통을 받고 있는 사람들을 치유할 뿐만 아니라, 그들의 건전한 성장을 도와야 한다. 지역사회의 환경 보호는 법적인 문제이기도 하지만, 그 이상으로 녹색 환경을 유지·발전시키기 위해서 적극 노력하여야 한다. 그리고 양로원이나 고아원처럼 사회의 그늘진 곳에 대하여, 또는 대학에 연구·개발 자금을 기부하는 것은 존경받는 기업이 되는 길이다. 이러한 책임은 박애주의 정신을 나타내는 것이다.

우리나라 기업도 이제는 점차로 기부와 사회 공헌 문화가 일상적인 기업 활동으로 자리잡아 가고 있다. 예컨대, 삼성, 이랜드, 국민은행, 현대자동차, SK, LG 등은 매년 상당한 예산을 외부에 기부하고 있다.

제4절 ESG 경영

4.1 ESG의 배경

2010년 발생한 BP & Deepwater Horizon 오일 유출 사건은 멕시코만 일대에 엄청난 환경적 피해를 가져왔다. 이 사건은 대중에게 비즈니스와 환경 간의 관계, 그리고 기업의 환경에 대한 책임의 중요성을 각인시켰다. 또한 기업들이 지속 가능한 운영 방식을 추구하도록 추진하는 중요한 계기가 되었다. 2015년에 발표된 BP와의 200억 달러 합의는 기업이 환경 재난에 따른 책임을 질 수 있음을 보여 주는 사례로, 이는 다른 기업들에게도 중요한 법적 및 경제적 교훈을 제공하게 되었고 기업이 사회와 환경에 미치는 영향을 더 심각하게 고려하도록 만들었다. 한편, 폭스바겐, GM, 다카타, 도시바 등 여러 대기업도 크고 작은 스캔들에 연루되었으며 소비자의 신뢰를 잃고 법적 처벌을 받았다. 이러한 사건들은 소비자와 투자자들로 하여금 기업의 윤리성과 투명성을 더욱 중요시하게 만들었다.

이러한 배경 가운데, '**의식적 자본주의**(conscious capitalism)'라는 운동이 등장하게 되었는데 이 운동은 기업이 사회적 가치를 창출하고 모든 이해관계자의 이익을 고려하는 방식을 추구해야 한다고 경영 철학이다. 이는 기업이 사회적, 환경적 문제에 보다 적극적으로 참여하고, 지속 가능한 방식으로 사업을 운영하는 것이 장기적인 성공으로 이어질 수 있다고 강조한다. 의식적 자본주의는 단순히 돈을 벌기 위한 수단으로 기업을 보는 전통적인 접근 방식을 넘어서, 기업이 보다 포괄적이고 지속 가능한 방식으로 운영될 수 있도록 변화를 추구해야 한다고 한다. 이러한 접근 방식은 기업이 장기적으로 성공할 수 있는 기반을 마련하고, 동시에 사회적 가치를 창출하는 데 기여하고 있다.

이 모든 과정은 기업이 단순한 이윤 추구의 주체가 아니라, 더 넓은 사회적, 환경적 맥락에서 그 역할을 재정립하고, 이에 맞는 책임을 져야 한다는 것을 강조하는 것이다. 이러한 변화는 단순히 기업 내부뿐만 아니라 규제 기관, 소비자, 투자자 등 다양한 이해관계자들에 의해 추진되어야 하며, 이는 글로벌 비즈니스 환경에서 지속 가능한 발전을 도모하는 중요한 트렌드가 되고 있다.

하지만 기업과 사회의 관계는 여러 분야에서 계속해서 질문과 도전을 받게 되었다. 기업의 지배 구조, 윤리적 행동, 환경 보호, 사회적 책임 등 다양한 이슈가 지속적으로 제기되고 있으며, 이에 대한 해결책 모색이 중요한 과제로 남아 있다.

이렇게 지속 가능한 경제 활동과 기업의 사회적 책임에 대한 인식이 커지면서 ESG의 개념을 형성하게 되었다. **ESG**란 **환경**(environment), **사회**(social), **지배 구조**(governance)의 첫 글자를 따서 명명된 경영 철학으로, 기업이 단순히 이윤 추구를 넘어서 환경 보호, 사회적 책임, 투명한 경영을 실천하며 지속 가능한 발전을 추구하는 것을 말한다. ESG의 개념은 2004년에 유엔의 이니셔티브를 통해 확대되었고, 이는 나중에 유엔책임투자원칙(UNPRI)으로 발전했다. 이 책임투자원칙에서는 금융 기관들이 지속 가능한 금융 시장을 위해 장기적인 투자 내용과 수익을 고려하도록 촉구하고 있다. 이러한 배경에서 금융 기관들은 ESG 요소를 투자 결정 과정에 점점 더 통합하고 있고, 이는 투자 위험을 줄이고 지속 가능한 수익을 추구하는 방법으로 간주하게 되어 ESG는 기업과 투자자의 의사 결정에 있어서 점점 더 중요한 요소로 자리를 잡게 되었다. 그뿐만 아니라 ESG는 환경 보호, 사회적 책임, 그리고 기업 거버넌스의 질을 평가하는 주요 기준으로 자리 잡았으며, 이는 기업의 장기적 성공과 직결되는 중요한 요소로 인식되기 시작했다.

궁극적으로 ESG는 환경(environmental)적 관점에서 기후 변화에 대응하고, 자원을 지속 가능하게 사용하며, 환경을 보호하는 행동이 기업 평가의 중요한 부분으로 자리매김하게 하였다. 사회적(social)으로는 기업이 직원의 안전과 건강을 보호하고, 지역사회와 긍정적인 관계를 유지하며, 인권을 존중하는 것이 중요하게 평가되는 데 주요한 역할을 했다. 또한 지배 구조(governance) 측면에서는 기업이 투명하고 책임 있는 방식으로 운영되어야 하며, 이는 주주와 이해관계자 모두의 이익을 보호하는 데 필수적이라고 강조한다.

다음은 ESG가 대두되게 된 주요 형성 배경 요인이다.

- **환경 문제의 인식 증가**: 21세기에 접어들면서, 지구 온난화, 생태계 파괴, 자원 고갈 등 환경 문제가 세계적으로 주목받기 시작했다. 이러한 문제들이 기업 활동에 의해 촉진되는 경우가 많음에 따라, 환경 보호를 기업 운영의 중요한 부분으로 통합할 필요성이 대두되었다.
- **사회적 기대의 변화**: 기업의 영향력이 커짐에 따라, 그들의 사회적 책임도 더욱 중요해졌다. 인권, 노동 조건, 소비자 보호 등에 대한 사회적 관심이 높아지면서 기업들도 이런 요구에 부응해야 하는 압박을 받게 되었다.
- **기업 지배 구조에 대한 관심 증가**: 많은 스캔들과 부정행위가 발생하면서, 투명하고 책임 있는 기업 운영의 필요성이 강조되었다. 이로 인해 기업의 지배 구조를 개선하려는 노력이 확산되었다.
- **지속 가능한 개발의 중요성 인식**: 유엔이 제시한 지속 가능한 개발 목표(SDGs) 등 국제적인 노력이 기업들에게도 영향을 미쳤다. 이는 기업들이 경제적 성과뿐만 아니라, 사회적, 환경적 성과에도 기여하도록 동기를 부여했다.

- **투자자의 관점 변화**: 투자자들이 단순히 재무적 수익뿐만 아니라 사회적, 환경적 가치를 창출하는 기업에 투자하는 경향이 증가하면서, 기업들은 ESG 요소를 적극적으로 고려하기 시작했다. ESG가 높은 기업들은 장기적으로 더 안정적인 수익률을 보일 가능성이 높다는 연구 결과도 이러한 변화를 지지한다.

이와 같은 다양한 배경 요인이 결합되어 ESG 개념이 기업 경영의 중요한 요소로 자리잡게 되었으며, 이제는 전 세계 기업들의 주요 의사 결정 과정에서 고려되는 필수적인 요소가 되었다.

4.2 ESG 경영의 기본 요소

현재 **'E'**, **'S'**, **'G'** 정의 아래에 어떤 요인이 포함되는지에 대한 보편적인 표준은 없으며, 이들 요인은 서로 겹칠 수 있다. 예를 들어, 동물과 동물 복지는 환경 요인과 사회 요인 모두에서 고려될 수 있다. 이러한 요인들이 어떻게 분리되는지는 그것을 정의(예를 들어, ESG 프레임워크)와 그들의 이해관계자에 따라 다르다. [도표 2-1]는 ESG 요소 정의 및 각 요소별 주요 이슈들을 보여 주고 있다.

(1) 환경적 요소

ESG에서의 환경적 요소는 넓고 광범위한 영역에 영향을 미친다. ESG의 **'E'**는 **'환경**(environment)'을 가리키며, 주된 기준은 다음과 같다. ① 인간 활동이 기후 변화의 주된 원인이며, 이제 행동을 취하지 않으면 시간이 부족하다는 데 대한 일치된 의견, ② 오염과 쓰레기에 대한 불쾌감, ③ 우리의 비위생적인 습관, 낭비적 자원 사용, 비분해성 플라스틱 사용 등이 공중보건을 위협하고, 다른 생명체의 복지나 생존을 위협한다. 이렇듯 오늘날 지구적 환경 위험은 계속해서 중요해지고 있으며, 전 세계적으로 높은 관심을 불러일으키고 있다. 인간의 행동이 지구에 미치는 영향에 대한 이해가 증가함에 따라, 오염과 온실가스의 글로벌 배출을 줄이고, 생명체의 다양성을 보존 및 개선하며, 자원을 더 효율적으로 사용할 필요성에 대한 대중의 인식과 수용이 계속적으로 증가하고 있다. 환경 영향 완화를 위한 조치뿐만 아니라, 변화하는 환경에 적응할 필요성도 점점 커지고 있다. 기후 과학은 계속적으로 발전 중이며 이를 통해 인류가 직면하게 될 되돌릴 수 없게 될 수 있는 부정적 결과에 대한 과정 및 결과들이 속속히 밝혀지고 있다. 환경적 요소 중 특히 기후 변화는 인간의 안녕과 지구의 건강에 위협이 된다. 이에 대한 적응과 완화에 대한 협력적이고 선제적인 글로벌 행동 및 조치가 지연될수록 지속 가능한 미래를 확보는 불투명해질 수 있다.

[도표 2-2] ESG 요소의 범주 및 주요 이슈

구분	환경적 요소	사회적 요소	지배 구조
범주	자연 환경과 관련된 요소들로 재생 가능 자원 및 비재생 가능 자원의 사용 및 상호 작용이 포함하고 있음.	인간의 삶에 영향을 미치는 요소들로 인적 자본의 관리, 비인간 동물, 지역사회 및 고객들이 이 범주에 포함됨.	국가나 지방 자치단체와 관련된 이슈들이나 특정 산업의 통상적인 관행, 그리고 넓은 범위의 이해관계자 그룹들의 이해관계에 연관된 요소들.
주요 이슈	• 기후 변화 • 자원 고갈 • 폐기물 • 오염 • 삼림 파괴	• 인권 • 현대 노예제 • 건강 및 안전 • 근무 조건 • 직원 관계	• 뇌물 수수 및 부정부패 • 경영진 임금 • 이사회의 다양성과 조직 구조 • 무역 단체, 로비 활동, 기부금 • 세무 전략

이는 다음과 같은 과제를 기업에게 요구하게 되었다. ① 지구적 관점을 취하고, 자신의 행동으로 인한 장기적인 결과를 인식하고 개선해야 한다. ② '지속 가능하지 않은' 방법을 중지해야 한다. ③ 자신에게 도전적인 목표를 세우고 그 목표 달성을 위한 진행 상황을 계속해서 알려야 한다.

이 절에는 환경적 위험과 기회를 평가할 수 있는 중요한 환경적 요소들, 특히 기후 변화, 오염, 및 생태계 파괴와 같은 주된 요인들에 간략히 다루고자 한다.

기후 변화

기후 변화는 다양한 요소와 밀접하게 관련되어 있다. 예를 들어, 토지 이용 변화나 과도한 비료 사용 같은 활동들이 기후 변화를 유발하거나 기후 변화로 인한 문제를 악화시키는 경우(예: 해양 산성화)가 있다. 기후 변화와 관련된 경계를 초과하는 것, 즉 대기 중의 탄소 농도가 350ppm을 넘어 현재 약 420ppm에 도달하였고, 그 변화의 속도가 매우 빠르며 이러한 상황은 모두 예전에는 없던 일로, 극단적인 기상 패턴을 초래하고 있다.

이 경계를 넘어서면 위험성과 불확실성이 증가하는 영역이 존재한다. 물론 기후 모델링의 정교함과 능력이 점점 발전하고 있지만, 아직 실행되지 않은 행동과 정책 결정의 미정된 결과로 인해 어느 정도의 불확실성이 여전히 존재한다. 한편으로는, 투자자들이 불확실성을 헤쳐 나갈 수 있도록 돕는 기법과 관행(예: 미래 시나리오의 비용과 이득에 확률을 부여하고 이를 적절히 할인하는 방법 등)을 환경 결정을 위한 특정 분야로 확장할 수 있다. 다른 한편으로는, 체계적이며 다변화할 수 없고, 잠재적으로 치명적인 위험의 가능성은 충분한 증거나 완전한 정보가 없는 상황에서 내려져야 하는 예방적 판단의 중요성을 부각시킨다.

유엔기후변화협약(UNFCCC)에 의하면 기후 변화는 '인간 활동에 직접 또는 간접적으로 기인하여, 전 세계적인 대기의 조성을 변화시키고, 비교 가능한 시간 동안 관찰된 자연 기후 변동성에 추가되는 기후 변화'로 정의된다. 기후 변화와 자연 손실은 현재 우리가 직면한 가장 복잡한 문제 중 두 가지로, 지역적으로 나타나는 현상(예: 빈번하고/또는 강도가 더 센 열대성 사이클론 같은 극단적인 기상 이변)과 전 지구적인 영향(예: 세계 평균 온도와 해수면 상승, 식량 불안정)이 있으며, 이는 시간이 지남에 따라 심화될 것으로 예상된다. 지구는 균일하게 더워지지 않는다. 예를 들면 북극은 전 세계 평균보다 세 배 빠른 속도로 데워지고 있으며(북극 모니터링 및 평가 프로그램 2021), 육지는 바다보다 빠르게 데워지고 있다. 또한 지구의 대기 및 해양 순환 패턴은 복잡해지고 이해되지 않은 방식으로 시시각각 변화하고 있다.

인간 활동에 의한 지구 온난화의 주된 원인은 온실가스(GHGs) 배출량의 증가다. 이는 보이기는 하지만 잘 보이지는 않는 색조 창문과 유사하게 작용한다. 온실가스는 태양에서 오는 가시광선이 지구 표면에 도달하도록 허용하면서도, 지구에서 반사된 일부 적외선 복사가 우주로 빠져나가는 것을 방지하고 지구로 다시 반사시킨다. 이러한 현상은 지구의 거주 가능성에 결정적인 역할을 하는 온난화 효과를 생성하며, 만약 대기 중에 온실가스인 수증기나 이산화탄소가 전혀 없다면 지구의 평균 온도는 약 25℃ 낮아져서 지구가 전체적으로 얼음으로 덮일 것으로 예상된다. 또한 이산화탄소의 농도가 대기 중에서 상당히 높아졌기 때문에 지구 온난화를 가속화하는 주된 원인 중 하나로 여기고 있다. 현재 이산화탄소의 농도는 인류가 출현하기 수천 년 전 이후로는 볼 수 없었던 수준에 도달했다. 이러한 대기 중 CO_2 증가의 대부분은 산업 혁명 이후 화석연료의 가속화된 연소와 관련이 있으며, 17세기 후반 이후 발생한 CO_2 배출량의 절반 이상이 지난 30년 동안에 일어났다.

하지만 기업과 사회는 주요 환경 요인을 이해하는 데 있어, 기후 변화 및 지속 가능하지 않은 천연자원의 무분별한 사용과 생산 등 특정 이슈들과 기업 활동, 소비 패턴, 투자 요구가 자본시장에 미치는 부정적인 영향들에만 주목하고 있다. 그러나 기업과 기업 활동이 얼마나 정상적으로 작동하는 생태계 시스템에 의존하고 있는지에 대한 이해는 상대적으로 부족하다. 이는 자원의 가치를 평가하고 측정하는 데 있어 이런 해로운 결과들이 사업 비용에 완전하게 포함되지 않았기 때문이다. 이 같은 비용들이 기업이나 투자자들에 의해 완전히 내부화될 경우, 시장에 심각한 혼란이 초래될 수 있다.

환경 오염

오늘날 **환경 오염**은 질병과 조기 사망의 가장 큰 환경적 원인이다. 2017년 10월에 란셋 위원회(Lancet Commission)가 발표한 오염 및 건강에 관한 보고서에 따르면, 오염으로 인한 질병은 2015년에 추정 약 900만 명의 조기 사망을 초래했으며, 이는 전 세계 사망자의 16%에 해당한다. 이는 에이즈, 결핵, 말라리아로 인한 사망자 수의 세 배이며, 모든 전쟁 및 기타 폭력 형태로 인한 사망자 수의 15배에 해당하는 수치이다(Landrigan et al. 2018).

특히 대기 오염과 수질 오염은 기업의 생산 활동으로 발생하는 대표적인 결과물이다. 대기 오염은 자연환경 또는 기업의 생산 활동에서 발생하는 다양한 유해 물질이 공기 중에 배출되어 공기의 질이 나빠지는 현상이다. 대기 오염은 일반적으로 물리적, 화학적, 생물학적 오염 물질들의 혼합된 결과로 나타나며, 인간의 건강, 생태계, 기후에 심각한 영향을 미칠 수 있다. 일반적인

[도표 2-3] 대기 중 CO_2 농도 변화[1]

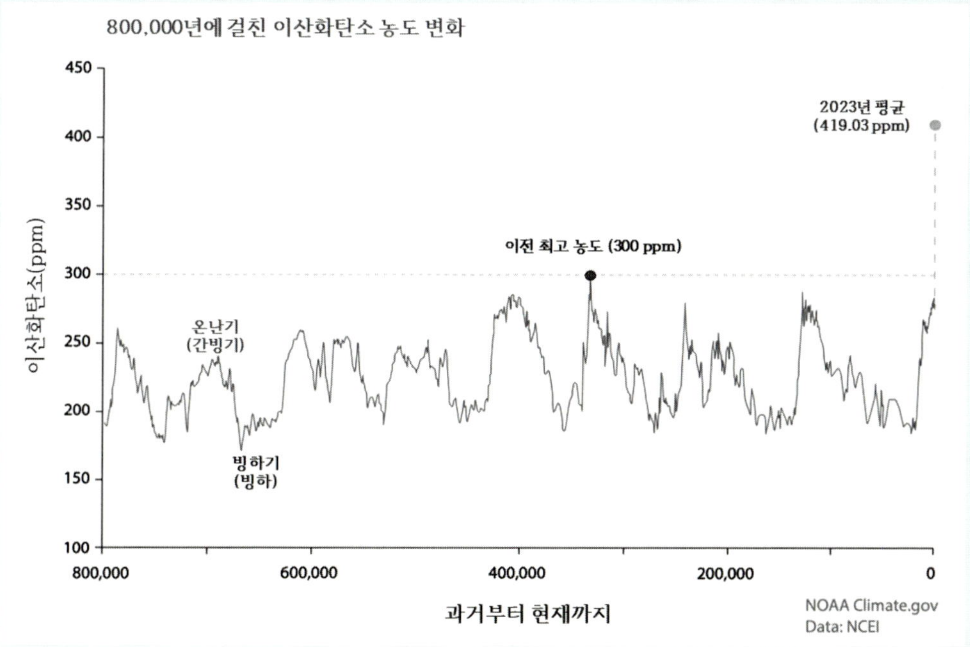

[1] National Ocean Service 2021. "How Much Oxygen Comes from the Ocean?" https://oceanservice .noaa .gov/facts/ ocean -oxygen .html.

대기 오염의 원인으로는 차량 배기가스, 공장이나 발전소에서의 배출 가스, 가정 및 상업적 난방, 폐기물 처리 과정에서 발생하는 연기 등이 있다.

미세먼지는 먼지의 일종으로 지름이 10마이크로미터(μm) 이하의 작은 고체 또는 액체 입자들을 말하는데, 이 중 PM2.5는 지름이 2.5 마이크로미터 이하인 입자로, 건강에 더욱 해롭다. 미세먼지는 대기 중에 떠다니면서 호흡기를 통해 우리의 몸속으로 들어갈 수 있고, 폐뿐만 아니라 혈관을 통해 전신으로 퍼질 수 있어서 호흡기 질환, 심혈관 질환, 알레르기 반응, 심지어 조기 사망을 초래할 위험이 있다. 대기 오염과 미세먼지 문제에 대처하기 위해 여러 나라에서는 대기 질 개선을 위한 국제 협약을 맺고, 배출 기준을 엄격하게 설정하는 등의 다양한 정책을 시행하고 있다.

수질 오염은 자연 수역이나 인공 수역의 물이 화학적, 물리적 또는 생물학적 성질이 변하여 그 오염된 물이 인간의 생활이나 생태계에 해를 끼치는 것을 말한다. 수질 오염은 산업 폐수, 생활 하수, 농업 활동으로 인한 농업 화학 물질의 유출, 축산 폐수 유출, 유조선 사고나 유출 등이 그 원인이 된다.

정부에서는 수질 오염을 방지하기 위한 법적 규제를 강화하고 이를 철저히 집행하고 있으며 산업에서는 폐수 처리 시설을 제대로 갖추고 철저히 관리하여 오염 물질이 수체로 방류되지 않도록 해야한다. 또한, 화학 비료나 농약의 사용을 줄이고 유기농업 등 친환경적 방법을 도입이 필요하다. 산업에서의 효과적인 폐기물 관리는 환경 오염을 줄이는 데 도움을 주며 천연자원을 보존하고, 온실가스 배출을 줄이며, 재활용 및 재생 에너지 분야에서 일자리 창출을 통해 경제 발전에 긍정적 영향을 미친다. 지속 가능한 폐기물 관리 방식으로의 전환은 정부, 산업, 커뮤니티 및 개인의 공동 행동이 필요하다.

천연자원 고갈 및 생태계 파괴

천연자원의 급격한 고갈로 인해 기업과 자원 간의 관계가 점점 더 중요해지고 있다. **천연자원 고갈**은 특히 특정 천연자원이 과도하게 이용되어 자원의 보충 속도를 넘어서 소비되는 현상이다. 천연자원의 과잉 소비는 생물 다양성의 손실(biodiversity loss)과 같은 생태계 파괴를 가속하고 있어 궁극적으로 자원에 대한 접근성이 줄어들게 만들어서 기업의 장기적 지속성과 수익성에 부정적 영향을 줄 수 있다. 이러한 자원 고갈의 핵심 원인과 그에 따른 파급 효과는 기업 및 환경뿐만 아니라 경제와 사회에 광범위한 영향을 미친다.

천연자원 고갈의 주요 원인은 과잉 소비, 비효율적 사용, 환경 규제의 부재 등을 들 수 있다. 천연자원의 부족 현상은 기업 활동에 부정적인 영향을 미칠 뿐만 아니라 자연 생태계의 균형을 해치고 생물 다양성에 부정적 영향을 미친다. 경제적 측면에서는 천연자원의 가격 상승을 유발하고 이로 인한 생산 비용 증가로 이어진다. 특히 자원 의존 산업들은 큰 타격을 받게 된다. 또한, 자원 부족으로 인한 지역적, 글로벌 수준에서의 사회 정치적 갈등을 유발하며, 이러한 자원 접근의 불평등으로 인한 사회적 불안을 증폭시킬 수도 있다. 그리고 천연자원의 고갈은 생물 다양성의 손실에도 주요한 영향을 미친다. 사실 생물 다양성 손실의 원인은 매우 다양하며 복잡하고, 여러 생태적, 경제적, 사회적 요인들이 관련되어 있다.

다음은 생물 다양성 손실의 주요 요소들에 의해 기인한다.

첫째, 생물 다양성 손실의 가장 큰 원인은 서식지의 파괴이다. 도시 확장, 농업, 임업 관행, 인프라 개발로 인해 자연 서식지가 변경되거나 분할되고, 완전히 사라지기도 한다. 이러한 변화는 많은 생물들의 사용 가능한 생활 공간을 줄이고, 지속 가능한 개체 수를 유지할 수 없는 작고 고립된 지역으로 종을 밀어넣는다.

둘째, 기후 변화이다. 지구 온난화와 기후 패턴의 변화는 자연 서식지를 교란한다. 온도와 강수량의 변화는 번식 패턴, 이동 경로 및 먹이와 물의 가용성에 영향을 미치는데 일부 종은 변화하는 조건에 빨리 적응하지 못해 감소하거나 경우에 따라 멸종될 위기에 처해 있다.

셋째, 산업 활동, 농업 화학 물질, 플라스틱 폐기물 등 오염 물질은 물, 공기, 토양 등이 오염시키는 생태계에 파괴적인 영향을 미칠 수 있다. 오염물은 야생 동식물과 식물의 건강을 변화시킬 수 있으며 때로는 치명적인 결과를 초래한다.

넷째, 과도한 개발 및 이용이다. 생태계를 자연 상태에서 인간이 지배하는 용도(농업, 도시개발)로 전환하는 것은 서식지를 파괴할 뿐만 아니라 오염을 도입하고 외래 종에 대한 취약성을 증가시킬 수 있다. 또한, 상업적, 오락적 또는 생계 목적으로 과도하게 어로, 사냥, 채취하는 것은 종의 회복 속도보다 빠르게 개체 수를 감소시킬 수 있다. 이는 특히 수명이 길고 번식률이 낮은 종에게 해당된다.

이 외에도 다양한 환경적 요인들이 서로 연결되어 복합적인 효과를 만들어 내며 생물 다양성의 손실을 가속화하고 있다. 생물 다양성 손실에 대처하기 위해서는 보존, 지속 가능한 관행 및 국제 협력을 포함하는 포괄적이고 통합된 접근이 필요하다. 예를 들면 재활용을 촉진하고, 에너지 효율을 개선하며, 지속 가능한 소비 패턴을 채택하고 자원 보존 기술을 개발해야 한다. 이와 더불어, 국제적 협력을 통한 집단적 노력이 중요하며 이는 전 지구적인 자원 고갈 및 생태계 문제에 대응하는 데 중요한 역할을 할 것이다.

II ESG 배경

수십 년간 비즈니스와 사회의 관계는 경제적, 사회적, 윤리적, 환경적 문제들을 일으켰다. 비즈니스 시스템은 대부분의 시장 기반 사회에서는 필수적인 역할을 해왔지만, 비즈니스와 사회의 관계는 경제적, 사회적, 윤리적, 그리고 환경적 문제들을 일으켰고 이에 대한 비판은 일상화되어가고 있다. 더욱이 미디어는 문제점들을 탐색하는 경향이 있기 때문에 이는 종종 부정적인 면들만을 부각시키고 비즈니스와 사회 관계의 긍정적인 측면들을 간과하는 결과를 낳고 있는 것이 현실이다.

2000년대 초반, 엔론 사건과 같은 대형 기업의 윤리 위반 사건들은 기업 거버넌스와 윤리적 경영에 대한 중요성을 전 세계적으로 강조하게 만들었다. 엔론은 회계 부정을 통해 수익을 부풀리고 부채를 숨기는 방식으로 주가를 인위적으로 끌어올린 뒤, 이를 숨길 수 없게 되자 2001년에 파산하였다. 이 사건은 많은 투자자와 직원들에게 큰 손실을 입혔으며, 기업 윤리와 투명성에 대한 광범위한 논의를 촉발했다.

이어 2008년의 글로벌 금융 위기는 매우 다른 유형의 경제적 충격을 전 세계에 가했다. 이 위기는 미국의 주택 시장 붕괴에서 시작되어, 과도한 위험 부담과 금융 상품의 복잡성, 느슨한 금융 규제, 금융 기관 간의 역인 관계 등 여러 요인이 복합적으로 작용했습니다. 결과적으로 주요 금융 기관의 파산, 국가의 경제 구조적 불안, 실업률 증가 및 소비자 신뢰도 하락과 같은 일련의 사건들로 이어졌다.

이러한 윤리적 실패와 경제적 충격은 비즈니스 시스템에 대한 근본적인 질문을 불러일으키며, 더욱 강화된 규제와 개혁이 필요하다는 목소리를 높였다. 예를 들어, 미국에서는 2010년 도드-프랭크법(Dodd-Frank Act)이 제정되어 금융 산업에 대한 감독을 강화하고, 미래의 금융 위기를 방지하기 위한 조치들이 마련되었다. 이 법안은 금융 기관이 제 3자의 감사없이 과도한 위험을 취하는 것을 제한하고, 투명성을 강화했다.

이러한 사건들은 기업이 단순히 이윤 창출의 도구가 아니라, 더 넓은 경제 시스템과 사회 전체에 중요한 영향을 미칠 수 있는 주체임을 일깨워 줬다. 이에 따라 기업의 사회적 책임, 윤리적 경영, 투명한 기업 거버넌스가 더욱 중요해지며, 이는 기업뿐만 아니라 정책 입안자와 소비자들에게도 중요한 고려사항이 되었습니다. 이는 경제 시스템의 미래와 지속 가능성을 위한 필수 요소로 여겨지며, 이를 위한 지속적인 노력과 개선이 요구되고 있다.

(2) 사회적 요소

사회적 요인(social factor)은 기업의 사회적 영향 및 책임에 초점을 맞추고 있다. 이러한 사회적 요인은 직원, 공급망(supply chain), 그리고 광범위한 커뮤니티와의 관계를 포함하고 있다. 사회적 요인은 비즈니스 관점에서 중요한 역할을 하며, 이에 대한 점점 더 많은 분석이 이루어지며 비즈니스 의사 결정에 반영되고 있다. 또한, 기업들은 해당 산업에서 중요한 여러 사회적 문제 또는 이슈에 대해 최고 수준의 접근 방식을 통해 해결하길 요구되고 있다(예: 직업 건강 및 안전 또는 지역사회에 미치는 영향 관리 등).

사회적 요인은 두 측면에서 이해할 수 있다. 조직 구성원과 같은 내부 이해관계자에게 영향을 미치는 내부적 요인과 고객, 지역사회, 정부 등과 같은 외부 이해관계자들에게 영향을 미치는 외부적 요인으로 크게 두 개의 범주로 나눌 수 있다.

널리 받아들여지는 내부적 요인은 중 하나는 근로자의 권리와 복지이다. 이는 근로의 다양한 부정적 결과로부터 직원을 보호하고 근로 복지에 그 중점을 두고 있다. 훌륭한 인적 자원 관리는 과도한 위험을 감수하거나 고객 관계를 해치는 대신, 직원들이 긍정적인 태도를 가지고 생산적으로 일하는 문화를 조성한다. 이는 사회적 포용, 적극적인 시민 의식, 개인 발전을 촉진하는 동시에 경쟁력을 향상시킨다. 특히 직원의 건강과 안전은 직원 복지의 중요한 요소이다. 예를 들어, 인체공학적인 작업장과 유연 근무 시간을 통해 직원 복지를 증진하는 사례에서 찾아 볼 수 있다. 또한, 정신 건강(예: 금융 산업의 번아웃 위험)과 직장 외 복지를 증진하기 위한 기타 혜택(건강 검진, 체육관 회원권 지원, 영양 관련 위험에 대한 교육 프로그램 등)에 대한 관심도 증가하고 있다. 또 다른 예로는 '재정적 웰빙'이 있는데, 이는 미국 고용주와 인사 부서 사이에서 상당히 잘 확립된 용어이다. 개인 재정 문제(예: 개인 예산 관리 및 은퇴 계획/저축)에 대한 지원은 직원들이 덜 산만하게 하고 스트레스를 덜 받게 한다.

기업이 노동권을 어떻게 지키는지를 평가하는 것은 기업 문화와 직원 만족도를 이해하는 데 매우 중요하다. 국제노동기구(ILO)가 제시하는 노동권 기준은 모든 남성과 여성이 자유롭고 공정하며 안전하고 존엄성을 갖춘 양질의 생산적인 일자리에 접근할 수 있는 기회를 촉진하는 것을 목표로 한다.

국제노동기구(ILO) 2023의 여덟 가지 기본 협약은 다음과 같다.

- 강제 노동에 관한 기본 협약(1930)
- 결사의 자유 및 단결권 보호에 관한 협약(1948)
- 단결권 및 단체교섭권에 관한 협약(1949)

- 동일 가치 노동에 대한 남녀 동등 보수에 관한 협약(1951)
- 강제 노동 근절에 관한 협약(1957)
- 고용 및 직업에 있어서 차별 대우에 관한 협약(1958)
- 최저 연령에 관한 협약(1973)
- 아동 노동의 근절에 관한 협약(1999)

이 협약들은 기본적인 노동권에 관한 다양한 사항을 다루고 있으며, 각국의 법률과 관행에 이를 반영하도록 권장하고 있다.

마지막으로 인권 또한 중요한 내부적 요인으로 인지되고 있다. 인권은 인종, 성별, 국적, 민족, 언어, 종교 또는 기타 신분(예: 나이, 능력, 사회경제적 수준, 성 정체성)에 관계없이 모든 인간에게 고유한 권리이다. 예를 들면, 생명과 자유에 대한 권리, 노예제와 고문으로부터의 자유, 의견과 표현의 자유, 일할 권리와 교육받을 권리 등 있다.

사회적 요소를 외부적 관점에서 보면 주요 요인으로는 지역사회 영향 및 관여, 사회적 기여도, 소비자 보호 등이 있다. 기업이 운영되는 지역사회에 미치는 영향과 지역사회와의 상호 작용 방법으로, 지역사회 개발 지원, 공공 프로젝트 참여 등이 포함될 수 있다. 예를 들면, 특히 저개발국가에서는 기회 부족 현상이 중요한 사회적 문제이다. 이와 관련된 것은 건강(물 포함), 교육, 에너지, 주택, 금융 포함 등과 같은 다양한 분야에서 기본적인 필수품과 서비스에 대한 공급 여부가 예가 될수 있다. 또한 기업의 자선 활동, 지역사회 지원 프로그램, 사회적 가치 창출 노력 등이 기업의 사회적 기여도에 해당된다.

[도표 2-4] 사회적 요소의 내·외부적 요인

내부적 요인	외부적 요인
• 근로자의 권리와 복지: 고용 형태, 근로 조건, 안전한 작업 환경, 공정한 보상 체계, 직원 교육 및 개발 기회 등이 포함한다. • 다양성과 포용성: 성별, 인종, 연령, 성적 정체성 및 문화적 다양성에 대한 접근방식과 정책을 얼마나 잘 구형하는지에 대한 평가한다. • 인권 문제: 기업 황동의 인한 인권 침해 가능성, 공급망 내 인권 준수 감독 등이 여기에 속한다.	• 지역사회 영향 및 관여: 기업이 운영되는 지역사회에 미치는 영향과 지역사회와의 상호 작용 방법으로, 지역사회 개발 지원, 공공 프로젝트 참여 등이 포함될 수 있다. • 회사의 사회적 기여도: 기업의 자선 활동, 지역사회 지원 프로그램, 사회적 가치 창출 노력 등이다. • 소비자 보호: 제품의 안정성 및 품질, 투명한 마케팅 및 광고, 고객의 개인 정보 보호 등이 중요한 요소이다.

소비자 보호는 소비자의 권리를 보호하기 위해 설계된 법률 및 기타 형태의 정부 규제를 의미합니다. 이는 소비자 권리, 즉 소비자가 기본적인 건강과 안전에 대한 고유한 권리를 가지고 있다는 아이디어에 기반을 둔다. 이러한 권리는 제품의 안전성 및 품질, 투명한 마케팅 및 광고, 고객의 개인 정보 보호 등에 의해 보호받을 수 있다.

그 외에도 글로벌 팬데믹 이후 동물 복지에 대한 우려는 우리 사회에서 더욱 널리 퍼지고 있다. 이는 동물에게 가해지는 피해를 최소화하는 것이 윤리적일 뿐만 아니라, 집중 사육 방식이 인간 건강에 미치는 부정적인 영향을 이해하는 것도 중요하다는 인식이 확산되고 있기 때문이다. 항균제 내성(즉, 박테리아, 바이러스 및 일부 기생충이 항생제, 항바이러스제 및 항말라리아제에 더 저항성이 되는 현상)의 결과로, 표준 치료법이 점점 더 효과를 잃고 감염이 지속되며, 이는 사망 및 다른 사람에게 전파될 가능성을 높일 수 있다.

이렇듯 사회적 요소를 관리하는 방식은 기업의 지속 가능성뿐만 아니라 그 명성과 장기적 성공에도 중대한 영향을 미칠 수 있다. 오늘날 사회는 이러한 사회적 요인들을 중시하며, 기업들은 이에 적극적으로 대응하여 사회적 책임 환경을 조성하는 데 기여하고 있다.

(3) 지배 구조

기업 지배 구조는 회사의 비즈니스와 경영을 감독하기 위한 프로세스와 구조를 의미한다. 라틴어로 배를 조종하는 것을 의미하는 'gubernare'에서 유래한 지배 구조는 안내와 통제의 개념을 포함한다. 기업의 규모와 복잡성이 커지고 소유권이 분산됨에 따라 기업 지배 구조는 더욱 복잡해졌다.

기업은 제품이나 서비스의 생산, 판매, 소비 등의 역할을 통하여 사회를 주도적으로 이끌어 나간다. 그렇다고 해서 기업이 자기 마음대로 사업 활동을 할 수 있다는 것은 아니다. 마치 인간이 사회적 동물이라고 말하듯이, 기업도 사회적이다. 기업을 둘러싸고 있는 사회 환경적 요소, 특히 이해관계자를 의식해야 한다. 이해관계자들은 기업 활동에 대하여 관심을 갖고 관찰하면서 자신의 이익을 도모하는 개인 혹은 단체들이다. 진정한 기업과 이해관계자의 관계는 마치 어느 한 사람이 다른 사람을 존중하면서 관계를 유지하는 것과 유사하다.

그 결과, 이사회의 역할이 더욱 중요해졌다. 이사회는 회사 소유주를 대표하고 경영진이 소유주의 이익을 위해 비즈니스를 운영하도록 책임을 묻는 역할을 한다. 이사회의 효율성은 좋은 기업 지배 구조 관행이 적용되는지 여부에 달려 있다. 이러한 관행을 형성하는 원칙들은 수년에 걸쳐 개발되어 기업 지배 구조 규범에 명문화되었다. 점점 더 많은 투자자들이 외부 투자자 및 기타 이해관계자들이 기업의 지배 구조 상태를 이해할 수 있도록 기업이 지배 구조 구조와 프로

[도표 2-5] 경영자 관점의 이해관계자

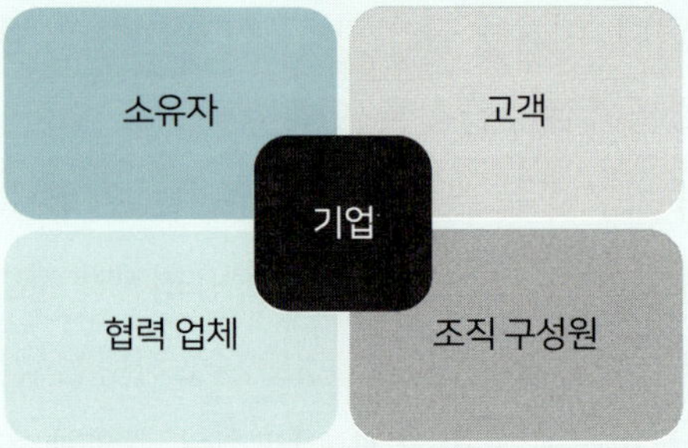

세스를 투명하게 공개할 것을 기대하고 있다. ESG 경영에서 기업의 지배 구조를 고려할 때 주요 요소로는 주주 권리, 계획된 회사 전략의 성공 가능성 및 이를 실현하기 위한 리더십의 효과, 경영진 보수, 감사 관행, 이사회 독립성 및 전문성, 투명성 또는 책임성, 관련자 거래, 이중 주식 구조 등이 있지만 이에 국한되지는 않는다.

환경 변화에 따라 이해관계자에 대한 정의가 어떻게 변해왔는가를 살펴보자. 전통적 사고의 기업 소유자는 생산 관점에서 기업의 제품과 서비스에 직접적으로 연관된 협력 업체와 고객들만 이해관계자로 인식하였다. 만들어서 팔고, 이익을 극대화하는 것이 사업이라고 생각하였다.

그러나 기업의 규모가 커지고 경영 활동이 복잡해지면서 전문 경영자의 경영 능력이 필요하게 되었다. 기업의 소유와 경영이 분리되고, 경영자는 성공적인 경영을 위해 협력 업체와 고객 이외에도 기업 내부에 존재하는 소유자와 조직 구성원들의 관심사를 주의 깊게 관찰하게 되었다. 이 단계는 이해관계자를 경영자 관점에서 정의한다.

최근 들어 사회의 개인이나 단체들이 자신의 이익에 대하여 권리를 주장하는 가운데, 기업으로 하여금 사회적 책임을 이행하도록 요구하는 일이 빈번해지고 있다. 아직 상당수의 경영자들은 극심한 경쟁 속에서 살아남기에 급급한 나머지, 이에 대하여 심각하게 고려하지 않는 경우도 있다. 그러나 글로벌 환경과 장기적인 효과성의 관점에서 볼 때, 기업의 경영자는 이해관계자 관점서 기업의 내부 집단뿐만 아니라 외부 집단들의 이익을 고려하지 않으면 안 되는 경영의 시대가 도래하게 되었다.

제5절 윤리 경영과 ESG 경영의 도전 과제

최근 기업들이 지속 가능한 성장을 추구하며 ESG 경영을 적극적으로 도입하고 있지만 동시에 다양한 논란과 문제점도 제기되고 있다. 지속 가능성은 한때 비즈니스와 투자자에게 희생이 필요하다고 여겨졌지만, 오늘날의 인식은 매우 다르다. 자연 자원의 더 나은 관리를 통해 운영 효율성을 향상시키고 폐기물을 최소화함으로써 중요한 비용 절감이 이루어질 수 있다.

맥킨지&컴퍼니가 수행한 연구에 따르면 자원 효율성이 운영 이익에 최대 60%까지 영향을 미칠 수 있으며, 더 넓게 보면 다양한 부문의 회사들의 자원 효율성은 회사의 재무적 성과와 상당한 상관 관계가 있다(Henisz, Koller, & Nuttall, 2019).

강력한 ESG 제안은 회사가 우수한 직원을 유치하고 유지하며 전반적으로 직원 동기 부여와 생산성을 향상시키는 데 도움이 될 수 있다. 직원 만족도는 주주 수익과 긍정적으로 상관 관계가 있다. 런던 비즈니스 스쿨의 Alex Edmans는 Fortune의 100대 기업 목록에 오른 회사들이 25년 이상의 기간 동안 동료들보다 연간 2.3~3.8% 더 높은 주식 수익을 창출했다는 것을 발견했다(Edmans, 2011).

기후 변화, 에너지 자원 감소, 환경 영향에 대한 모든 논의를 고려할 때, 국가 및 연방 정부 기관이 환경 보호를 위해 규제를 제정하는 것은 놀라운 일이 아니다. 지속 가능성을 사업에 통합하면 적시에 변경되는 규제를 예측하는 데 도움이 된다. 예를 들어, 유엔 환경 프로그램 보고서(2019) 에 따르면 1972년 이후 환경 법규가 38배 증가했다고 한다. 이 보고서는 오늘날 집행이 여전히 약하다고는 하지만, 중대한 사건이 큰 벌금을 초래하는 것으로 나타났다. 또한 집행 수준이 투자자들에게 거의 예고 없이 빠르게 변할 수 있다는 결론을 내렸다.

맥킨지&컴퍼니가 수행한 분석에 따르면 일반적으로 기업 이익의 3분의 1이 국가 개입(벌금만이 아니라; Henisz 등, 2019)으로 위험에 처해 있다. 제약 업계의 경우 위험에 처한 이익은 약 25~30%이며, 정부 보조금(그 외 다른 형태의 개입 포함)이 흔한 자동차, 은행, 기술 부문에서는 위험에 처한 가치가 60%에 이를 수 있다.

윌리엄 노드하우스 교수는 기후 변화의 외부성에 관한 그의 연구로 노벨상을 수상했다. 기후 변화의 외부성이란 기후 변화로 인해 발생하는 경제 활동의 직접적인 당사자가 아닌 제3자에게 발생하는 부수적인 비용이나 혜택을 말한다. 이는 온실가스 배출과 같은 활동이 주변 환경이나 사회에 미치는 간접적인 영향을 포함한다. 이러한 외부성은 사회적 요인으로 인해 발생할 수도 있는데, 예를 들어, 임금 체불, 열악한 근무 조건, 흡연 등이 건강에 미치는 영향을 미치기 때문이다.

간단히 말해서, 외부성이 부정적일 경우 사적 비용은 사회적 비용보다 낮아 시장 결과가 효율적이지 않거나 다시 말해 과도한 상품 또는 서비스의 생산을 통한 '시장 실패'로 이어질 수도 있다. 이러한 이유로 외부성은 정부가 시장에 개입하는 주요 이유 중 하나이다(Helbling, 2010). 과거 1920년대 미국 정부는 오염 배출자에게 타인에게 발생한 피해 비용에 상당하는 금액을 세금으로 부과해야 한다고 제안했다. 이러한 세금은 오염자가 모든 비용을 적절히 내부화했을 때 시장에 긍정적인 결과를 가져올 것이다. 외부성이 상업적인 상품과 서비스의 가격에 반영되도록 보장하는 모든 조치(공공 또는 사적)인 내부화로 시장에 긍정적인 결과를 가져올 수도 있는데(Ding, He, & Deng, 2014), 환경 및 사회 규제 및 과세가 더욱 강화됨에 따라 그 비용의 상당 부분이 회사의 회계에 강제로 반영될 수 있다.

내부화는 다양한 방식으로 일어날 수 있다. 예를 들어, 교통 산업에서 내부화는 시장 기반 도구(예: 요금, 세금, 거래 가능한 허가), 규제(예: 차량 배출 및 안전 기준, 교통 제한), 또는 자발적 협약(예: 신규 승용차의 CO_2 배출 감소를 위한 자동차 산업과의 협약)을 통해 이루어질 수 있다.

실제 경제에서 '외부화된' 환경 및 사회적 비용에 의해 발생하는 위험을 이해하는 것은 투자 관행의 핵심이다. 왜냐하면 이러한 외부성의 내부화는 회사의 제품 및 서비스 비용과 이익에 상당한 영향을 미칠 수 있기 때문이다. 내부화의 시기와 범위에 대한 불확실성은 투자자가 직면하는 전반적인 위험 환경의 중요한 구성 요소이다.

회사의 재무 성과에만 영향을 미치는 것이 아니라 이러한 외부성은 광범위한 경제에도 부담을 줄 수 있으며, 장기적으로 총수익에 영향을 미칠 수 있다. 환경 컨설팅 회사의 연구에 따르면 2008년에 3,000개 상장 기업이 2조 1,500억 달러 상당의 환경 피해를 일으켰으며, 2050년까지의 글로벌 환경 피해 비용은 추정 28조 달러가 될 것으로 예측했다(Wainwright, 2010). 환경 피해는 자본 시장의 가치와 글로벌 경제 성장에 상당한 영향을 미칠 수 있는 중요한 위험으로 밝혀졌다.

다음은 ESG 경영과 관련 제기되는 주요 논란 및 문제점들이다.

- **표준화 및 측정의 어려움**: ESG 기준에 대한 명확하고 일관된 표준이 부족하다. 때문에 기업들이 자신의 성과를 정확하게 측정하고 보고하는 데 있어 어려움이 있으며, 이는 투명성을 저해할 수 있다.
- **과대 포장**(greenwashing): 일부 기업들이 자사의 ESG 성과를 과장하여 마케팅의 수단으로 이용하는 경우가 있다. 이러한 활동은 실질적인 지속 가능성 목표 달성보다는 이미지 개선에 중점을 둘 수 있어 실제 환경적 또는 사회적 이득보다는 주로 기업의 이익을 도모하게

‖ 기업의 ESG 관련 3대 벌금

1. BP and Deepwater Horizon

지금까지 가장 큰 기업 벌금은, 멕시코만에서 역사상 최대 규모의 심해 수평 유정 유출 사고인 2010년 BP(브리티시 페트롤리엄) 사건 이후 부과되었다. BP는 2016년 미국 법무부와 208억 달러의 벌금에 합의했다(Rushe 2015). 회사가 최종적으로 지불한 전체 보상금은 650억 달러를 초과했다고 알려져 있다.

2. 금융위기와 the Bank of America

금융 위기 이후 은행들이 직면한 감사로 인해 금융 서비스 업계에 부과된 매우 큰 벌금이 몇 가지 있는데, 이 중 두 번째로 큰 벌금은 2014년 서브프라임 대출 위기에서의 역할로 인해 뱅크 오브 아메리카(Bank of America)가 지불한 미화 166.5억 달러이다. 그로부터 불과 2년 전, 해당 은행은 모기지 강제 집행 남용과 관련해 미국 연방 정부로부터 118억 달러의 벌금이 부과되기도 했다.

3. 폭스바겐의 배출가스 조작 스캔들

세 번째로 큰 벌금은 폭스바겐(Volkswagen)이 지불한 것으로, 2016년 배출가스 조작 스캔들 이후 미국으로부터 민사 및 형사 처벌로 147억 달러의 벌금을 부과받았다. 이 스캔들은 디젤의 환경 효율성에 대한 기대를 저하시켰다. 오늘날, 대부분의 주요 자동차 회사들은 점점 더 공격적인 배출 목표를 달성하기 위해 현재의 투자를 전기차로 전환하는 계기가 되었다.

된다.

- **비용 및 투자**: ESG 경영을 도입하고 유지하기 위한 초기 비용이 많이 든다는 점은 중소기업이나 자본력이 약한 기업들에게 큰 부담이 될 수 있다. 또한, 장기적인 투자에 대한 불확실성은 많은 기업들이 ESG 경영을 망설이게 만들 수 있다.
- **이해관계자 간의 이해 충돌**: 기업의 이사회, 주주, 직원 및 고객 사이에 ESG에 관한 우선순위나 의견 충돌이 발생할 수 있다. 특히, 단기적인 이익 추구와 장기적인 지속 가능성 목표 간에 균형을 찾는 것이 쉽지 않을 수 있다.
- **규제와 법적 요건의 복잡성**: 국가나 지역에 따라 ESG 관련 규제와 법적 요건이 각기 다르며,

이러한 차이는 글로벌 기업들이 일관된 ESG 전략을 수립하고 실행하는 데 어려움을 초래할 수 있다.

이러한 논란과 문제점들을 인식하고 효과적으로 관리하는 것은 기업이 ESG 경영을 지속적으로 개선하고 실제적인 변화를 이끌어내는 데 중요한 요소이다. 기업들은 ESG 성과의 정확한 평가와 진실된 노력을 통해 사회적 책임을 다하고, 지속 가능한 방향으로 나아가야 할 것이다.

GenAI를 활용한 토의 주제

● 다음 주제에 대하여 적절한 지시문을 만든 후, 여러 GenAI(예컨대, ChatGPT 3.5, Claude 3.5 sonnet, Copilot, Perplexity.ai) 중에서 하나를 선택하여 답변을 구하라.

① 기업의 사회적 책임(답변의 예시가 부록 4에 제시되어 있음)

② 미국 기업 중에서 ESG를 실행하여 성공한 예를 제시하라. (답변의 예시가 부록 4에 제시되어 있음)

③ 경영자 관점의 이해관계자

④ 기후 변화

⑤ 환경 오염

제3장
경영 전략

제1절 경영 전략이란 무엇인가
- **1.1** 경영 전략의 필요성
- **1.2** 경영 전략의 개념
- **1.3** 경영 전략의 수준

제2절 사업 영역의 결정
- **2.1** 수직적 통합
- **2.2** 관련 사업 다각화
- **2.3** 비관련 사업 다각화

제3절 경쟁 우위와 핵심 역량
- **3.1** 핵심 역량의 파악
- **3.2** 핵심 역량 파악의 이점

제4절 경영 전략의 수립 절차
- **4.1** 조직의 경영 플랫폼 구축
- **4.2** 경영 목표
- **4.3** 외부 환경의 기회와 위협 분석
- **4.4** 내부 자원의 강점과 약점 분석
- **4.5** 전략 방안 개발

제5절 본원적 전략 모형

글로벌 전자 산업 대전

2023년 기준 삼성전자의 시가총액이 약 409.54억 달러로, 소니의 시가총액인 약 115.60억 달러를 크게 앞섰다. 삼성전자는 반도체, 스마트폰, TV, 가전제품 등 다양한 IT 분야에서 두각을 나타내며 글로벌 시장에서 큰 성과를 내고 있다. 반면, 소니는 게임, 영화, 음악 등 콘텐츠와 디지털 카메라, 오디오 기기 등 가전 제품에 집중하고 있지만, 과거에 비해 경쟁력이 약화되었다.

1990년대와 2000년대 초반, 소니는 전자 산업에서 독보적인 위치를 차지하며 삼성보다 앞서 있었다. 당시 소니는 높은 브랜드 가치와 기술력을 자랑하며 글로벌 시장을 선도했다. 그러나 이후 삼성은 급격한 성장을 통해 소니를 추월하며 시장의 선두 주자로 자리 잡았다. 2023년 기준 인터브랜드에 따르면, 삼성의 브랜드 가치는 91.4억 달러로, 소니의 19.1억 달러를 크게 앞선다. 삼성은 인터브랜드의 세계 브랜드 순위에서 5위, 소니는 36위를 차지했다.

삼성전자는 빠른 신제품 출시와 시장 트렌드에 맞춘 제품 개발을 통해 차별화된 경쟁력을 갖추고 있다. 특히 올림픽과 같은 글로벌 스포츠 이벤트를 통한 마케팅으로 브랜드 인지도를 높이고 있다. 반면, 소니는 가전 사업의 축소와 아시아 경쟁사의 부상으로 어려움을 겪고 있다.

파나소닉은 한때 세계 가전 산업에서 중요한 위치를 차지했지만, 최근에는 삼성, LG 등 경쟁사들에 밀려 고전하고 있다. 파나소닉의 시가총액은 약 25.24억 달러로, 과거의 영광에 비해 많이 줄어들었다. 특히 파나소닉은 배터리 사업과 같은 특정 분야에서 강점을 보이고 있지만, 전체적인 시장 점유율은 감소하는 추세다.

샤오미와 화웨이는 최근 몇 년간 급성장하며 글로벌 스마트폰 시장에서 중요한 플레이어로 자리 잡았다. 샤오미는 혁신적인 기술과 경쟁력 있는 가격으로 빠르게 시장을 확장하고 있으며, 2023년에는 세계에서 두 번째로 큰 스마트폰 제조사가 되었다. 샤오미의 브랜드 가치는 7.27억 달러로 평가되었으며, 인터브랜드의 세계 브랜드 순위에서 87위를 기록했다. 화웨이는 미국의 제재에도 불구하고, 여전히 강력한 기술력과 제품군을 보유하고 있으며, 브랜드 가치는 약 6.51억 달러로 평가되었고, 순위는 92위이다.

삼성전자는 최근 'SmartThings' 플랫폼을 통해 스마트 홈 생태계를 구축하며 글로벌 시장에서의 경쟁 우위를 확보하고 있다. 특히 삼성은 인도 시장에서 현지화 전략을 통해 큰 성공을 거두고 있다. 예를 들어, 삼성은 인도 소비자의 요구에 맞춘 AI 기반 세탁기와 같은 맞춤형 제품을 출시하여 인도 시장을 공략하고 있다. 이러한 제품은 사용자의 세탁 습관을 학습하고, 최적의 세탁 사이클을 자동으로 추천하며, 물과 에너지 사용을 절감하는 등 고급 기능을 제공한다

결론적으로, 삼성전자는 강력한 기술 혁신 역량과 글로벌 시장에서의 경쟁 우위를 바탕으로 지속적인 성장을 도모하고 있으며, 소니와 파나소닉은 이러한 경쟁에서 점차 뒤처지고 있다. 샤오미와 화웨이는 급성장하며 삼성의 강력한 경쟁자로 부상하고 있다. 앞으로도 이들 기업 간의 치열한 경쟁은 계속될 것으로 보인다.

자료: Interbrand 홈페이지

제1절 경영 전략이란 무엇인가

1.1 경영 전략의 필요성

기업을 혼자서 경영하는 경우에는 한 사람이 독자적으로 전략을 수립하고 실행하면 된다. 그러나 조직이 커지면 많은 사람이 의사 결정 과정에 관련되므로 조직 운영은 복잡해진다. 따라서 조직의 목적을 효과적으로 수행하려면 전략을 명확히 수립할 필요가 있다. 그럼에도 불구하고, 많은 기업들이 경영 전략이란 무엇이며, 그것이 왜 필요한 것인지, 누가 그것을 수립하고, 그리고 어떻게 실행할 것인지 등에 대하여 재대로 이해하지 못하는 경우가 많이 있다. 전략이란 간단히 말해서 조직의 장기 목표에 대한 의사 결정과 목표 달성을 위한 행동 방안이다. 따라서 경영 전략은 회사의 경영 목표에 연결되어 어떤 사업 분야에 참여해야 하는지 그리고 어떻게 하면 경쟁 우위를 확보할 수 있는지를 결정하는 행동 방안을 제시한다.

간단히 말해서, 경영 전략은 기업이 경쟁에서 이기기 위한 방안이다. 기업이 경쟁 상황에 있지 않으면 구태여 머리 아프게 전략을 짤 필요가 없으나, 그 반대의 경우에는 치밀한 전략의 구축이 필요하다. 예컨대, 국내에서 현대자동차가 단독으로 자동차를 생산·판매한다면, 회사가 정한 가격으로 판매하면 그만이다. 그러나 현대뿐만 아니라, 기아, 대우, 외국의 자동차회사 등이 국내시장에 참여함에 따라, 현대자동차는 경쟁에서 이기기 위하여 가격 이외에도 품질이나 고객 서비스 면에서 무엇인가를 궁리하지 않으면 안 된다. 예시된 사례의 삼성전자도 마찬가지 상황에 있다. 점점 심해지는 경쟁 상황은 그들로 하여금 무엇인가를 생각하게 만든다. 여기서 경쟁 상황이란 환경 요인의 변화를 뜻하며, 주로 소비자, 경쟁자, 기술 등의 변화를 포함한다. 이를 차례로 살펴보자.

첫째, 최근 소비자의 욕구가 다양화되고 개성화되고 있으며, 자신만의 욕구를 충족시켜 줄 개인화된 제품과 서비스를 요구하고 있다. 교육과 소득 수준의 향상과 함께 정보 통신의 발달은 소비자 욕구의 다양화, 개성화, 특성화를 더욱 촉진시키고 있다. 과거의 소비자는 수동적이었다. 하지만 현대의 소비자는 적극적으로 권리를 찾기 위해 노력하며, 심지어 회사의 비즈니스 프로세스에 직접 개입할 수 있기를 원한다. 그들은 개성과 개별적인 욕구를 중시하며 자신만을 위한 제품이나 서비스를 제공받기 원한다. 기업은 이들의 욕구에 전략적으로 대응할 수 있어야 한다.

둘째, 경쟁 상황의 변화는 소비자 니즈의 변화뿐만 아니라, 경쟁자의 출현이 빈번해짐을 뜻한다. 경쟁자들은 기존 사업 영역에서만 존재하는 것이 아니라, 잠재 시장에서도 존재하여 언제 나타날지 알기 어렵다. 유사 제품이 등장하는가 하면, 대체 제품이 등장하기도 한다. 예컨대, 특정 음료가 처음 출시된 후에는 곧바로 유사 제품이 무수하게 쏟아져 나옴을 잘 알 수 있다.

셋째, 기술 혁신 덕분으로 더욱 강화된 제품이 등장하기도 한다. 예컨대, 소니의 워크맨은 기술 혁신에 의하여 기존 라디오와 녹음기 기능을 포터블로 변환한 것이다. 기술 혁신은 원·부자재의 변화를 가져오고, 새로운 완제품의 출시를 가능하게 한다. 기업이 제품이나 서비스 개발에 있어서 경쟁자 동향이나 기술 변화에 대응하기 위해서는 이에 대한 정보 수집과 분석이 중요시되고 있다.

이러한 외부적인 환경 변화에 효과적이고 유연하게 대응하기 위해서, 기업은 사업 방향을 어디로 이끌어 가야 할 것인지에 대해 계획을 세우고 실천하여야 한다. 그러나 조직이 보유하고 있는 자원은 내부적으로 한정되고 있어, 관심 있는 모든 사업에 진출할 수는 없다. 그리고 위험 부담으로 인하여 한 사업에 인적·물적 자원을 모두 쏟아 붓기가 어렵다. 한정된 자원을 효율적으로 활용하는 방안이 모색되어야 한다. 따라서 경영 전략의 필요성을 정리하면 [그림 3-1]과 같다.

기업은 이와 같이 외부 환경 변화에 효과적이고 유연한 대응 및 내부 자원의 제약과 효율적 투입으로 전략이 필요하게 되었으며, 이러한 요인들은 경쟁에서 이기기 위하여 중요한 전략적 고려 대상이 되고 있다.

1.2 경영 전략의 개념

마이클 포터에 의하면, **경영 전략**이란 포지셔닝(positioning) 관점에서 기업의 여러 활동을 결합하여 독특하고 가치 있는 위치를 창출해 내는 것을 의미한다. 예컨대, 과거 1980년대에 우리나라의 가전제품 회사들은 저임금과 수준 높은 조립 기술을 이용한 저원가 전략을 추구하여 선

[도표 3-1] 경영 전략의 필요성

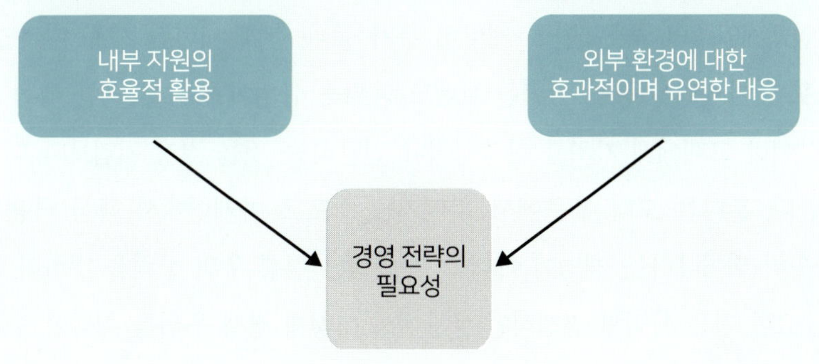

[도표 3-2] 경영 전략의 개념

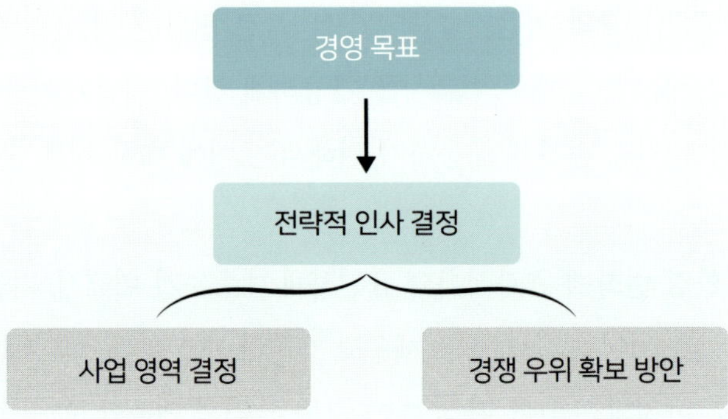

진국 시장에서 독특한 위치를 점하였던 적이 있다. 포터의 관점에서 보는 경영 전략은 기업에게 경쟁 우위를 제공하고 유지할 수 있도록 하는 주요 의사 결정이라고 할 수 있다. 따라서 경영 전략은 기업이 독자적이고 독특한 기본 개념에 입각하여 미래의 기업 목표를 달성하기 위한 사업 영역과 경쟁 우위 방안을 제시하는 의사 결정 방안이라고 하겠다.

먼저, **사업 영역의 결정**은 기업이 어느 분야에서 경쟁할 것인가를 결정하는 사업 분야와 사업 구성을 의미한다. 사업 영역에서 중요한 결정 사항은 새롭게 시작하는 사업의 성장성, 장기적 수익성, 그리고 그 사업에 뛰어들 수 있는 내적 역량을 구비하였는가 등을 포함한다. 어느 시장에서든지 경쟁 상대가 있으므로 시장을 명확히 설정하는 것은 매우 중요하다. 앞의 사례에서 제시된 바와 같이, 삼성전자는 일본 기업과 직접 대결하지 않고 과감하게 반도체에 투자하여 성공하였다.

다음으로, 사업 영역이 결정되면 **경쟁 우위를 확립**하고 계속 유지하여야 하며, 이를 위해서 차별화 개념을 가져야 한다. 삼성전자의 경우, 반도체와 휴대폰과 같은 IT 제품에서 경쟁 우위를 갖고 있으며, 인재제일주의, 높은 연구·개발비 투자 등과 함께 세련된 제품 디자인, 우수한 고객 서비스, 스포츠 마케팅을 통한 강력한 브랜드 파워는 삼성이 자랑할 만한 핵심 역량이다. 여기서 핵심 역량이란 고객에게 가치를 창출하거나 전달하는 것을 경쟁 기업보다 더 잘 할 수 있는 능력을 뜻한다. 혼다는 모터 부문에서, 나이키는 스포츠 마케팅에서 핵심 역량을 가지고 있다. 이것은 단순히 뛰어나다는 개념이 아니고, 상대적인 경쟁 우위 능력을 뜻한다. 그러므로 경영 전략에서 중요한 점은 사업의 경쟁적인 상황에서 어떻게 경쟁 우위를 획득할 수 있는가를 체계적으로 분석하고 사고하는 것이다.

▮ 홍진크라운(HJC)

홍진크라운(HJC)의 홍완기 회장은 사업이 번창하여 매우 행복하다. 이 회사는 오토바이 헬멧을 생산하고 판매하며 세계시장을 석권하고 있다. HJC는 국내시뿐만 아니라 미국 등 해외시장에서도 높은 성과를 올리고 있으며, 현재 내수와 수출 비율은 5:95이다. 특히 200여 개 업체가 경쟁하는 미국 시장에서 20%, 세계시장에서 10%의 시장 점유율을 차지하며 1위를 자랑하고 있다.

홍완기 회장은 봉제 공장을 운영하며 오토바이 헬멧의 내피를 납품하다가, 경영난에 빠진 회사를 인수하면서 헬멧 사업을 시작했다. 그는 여닫이 귀마개와 고글을 장착한 헬멧으로 국내시장을 석권하고, 세계 챔피언 일본 쇼에이(Shoei)사의 제품을 연구하여 품질을 개선했다. 1996년에는 까다로운 미국 품질 규격을 통과했다.

HJC의 헬멧은 가벼운 외형 소재, 우수한 착용감, 낮은 공기 저항, 세련된 디자인을 갖추고 있다. HJC는 기술력, 품질, 글로벌 경영을 바탕으로 세계시장을 완벽하게 석권하고자 하며, 최고의 품질과 중고가 판매 정책을 통해 경쟁 우위를 유지하고 있다. 최근에는 스마트 헬멧과 친환경 소재를 사용한 헬멧을 출시하여 지속 가능성과 혁신을 추구하고 있다.

HJC는 지속적인 혁신과 품질 개선을 통해 고객의 요구를 충족시키고 있으며, 다양한 레이싱 이벤트와 스폰서십을 통해 브랜드 인지도를 높이고 글로벌 시장에서의 입지를 강화하고 있다.

1.3 경영 전략의 수준

경영 전략은 분석 수준에 따라 **기업 전략**(corporate strategy), **사업부 전략**(business strategy), **프로세스별 전략**(process strategy) 등의 3단계로 나누어 볼 수 있다. 먼저, 기업 전략이란 기업이 어떠한 영역에서 사업을 전개할 것인지를 결정하는 사업 영역과 관련된다. 즉, '어느 사업 분야에 참여할 것인지를 결정하는' 전략이다. 예컨대, 제약회사의 기업 전략은 기존 제약 사업에서 소비자 건강을 증진시키기 위한 건강 식품 사업에 새롭게 진출할 것을 결정하는 경우가 이에 해당된다. 기업이 여러 개의 사업 영역을 전개하는 경우, 기업 전략은 이들을 하나의 기업 목표 안에 효율적인 포트폴리오로 통합시키려고 한다.

일반적으로 대기업은 여러 사업 영역을 가지고 있어, 사업부를 여러 개 운영하고 있다. 특정 사업에 연관된 전략은 사업부 전략이 되며, 이것은 '이 사업에서 어떻게 경쟁할 것인가'를 결정한다. 예컨대, 국가별로 사업부를 갖는 경우에 미국 사업부, 중국 사업부, 일본 사업부 등을 유지하게 된다. 사업 영역이 특정 사업에 국한된 중소기업에서는 기업 전략 자체가 사업부 전략이 된다.

[도표 3-3] 경영 전략의 수준

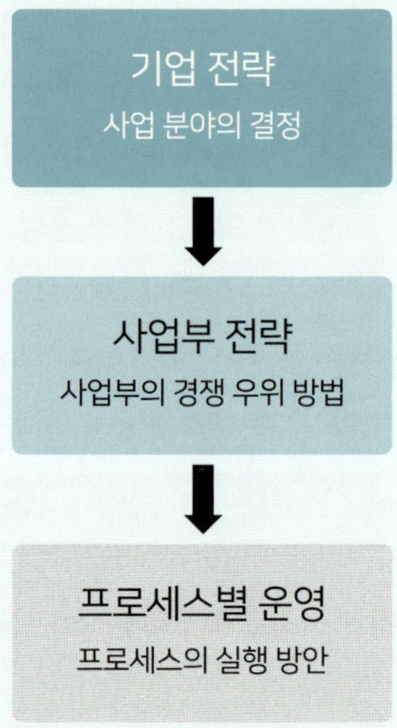

프로세스별 전략은 연구·개발, 생산, 마케팅 등 주요 프로세스가 '**전략 수행에서 어떻게 하면 성공할 수 있을 것인가**'와 같이 운영(operation)과 관련된 의사 결정 방안이다. 예를 들어, 할인 판매점에서는 마케팅 프로세스 전략이 중요하며, 자동차 회사의 경우에는 신제품 개발을 위한 제품 전략, 생산 운영 전략, 마케팅 전략 등이 중요한 프로세스 전략이 된다. 프로세스별 전략이 세워지면, 여기에 경영 자원을 집중하게 된다.

사업부를 여러 개 운영하는 대기업의 경우에는 3단계의 경영 전략을 가지며, 중소기업은 기업 전략과 사업 전략이 대개 동일하므로 2단계의 경영 전략을 가진다고 볼 수 있다.

제2절 사업 영역의 결정

앞에서 전략적 의사 결정은 사업 영역의 결정과 경쟁 우위 확보 방안의 결정을 포함한다고 말하였다. 먼저 사업 영역의 결정에 대하여 설명하여 보자. 사업 영역은 기업이 어떤 제품이나 서비스를 선택하여, 어떤 시장에서, 어떤 방법으로 사업을 할 것인가를 결정하는 내용이다. 사업 영역의 결정은 상품, 시장, 다각화 등 세 가지 차원을 포함한다.

일반적으로 기업은 초기에 기존 제품이나 서비스를 선정하여 기존 시장에서 판매한다. 이것을 시장 침투라고 부른다. 여기서 시장 점유율이 높아지면서 성공하면, 새로운 제품이나 시장을 개발하여 사업의 범위를 점차 확장해 나간다. 예컨대, 우리나라 자동차는 초기에 국내시장에서 성공하여 점차로 새로운 모델을 생산하여 왔으며, 미국 시장으로 진출하여 많은 자신감을 얻고 있다. 이것을 기초로 점차 유럽 시장이나 중국 시장으로 진출하고 있는 것이다. 이제는

[도표 3-4] 포트폴리오 전략의 구성 요소

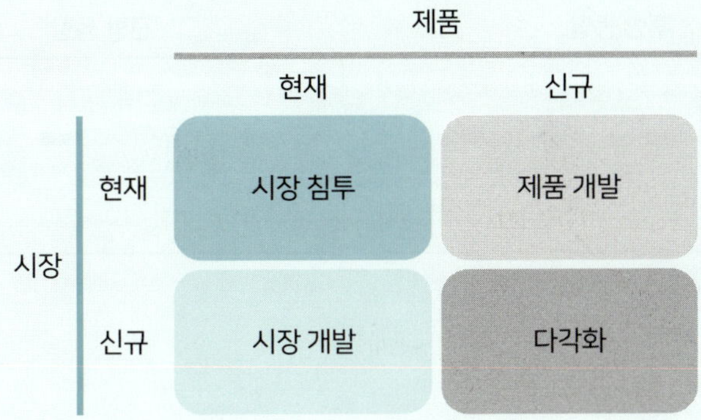

해외 진출의 경우 단지 완성차를 수출할 뿐만 아니라 현지에 공장을 세워서 직접 시장을 개발하고 있다.

[그림 3-4]에서 보는 바와 같이 기업이 이렇게 성장을 추구하는 과정에서 제품이나 서비스의 포트폴리오를 신규 분야로 확장하는 전략을 **다각화 전략**(diversification strategy)이라고 부른다. 다각화 전략은 일반적으로 새로운 상품을 가지고 새로운 시장에 진출하려는 전략이다. 예컨대, 현대자동차는 다각화 전략으로서 철강과 금융 분야의 진출을 모색하고 있다. 다각화의 종류에는 상품의 생산 단계와 유통 단계 등과 같이 수직적으로 연합하는 **수직적 통합**(vertical integration), 기존 상품과 연관이 있는 **관련 사업 다각화**(related business diversification), 기존 상품과 전혀 관계가 없는 **비관련 사업 다각화**(unrelated business diversification) 등 세 가지로 나누어 설명할 수 있다.

2.1 수직적 통합

기업은 사업의 규모가 커지면서 협력 업체와의 관계가 더 밀접해지는데, 원자재 확보, 중간재의 원활한 공급, 유통망 확보 등과 같이 가치 사슬상의 활동을 포함시켜서 내부화하는데 이를 수직적 통합이라고 한다. 수직적 통합에는 가치 사슬의 하류 쪽으로 통합하는 **전방 통합**(forward integration), 상류 쪽으로 통합하는 것은 **후방 통합**(backward integration)이 있다. [도표 3-5]는 수직적 통합을 나타낸다.

수직적 통합은 시장에서 서로 우호적인 관계를 맺으면서 거래하는 것이 가장 기본적인 형태

[도표 3-5] 수직적 통합

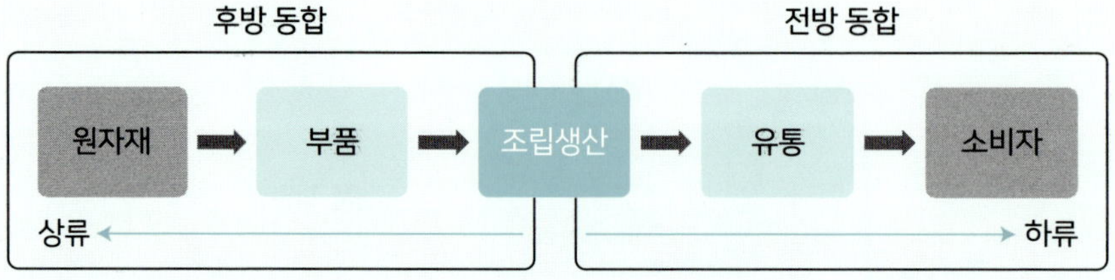

이고, 조금 발전한 형태가 부품 공급자와 장기 공급 계약을 체결하여 안정적으로 공급을 받는 형태이다. 계열화는 서로 상대의 주식을 보유하고 장기 공급 관계를 유지하는 형태이다. 현대자동차가 주로 사용하는 형태로 수직적 통합은 아니지만 통제가 어느 정도 가능한 계열사를 거느리고 있다. 그리고 강력한 통제가 필요한 경우에는 직접 수직적 통합으로 나아간다. 합작 투자의 형태로 절반 정도의 통제권을 가지는 경우도 있고 100% 소유에 의한 수직적 통합이 있다. 수직적 통합을 하면 원가상의 우위를 점할 수 있으며, 공급원 혹은 유통망의 확보로 시장 지배력을 강화할 수 있다. 그러나 환경 변화에 효과적으로 대응하기 어려울 수도 있다.

2.2 관련 사업 다각화

기업이 점차 세계적인 규모의 수준에 이르면 관련 사업을 매입하여, 새로운 사업 분야에 진출하려는 전략을 수립한다. 이를 다각화 전략이라고 부르며, 이때 기존 제품이나 서비스와 관련이 있어 유사한 사업에 진출하는 경우를 **관련 사업 다각화**라고 부른다. 이 경우 기업은 동일한 또는 유사한 시장에서 사업을 하며, 유사한 기술을 이용하며, 공통 유통망을 활용한다. 예를 들어, 롯데리아가 냉동식품으로 진출한다면 이에 해당될 것이다. 델컴퓨터 회사는 컴퓨터 판매를 기반으로, 가전 사업에 진출하고 있다. 가정의 가전제품이 디지털화하고 디지털 콘텐츠의 양이 증가하면서 PC의 역할이 다양해지고 있다. 이러한 변화에 부응하기 위하여 이 회사는 액정 화면(LCD) TV 같은 분야에 진출하였다. 홈 엔터테인먼트의 디지털화 중심에 PC가 있게 됨에 따라, 전통 가전업체보다 높은 경쟁 우위를 갖는 기회가 되고 있다.

기업이 기존 사업과 관련된 분야로 지출하려면, 기존의 핵심 역량에 근거하여 보유하고 있는 자원과 조직 시스템을 새로운 방식으로 통합시킬 수 있어야 한다. 관련 사업이라고 무조건 성공할 수 있는 것은 아니다. 기업이 가치 창출을 하려면 시너지 효과를 발휘할 수 있어야 한다. 미국의 볼펜 제조 회사인 BIC Pen은 사출 성형과 매스 마케팅, 브랜드 이미지에서 강점을 가지고 있다. 이를 잘 활용하여 1회용 라이터, 면도기 등의 사업에서 성공적인 다각화를 이루었다. 그러나 다음에서 설명할 비관련 분야인 팬티스타킹 사업에서는 강점 요소인 핵심 역량을 전혀 사용할 수가 없어서 실패하고 말았다.

관련 사업의 다각화 전략이 성공하려면 많은 노력이 필요하다. 첫째, 다각화 기업이 지출하려는 시장에서 범용 자원을 활용하는 것이 아니라, 경쟁 우위를 가져다주는 자원을 보유하고 있어야 한다. 그리고 사업 간에 시너지 효과를 창출할 수 있어야 한다. 무엇보다도 각각의 기존 사업이 경쟁력을 확보하고 있어야 시너지 효과를 기대할 수 있다. 잠재력 가지고는 어림도 없다. 둘째, 기업 전체 차원에서 사업과 관리 시스템 사이에 일관성이 확보되어야 한다. 전체 차원에서 사업들이 효율적으로 관리·통제되어야 하며, 동시에 사업 특성을 감안하여 차별화된 관리 시스템이 적용되어야 한다. 예를 들어, 미국의 존슨앤존슨(Johnson & Johnson)은 병원 고객을 대상으로 한 영업에서 각 사업별로 영업 인력을 운영하지 않고 전사적으로 통합 운영함으로써 규모의 효율성을 확보하고 있다.

2.3 비관련 사업 다각화

비관련 사업 다각화는 기존 상품과 상이한 제품이나 서비스를 다른 시장에서 판매하는 경우를 말하며, 이를 **콩글러머릿트**(conglomerate)라고 부른다. 이 기업은 기존 사업과 전혀 관계가 없는 여러 자회사를 거느리고 있어 상호 간에 관계가 거의 없거나 혹은 전혀 없다. 전형적으로 우리나라의 기업 집단이 이를 추구하고 있다. 만일 존슨앤존슨회사가 병원 네트워크 사업에 진출한다면, 이것은 델컴퓨터 회사의 경우보다 위험이 더 높다고 하겠다.

일반적으로 다각화 전략을 추구하는 이유는 기업이 계속 성장하면서 위험을 분산시키기 위해서이다. 특정 산업에만 종사할 경우 기술 변화, 수요 감소, 경쟁 심화 등에 의하여 심각한 영향을 받을 위험이 높기 때문에, 다각화는 이러한 위험을 분산시키는 역할을 할 수 있다. 이뿐만 아니라, 상호 구매와 상호 견제 등을 통한 시장 지배력을 구축할 수 있으며, 다양한 자산을 공동 활용하고, 경영 기법의 이전 등으로 범위의 경제를 창출하는 효과를 얻을 수 있다. 일단 사업 영역이 확정되면, 다음은 어떻게 경쟁해 나갈 것인가를 전략적으로 연구해야 한다. 이것은 기업이 경쟁 우위 확보 방안을 마련하는 내용이다.

제3절 경쟁 우위와 핵심 역량

3.1 핵심 역량의 파악

여러 전략적 환경 요인 중에서 가장 중요시되는 것은 역시 고객이다. 고객들은 자신의 소비 권리를 강력하게 주장하기 시작하였고, 시장의 주도권은 공급자로부터 수요자에게로 넘어가고 있다. 앞서 글로벌 전자 대전 사례에서 살펴본 바와 같이, 기업이 경쟁 우위의 고객 서비스를 제공하기 위해서는 고객 가치를 파악하고, 고객 관계를 관리하는 것이 중요한 전략적 이슈가 되고 있다. 그리고 기업이 고객의 니즈를 파악하고 충족시킬 만한 제품과 서비스를 제공하기 위해서, 고객과 함께 공동으로 노력하는 것이 전략적으로 요구되고 있다.

전략적 사고는 시대적으로 변하고 있다. 만들면 팔리던 시대에는 전략적으로 사고할 필요가 별로 없었으나, 최근과 같이 경쟁이 심한 경우에는 고객이나 경쟁자의 동향이 전략적 사고의 주요 변수가 되는 것이다. 급격히 변화하는 경쟁 환경에서 발생하는 불확실성의 증대 때문에 중장기 계획의 유용성이 감소하게 되었다. 기업의 최고 경영자들은 경영 환경에 보다 민첩하게 대응할 수 있는 능력이 필요하게 되었고, 경영 전략의 개념을 새롭게 수립할 필요성이 있다고 인식하였다. 그 일례로 1980년대에 하버드 대학의 포터 교수를 필두로 산업 구조와 경쟁 전략에 대한 분석 방법이 대두되었다. 그는 기업이 참여하고 있는 산업의 구조적 특성에 따라 기업의 수익성이 결정된다고 밝혔고, 따라서 해당 산업의 특징을 이해하여야 하며 산업 내에서 적절한 포지셔닝 전략이 필요하다고 역설하였다. 경쟁 우위를 갖기 위해서는 각 산업의 특성에 따라 원가 우위나 차별화 우위를 가져야 한다고 제시하였다.

그럼에도 불구하고, 이러한 분석은 1990년대에 와서 실제로 전략을 수립하는 데 큰 도움을 주지 못하였다. 그 이유는 개별 제품 시장의 중시로 조직의 비효율성을 야기시켰기 때문이다. 따라서 기업들은 전략적 이해관계가 높은 유사한 제품 사업을 통합하는 **전략적 사업 단위**(strategic business unit, SBU)를 조직하여, 독자적으로 사업부를 운영하게 되었다. 그리고 경영 전략의 초점은 기업의 내부적인 경영 자원과 핵심 역량을 분석하는 것으로 바뀌기 시작하였다. 기업들이 환경의 기회 요인을 파악하여 여러 사업 분야에 진출하였지만, 기업의 성공은 타 기업보다 더 탁월하게 사업을 수행하기 위한 내부 역량을 보유하였는지 여부에 의하여 결정되었기 때문이다. 경영 전략의 최신 경향은 기업을 경영 자원 인프라의 결집체로 보는 경영 자원론이 주류를 이루고 있으며, 그중에서도 기업의 핵심 역량은 경쟁 우위를 가져오는 주요 원천으로 파악되고 있다.

21세기에 들어서면서 세계 경제는 글로벌화되고, 고객 니즈는 다양해지고, 빠른 기술 변화에 따라 경쟁은 더욱 심화되고 있다. 기업은 규모가 크거나 작거나에 관계없이 변화하지 않으면 도태될 위험에 처하는 세상이 되었다. 경영 환경의 변화에 대응하지 못하는 기업은 계속 위험 부담을 안고 운영하는 셈이다. 구태의연한 기업은 원가 부담을 계속 안으며, 정보 전달의 속도와 유연성이 떨어져서 의사 결정이 늦어지게 된다.

사실 경영 환경 변화는 기업에 위협도 되지만 기회도 된다. 오히려 기회를 이용하면 새로운 사업을 성공시킬 수 있는 가능성도 커질 수 있다. 이제 기업이 내부의 핵심 역량에 집중하여 전략을 세워야한다는 방향성이 명확하게 드러나고 있다. 즉, 기업의 핵심 역량은 고객에게 집중되어 개발되어야 한다는 것이 인식되고 있다. 여기서 핵심 역량이란 고객에게 가치를 전달하는 프로세스에서 나타나는 기업 내부의 독특한 자원, 기술, 능력 등을 의미한다. 따라서 이것을 파악하고 지속적으로 발전시켜야 전략을 성공적으로 수행할 수 있다. 핵심 역량은 기업의 뿌리가 되어서 핵심 제품을 만들게 하며, 그리고 이를 통하여 경쟁 우위를 확보함으로써 사업에서 성공하게 만드는 것이다.

[도표 3-6] 핵심 역량은 기업의 뿌리

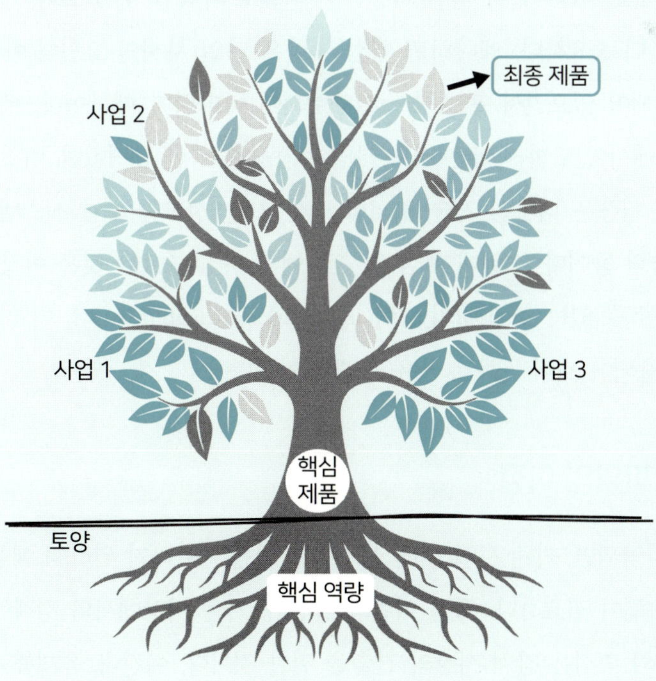

[도표 3-7] 기업별 핵심 역량

기업	핵심 역량	해당 부서
머크, 소니, 삼성	신제품 개발의 기초 연구	연구·개발
도요타, 현대차, 시스코	생산 효율성, 유연성과 민첩한 대응	생산
코카콜라, P&G, 나이키, 아디다스	브랜드 관리, 스포츠 마케팅	마케팅
아마존, AOL	고객 네트워크	정보 기술
GE	다각화 사업의 통제	경영 관리

기업이 핵심 역량을 가지고 있는지 여부를 판단하는 기준은 다음 세 가지 질문에대한 대답을 보면 알 수 있다. 첫째, 고객이 원하는 가치(고객 가치)를 제공하고 있는가? 둘째, 보유하고 있는 역량은 새로운 시장에도 적용되어 확장될 수 있는가? 셋째, 모방이 어려워서 경쟁사와 차별화될 수 있는가? 이러한 판단 기준은 핵심 역량을 보유하고 있는지의 여부를 알게 해 준다. 예컨대, 일본의 혼다는 엔진 부문의 핵심 역량을 가지고, 자동차뿐만이 아니라 스노우모빌, 모터스쿠터 분야에 진출하였다. 혼다 엔진의 품질은 타의 추종을 불허할 정도로 알려져 있다. [도표 3-7]은 기업별로 차별화된 핵심 역량을 나타내고 있다

[도표 3-7]에서 보는 바와 같이 핵심 역량은 부서별로 파악할 수 있으나, 기업 전체의 관점에서 살펴보는 것이 더 중요하다. 왜냐하면 핵심 역량은 단일 부서의 요인이 아니라, 여러 요인으로 복잡하게 구성되어 있으면서 프로세스로 진행되어 나타나기 때문이다. 예컨대, 모토롤라의 핵심 역량은 수주에서 인도까지 짧은 리드 타임이 가능한 생산 능력이며, 이것이 가능하도록 구성하고 있는 하위 역량은 디자인 기술, 정교한 생산 기술, 정교한 수납 시스템, 재고 관리 능력, 협력 업체 관리 능력 등이다. 그런데 핵심 역량 중에서 가장 중요한 것은 이것을 종합화하고 새로운 조합을 활용할 수 있는 **조직 내의 능력**(organizational capability)이다. 이 역량은 최고 경영자의 리더십에서 창출되어 조직 문화로 공유될 때 파악된다.

3.2 핵심 역량 파악의 이점

핵심 역량이 파악되면, 기존 사업 내에서 경쟁 우위를 확보하기 위하여 핵심 역량 활용과 축적을 위한 전략 수립이 필요하다. 핵심 역량의 활용은 기존 시장에서의 경쟁력 확보 방안을 의미하며, 핵심 역량의 축적은 잠재 시장의 진출을 위한 것이다. 예컨대, 유제품 가공 기술을 가진

회사는 냉동 물류 기술 개발을 계획하며, 유통 채널을 확보하는 기회를 가질 수 있다. 기업이 장기적으로 성장하려면 보유하고 있는 경영 자원과 핵심 역량을 유지하고 발전시키는 것이 필요하다.

핵심 역량을 파악하면 기업이 경영 전략을 수립하는 데에 다음과 같은 이로운 결과를 얻을 수 있다.

첫째, 핵심 역량을 파악하면 현재 활동하고 있는 기존 사업의 경쟁력을 파악하고 유지하는 데에 도움을 준다. 예컨대, 자동차의 핵심 부품은 엔진이다. 이에 대한 핵심 역량이 확보되어 있으면 자동차 생산에서 경쟁력을 유지하기 쉽다. 그리고 이것을 바탕으로 다각화 전략을 수립할 수 있다. 기존에 잘 할 수 있는 역량을 바탕으로 새로운 사업으로 진출한다면 성공 가능성이 높다. 예컨대, 시멘트 회사는 관련 다각화의 일환으로서 건설 부문으로 진출하여 성공할 수 있다. 그러나 화학 분야로 진출한다면 위험이 커진다. 기업이 비관련 다각화에 진출하는 경우에는 사업 경험과 지식의 미축적으로 많은 위험 부담을 가지기 때문이다.

둘째, 핵심 역량을 파악하면 조직이 활성화된다. 기업은 자기 자신을 알게 되어 자신감이 생기게 된다. 사업에서의 자신감은 조직의 활성화를 가져오게 되어, 기업의 비전을 공유하게 하며, 전략적 목표를 달성하게 한다. 기존 사업뿐만 아니라 전망 좋은 잠재 사업으로도 진출할 수 있게 해 준다.

셋째, 핵심 역량 파악은 기업의 글로벌화를 촉진한다. 기업이 국제화되면 자신이 모든 것을 만들고 팔아야 할 필요가 별로 없다. 이것은 기업의 자원을 분산시키는 일이 된다. 오히려 핵심 역량을 가지고 가치 사슬에 참여하여 해외 기업과 전략적으로 제휴하는 것이 더 나을 수가 있다.

[도표 3-8] 핵심 역량 파악의 이점

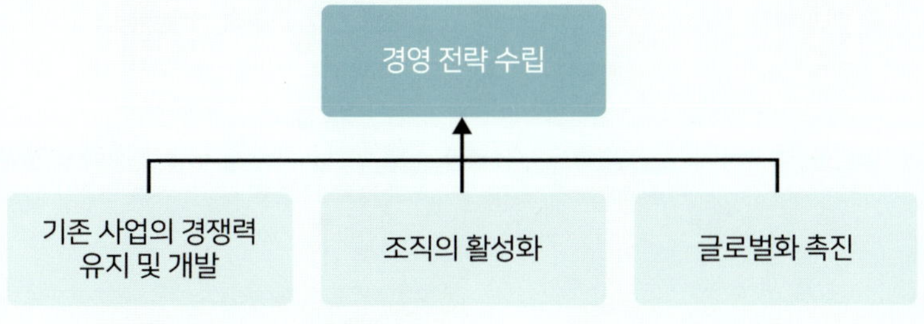

제4절 경영 전략의 수립 절차

기업의 존재 목적은 고객에게 가치를 제공하는 것이다. 이를 효과적으로 달성하기 위해서는 핵심 역량을 파악하고 발전시키는 것이 중요하다. 경영 전략은 확보된 핵심 역량을 기초로 하여 어느 사업에 진출할 것인가 혹은 어느 사업으로부터 철수할 것인가를 결정하며 그리고 어떻게 경쟁 우위를 확보할 것인가를 마련한다.

그러면 경영 전략은 어떻게 수립하는 것인가? 기업에서 경영 전략을 수립하는 데에는 몇 가지 고려할 사항이 있다. 그것은 경영 플랫폼(사명, 핵심 가치, 비전), 경영 목표, 외부 환경(정치, 경제, 사회, 문화, 기술, 정부, 공급자, 소비자, 경쟁자 등), 내부 능력(자금 능력, 고객 관리 능력, 업종, 제품 구조 등) 등을 포함한다.

4.1 조직의 경영 플랫폼 구축

플랫폼(platform)은 기차역의 시발점이다. 여행 목적지에 따라서 알맞는 플랫폼에 서 있어야 자신이 가고자 하는 곳에 도착할 수 있다. 부산에 가고 싶은 사람은 부산 가는 플랫폼에, 광주에 갈 사람은 광주 플랫폼에 서 있어야 한다. 가고자 하는 목적지를 정한 후에 서 있는 곳이 플랫폼이다. 마찬가지로 기업의 경영 플랫폼은 경영의 출발점이다. 이것은 경영 이념이며 기본 사상이자 또한 철학이다. 이 경영 플랫폼은 사명, 핵심 가치, 비전 등 세 가지 요소로 구성되어 있다. 이것을 간단히 그림으로 나타내면 [도표 3-10]과 같다.

[도표 3-9] 경영 전략의 수립 과정

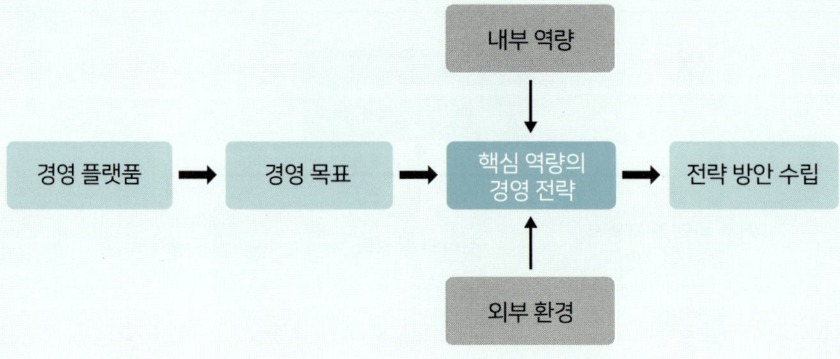

[도표 3-10] 경영 플랫폼

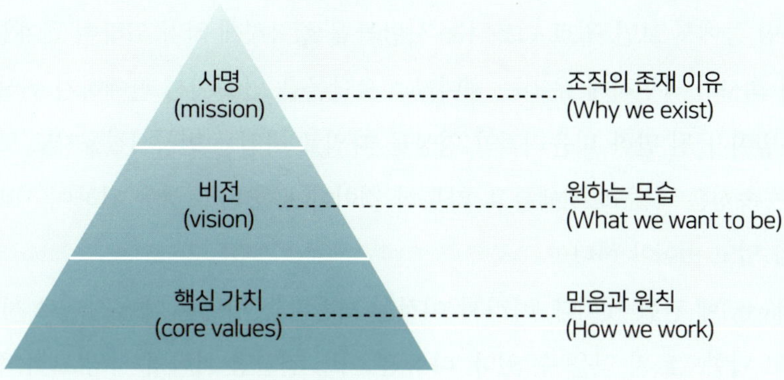

(1) 사명

사명(mission)은 조직의 존재 이유를 뜻한다. 왜 우리 회사는 존재하여야 하는가, 왜 나는 존재하여야 하는가 등에 대한 근본적인 질문이다. 기업의 존재 이유는 생산자 입장이 아닌 고객의 입장에서 정의되어야 한다. 예컨대, 은행은 단순히 예금과 대출을 위해서 존재하는 것이 아니라, '고객들의 금융 자산을 위험으로부터 보호하면서 생활의 질을 향상시키기 위해 존재한다'라고 정의를 내려야 할 것이다. 자동차 회사는 자동차를 생산하기 위해서 존재하는 것이 아니라, '고객들의 생활의 질을 향상시키기 위해서 존재한다'라고 정의를 내리면 좀 더 고객 지향적인 미션이 된다. 간단히 말해서, 기업은 고객 가치를 창출하기 위해서 존재하는 것이다. 다른 회사의 예를 살펴보자.

- 3M: 해결할 수 없는 문제를 창의적으로 해결
- 월마트: 보통 사람들로 하여금 부자들이 구입하는 물건을 저렴하게 살 수 있도록 함
- 월트 디즈니: Make people happy
- LG유통: 고객을 위한 가치 창조
- 듀퐁: 화학을 통해 보다 나은 삶을 위한 보다 나은 제품

위에 예시된 조직의 존재 이유는 공통점이 있다. 그것은 무엇일까? 조직이 존재하는 이유는 돈벌이를 위해서도 아니고, 세계를 지배하기 위해서도 아니다. 그것은 자기 자신이 아닌 고객을 위해서 존재한다는 사실이다. 그것도 최종 고객을 위해서 존재한다. 사명은 제품이나 서비스를

직접 언급하지 않더라도, 존재 이유에 대하여 구성원들이 동의하는 바람직한 동기를 가지도록 한다. 제시된 사명은 타인에게 제품이나 서비스를 제공하기 위한 핵심 목적을 제시하고 있다.

제시된 사명 중에서 보면, 월트 디즈니는 '사람들을 행복하게 하기 위하여' 존재한다고 선언한다. 아마도 이 회사가 막연하게 '우리는 재미있는 오락물을 만들어서 판매하기 위하여' 존재한다고 했다면, 돈벌이가 될 만한 비윤리적인 영상물 따위로 사업을 번창시켰을지도 모른다. 사명이 내포하고 있는 속성은 폭넓고, 지혜롭고, 따뜻한 것이어야 한다. 고객을 위하여 서비스하려는 본원적인 특성을 담고 있어야 한다.

사명은 '왜(why)'에 관한 것이다. 따라서 이것을 개발하는 방법은 계속적으로 서너 번 정도의 '왜'를 질문하고 답함으로써 얻을 수 있다. 다음은 어느 컨설팅 회사의 사명(고객 회사가 성공하기 위하여)이 유도된 것을 간단히 보여 준다. '우리 회사는 고객 회사에게 시장 조사 보고서를 작성해 주기 위하여 컨설팅을 한다.' '왜 이것이 중요한가?' '왜냐하면 고객 회사가 시장을 잘 이해하도록 하기 위하여,' 그러면 '왜 시장 이해가 중요한가?' '왜냐하면 시장에서 성공하기 위해서' 등이다. 따라서 이 회사는 '고객 회사를 시장에서 성공시키기 위하여 존재한다'라고 사명을 정할 수 있다.

사명은 조직의 존재 이유를 말하면서, 이것이 구성원들에게 왜 그들이 회사에 출근하여야 하는가를 비교적 간단하면서 명료하게 밝히고 있다. 그런데 출근한다고 일이 자동으로 이루어지는 것은 아니다. 어떠한 마음가짐을 가지고 일에 임할 것인가? 어떠한 태도를 가지고 일을 할 것인가? 기본 가치와 태도를 핵심적으로 제시한 것이 다음의 핵심 가치이다.

(2) 핵심 가치

조직에서 **핵심 가치**(core values, **1장의 기업 가치와 다른 의미**)는 조직의 구성원에게 계승되는 경험적 내용 및 활동 대상이다. 조직원들이 사명을 성취하려고 준수하는 믿음과 원칙이다. 여기서 말하는 핵심 가치는 조직 내에서 바람직한 행동을 제시하는 기본적인 규범으로서 조직 구성원들이 공유하는 가치관이고 조직 문화적인 특성을 갖는다. 기본적으로 조직 차원에서 강조되는 이 가치는 고객의 소중함, 직원의 성실성, 근면성, 그리고 책임감 등과 같은 것이다. 기업의 가치는 하룻밤 사이에 만들어지는 것이 아니라 수년간에 걸쳐서 누적된 체계이다. 이것은 가치 시스템이라고 불리도 무방하다. 다음은 월트 디즈니의 핵심 가치를 나타내고 있다.

- 냉소주의 금지
- '건전한 미국인 가치관'의 주입

- 창의성, 꿈, 상상력
- 일관성과 세부항목에 주의력 집중
- 디즈니 매직의 보존

조직의 핵심 가치는 조직 구성원 가치를 창출하는 규범이 된다. 따라서 이것은 고객 가치를 생산하는 원칙이며 원동력이다. 미국의 노드스트롬은 중산층을 겨냥하여 영업하고 있는 백화점이다. 이 백화점의 서비스 일화는 유명하다. 여기에서 팔지도 않은 타이어 체인을 구입했다는 고객의 주장을 백화점 측이 군말 없이 받아주었다는 것이다. 이것을 통하여 고객을 감동시켜, 구전 효과를 높이고, 신규 고객을 확보하였을 것이다. 그러나 이 일화는 객관적으로 타당하지 않으며, 실제 증거도 뒷받침되지 않은 이야기이다. 그럼에도 불구하고, 이것은 많은 사람들의 뇌리에 남아있다. 어떻게 해서 이러한 이야기가 사람들로부터 회자되는 것일까? 백화점 측의 일방적인 조작이라기보다는 핵심 가치를 성실하게 실천한 사람들의 노력 덕분인 것으로 본다. 이 백화점의 핵심 가치는 다음과 같다.

- 무엇보다도 고객 서비스 우선
- 근면 그리고 개인 생산성
- 절대로 만족하지 않음
- 독특성의 탁월한 명성

핵심 가치는 조직 구성원과 고객을 향하여 공유되는 가치 체계이다. 특히 직원은 조직의 힘의 근원이며 생명력임을 인식하는 것이 중요하다. 이것은 불변의 핵심 가치 중의 하나이다. 이 가치는 시장 변화에 따라 변하지 않으며, 오히려 시장을 변화시키는 속성이다. 핵심 가치를 개발하려면 다음의 질문을 생각하면 된다. 예컨대, 아이들에게 말할 가치가 있으며, 또한 어른이 되어도 이것을 지키겠는가? 100년 후에도 유효한 것인가? 경쟁에서 불리해도 지킬 것인가? 내일 새로운 사업을 하여도 이것을 적용할 것인가?

앞에서 강조한 바와 같이, 가치는 사명을 수행하기 위하여 소중히 여겨지는 것이다. 이것은 기본적으로 기업 문화를 이루는 특성 요인이다. 세계적인 기업이 내부적으로 소중히 여기는 가치는 즐거움(joy), 탁월함(excellence), 존경심(respect), 혁신(innovation), 팀워크(teamwork), 온전성(integrity), 사회적 이익(social benefits) 등의 일곱 가지를 꼽고 있다.[1] 이러한 핵심 가치는 조직 구

[1] 초일류 서비스기업의 조건, 2001.

‖ 할렘 글로브트로터스

할렘 글로브트로터스(Harlem Globetrotters)는 농구 경기를 예술적이고 유머러스하게 연출하는 팀으로, '재미있는 것이 좋다'라는 가치를 바탕으로 팬들에게 특별한 경험을 제공한다. 이 팀은 경기 중 다양한 묘기와 농담, 춤을 통해 관중에게 웃음과 즐거움을 선사한다. 또한, 경기 전후로 팬들과의 사인회 및 사진 촬영 시간을 가지며, 경기 중간중간에 팬 참여 이벤트를 진행한다.

할렘 글로브트로터스의 경기는 전 세계적으로 유명하며, 단순한 농구 경기를 넘어선 엔터테인먼트 쇼로 자리 잡았다. 이들은 경기 중에 자유투 라인에서 덩크슛을 하거나, 상대 팀 선수들과 농담을 주고받는 등의 퍼포먼스를 통해 팬들에게 잊지 못할 추억을 선사한다. 또한, 어린이와 가족 관객을 위한 특별 이벤트도 자주 진행하여 모든 연령대의 팬에게 인기를 끌고 있다.

할렘 글로브트로터스는 이러한 독특한 엔터테인먼트 방식을 통해 전 세계적으로 큰 인기를 끌고 있으며, 매 경기 많은 관중을 끌어모은다. 그들의 성공은 팬들과의 상호 작용과 끊임없는 혁신 덕분이다.

자료: 할렘 글로브트로터스 공식 웹사이트

성원들에게 거의 종교적 신념으로서 소중히 여겨지는 내재적 가치를 말하며, 시장의 변화와 상관없이 준수하여야 하는 불변의 가치이다. 따라서 핵심 가치는 핵심 역량보다 더 소중하다. 은행의 금고 안에 돈이 들어가 있듯이, 기업의 금고 안에는 핵심 가치가 들어 있어야 한다. 이것은 경영진과 조직 구성원들에게 의미를 부여하는 그 무엇이며, 경영 플랫폼의 원칙과 철학을 나타내는 구성 요소로서 조직의 마음과 영혼을 나타낸다.

(3) 비전

비전(vision)은 사명과 핵심 가치를 기초로 하여 달성될 구체적인 미래의 꿈이며, 자신의 모습에 대한 그림이다. 10~30년 후에 조직의 모습이 어떠할 것인지는 조직 구성원들의 현재 꿈에 달려 있다. 비전은 조직이 무엇이 되고자 하는가, 그리고 어디로 갈 것인가를 나타내주는 미래의 발전 방향이다. 예컨대, 우리 회사는 '세계 최고의 서비스를 제공할 것이다'와 같이 분명하고 도전적인 비전을 제시하여야 한다. 이 경우 구성원들은 세계 최고라는 나침반을 보고 있는 셈이다.

중요한 것은 비전이 기업 혼자서 공허한 외침으로 끝나지 말아야 한다는 점이다. 비전은 기업 자신이 정한다고 이루어지는 것이 아니다. 내부 구성원의 일치된 사상도 중요하며, 그리고 외부 고객의 동의 없는 비전은 한낮 꿈에 불과하다. 그들의 동의가 필요하다. 즉, 조직과 개인이 공유하며, 고객이 인정하는 성실한 비전이 필요하다. 탁월한 비전이 되는 조건은 다음과 같다.

- 명쾌한 사상으로 사업 전개의 방향을 제시
- 장기적인 관점에서 시장을 봄
- 전 사원의 이해와 참여

비전은 분명 고객 지향적이지만 조직 구성원이 최우선이며, 고객은 그 다음이다. 조직과 구성원들에 의하여 공유된 비전은 조직이 추구하여야 할 가치가 무엇인지를 제시해 주며, 미래를 보고, 새로운 사업 기회를 포착하는 기준을 제시해 준다. 비전은 구성원들의 공감대를 형성하고, 꿈과 희망을 줌으로써 강한 혁신 의지를 창출한다. 그리고 이루기 어렵더라도, 이루어야 하는 대담한 목표를 제시하게 한다.

우리나라 기업의 미래 모습은 세계적인 기업이 되는 것이라고 말하는 경우가 많다. 이것은 대부분 허황된 외침에 지나지 않는다. 왜냐하면 국내시장에서 일등이 되지 않으면, 세계시장에서 최고의 경쟁력을 가질 수 없기 때문이다. 마찬가지로 탁월함을 갖추려면 학생은 우선 반에서 일등을 지향하여야 한다. 그래야 전교에서도 일등을 할 수 있다. 학업은 학생의 본업이다. 본업에서 최고를 꿈꾸는 것은 당연하다. 그러면 국내 및 해외에 나가서도 최고를 추구하는 사람이 될 수 있다.

조직이 전략을 수립하기 위하여 일차적으로 할 일은, 지향하는 미래의 구체적인 모습을 조직 구성원, 고객, 사회에 대하여 선포하여야 한다. 비전 선포를 통하여, 바람직한 미래의 모습에 기본적인 가치와 열망을 나타내 주는 생생한 표현이 되어야 하며, 미래에 도달할 목표가 무엇인지 제시하여야 한다. 따라서 비전은 전략을 수립하고 수행하는 주요 동인이 된다. 미국의 케네디 대통령은 '우리의 비전은 1960년대 말까지 인간을 달에 보내는 것이다' 라는 비전을 제시하여 전 미국인을 열광시킨 적이 있다. 비전은 최고를 추구하는 미래 그림이다.

지금까지 경영 플랫폼 구조에 대하여 알아보았다. 플랫폼은 당위적인 것이 아니라, 본질적인 것이다. 즉, '우리 회사는 어떤 플랫폼을 가져야 하는가?'가 아니며, '우리 회사는 어떤 플랫폼을 진정으로 가지고 있는가?'라는 문제이다. 자신이 가지고 있는 사실을 발견하고 확인하여야 한다. 조직의 중심에 놓여 있는 것을 발견하고 솔직하게 밀고 나가면서 구축한다. 이것은 환경이 변하여 손해 보더라도 보존할 만한 가치가 있는 것인가 확인하고 발전시키면서 보존하는 것이다.

경영 플랫폼이 핵심 역량과 다른 점을 주의하기 바란다. 핵심 역량은 자신이 경쟁 우위를 가지고 잘할 수 있는 것으로서 전략적 개념의 능력을 의미한다. 예컨대, 소니 회사의 제품 경량화 능력은 핵심 역량이며, 시장에서 선도자가 되려는 것은 플랫폼 사상이다. 핵심 역량은 시장이 바뀌면 변할 수 있어도, 경영 플랫폼은 근본적인 사상으로 쉽게 변하지 않는다.

기업은 진정한 경영 플랫폼을 구축하여야 전략을 성공적으로 실천할 수 있다. 이때 최고 경영자는 조직의 플랫폼에 동의하는 사람을 발견하여, 그들을 매혹시켜서 붙잡아야 한다. 냉소적인 인간들은 다른 곳으로 보내 버려야 한다. 경영자와 사상이 일치하지 않는 자는 떠나도 상관없다. 그러나 플랫폼 안에서 다양한 종류의 사람과 견해를 붙잡아야 한다. 반드시 똑같이 생각할 필요는 없다. 경영 플랫폼은 함께 안을 보며 밖을 향하는(inside out) 사람들로 가득 찬 곳이다.

4.2 경영 목표

비전은 조직 구성원들에 대한 행동 규범이 되므로, 핵심 이념을 제시하여 사업의 열쇠가 되도록 하는 것이 중요하다. 이렇게 되려면, 비전은 경영 목표를 제시하여야 한다. 목표는 대담하고, 생생하게 표현하여 10~20년 이후의 목표가 마음 속에서 구체적으로 형상화되어야 한다, 예컨대, '우리 브랜드는 10년 안에 세계에서 가장 유명하게 될 것이다'라는 표현은 매우 구체적이고 생생하며, 그리고 명확한 시간 약속을 제시하고 있다.

목표는 될 수 있는 대로 명확하고 측정 가능하여야 하며, 활동 중심이 아닌 결과 중심이어야 한다. 이것은 특정한 내용과 시간 제한적인 기준을 가져야 한다. 예컨대, 세계 최고 수준의 서비스를 제공하려고 한다면, 다음의 두 목표 중에서 후자가 더 바람직하다. 그러나 기업에서는 모두 혼용하기도 한다.

- **목표 1**: 우리의 목표는 고객불만을 최소화하는 것이다.
- **목표 2**: 우리의 목표는 고객불만을 올해 말까지 6시그마 수준으로 낮추는 것이다.

기업 목표는 최고 경영자와 전 사원이 참여하여 수립하도록 한다. 탁월한 기업은 핵심 역량을 활용하여 통합적이고 일관성 있게 비전과 목표를 추진한다. 최고 경영자는 전략적 제안을 간

[도표 3-11] 기업의 경영 목표

정성적 목표	정량적 목표
• 무엇보다도 윤리적인 회사가 된다. • 수익성을 통하여 주가를 높인다. • 고객 만족을 극대화한다.	• 매년 두 자리 이상의 수익 성장률을 달성한다. • 총매출액 대비 R&D 투자비를 최고 10%까지로 높인다.

결하게 사내에 침투시키며, 작은 실행으로 신속하게 성공을 축적한다. 비전이 실현되면 이상과 현실이 조화되고, 공감대가 형성된다.

이와 같이 **목표**(objective)란 한 마디로 달성되어야 하는 결과치(result)를 의미한다. 목적과 목표는 모두 의사 결정과 행동이 이루어지는 방향을 제시하나, 목적은 목표보다 상위 개념으로서 질적으로 달성하는 존재 이유이며, 목표는 양적으로 달성하는 결과치이다. 예컨대, 현대자동차의 경우 그 사명을 달성하기 위하여 제품과 서비스에서 지속적인 품질 향상, 시장 점유율 확대, 직원들을 위한 좋은 작업 분위기, 원가 절감 노력, 부품 공급자와 대리점과의 좋은 유대 관계 등을 목표로 제시할 수 있다. 목표를 제시함으로써, 조직 구성원들은 방향과 목표 달성 의식을 가지며, 그리고 성과에 대한 평가와 통제가 가능하다.

목표는 기간 기준으로 보면 장기 목표(1년 이상)와 단기 목표(월, 일, 시간)로 나눌 수 있다. 기업 또는 사업부의 장기 목표는 생존, 성장, 수익성 등과 같은 비교적 안정적인 계획이다. 이러한 종류의 목표는 대체로 **정성적**(qualitative)인 내용을 담고 있어, 예를 들어 '고객에게 최대의 만족을 주는 서비스 제공'을 목표로 정할 수 있다. [도표 3-11]은 기업의 경영 목표를 예시한 것이다.

경영자는 기업 수준의 목표를 각 부서에서 달성하도록 노력하여야 한다. 상위 수준에서 목표를 결정했다고 해서 자동적으로 달성되는 것이 아니기 때문이다. 하부로 내려갈수록 더 구체적으로 제시하고, 기업 수준과 기능 부서 수준이 공식적으로 연결되도록 하여야 한다. 기능 부서의 단기 목표는 항상 경영자의 주목 대상이다. 단기 목표는 정해진 기간 안에 누구를 위하여 무엇을 할 것인가 하는 **정량적**(quantitative)인 수치가 대부분이다. 고객 만족을 극대화하기 위한 장기 목표 아래에서, 올해 상반기의 단기 목표는 마케팅 부서의 고객 불평 목표 건수가 10건 이하, 생산 부서의 목표 불량률 100ppm 미만 등이 될 것이다. 이때 경영자는 이러한 목표 수치를 일일 또는 월별로 계속 체크한다.

▌국가별 경영 목표 비교

일반적으로 기업의 경영 목표는 이윤 극대화 또는 현재 가치의 극대화와 같은 추상적인 것으로 내걸지만, 실제로는 구체적이고 다차원적이며 때로는 대립적인 여러 목표를 세우고 수행한다. 기업 목표는 이해관계자의 요구, 사회적 조건, 제품 시장, 생산 기술의 특징을 반영한다. 이것은 산업이나 기업에 따라 다르고 또한 국가별로도 다르다. 우리나라, 미국, 일본, 세 나라의 기업 목표의 일반적인 특성을 비교하여 보자.

[도표 3-12] 기업 목표의 국가별 비교

국가	미국 기업	일본 기업	한국 기업
목표	투자 수익률 주가 상승	시장 점유율 신제품 개발	매출액 다각화

[도표 3-12]에서 보는 바와 같이, 미국 기업은 투자 수익률과 주가 상승을 우선적인 전략 목표로 내세우면서, 비교적 단기적인 경영 활동에서 수익성을 중요시한다. 그러나 일본의 기업은 시장 점유율과 신제품 개발을 우선하면서 성장성을 중요시한다. 한편, 우리나라의 기업은 일반적으로 단기간의 성장을 중요시하기 때문에 매출 증대와 같은 외형적인 확장을 목표로 한다. 그리고 기본 사업과 관련이 적은 다각화를 추구하는 것이 우리나라 기업의 특색이라고 하겠다.

4.3 외부 환경의 기회와 위협 분석

설정된 목표를 달성하려면 기업은 외부 환경과 내부 능력을 검토하여야 한다. 여기서는 먼저 외부 환경에 대하여 알아본다. 기업이 외부 환경을 분석할 때에는, 국내 환경과 국제 환경을 동시에 고려하여야 한다. 현재와 같이 국내시장이 거의 개방된 경우에는, 기업을 둘러싸고 있는 모든 것이 환경 요인이다. 환경 요인은 앞장에서 설명한 바와 같이, 일반 거시 환경과 미시적인 사업 환경으로 나눈다. 거시 환경은 정치, 경제, 사회, 문화 등과 같이 특정 산업에 국한되지 않고, 보편적으로 해당 지역의 기업에 영향을 미치는 요인들이다. 그리고 사업 환경은 기업을 둘러싸고 있는 독특한 상황 요인으로서, 경쟁자, 소비자, 협력 업체 등을 들 수 있다.

환경 분석이란 정치, 경제, 사회, 기술, 문화적인 요소 중에서 자사의 기업 활동에 영향을 미치는 요인의 특징과 자사에 미치는 영향 정도를 기회와 위협적인 관점에서 분석하는 것을 말한다. 먼저, 거시 환경의 각 요인에 대한 기회와 위협적인 상황을 파악한다. 그러고 나서, 자사가 속해 있는 산업 내에서 현재의 경쟁 상황과 미래의 경쟁 정도를 예측한다. 포터는 이것을 산업 구조 분석이라고 부른다. 그는 한 산업 내에서 기업에 가장 강력하게 영향을 주는 요인으로서, 기존 사업자들 간의 경쟁, 잠재적 진입 기업자와의 경쟁, 대체 상품의 위협, 공급자의 교섭 능력, 구매자의 교섭 능력 등의 다섯 가지를 제시하였다.

[도표 3-13]에서 제시한 경쟁 요인은 향후 산업의 수익성을 결정지으므로, 가장 유력한 요인이 무엇인가를 파악하여 전략을 수립하여야 한다. 예를 들어, 어느 산업에서 잠재 진입 기업의 위협이 없고 확고한 기반을 다져 놓은 상태라고 할지라도, 더 싸고 품질 좋은 제품이 등장하면 수익률은 저하된다. 예컨대, 카페트를 별로 사용하지 않는 우리나라 가정집의 경우에, 전기 진공 청소기보다는 값싸고 편리한 수동식 종이 걸레로 대체되고 있다. 우리는 포터가 제시한 요인들이 산업별로 독특한 경쟁 상황 때문에 다르다는 것을 인식하고 대처하여야 한다.

그러나 공생적인 환경에서는 반드시 적(경쟁자)으로만 둘러 싸여 있는 것이 아니다. 얼마든지 협력적인 관계를 구축하여 윈윈(win-win) 게임을 할 수 있다. 예를 들어, 자동차 제조 회사가 다른 제조 회사와 함께 부품 협력 업체를 공용화하여 공동으로 부품을 주문하면, 원가 절감의 효과를 함께 볼 수 있다. 따라서 기업은 보완적인 관계를 고려하여 기업 환경 요소를 경쟁적으로뿐만 아니라 협력적으로도 분석하는 것이 필요하다.

[도표 3-13] 경쟁을 유발하는 요인

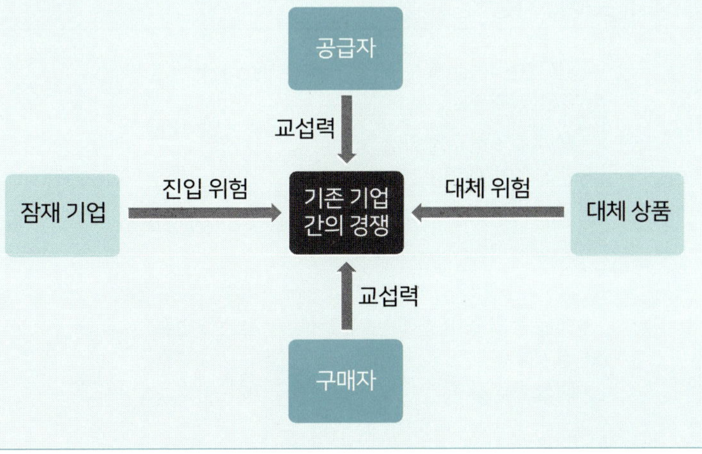

4.4 내부 자원의 강점과 약점 분석

경영자는 내부 자원의 강점과 약점을 올바르게 평가하여, 자신의 핵심 역량을 정확하게 파악할 수 있다. 기업이 내부적으로 보유하고 있는 자원으로는 상대적인 경쟁 위치, 재무 구조, 부서 운영의 기본 방침, 핵심 인적 자원의 특성, 기술 능력, 정보 수집 능력 등이 있다. 기업은 경쟁자에 대한 차별적인 우위 관점에서 내부 자원의 이용 가능성과 한계를 분석하여야 한다. 이를 통하여 핵심 역량을 확인하며 나아가서 지속적으로 발전시킬 수 있게 된다.

지금까지 설명한 기업의 외부 환경의 기회와 위협 그리고 내부 자원의 강점과 약점에 관하여 SWOT(strength, weakness, opportunity, threat) 표를 자동차 회사의 경우를 예로 들어 만들면 [도표 3-14]와 같다.

SWOT 표에서 외부 환경의 기회(O)는 경쟁 우위를 위해 활용 가능한 요소이며, 위협(T)은 저해요소로서 주의하여야 할 요소이다. 그리고 내부여건의 강점(S)은 경쟁 우위를 확보하고 유지하게 하는 기업의 자원 또는 능력으로서 존재하는 요소이며, 약점(W)은 타사와 비교하여 열세에 있는 경영 자원이다.

4.5 전략 방안 개발

기업이 외부 환경의 기회와 위협을 검토하고 내부의 장단점을 파악한 후에는 경영 전략을 수립하게 된다. 이 과정을 **SWOT(strength, weakness, opportunity, threat) 분석**이라고 한다. [도표

[도표 3-14] SWOT 표(예: 자동차 회사)

Strength	Weakness
• 국내시장 점유율 최대 • 전국적인 지점망 • 협력 업체와 좋은 관계	• 신제품 개발 늦음 • 생산 원가 증가 • 노사 관계 불안정 • 고객 서비스 DB 미흡
• 젊은 층의 소비 증대 • 경기 부양 • 여성 운전자 증가	• 외국 자동차 진출 • 공해의 규제 강화 • 운전 사고 급증
Opportunity	Threats

[도표 3-15] SWOT 분석(자동차 회사)

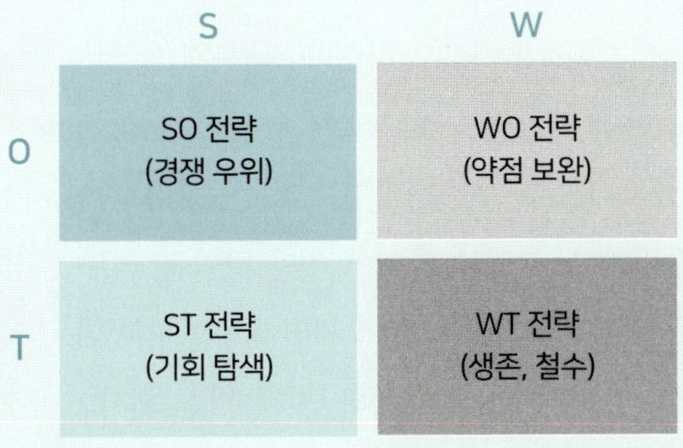

[도표 3-16] 세부 전략 구축안

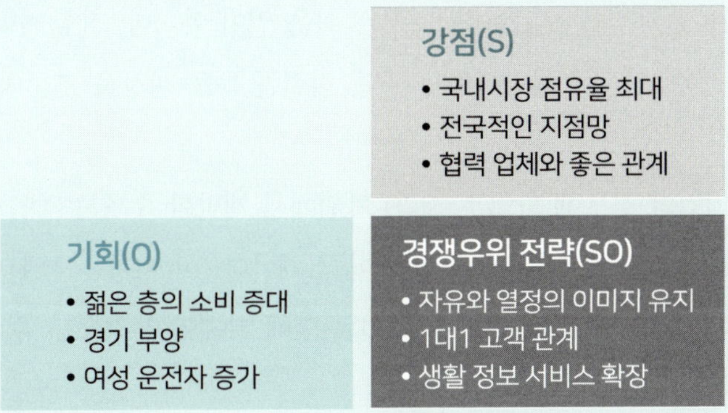

3-15], [도표 3-16]는 이에 대한 예를 제시하고 있다.

[도표 3-15]에서 경영 자원에는 한계가 있으므로 강점 유지와 약점 보완은 상황에 맞게 선택하여야 한다. 예컨대, 외국 자동차의 진입은 국내 판매의 위협이 되고 있다. 이에 대응하려면 전국적인 판매망을 강화하고, 고객 서비스 DB를 정교하게 구축하는 방안을 수립하여야 할 것이다.

SWOT 분석은 또한 핵심 역량을 도출하는 근거를 마련해 준다. 핵심 역량의 보유는 기존 제품을 우수하게 할 뿐 만이 아니라, 다른 종류의 시장에 진출할 수 있는 기회를 가져다준다. 핵심 역량은 경쟁력의 원천 중에서 가장 핵심이 되는 자원이다. 이것은 경영 전략을 수행하는 데 있어 차별화를 통하여 경쟁 우위를 가져다준다.

제5절 본원적 전략 모형

손자병법에서 '知彼知己 百戰百勝'이라고 하였다. 적(환경)을 알고 자신(내부)을 알면, 핵심 역량을 근거로 하여 기업 전략을 성공적으로 수행할 수 있다. 핵심 역량은 경쟁사가 추월할 수 없는 내부적인 경쟁 우위 요소이므로 기업의 강점으로서 중요한 경영 자산이다. 이것을 바탕으로 실천적인 전략 방안을 수립한다. 사업부 차원의 전략 방안은 외부 환경 요인과 동시에 상위 기업 전략과 하위 프로세스별 전략을 고려하면서 세워져야 할 것이다.

전략의 특성은 기본적으로 세 가지를 갖는다. 첫째, 다른 회사와 무엇인가 다르게 하는 것이다. 바둑에서 정석을 외우고 나면 잊으라는 말이 있다. 기본 아래에서 자신의 것을 알고 독특한 것을 개발하여야 한다. 둘째, 할 것과 하지 말 것을 판하고 선택과 포기를 현명하게 결정할 수 있어야 한다. 사람과 마찬가지로 조직은 자신의 강점을 더욱 강화해나가는 것이 전략 방안을 개발하는 데에 도움이 된다. 약점을 보완한다는 것은 쉬운 일이 아니다. 잘할 수 있는 일을 더욱 잘하는 것이 더 낫다. 셋째, 시장에 적합시켜야 한다. 적절한 목표 시장을 조준하여 과녁을 맞추어야 한다.

기업 전략(또는 대기업의 경우에 사업부 전략) 차원에서 개발할 수 있는 대안은 포터가 개발한 **본원적 전략 모형**(generic strategies model)을 빌어 소개한다. 이 모형을 본원적이라고 부르는 이유는 대상 기업이 제조업, 서비스업, 또는 비영리 사업에 관계없이 적용될 수 있기 때문이다. [도표 3-17]은 이 모형을 나타내고 있다.

[도표 3-17] 본원적 전략 모형

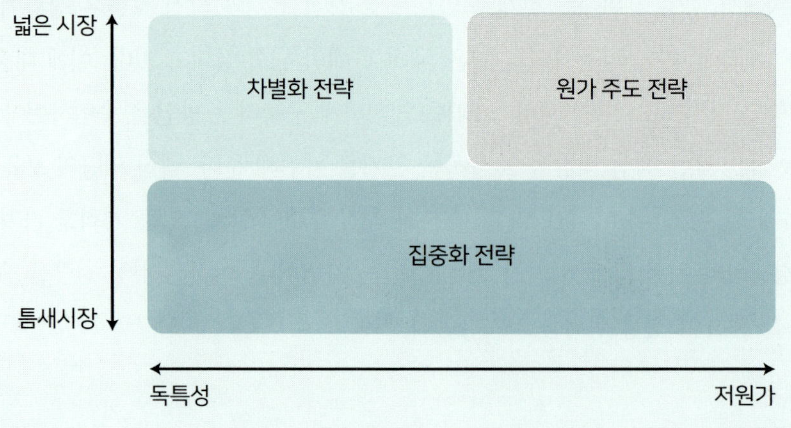

[도표 3-17]에서 보는 바와 같이, 기업이 본원적으로 제시할 수 있는 전략은 차별화, 원가 주도, 집중화 등의 세 가지이다. 이 모형의 수직축은 기업이 목표로 하는 시장의 크기를 나타내고 있다. 여기서 틈새시장이란 많은 경쟁자들이 간과하기 쉬운 지역 또는 고객 그룹(예: 10대 청소년, 50대 퇴직자)을 의미한다. 그리고 수평축은 제품이나 서비스의 특성이 소비자에게 독특하거나 저렴하게 인식되는 경우를 나타내고 있다. 이 두 가지 변수를 조합하여 수립된 세 가지 전략적 대체안을 차례로 설명하여 보자.

첫째, **차별화 전략**이란 소비자에게 전체 시장에서 다른 제품이나 서비스와 구별되게 독특하게 인식시키는 전략을 의미한다. 차별화 전략을 구사하는 방법은 브랜드 이미지(벤츠, 메르세데스 자동차), 기술적 선도(콜만 캠핑장비), 고객 서비스(롤렉스 시계), 최고의 품질(하얏트 호텔) 등이 있다. 차별화 전략에서는 원가를 우선적인 목표로 삼지 않는다. 일단 이 전략이 성공하면 기업은 그 산업 내에서 평균 이상의 수익률을 올릴 수 있는 성장 기업이 된다. 이 전략의 단점은 다른 경쟁자가 쉽게 모방하는 것이 가능하기 때문에 계속적인 주의를 기울여야 한다.

둘째, **원가 주도 전략**은 원가 절감을 통하여 다른 기업보다 낮은 가격으로 제품이나 서비스를 제공하는 것을 의미한다. 이 전략을 달성하기 위해서는 저렴한 생산 요소, 규모의 경제를 갖는 대량 생산 설비, 경험 축적에 근거한 원가 절감 방안 등을 모색하여야 한다. 저원가 전략은 기업 전체 경영자의 관심이 요구되며, 연구·개발, 광고, 서비스 등에 원가를 최소화시키는 노력이 필요하다. 미국 자동차 시장에서 우리나라 자동차(현대 엑셀), 일부 일본 자동차(혼다 시빅, 닛산 센트라), 일부 미국 자동차(포드 에스코트) 등은 초기에 저가격으로 경쟁했다. 일단 원가 절감의 우위를 성취하면 이익의 폭은 커지는데, 대량 생산을 위한 계속적이고 새로운 설비 투자는 필수적이다.

셋째, **집중화 전략**은 특정한 지역이나 구매자 집단과 같은 한정된 특수 시장(틈새시장)을 집중적인 목표로 하는데, 이 전략이 성공하면 독특한 이미지나 저원가의 두 가지 특성을 모두 갖춘 제품이 된다. 이 전략은 위에서 이미 설명한 차별화 전략이나 원가 주도 전략과는 다르게 한정된 틈새시장을 목표로 한다. 예를 들어, 일반인을 상대로 페인트를 판매하기보다는 전문 페인트공을 상대로 하는 경우는 집중화 전략이라고 할 수 있으며, 군용 미사일 장비 같은 것도 이에 해당된다. 제한된 자원을 가지고 있는 소규모 기업은 독특한 이미지나 저원가 중에서 하나를 선택하면서 집중적인 노력을 기울이는 것이 유리하다.

포터의 본원적 전략은 산업의 형태에 관계없이 일반적으로 적용될 수 있는 모형이라는 점에서 많은 주목을 받았다. 그러나 그는 기업이 하나만의 전략안을 선택한다는 것을 주장하여 약점을 드러냈다. 사실 기업이 경쟁 우위를 가지려면, 위에 예시된 전략안을 포트폴리오로 구성하여 다양한 형태의 전략을 세워야 한다. 예컨대, 적절한 원가에 높은 품질 수준의 제품을 제공한다든지, 혹은 적절한 품질에 낮은 가격의 제품을 제공한다든지 하는 것이다.

기업이 전략 계획을 아무리 잘 세웠다 하더라도, 실행 능력이 없으면 소용이 없다. 마치 생각만 있고 행동이 없는 무기력한 개인에 비유할 수 있다. 최근 경영자들의 전략 수행 능력은 경영 능력 평가 중에서 매우 중요한 요소로 간주되고 있다. 그러나 그것보다 더 중요시되는 것은 앞에서 강조한 경영 플랫폼이 강건하게 구축되어 있어야 한다.

GenAI를 활용한 토의 주제

● 다음 주제에 대하여 적절한 지시문을 만든 후, 여러 GenAI(예컨대, ChatGPT 3.5, Claude 3.5 sonnet, Copilot, Perplexity.ai) 중에서 하나를 선택하여 답변을 구하라.

① 경영 전략

② 사명과 비전

③ 핵심 가치

④ 핵심 역량

⑤ 현대자동차에 대하여 SWOT 분석을 실시하고 전략 및 액션 플랜을 수립하라. (답변의 예시가 부록 4에 제시되어 있음)

제2편 조직 구성원

제4장 조직 구조와 조직 문화
제5장 리더십
제6장 인적 자원 관리

제4장 조직 구조와 조직 문화

제1절 조직 구조의 개념
- **1.1** 노동의 분업화
- **1.2** 부서화
- **1.3** 권한의 위임
- **1.4** 통제와 조정

제2절 조직 설계의 상황 접근 방법

제3절 일반적인 조직 구조
- **3.1** 라인-스태프 조직
- **3.2** 매트릭스 조직
- **3.3** 팀 조직

제4절 조직 문화
- **4.1** 조직 문화의 개념
- **4.2** 조직 문화의 종류
- **4.3** 조직 문화 패러다임의 변화
- **4.4** WCO의 조직 문화

애플의 조직 구조

애플(Apple Inc.)은 독특한 조직 구조로 잘 알려져 있으며, 이 구조는 회사의 혁신적인 제품 개발과 운영에 중요한 역할을 하고 있다.

① 기능 기반 조직 구조(Functional Structure)

애플은 기능 기반 조직 구조를 채택하고 있다. 이는 회사가 기능별로 구분된 부서를 운영한다는 것을 의미한다. 예를 들어, 하드웨어 엔지니어링, 소프트웨어 엔지니어링, 마케팅 등으로 구분되는데, 이러한 구조는 특정 기술이나 기능에 집중함으로써 각 분야의 전문성을 최대화할 수 있게 한다.

② 중앙집권적 의사 결정(Centralized Decision-Making)

애플은 중앙집권적인 의사 결정 방식을 통해 중요한 전략적 결정을 최고 경영진이 내리도록 하고 있다. 이는 스티브 잡스가 CEO로 있을 때부터 시작된 전통이며, 팀 쿡 체제에서도 유지되고 있다. 이러한 접근법은 빠른 의사 결정과 회사 전반에 걸친 통일성을 유지하는 데 기여한다.

③ 최고 디자인 책임자(Chief Design Officer)

애플은 디자인을 매우 중시하며, 디자인 책임자가 경영진에 포함되어 있다. 이 역할은 제품의 외형뿐만 아니라 사용자 경험까지 포함하는 포괄적인 디자인 전략을 책임진다.

④ 소규모 팀 운영(Small Team Operations)

애플은 소규모 팀을 선호하며, 이는 팀 간의 신속한 커뮤니케이션과 협력을 촉진한다. 이러한 방식은 혁신적 제품 개발에 유리한 환경을 제공한다.

자료: Walter Isaacson, "Steve Jobs", Simon & Schuster, 2011. Adam Lashinsky, "Inside Apple: How America's Most Admired—and Secretive—Company Really Works", Business Plus, 2012.

제1절 조직 구조의 개념

조직(organization)은 가치 창출의 공동 목표를 달성하기 위하여 구성된 단체이다. 이것은 개인이 혼자서 성취할 수 없는 목표를 공동으로 세우고 달성하기 위하여 여러 사람들로 이루어진 구조화된 단체이다. 조직은 계획에 의하여 세워진 목표와 이를 달성하려는 경영 활동에 대한 규정 사이의 연결 수단이다. 구체적으로 말해서, 조직의 목표를 달성하기 위하여 구성원의 직무를 규정하고 일정한 권한과 책임을 분배함으로써 직무 상호 간의 협력 관계를 합리적으로 이루고자 한다. 이렇게 조직을 구성해 가는 과정을 **조직화**(organizing)라고 부른다. 따라서 조직은 조직화 과정을 거쳐 조직 구조(organization structure)가 형성되어서 체계를 갖춘 완성된 결과물이다.

조직 구조란 무엇인가? 조직 구조는 간단히 말해서 조직에서 일하기 위한 기본 틀을 의미한다. 이것은 조직 설계의 결과로 나름대로 모양과 특색을 갖춘 짜임새 있는 조직체이다. 조직 구조는 조직이 목표를 달성하기 위하여 조직의 과업을 분류하여 구성원의 역할을 규명하고, 그 역할 간의 관계를 결정하는 규정과 절차이다. 구체적으로 말하면, 과업을 어떻게 할당할 것인가, 보고는 누구에게 할 것인가, 규정과 절차는 어떻게 만들 것인가, 공식적인 규정 메커니즘은 어떠한가, 상호 작용 유형은 어떠한가 등을 결정하는 것이다. 따라서 조직 구조는 조직이 관리되는 공식적인 장치(formal mechanism)이다.

조직 구조는 구성원, 과업, 자원 등에 대한 공식적인 조정 메커니즘을 나타내며, 동시에 외부 환경 변화에 대하여 어떻게 효과적으로 적응하고 대처하는가를 보여 준다. 이때 조직은 상황 변화에 대한 의사 결정 시, 조직 구성원들이 어떻게 반응하고 행동하는지 등의 특성을 나타내는데, 이를 **조직 문화**(organization culture)라고 부른다. 본장에서는 조직 구조와 함께 조직 문화에 대하여 공부해 보기로 한다.

우리는 제1장에서 경영의 주요 활동인 계획, 조직화, 지휘, 통제 등에 대하여 이해하였다. 여기서는 특히 조직화 활동에 대하여 설명하기로 한다. 조직화는 조직의 자원을 조정하고 배분하여 계획을 실천하여 목표를 달성하는 개념이다. 조직화 과정을 통하여 조직 구조가 생성되는바, 다음의 순서를 밟게 된다.

1. 직무 활동을 결정하고, 과업을 나눈다. — 분업화
2. 유사한 과업과 사람을 집단화한다. — 부서화
3. 권한과 책임을 위임한다. — 위임
4. 부서들 간의 역할을 통제하고 조정한다. — 통제와 조정

이것을 그림으로 나타내면 [도표 4-1]과 같다.

조직화 과정을 마치고 나면 공식적인 조직 구조가 만들어진다. 공식 조직은 조직 내에서 서열과 관계의 설정을 나타낸다. 이것은 두 사람 이상이 모여서 공동 목표를 위해 함께 일하는 것을 나타낸다. 공식 조직은 또한 권한, 정보, 통제 수단 등이 적절하게 연결되어 있다. 그리고 인적, 물적, 재무, 정보 등의 각종 자원이 정교하게 연결되어서 비즈니스 조직을 구축한다. 재무나 마케팅과 같은 부서에서는 이러한 연결이 항시적이나, 신제품 개발위원회 같은 모임은 임무가 끝나면 연결이 해체된다.

[도표 4-1] 조직화 과정

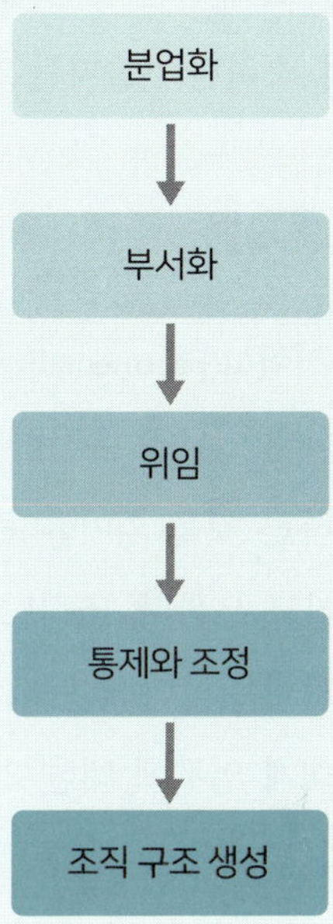

1.1 노동의 분업화

분업화(division of labor)는 한 개인이 혼자서 업무 전체를 수행하기 보다는 세분화하여 직무를 단순화시켜서 개별적으로 수행하는 것을 의미한다. 아담 스미스는 그의 저서 『**국부론**(Wealth of Nation)』에서 분업의 효율성을 강조하였다. 만일 핀을 혼자서 만들려고 한다면 하루에 한 개도 만들기 어렵다고 말한다. 그러나 철사를 가늘게 뽑는 것부터 시작하여 생산 공정을 18개로 나누어서 10명이 작업하면 하루에 48,000개의 핀, 즉 1인당 4,800개를 생산할 수 있다고 하였다. 그는 분업화는 조직 구성원들이 가지고 있는 다양한 기술을 효율적으로 이용하고자 하는 것이라고 강조하였다. 이와 같이 분업화는 노동의 생산성을 높이는 원천이다.

노동의 분업화는 **전문화**(specialization)의 길을 열었다. 업무가 점점 더 세밀하게 작은 과업으로 나누어지는 정도를 전문화라고 부른다. 예컨대, 생산 공정에 있는 작업자는 매우 전문화된 일을 하게 되어 제한된 작업만 수행한다. 한두 가지 작업에 전문화된 직원들은 기술이 숙달되므로, 높은 효율성과 일관성을 얻을 수 있다. 그러나 고도의 전문화된 작업은 변화나 도전 의식을 없애기 때문에 일에 대한 흥미를 잃어버리게 만들 수 있다. 따라서 현대에 와서는 이들에게 인간적인 희생을 보상하기 위하여 예컨대, 생산 라인의 직원들로 하여금 제품 설계에 참여하거나 시장 조사에 참여하는 등 다양한 일거리와 의사 결정 권한을 주기도 한다.

조직 내에서 간단한 업무는 훈련받지 않은 직원들이 수행할 수 있으나, 어려운 과업은 숙련된 기술이 요구된다. 예컨대, 자재를 사람 손으로 쌓아 올리는 경우에는 비교적 간단한 일이지만, 중기계로 일하는 경우에는 높은 기술이 요구된다. 그리고 업무에 필요한 기술 수준은 임금에 곧바로 연결된다. 즉, 고도의 기술을 가진 직원들은 그렇지 못한 직원들보다 더 높은 임금을 받으며, 숙련된 기술자들은 더 높은 성과를 보인다.

1.2 부서화

부서화(departmentalization)는 조직 구조를 만드는 두 번째 단계의 일이다. 이것은 첫 단계에서 분할된 업무를 유사한 것 또는 관련성이 있는 것을 집단화하여 하나의 단위 안에서 경영 활동을 하는 것을 의미한다. 이러한 단위들의 모임을 시각적으로 나타낸 것을 **조직도**(organization chart)라고 부른다. 조직도는 과업을 표시하며, 과업을 수행하도록 권한이 주어진 사람들의 구조화된 관계를 나타낸다. 예컨대, 회계 부서의 관리자는 경영학이나 회계학 전공자를 채용하여, 그에게 회계 업무에 대한 역할을 주며, 교육·훈련 기회를 제공하고, 업무를 통제한다. 이와 같이 조직화는 계획, 지휘, 통제 등의 활동이 용이하게 이루어지게 한다. 전통적으로 부서화 형태에는 다음에서 설명하는 바와 같이 기능별 부서화와 사업별 부서화의 두 가지 정도로 나눈다.

(1) 기능별 부서화

기능별 부서화(functional departmentalization)는 가장 일반적인 조직 형태로서 동일 작업이나 업무를 담당하는 사람을 한 부서에서 일하게 하는 것을 말한다. 조직을 수평적으로 기능적인 전문화에 따라 부서를 생산부, 마케팅부, 인사부 등으로 나누는 방식이다.

기능별 부서화는 규모의 경제를 이루는 조직에 적합한 구조이며, 고도의 효율성을 추구하고, 각 기능 활동의 표준화 업무를 목적으로 한다. 이 조직은 부서 내에서 전문 지식과 경험을 갖고 있어서 효율적인 조직이 된다. 그러나 한 부서에서만 일하다보면 다른 부서의 일에 대하여

[도표 4-2] 기능별 부서화

이해력이 부족하게 되고, 업무 협조가 잘 이루어지지 않고 갈등이 발생할 소지가 높다. 그리하여 의사 결정이 지연될 위험성이 있다. 전체적인 조직 활동에 대한 시야가 좁아지게 되므로, 부서 간의 이동을 통하여 다양한 경험을 갖게 하는 것이 중요하다. 그리고 최고 경영자는 부서 간의 업무 조정 능력을 갖추어야 하다.

(2) 사업별 부서화

사업별 부서화(divisional departmentalization)는 제품/서비스, 고객, 지역 등에 따라서 사업부를 설치하여, 본사로부터 활동에 필요한 권한과 책임을 부여받아 자율적으로 운영하는 분권적 구조이다. 사업부 책임자는 주어진 범위의 권한 내에서 스스로 결정하고 처리한다. 이러한 분산적인 구조는 제품과 시장이 다양해지면서, 개별고객을 중요시함에 따라 조직의 규모가 커지게 되면 각 사업부는 독자적인 운영을 추구하게 된다.

[도표 4-3]에서 보는 바와 같이, 제품/서비스별, 고객별, 지역별 등으로 사업부를 갖는 경우에, 본사는 전략적 지원을 하며, 개별 사업부는 독자적으로 자율성을 갖고 시장에 신속하고 유연하

[도표 4-3] 사업별 부서화(제품/서비스별)

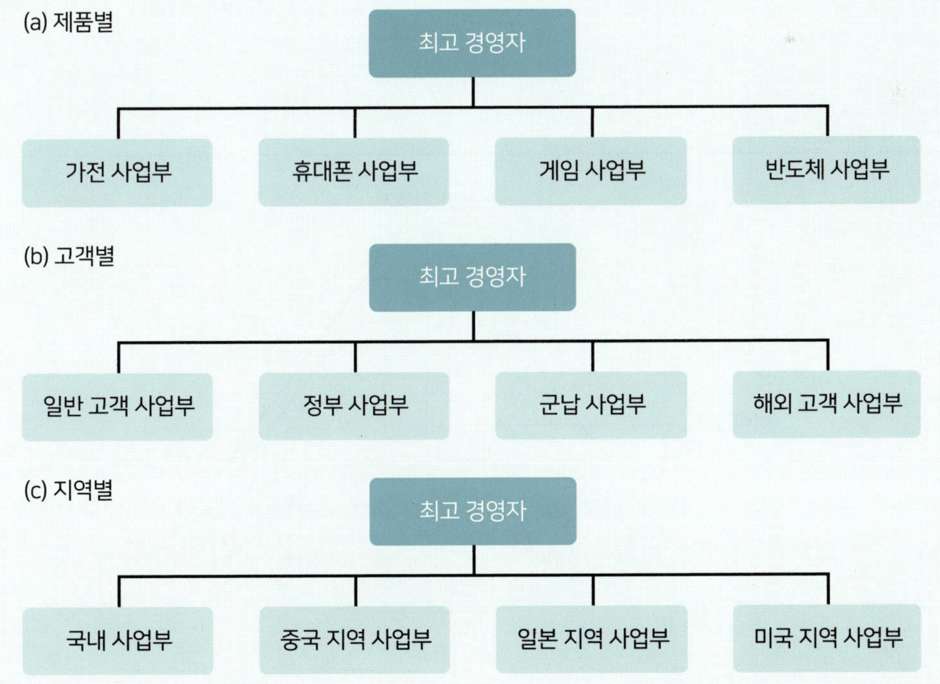

게 접근하는 것이 가능하다. 이렇게 되면 경영의 위험 분산과 자원의 효과적 배분이 가능하다. 그러나 단점으로 지적되는 것은 사업 활동에 따른 자원과 부서가 중복되기 때문에 사업부의 운영 비용이 증가한다. 각 사업부에서 제각기 마케팅 부서를 갖는다면, 전체 관점에서 비용이 증가하는 것은 명백하다. 따라서 이를 극복하기 위해서는 중앙 본부의 전략적인 안목과 함께 상호 협력을 위한 조정 메커니즘이 구축이 필요하다.

1.3 권한의 위임

부서화가 성공하려면 무엇보다도 권한의 이음줄이 조직의 상위부터 하위에 이르기까지 잘 연결되어야 한다. 상사의 명령이 부하에게 명백하게 전달되고, 또한 누가 누구에게 보고하여야 하는지가 잘 알려져야 한다. 이것을 **명령의 연쇄 원칙**(chain of command 또는 scalar command principle)이라고 부르며, 수직적으로(hierarchically) 의사소통 체계가 끊어지지 않아야 한다. 즉, 최고 경영자의 지시가 현장 직원까지 전달되도록 연쇄적 권한 체계를 갖추어야 한다.

그런데 여기서 강조되어야 할 것은 **명령 일원화의 원칙**(unity of command principle)로, 모든 조직 구성원은 한 사람의 상급자에게 명령받아야 하며, 그 수행 결과도 한 사람의 상급자에게 보고해야 한다는 원칙이다. 상급자가 여러 명일 경우에는 보고 체계에 혼선이 발생하여 당연히 효율성이 반감되며, 조직은 그 목적을 달성하기 조차도 어려울 것이다.

[도표 4-4] 권한 레벨

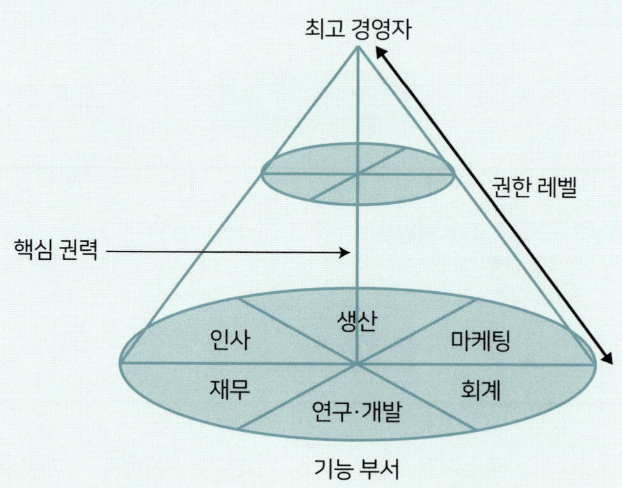

명령의 연쇄상에 있는 모든 사람은 지위 상하에 관계없이 다른 사람에 대하여 권한을 갖고 있다. 권한이란 조직에 의하여 승인되고 구성원들에 의하여 인정된 합법적인 힘으로서 행동을 요구하고 응대를 기대하게 한다. 권한을 행사한다는 것은 의사 결정을 내리는 것을 말하며, 그 진행 과정과 결과를 지켜보는 것을 말한다. 권한은 조직이 개인에게 합법적으로 부여한 의사 결정권이다. 대부분의 관리자는 부하들에게 업무 수행에 관련하여 어느 정도의 권한과 책임을 위임한다. 권한 위임을 받은 직원은 자신의 상사에 대하여 책임을 지게 된다. 여기서 **책임**(accountability)이란 업무 수행 결과에 대하여 책임을 지는 것을 말한다. 사실상 책임은 권한의 수준과 동등하게 가지고 있어야 할 것이다(principle of responsibility-authority parity).

조직은 경영상의 문제를 해결하기 위하여 최고 경영자가 집권화된 의사 결정을 하여야 할 것인지 혹은 분권화된 의사 결정을 통하여 문제 핵심에 있는 사람에게 위임하여야 할 것인지를 결정하여야 할 것이다. **집권화**(centralization)란 공식적인 권한이 조직의 한 분야 혹은 한 레벨에 집중되어 있는 정도를 말한다. 고도의 집권화된 조직에서는 최고 경영자가 대부분의 주요 의사 결정을 내린다. 이때 하부 구성원의 의견은 거의 고려되거나 투입되지 않는다. 최고 경영자는 실무 운영에 대하여 많은 지식을 가지고 있으며 엄격한 재무적인 통제에 관심을 기울인다. 조직에서 낭비를 없앨 수 있으므로, 원가 절감이 용이하다. 그러나 직원들은 의사 결정이나 리더십 능력을 개발할 기회가 없게 되어, 시장의 변화에 대하여 신속하게 대응하지 못한다.

반면에 **분권화**(decentralization)는 의사 결정 권한을 조직 하부로 이양하여, 하위직에 있는 사람들에게 책임과 의사 결정을 내리고 수행하는 권력을 준다. 이렇게 함으로써 의사 결정은 신속해지며, 창의성과 유연성이 높아지게 되고, 직원들은 사기가 올라가서 만족한 상태에서 일하게 된다. 그러나 하부 직원들이 효율적으로 일하는 능력과 교육 훈련이 없다면, 조직은 값비싼 대가를 치루게 된다. 의사소통이 엉망될 수 있고, 조직 목표를 상실할 수도 있다.

의사 결정 권한을 어느 정도로 하부에 위임할 것인지에 대한 것은 조직의 특성에 달려 있다. 즉, 조직의 규모, 환경 변화의 속도, 최고 경영자와 직원들을 포함한 모든 조직 구성원의 의지와 능력 등에 달려 있다. 따라서 조직의 규모가 큰 대기업, 하이테크 산업과 같은 환경 변화에 민감한 기업, 경영자가 자신의 권력을 공유하려는 의지가 있는 기업, 직원들이 더 많은 책임을 가지려는 의지가 많은 기업, 지역적으로 다양하게 흩어져 있는 다국적 기업 등과 같은 곳에서는 분권화가 효과적인 경영에 도움이 된다. 어쨌든 기업은 변화의 필요성에 따라서 적절하게 분권화/집권화의 정도를 채택할 수 있어야 한다.

1.4 통제와 조정

통제와 조정은 조직화의 마지막 단계이다. 어느 조직이든지 간에 조직의 한 계층에서 몇 명의 관리자가 필요한가를 결정하여야 한다. 그 결정 기준은 부서에서 수행되는 업무를 얼마나 효과적으로 감독할 수 있는가이다. **통제 범위의 원칙**(span of control principle)에서 보면, 상급자 한 사람이 적정한 수의 부하를 통제해야 효과적인 경영이 가능하다는 원칙이다. 쿤츠(H. D. Koontz)에 의하면, 상위직은 4~8명, 하위직은 8~15명이 각각 적정하다고 보고 있다.

통제 범위가 작다면, 부서 내에서 부하 직원의 수가 적어서 더 친근감을 갖으면서 동시에 통제하기가 쉬워지며 신속한 피드백이 가능하다. 그러나 상대적으로 조직 계층이 많아져서 더 많은 비용이 들게 되고, 수직적인 계층화로 의사 결정이 늦어질 수 있다. 반면에 통제 범위가 넓어지면, 부하 직원들의 자율권이 높아지고 의사 결정이 짧아진다. 따라서 효율적이고 비용이 적게 든다. 그러나 통제는 용이하지 않으며 업무 조정이나 동시 진행이 이루어지기 어렵다.

적절한 통제 범위는 다음의 요인에 따라 결정된다.

- 업무 특성: 복잡한 업무일수록 통제 범위는 좁다.
- 작업장의 위치: 작업장 수가 많을수록 통제 범위는 좁다.
- 권한을 위임할 수 있는 경영자의 능력: 능력이 클수록 통제 범위는 넓다.
- 상사와 부하간의 상호 작용과 피드백 정도: 상호 작용과 피드백이 많을수록 통제 범위는 좁다.
- 작업자의 기술과 동기 유발 정도: 기술과 동기 유발이 높을수록 통제 범위는 넓다.

다음으로, **조정**(coordination)**의 원칙**에 의하면, 경영자는 전문화되어 분업화된 개인이나 집단의 작업활동을 상호 연결시키는 능력과 실천이 필요하며, 구성원들은 적절한 의사소통과 서로간의 활동을 이해하여야 하며, 작업의 흐름 속에 협동이 이루어져야 한다. 예컨대, 기업에서 생산 부서와 마케팅 부서 간의 갈등은 대표적인 예가 된다. 생산 부서 사람들은 대체로 이공 계통 출신으로 폐쇄적인 시스템에서 작업을 하며, 원가와 품질 관리에 많은 관심을 가지고 있다. 기본적으로 소품종 대량 생산을 정해진 일정 계획에 따라서 진행하기 원한다. 반면에 마케팅 부서 사람들은 다양한 품목을 가지고 될 수 있는 대로 많은 고객 주문을 받아서 자신의 실적을 올리려고 한다. 가끔씩 그들은 생산 스케줄을 감안하지 않은 채 신속한 납기를 재촉한다. 고객과 직접 만나는 개방적인 시스템에서 일하는 그들은 대개가 문과 계통 출신들이다. 이러한 두 부서 간의 의견 차이와 갈등을 조정하는 것이 경영자의 몫이다.

[도표 4-5] 생산 부서와 마케팅 부서의 요구 사항 비교

요인	생산 부서	마케팅 부서
구색	간단하고 단순	다양
제품 사양	설계도에 의한 사양	고객이 요구하는 사양
제품 라인	계획 생산	즉각적인 제품 변화
생산 일정	여유, 불변	지속적인 변화
시설	선택적 주문	모든 주문 수용
납기	무재고	충분한 재고
품질	적절한 수준	높은 수준

기본적으로 분업화된 과업을 효과적으로 조정하려면 **표준화**(standardization)가 필요하다. 업무의 표준화는 업무 방식을 일정한 틀에 입각하여 동일한 수행 방식으로 동일한 결과를 얻어 내는 것을 말한다. 직원들의 과업이 표준화되어 있지 않으면, 그들은 임의대로 수행하게 되고, 이렇게 되면 예상된 성과를 얻기가 매우 어려울 것이다.

표준화에는 구체적으로 투입의 표준화, 프로세스의 표준화, 산출의 표준화 등으로 나눈다. 첫째, 투입의 표준화에서 작업 원자재나 작업자의 기본 역량을 표준화한다. 예컨대, 공장에서는 원자재의 기준 투입량이 정해지거나 공수가 정해진다. 둘째, 프로세스의 표준화는 업무 처리 방식과 내용을 표준화한다. 예컨대, 은행 대출 신청의 처리는 정해진 절차에 따라서 진행하며, 처리 시간은 주어진 날짜 안에 마치도록 한다. 셋째, 산출의 표준화는 결과물에 규격이나 성과 달성 노력 등을 표준화한다. 예를 들어, 가전제품과 같은 공산품은 일정한 규격으로 생산되며, 8시간 근무 시간의 생산량은 일정하게 정해진다. 표준화를 달성하면 과업의 통제나 예측이 용이하고, 시간과 비용을 절약하여 효율적인 경영을 할 수 있다. 미리 마련된 표준화 매뉴얼은 작업자가 과업을 처음 수행할 시 많은 도움을 준다. 이것은 비단 제조업에만 국한된 것이 아니고 서비스업에서도 마찬가지이다.

지금까지 조직 구조를 조직화 과정에서 중요한 네 단계에 대하여 설명하였다. 결론적으로, 조직 구조의 특성은 [도표 4-6]에서 보는 바와 같이 조직의 복잡성, 집중성, 공식성 등에 따라 달라진다.

첫째, **복잡성**이란 수평적으로, 수직적으로, 지리적으로 조직 체계를 갖추어야 할 때 발생하는 문제이다. 수평적으로 볼 때, 일에 대한 분업, 사람에 대한 전문가화, 부문화 등에서 발생한

[도표 4-6] 조직 구조의 특성에 영향을 미치는 요인

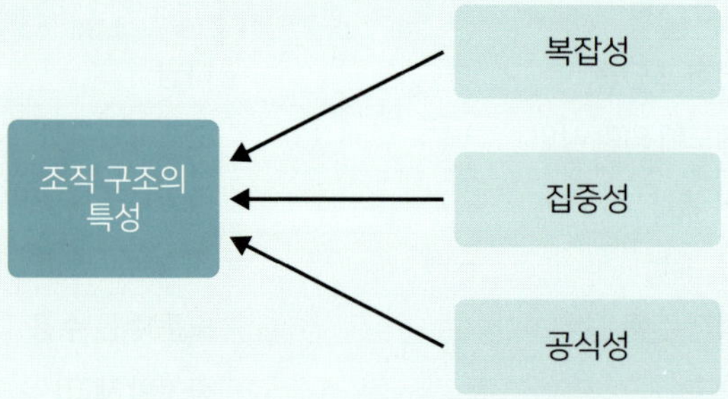

다. 수직적으로는 수직적 계층의 수와 규모, 통제의 범위 등에 따라 조직 구조의 모습이 달라진다. 그리고 지리적으로 분산되는 조직 활동에 따라서 조직 구조의 모습이 달라진다. 둘째, **집중성**은 의사 결정 권한이 집권화 또는 분권화되어 있는 정도를 말한다. 셋째, **공식성**이란 행동 통제를 위하여 표준화된 규칙과 규정에 어느 정도로 의존하는가를 나타낸다. 표준화된 업무 수행을 강조하는 조직은 집권화된 조직이 된다. 조직 전체적으로 볼 때, 공식적으로 의사 결정이 어떻게 이루어지는가에 따라 조직 구조가 달라지게 되므로, 기업은 자신의 사업 특성에 맞는 조직 구조를 갖추어야 할 것이다.

제2절 조직 설계의 상황 접근 방법

조직 설계는 조직 구조를 갖추기 위한 청사진이다. 이것은 조직화하는 과정에서 조직의 틀을 어떻게 구성할 것인가를 결정하는 것이며, 새로운 조직을 만들거나, 환경이 변화하여 조직을 변경할 필요가 있을 때에 마련되는 설계이다. 마치 집을 짓기 위해서 설계도면이 필요한 것처럼 조직을 만들기 위해서는 조직 설계의 원칙이 필요하다. 이 원칙들은 이미 앞 절에서 설명하였다.

일반적으로 조직은 다음 표에서 보는 바와 같이 기계적 조직과 유기적 조직 등 두 가지 설계 유형으로 나눈다.

먼저, **기계적 조직**(mechanic organization)에서는 과업 전문화를 통하여 직무가 단순하고 일상적이며 표준화가 이루어진다. 표준화를 통하여 공식성이 높아진다. 부서의 전문화가 유지되고 이를 조정하기 위하여 여러 계층의 경영 층이 만들어진다. 그리고 명령 일원화 원칙을 준수하

[도표 4-7] 기계적 조직과 유기적 조직

특성 요인	기계적 조직	유기적 조직
업무 전문화	높음	낮음
부서화	엄격함	느슨함
경영 층	많은 계층	적은 계층
통제의 범위	좁음	넓음
의사 결정 권한	집권화	분권화
공식화	엄격함	느슨함
품질	적절한 수준	높은 수준

고 권한의 공식적인 위계가 존재하며 인간성이 배제된 조직이 된다. 이 조직은 효율성을 추구하는 기계처럼 규정, 규칙 등으로 운영된다. 아직도 많은 가부장적인 기업, 정부, 군대 조직 등은 이러한 형태의 조직 구조를 갖고 있다. 이러한 조직의 특성은 환경의 변화가 거의 없다고 간주하거나, 있다고 판단하더라도 대응 능력이 부족한 경우이다.

반면에, 세계적인 초우량 기업들은 환경 변화에 유연하게 적응하는 **유기적 조직**(organic organization)의 형태를 지니고 있다. 이 조직은 경영 계층이 적으며, 부서 이외에도 팀 조직을 통하여 낮은 공식성을 가지고 광범위한 네트워크로 조직되어 있다. 여기서는 표준화된 직무는 거의 이루어지지 않으며, 직원들에게 의사 결정 능력에 대한 훈련과 권한 위양이 잘 이루어지고 있다.

기업은 기계적 조직과 유기적 조직의 양극단에서 한 가지를 선택하지는 않지만, 비교적 둘 중의 하나에 가까운 조직 구조의 특성을 갖는다. 조직 구조는 조직의 전략, 규모, 기술, 환경의 불확실성 등에 따라 상황적합적으로 설계되어야 한다. 첫째, 전략에 따라 조직 구조가 결정된다는 것이 최근의 정설이다. 전략이 우선이고 조직 구조는 전략을 실행하는 수단이기 때문이다. 마이클 포터에 의하면, 원가 우위 전략을 구사하는 기업은 안정성과 효율성을 추구하기 위한 기계적 조직이 효과적이며, 차별화 전략을 갖는 기업은 유기적 조직을 가져야 성공할 수 있다. 둘째, 직원 수, 자본금, 매출액 등에서 규모가 큰 대기업은 기계적인 조직이 되기 쉽다. 이러한 기업은 분사, 사업부제, 권한 위임 등과 같은 경영 방침으로 작은 조직이 되려고 노력한다. 셋째, 반도체와 같이 기술이 복잡하고 변화가 빠른 제품을 생산하는 조직은 유연성을 갖기 위하여 유기적 조직이 되어야 한다. 넷째, 환경이 불확실할수록 조직 구조는 유기적으로 되어야 한다. 이렇게 되어야 더 유연하게 적응할 수 있기 때문이다. 결론적으로, 조직이 아무리 크다 하더라도 유기적인 조직을 갖기 위해서는 작은 조직처럼 행동하는 조직 구조를 가져야한다.

제3절 일반적인 조직 구조

조직 구조의 특성은 조직 설계에 따라 결정되는데, 조직을 설계하는 방법에는 단 한 가지만 있는 것이 아니다. 앞에서 이미 설명한 기계적 구조와 유기적 구조의 형태와 또한 적절한 배합으로 다양한 조직 구조를 가질 수 있다. 여기서는 라인-스태프 조직, 매트릭스 조직, 팀 조직 등에 관하여 차례로 설명하기로 한다.

3.1 라인-스태프 조직

먼저 **라인 조직**(line organization)은 직계식 또는 군대식 조직이라고 하여 최고 경영자에서 하위 계층까지 명령 권한이 직선적으로 연결되는 조직 구조이다. 이 조직은 업무의 부서화가 이루어지지 않은 매우 단순하고 초보적인 형태이며, 모든 조직은 최고 경영자부터 시작하여 제품이나 서비스를 제공하는 말단 접점까지의 직접적인 명령 체계를 갖는다. 이러한 조직 구조는 소규모 기업에 적합하다.

그러나 조직의 규모가 커지고 복잡해지면, 라인 조직에 스태프(staff) 부서가 추가된다. 스태프은 전문적 지식이나 기술을 사용하여 라인 활동을 도와주는 역할을 담당하는 직원들이다. 다음 그림은 기획 조정실이 스태프 부서로 추가된 것을 나타내고 있다.

라인-스태프 조직은 조직의 목표 달성에 필요한 핵심적 활동을 수행하는 라인 조직에 전문

[도표 4-8] 라인-스태프 조직

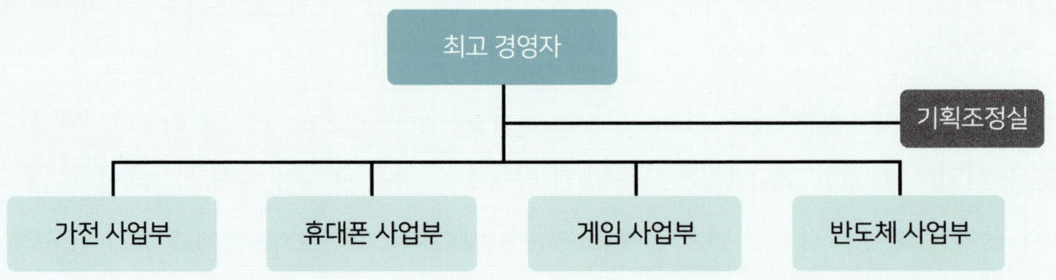

적 지식이나 기술을 가지고 라인의 활동에 조언하며 도와주는 스태프을 결합한 조직이다. 라인 부서는 생산과 마케팅이며, 스태프 부서는 기획, 회계, 재무, 인사 등과 같은 부서이다. 스태프 부서는 제품이나 서비스에 관련된 직접적인 의사 결정을 하지 않으며, 옆에서 전문적인 조언 역할을 담당한다. 행정부로 말하면 청와대 비서실에 해당된다고 하겠다. 가끔씩 스태프이 라인 역할을 담당하려는 조직에서는 불협화음이 나온다.

3.2 매트릭스 조직

매트릭스 조직(matrix organization)은 프로젝트 경영 접근 방식이라고 불리우며, 기능별 조직과 사업별 조직을 바둑판처럼 엮어서 매트릭스 형태로 결합한 것이다. 이 조직 구조는 기능별 부서화와 사업별 부서화 방식을 결합하여 각각의 장점을 살리고 단점을 극복하기 위해 사업부에 따라 직원들을 집단화시킨 다음, 특정 프로젝트별로 기능에 따라 다시 집단화시킨다.

[도표 4-9]를 보면, 연구·개발 담당자 A, 마케팅 담당자 A, 생산 담당자 A, 인적 자원 담당자 A, 재무 담당자 A 등의 담당자들이 각기 자신의 부서에 소속되어 있으면서 함께 모여서 프로젝트 A를 수행하는 것이다. 이러한 프로젝트 업무 진행은 프로젝트 담당 관리자의 책임하에 귀속되며, 기능별 부서 관리자는 종적 권한을 그리고 프로젝트팀 관리자는 횡적 권한을 각각 행사한다.

[도표 4-9] 매트릭스 조직

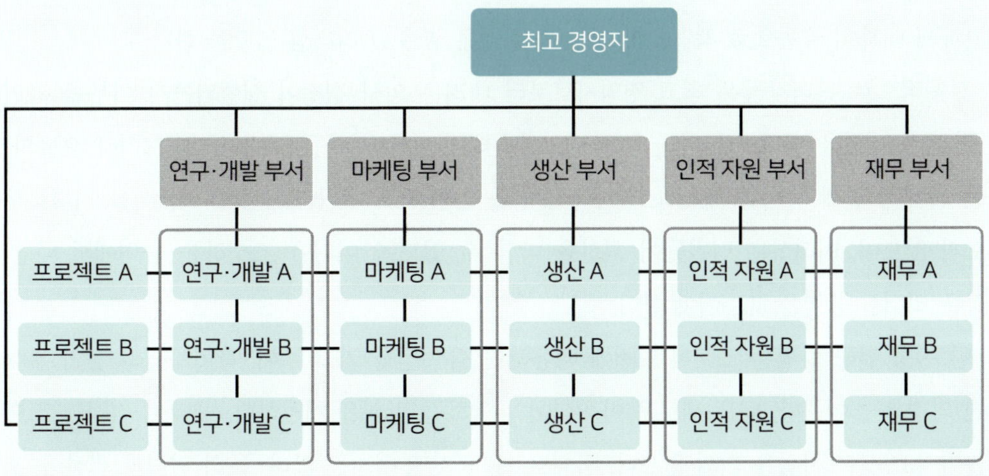

매트릭스 조직의 장점을 살펴보면 다음과 같다. 첫째, 조직 내의 다양한 전문가들의 능력을 팀으로 결성하여 이용하므로, 인적 자원을 효과적으로 활용하는 셈이다. 둘째, 프로젝트 팀을 유연하게 구성하여, 환경 변화에 신속하게 대응할 수 있다. 셋째, 마케팅 부서, 연구·개발 부서, 생산 부서 등의 결합을 통하여 고객 욕구를 충족시키고 우수한 품질의 제품 생산이 가능하여 경쟁 우위를 통하여 이익을 증대시킬 수 있다. 넷째, 기술적이고 인간적인 교류를 통하여 참여자들의 업무 능력을 개발시킬 수 있는 기회를 갖는다.

3.3 팀 조직

(1) 팀이란 무엇인가

팀은 두 사람 이상으로 구성된 단위이며, 특정 목적을 달성하기 위하여 상호 보완적 기술과 지식을 가진 소수 구성원들로 구성된 조직이다. 팀 조직은 부서 간 불필요한 장벽 제거, 신속한 의사 결정 체계, 매트릭스 조직의 이중적 명령 보고체계 탈피 가능, 성과에 대한 손쉬운 평가와 높은 동기 유발 등과 같은 장점을 갖고 조직화된 단위이다.

팀은 세 가지 특징을 가진다. 첫째, 팀은 두 사람 이상으로 구성된 집단이다. 과업의 특성에 따라 인원 수가 결정되지만, 일반적으로 6~13명 정도이다. 이 정도의 인원은 팀 업무의 계획과 실행에서 협력과 유연성을 기대하는 규모가 된다. 둘째, 팀원들은 팀 지속 기간동안 함께 일한다. 경우에 따라서는 한시적으로 모여서 일하지만, 대부분의 경우 작업 방법, 일정 계획, 문제 해결 등과 같은 업무를 지속적으로 수행한다. 셋째, 팀원들은 공동의 목표를 가진다. 팀원들은 상위 조직의 목표와 전략을 달성하기 위하여 팀 자체적으로 함께 일을 수행한다. 그리고 업무 수행결과에 대하여 공동으로 책임을 가진다. 팀원들은 공유된 리더십 역할을 한다.

전통적으로 관리자들은 최고 경영자로부터 내려온 의사 결정이 실행되는지 여부를 확인하기 위하여, 명령을 내리고 부하들을 '목 조르는' 데에 많은 시간을 보내 왔다. 그러나 오늘의 상사는 문제의 견해 차이를 해소하고 의사 결정을 공동으로 내린다. 권한은 더 이상 직위로부터 나오지 않으며, 리더십은 팀원들이 최선을 다할 수 있도록 여건을 조성하는 능력에서 나온다. 팀장은 리더십 능력을 갖추어야 한다.

팀 지향 접근 방법은 조직이 도전에 대응하는 유연성을 키워 주며, 작업자들의 동기 부여와 헌신 의지를 높여준다. 팀은 새로운 아이디어와 일하는 방식을 제공한다. 옛날 수직적 조직으로 되돌아가고 싶은 사람은 거의 없으나, 팀제로 가는 것도 쉽지는 않다. 특히 권력과 권한을 포기하여야 하는 경영자에게 더욱 그러하다. 많은 관리자들은 옛날 조직에서 일을 배웠다. 그들은 새로운 패러다임을 생각하여야 한다. 권한 행사의 패러다임 변화에 대한 인식이 모호해질 때에 리더십을 발휘하는 것은 더 어려워진다.

이제 기업들은 팀 조직으로 전환되는 혁신적인 기간에 있다. 팀은 조직 구조를 만드는 벽돌 역할을 하고 있다. 팀을 활용함으로써 새로운 경쟁 압박에 대응할 수 있으며, 유연성과 스피드의 필요성을 증대시키고 있다. 팀 조직은 전통적 조직보다 리더십에 대하여 더 많은 해결 과제와 기회를 제공해 준다.

팀 정신(team spirit) 개념은 작업을 조직화하는 방법에 근본적인 변화를 준다. 많은 기업들은 더 높은 수준의 품질, 더 빠른 서비스, 종합적 고객 만족 등의 과제를 해결하는 최선의 방법이 전 사원들을 조정하고 헌신하게 하는 데에 있다는 것을 알고 있다. 미국의 프리토레이 회사는 각 팀이 자신에 적합한 신입 사원을 선발하고, 일정을 결정하며, 그리고 교육 일정을 잡는다. 그럼에도 불구하고, 아직도 많은 우리나라 회사의 팀들은 구태의연한 조직에서 운영되고 있다.

스포츠에서 우승하는 팀은 팀 정신으로 가득 차 있으나, 패배하는 팀은 개별적으로 우수하나 팀 정신이 없는 집단이다. 팀 정신은 공유된 사명과 집단적 책임 의식을 갖는다. 팀의 특징은 평등성이며, 가장 훌륭한 팀에는 개인적인 스타가 없으며, 개인의 이익은 전제의 이익 앞에서 접어둔다. 이러한 팀은 공유된 리더십, 목적, 책임감 등을 통하여 전원 모두 공동 목표를 향하여 높은 수준의 성과를 달성한다.

(2) 팀의 종류

조직에는 여러 종류의 팀이 있다. 이것을 간단히 기능 팀, 교차기능 팀, 자주관리 팀 등 세 가지로 나누어서 설명한다.

첫째, **기능 팀**(functional team)은 전통적 조직의 일부이다. 이런 형태의 팀은 공식적인 명령 사슬에서 상사와 부하들로 구성된다. 이것을 수직적 팀 혹은 명령 팀이라고 부른다. 전형적으로, 한 기능팀은 한 부서가 된다. 예컨대, 품질 관리 팀은 모든 원자재를 검사하는 부서가 된다. 재무, 인사, 영업 부서 등은 여기에 속한다. 각 팀은 팀원들의 활동을 통하여 목표를 달성하고자 수직적인 위계 조직 속에서 만들어졌다. 전통적인

[도표 4-10] 팀 형태의 발전

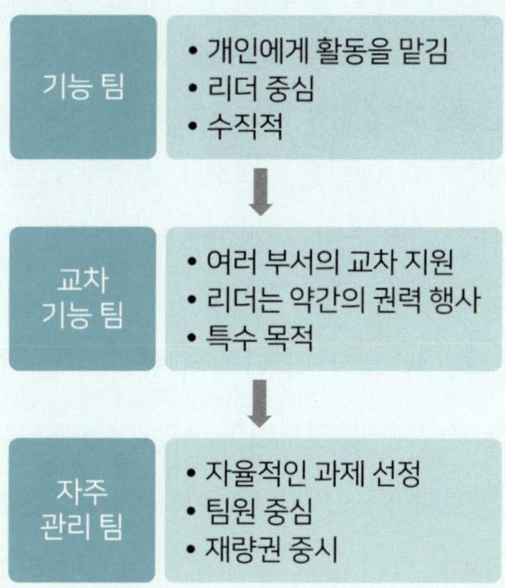

기능 팀은 아직 존재하지만, 더 나은 고객 서비스, 품질, 유연성, 스피드를 위해서 감소하고 있는 추세이다.

둘째, **교차기능 팀**(cross-functional team)은 조직 내에서 여러 기능 부서들의 요원들로 구성되어 있다. 공급 업체, 고객사, 협력사 등의 참여도 가능하다. 일반적으로 교차기능 팀은 신상품 개발위원회와 같이 프로젝트를 수행하기 위하여 조직화된다. 따라서, 연구·개발, 마케팅, 생산, 영업, 재무 등과 같은 여러 부서의 사람들이 모여 프로젝트를 다룬다.

교차기능 팀은 부서 간 경계를 넘어서서 정보를 공유하며, 부서 간의 의견을 조정하며, 기존의 조직 문제에 대해 해결책을 개발하고, 그리고 새로운 정책 개발을 보조한다. 예컨대, 프로세스개선위원회와 같은 팀의 구성원들은 프로세스의 품질과 효율성을 개선하는 방식을 토의한다. 그들의 검토 내용은 최고 경영자에게 제안되기도 한다. 또 다른 형태의 교차기능 팀으로서, 특별 목적으로 구성되기도 한다. 이 팀은 더 큰 직원의 참여와 재량권을 위해 시험적으로 구성되기도 한다. 이러한 팀들은 점차로 '자주관리' 팀으로 성장하기도 한다.

셋째, 팀 역할이 성숙되면, 팀은 경영자, 상사, 또는 팀장의 지시 없이 스스로 함께 일한다. 이를 **자주관리 팀**(self-managed team)이라고 부르며, 이것은 리더 중심이 아니라 팀원 중심이다. 이 팀은 작업자들로 하여금 도전 의식을 주고 작업이 의미 있게 보이며, 그리고 조직과 강한 소속감을 가진다.

자주관리 팀의 특성

첫째, 팀원은 다양한 기술과 기능을 가진 사람들이다. 그리고 합성된 기술은 주요 업무를 수행하기에 충분하다. 이것으로 부서 간의 장벽을 허물고 탁월한 조정이 가능하다.

둘째, 팀은 완전한 업무를 수행하는 데에 필요한 정보, 자금, 설비, 도구 등을 지원받는다.

셋째, 팀은 의사 결정 권한에 있어 위임을 받는다. 팀원은 자유롭게 새로운 멤버를 선발하고, 문제를 해결하며, 예산을 집행하고, 결과를 검토하고, 그리고 미래 계획을 세운다.

어떤 종류의 팀 단계에 있든지 간에 팀 정신에 근거한 팀워크는 중요하다. 그런데 팀워크가 갖는 장점은 무엇보다도 시너지 효과를 얻을 수 있다는 점이다. 팀 전체 공헌은 개별적인 공헌의 합보다 더 크다는 뜻이다. 또한 동료들을 상호 평가하기 때문에 개선된 의사 결정을 기대할 수 있다. 그리고 혼자서 일하는 것보다는 더 큰 소속감을 가지며 자기 성취의 동기 부여 욕구도 더 강해질 것이다.

이러한 장점에도 불구하고, 팀 조직은 다음과 같은 단점을 가진다. 팀원들은 성과나 행동에 있어 단체 기준에 맞추어야 하는 강박감을 가진다. 개인적으로 책임감이 줄어들면, 작업에 몰두하지 않을 수도 있다. 집단사고주의는 또 하나의 단점이다. 팀 전체의 의견에 이의를 제기하는 것이 어려워지고, 다양한 행동을 권장하기보다는 만장일치를 강요당할 수도 있다. 중요한 일에는 다양성, 어려운 일에는 합의가 중요하다. 효과적인 팀 운영을 위해서는 다음을 고려하여야 한다.

(3) 팀의 효과성 발휘

팀의 효과성 정도는 혁신성, 생산성, 품질, 직원 만족 등과 같은 성과 지표로 평가된다. 혁신성은 환경 변화와 욕구에 대응하는 정도이다. 생산성은 될 수 있는 대로 자원을 적게 사용하면서 조직의 목표를 달성하도록 도와주는 것을 말한다. 품질은 불량률을 줄이면서 고객 기대를 능가하는 정도를 말한다. 직원 만족은 직원의 개인적 니즈를 충족시킴으로써 헌신과 열정을 유지하는 팀의 능력을 말한다. 이러한 효과성을 달성하려면 다음과 같이 팀을 조직하여야 한다.

첫째, **업무 프로세스에 따라서 팀을 구성한다.** 전통적 조직에서 기능 부서 중심으로 업무를 실행하였으나, 현대식 조직에서는 프로세스에 따라서 팀을 조직한다. 프로세스는 고객 만족을 지향하는 활동의 모음이며 또한 흐름이다.

둘째, **팀의 업무 소유권을 인정한다.** 팀 업무의 완결성을 높이기 위하여, 온전한 임파워먼트를 부여한다. 맡은 일에 스스로 책임을 가지고 의사 결정을 내리며 업무를 진행하도록 한다. 이렇게 위임된 권한을 가지면, 프로젝트를 독자적으로 소유하는 책임감을 가진다.

셋째, **팀의 응집력을 높인다.** 팀 응집력은 팀원들이 공동 목표를 달성하기 위하여 연합된 정도를 말한다. 팀원들이 유사한 가치관, 태도, 문화적 배경을 가지고 있으면, 응집력은 더 강해진다. 높은 응집력은 팀원들의 사기와 성과를 올려 준다. 이것은 빈번한 의견 조정과 의사소통 덕분에 가능하다. 그러나 지나친 응집력은 대안에 대한 개인 평가를 무시하고 집단사고주의적인 의사 결정을 내리게 한다. 이렇게 되면 문제 해결을 위한 창의성과 효과적인 의사 결정 능력을 잃어버릴 염려가 있다.

넷째, **팀 업무의 특성에 따라 규모를 정한다.** 팀의 이상적인 규모는 7명이지만, 경우에 따라 6~13명 정도로 본다. 팀의 크기는 팀원이 보유하고 있는 다양한 기술을 활용하기 위하여 커야 하며, 또한 동시에 친밀성을 충분히 느끼도록 적어야 한다. 일반적으로, 대규모 팀은 개별 팀원끼리 상호 작용하는 데에 어려움을 줄 수 있으나, 정보 기술을 활용하면 더 밀접한 접촉과 상호 작용 그리고 정보 공유도 가능하다.

(4) 팀의 역동성 발휘

일반적으로 사람은 세월이 흐름에 따라 미성숙한 단계에서 성숙한 단계로 계속 발전해 나간다. 조직도 마찬가지로 시간의 흐름에 따라 역동성을 가지고 변화한다. 효과적인 팀 리더는 새로운 팀이 기존의 성숙한 팀과 다른 점을 인식한다. 예컨대, 학창 시절에 프로젝트를 위하여 팀을 운영해 본 사람들은 기억할 것이다. 처음에 만나서 인사를 나누고, 규칙을 정하고, 할 일을 배분하며, 그리고 책임 소재를 분명히 한다. 이러한 과정에서 팀원들은 처음에 서먹서먹하다가, 시간이 흐름에 따라 서로가 익숙해진다. 이때 팀장의 주요 과업은 발전 단계를 인식하며, 목적을 달성하는 것이다. 팀워크 발전은 [도표 4-11]에서 보는 바와 같이 형성, 갈등, 확립, 성과 등의 네 단계를 거치면서 이루어진다.

첫째, **형성 단계는 서로 인사를 나누는 단계이다.** 팀원들은 자신의 행동이 상대방에게 어느 정도 수용될 것인가를 알고 싶어하고, 친밀 관계를 탐색하고, 업무 방향을 설정한다. 불확실성이 가장 높은 단계이다. 누구도 기본 규칙을 알지 못하며, 예상하기 어렵기 때문이다. 이때 리더의 역할은 의사소통과 상호 작용을 원활하게 하고, 서로 친근하게 하며, 작업 방법에 대한 기본 규칙을 정한다. 리더는 팀원들이 서로 편안하게 느끼고 팀의 일부가 되도록 느끼게 하여야 한다. 리더는 내성적인 사람을 끌어내어 다른 사람과 관계를 형성하도록 한다. 이 단계의 적절한 리더십 스타일은 전횡적이고 강해야 한다.

둘째, **갈등 단계에서는 팀원의 개성이 명확하게 돌출된다.** 사람들은 자신의 역할을 밝히는 것에 대해 앞 단계보다 더 긍정적이 된다. 이 단계에서는 갈등과 이견이 속출한다. 팀 미션이나 목표에 대한 인식을 달리하기도 한다. 이 경우에 어떤 사람은 소극적으로 피해 버리고, 어떤 사람은 소그룹을 다시 형성한다. 응집력이 아직 없는 단계이다. 이 단계를 극복하지 못하면 목표

[도표 4-11] 팀워크의 발전 단계

단계	형성 단계 ➡	갈등 단계 ➡	확립 단계 ➡	성과 단계
현상	• 친밀 관계 탐색 • 불확실한 관계	• 개성 돌출 • 갈등과 이견 속출	• 규범 확립 • 화합 단계	• 친밀한 상호 작용 • 성숙한 태도
리더 역할	• 친근감 제공 • 작업 방법과 규칙 제시	• 참여 독려 • 공동 비전과 가치 발견	• 개방성 강조 • 팀 역할과 기대를 밝힘	• 목표 달성 강조 • 팀 사명에 헌신 강조

를 달성할 수 없다. 이때 리더의 역할은 각 팀원에게 참여를 독려하고, 공동 비전과 가치를 발견하도록 도와준다. 팀원들은 토론하기를 원하고 불확실성과 갈등을 겪으면서 일을 진행한다. 이 단계의 적절한 리더십 스타일은 코치 스타일이 적합하다.

셋째, **확립 단계는 갈등이 해결되고 팀의 규범이 확립되면서 화합되는 단계이다.** 누가 팀 리더이며 각 팀원의 역할에 대하여 전체적인 합의가 이루어진다. 팀원은 서로 이해하고, 차이점을 극복하면서 응집력이 생긴다. 이 단계는 비교적 짧다. 이때에 리더가 할 일은 팀 내에서 개방성을 강조하고 의사소통을 촉진시키며, 그리고 팀 역할과 기대를 명백하게 밝힌다. 이 단계의 리더십 스타일은 참여적 스타일이 되어야 한다.

넷째, **성과 단계에서는 팀의 목표 달성을 강조한다.** 팀원들은 팀의 미션에 헌신한다. 그들은 친밀하게 상호 작용하며, 행동을 조정하고, 성숙하고 생산적인 태도로 불일치한 점을 해결한다. 팀장은 높은 업무 성과가 되도록 촉진시키며 그리고 목표 달성을 위해 자체 관리하도록 도와준다. 이 단계의 리더십 스타일은 재량권 부여에 힘쓰는 것이어야 한다.

지금까지 조직 구조에 대하여 설명하였다. 조직 구조는 마치 우리가 집을 짓기 위하여 설계도를 그리고, 그 설계 도면에 따라 집을 건축하는 것과 같은 과정을 나타낸다. 이제 집이 완성되면, 식구들은 입주하여 살게 된다. 그러나 집 구조가 같다 하더라도 그 속에서 삶의 방식은 다양하다. 가부장적인 가정이 있는가 하면 민주적이거나 방임형의 가정도 있을 것이다. 조직도 마찬가지로 일을 하는 방식이 다양하다. 조직의 하드웨어가 조직 구조이면 소프트웨어는 조직 문화인 것이다. 이에 대하여 다음에서 알아보자.

제4절 조직 문화

4.1 조직 문화의 개념

사회에는 제조업체, 은행, 호텔, 학교, 의료 기관, 종교 기관, 정부기 관, 비정부 단체 등 여러 조직체가 존재하고 있으며, 이들 조직체는 각기 독특한 문화를 가지고 있다. 잘 아는 바와 같이, 사람들은 각자 독특한 개성을 가지고 있다. 여기서 독특하다는 것은 '동일한 특성을 가진 사람은 하나도 없으며 각자의 행동 양식이 다르다' 라는 의미이다. 마찬가지로 모든 조직도 제각기 다른 특성을 가지고 있어 일을 처리하는 방식이 다르다. 이것을 **조직 문화**(organizational culture)라고 부른다. 구체적으로 말해서, 조직 문화란 조직 구성원이 공유하는 신념, 가치, 규범 등의 집합체로서 구성원의 의사 결정과 행동에 미치는 것을 말한다. 일하는 방식에 있어서 삼성은 '돌다리도 집고 넘어가는' 식이며, 현대는 '무조건 행동으로' 옮기는 식으로 일을 한다. 이러한 것은 그 기업의 특성적인 조직 문화에 기인한다.

한 개인을 이해하려면 그 개인의 성격을 알아야 하듯이, 조직을 이해하려면 그 조직의 문화를 알아야 한다. [도표 4-12]에서 보는 바와 같이, 기업 문화는 기업에서 잠재적으로 공유된 기본 전제, 가치관, 규범의 독특한 양식(unique pattern)으로서, 이것들을 통하여 구성원들은 언어, 상징물, 사교 모임, 관행 등에서 가시적으로 행동방식을 나타내는 총체적인 생활 양식이다. 결국, 기업 문화는 이러한 잠재적이고 현시적인 제반 요소들의 종합 집합체이다.

기업 문화의 비가시적인 잠재적 요소에는 기본 전제, 가치관, 규범 등이 포함된다. 먼저, 기본 전제(basic assumptions)에 대하여 설명하기로 한다. 이것은 기업과 구성원 전체의 행동에 영향을 미치는 가장 핵심적인 요소인데, 구성원들이 인식하지 못하는 잠재의식적인 기본 가정으로서, 구성원들이 묵시적으로 옳다고 믿는 생각이나 느낌이다. 예컨대, 우리나라 기업에서는 무슨 일이든지 신속하게 처리하는 것이 중요하다고 믿고 있다. 일에 대하여 정교하게 계획을 세우지 않고 무조건 착수하는 것이 기본 전제로 깔려 있다. 추상성이 발달한 우리 민족 성향에 기인한 것 같다.

가치관(values)은 사람들에게 중요하고, 의미 있다고 생각하는 그 무엇에 대한 기본 믿음이며, 이것은 시간이 지나도 변하지 않는 체계이다. 예컨대, 종교적인 가치관은 대체로 우리나라 사람들에게 중요시되는 믿음이다. 3M의 경우에는 직원의 창의력이 중시된다. 공유된 가치는 창업자나 최고 경영자의 경영 철학이 구성원들에게 침투되어서 가시적인 행동 방식에 결정적인 영향을

[도표 4-12] 조직 문화의 구성 요소

미친다. 최고 경영자가 윤리성을 중요시하는 경우에는 구성원들에게 정직성과 온전성을 강조한다. 그리하여 사업 거래에서 당장 불리하더라도 부도덕한 거래는 거부하라는 지시를 내린다. 이렇게 되면 사내에서도 깨끗하고 공정한 분위기가 지배하여 구성원들의 사기와 동기 유발이 높아진다. 이것은 말할 것도 없이 구성원 만족과 높은 생산성을 가져오게 될 것이다.

규범(norms)은 구성원들의 행동에 대한 규칙이다. 규칙을 준수하고자 하는 마음이 모두에게 공유될 때, 하나의 조직 문화를 만들어 낸다. 예컨대, 팀 활동에서 팀 규칙을 준수하는 사람은 동료들로부터 인정을 받지만, 그렇지 않은 사람은 배척을 받게 마련이다.

문화의 가시적인 요소들은 지금까지 설명한 함축적이고 내재적인 요소들인 기본 전제, 가치관, 규범 등에 의하여 조직 문화로 드러나게 된다. 먼저, 사교 모임에서는 새로운 멤버가 어떻게 소개되는가를 나타내는 프로세스이다. 기업에서는 신입 사원 채용 후에 이루어지는 오리엔테이션 교육에서부터 나타난다. 예컨대, 삼성의 신입 사원 교육에서는 세계 최고를 지향하는 강한 이미지를 갖도록 한다.

상징물은 특별한 의미를 갖으면서 추상적인 고유 가치를 나타내는 가시적 징표이다. 이것은 문화적 표현으로서 단순하면서도 기본적인 것이다. 예컨대, 기업의 로고, 복장, 상장, 건물 구조 등 여러 가지가 있다. 그리고 언어는 음성, 서식, 제스처 등으로 공유된 시스템으로서 문화를 나타낸다. 예컨대, '고객은 우리의 존재 이유이다'와 같은 표어는 항상 고객 중심적인 문화를 지향하게 한다. 그리고 관행은 가장 복잡하지만, 가장 눈에 띠는 문화적 요소이다. 이것은 문화의 내용이 완전히 밖으로 표출되는 구체적 제도나 관리 방식이다. 예를 들면, 승진, 급여 방식 같은 것이 여기에 포함된다. 직장에 따라 동종 업종에 비하여 급여는 많지만 승진이 늦는 경우가 있는가 하면, 승진은 빠르나 보수가 적은 곳도 있다.

4.2 조직 문화의 종류

개인의 성격이 인간 유형을 나타내듯이, 조직의 문화적 요소도 조직의 유형을 만들어 낸다. [도표 4-13]에서 보는 바와 같이, 기업은 자신이 지향하는 방향이 내부인가 외부인가, 그리고 공식적인 통제 행동이 안정적으로 일정한가 혹은 유연하게 변화하는가에 따라 2×2 행렬로 구분할 수 있다. 네 개의 상한에는 각각 관료적 문화, 씨족 문화, 시장 지향 문화, 기업가 문화가 만들어진다.[1]

[1] Hellriegel et, al, Management, 9th, pp. 491-492.

[도표 4-13] 조직 문화의 종류

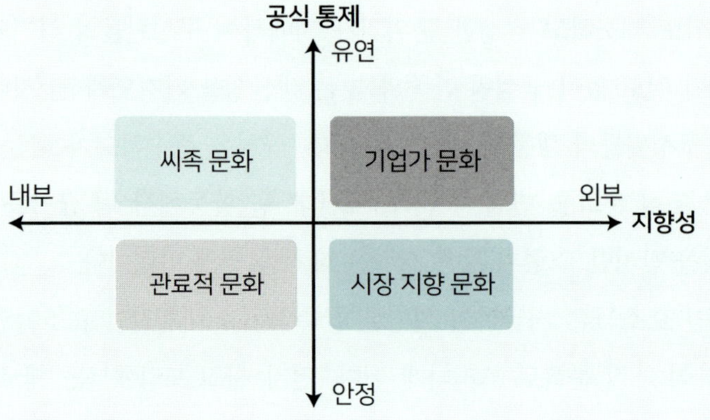

첫째, 관료적 문화(bureaucratic culture)는 내부 지향적이며 조직 구성원들의 행동이 공식적인 규칙이나 표준 절차에 의하여 움직이는 문화를 말한다. 그리고 수직적인 보고 체계를 통하여 조정 활동이 이루어진다. 이 조직이 관심을 갖고 있는 것은 예측성, 효율성, 그리고 안정성이다. 기계적 조직과 같이 조직 구성원의 과업, 책임, 권한은 정확하게 성문화되어 있으며 자신의 일은 정해져 있다. 이러한 문화는 표준화된 제품이나 서비스를 생산하는 곳에서 발견된다. 일반적으로 정부, 군대, 정부 출연 기관, 사고가 경직된 기업 등에서 발견된다.

둘째, **씨족 문화**(clan culture)는 조직 구성원의 행동에서 공식적인 규칙이나 절차가 거의 없으며, 통제가 유연하다. 이 경우에는 전통, 충성심, 개인적인 헌신, 사교 모임, 자체 관리 등이 조직 문화 속에 존재한다. 정식 작업 시간을 지키는 것은 물론이며, 비정규 시간의 근무에 대해서도 별로 부담을 갖지 않는다. 고참 근무자는 신입 사원에 대하여 코치 및 역할 모형이 된다. 이 문화 속에 있는 조직 구성원들은 자긍심을 갖고 일하며, 강한 정체성과 함께 일하는 팀워크 정신을 중요시한다. 그리고 공식적 모임보다는 비공식적 모임을 더 선호한다. 우리나라의 많은 기업들이 여기에 속한다고 볼 수 있다.

셋째, **시장 문화**(market culture)는 목표 지향적인 행동을 중요시하는 가치와 규범을 갖고 있다. 특히, 매출액, 수익률, 시장 점유율 등은 측정 가능하며 도달하여야 할 목표이다. 이러한 문화를 갖는 기업은 경쟁력 확보와 이윤 중심적 사고 속에서, 조직 구성원들이 성과에 대하여 책임을 지는 조직이다. 비공식적인 사교 모임은 강조되지 않으며, 상사와 부하의 의사소통 관계는 성과와 보상에 관련된 것이 주종을 이룬다. 경영자가 이윤 추구를 극대화하면서 조직 구성원들의 목표 달성을 강조하는 기업에서 발견되는 조직 문화이다.

넷째, **기업가 문화**(entrepreneur culture)는 위험 부담이나 역동성, 창의성을 중시하여 조직은 외부 지향적이며, 느슨한 통제를 행사한다. 선도적인 조직이 되기 위하여 실험 정신과 혁신 의지를 강하게 보인다. 이 조직은 환경 변화에 즉각적인 반응을 보이지 않으며, 오히려 변화를 주도적으로 창출한다. 효과성과 유연성은 이 조직의 특징이며, 신제품 개발을 출시하여 급성장을 이룬다. 경영자는 외부의 고객, 경쟁자, 자금 출처 등에 대하여 관심을 집중한다. 세계적인 초우량 기업들이 대부분 여기에 속한다고 볼 수 있다.

이상과 같이 네 가지의 기업 문화에 대하여 알아보았다. 조직 문화는 조직의 성과와 연결된다. 적절한 조직 문화는 제품이나 서비스의 특성에 알맞아야 한다. 기본적으로 고객의 기대감에 부응하는 문화를 만들어야 한다. 어느 특정 조직 문화에 집착할 것이 아니라, 효과적이고 유연한 문화를 가져야 신제품과 고객 서비스의 능력이 향상되며, 따라서 경쟁력이 높아질 것이다.

구글 — 혁신적인 조직 문화

구글(Google)은 1998년에 설립된 미국의 다국적 기술 기업으로, 혁신적이고 창의적인 조직 문화로 유명하다. 구글은 검색 엔진, 광고 플랫폼, 클라우드 컴퓨팅, 하드웨어 등 다양한 분야에서 활동하며, 2023년 기준으로 약 28만 2,000명의 직원을 고용하고 있다. 연간 매출은 약 2,570억 달러에 달한다.

성공 배경과 전략

① 자율성과 창의성: 구글은 직원들에게 자율성을 부여하여 창의적인 아이디어를 자유롭게 제안하고 실행할 수 있도록 한다. '20% 시간' 제도를 통해 직원들이 업무 시간의 20%를 개인 프로젝트에 사용할 수 있게 하며, Gmail이나 Google News 등 많은 혁신적인 제품이 이 제도를 통해 탄생했다. 이 제도는 직원들의 창의성을 최대한 발휘하게 하여 구글의 혁신을 촉진했다.

② 포용성과 다양성: 구글은 다양한 배경을 가진 직원을 채용하고, 이들이 자신의 능력을 최대한 발휘할 수 있도록 지원한다. 2023년 구글의 다양성 보고서에 따르면, 여성 직원 비율은 33.7%, 소수 인종 직원 비율은 49.8%로, 구글은 포용성과 다양성을 적극적으로 추구하고 있다.

③ 직원 복지: 구글은 직원에게 높은 수준의 복지 혜택을 제공한다. 건강 보험, 무료 식사, 피트니스 센터, 놀이 공간 등 다양한 복지 혜택을 통해 직원들의 만족도를 높인다. 특히, 구글 캠퍼스는 직원들이 자유롭게 아이디어를 교환하고 협업할 수 있는 환경을 제공한다.

④ 지속 가능성: 구글은 지속 가능한 경영을 추구하며, 재생 가능 에너지 사용을 통해 환경 보호에 기여하고 있다. 2023년 구글은 모든 데이터 센터에서 100% 재생 가능 에너지를 사용하고 있으며, 탄소 중립 목표를 달성하기 위해 다양한 노력을 기울이고 있다 .

조직 구조 및 조직 문화

① 직원 중심 문화: 구글은 직원들을 중심에 두고 그들의 만족도를 높이기 위해 다양한 노력을 기울이고 있다. 포브스와 글래스도어에서 최고의 직장으로 여러 차례 선정되었으며, 이는 직원들이 구글에서 일하는 것을 얼마나 좋아하는지를 보여 준다. 2023년에는 포춘지 선정 '일하기 좋은 100대 기업'에서 2위를 차지했다.

② 높은 직원 만족도: 구글은 직원 만족도를 높이기 위해 다양한 프로그램과 복지 혜택을 제공한다. 무료 식사, 피트니스 센터, 마사지 서비스, 육아 지원 등 다양한 복지 혜택은 직원들이 업무와 개인 생활의 균형을 유지하도록 돕는다. 이러한 노력 덕분에 구글은 글래스도어에서 '가장 일하기 좋은 기업' 부문의 상위권 순위를 유지하고 있다.

③ 팀워크와 협업: 구글의 조직 문화는 팀워크와 협업을 중시한다. 직원들이 자유롭게 아이디어를 교환하고 협력할 수 있는 환경을 제공하며, 이를 통해 혁신적인 제품과 서비스를 개발하고 있다. 구글의 오픈 오피스 구조와 다양한 협업 도구는 직원들이 효율적으로 협력할 수 있도록 돕는다.

④ 지속적인 학습과 성장: 구글은 직원들이 지속적으로 학습하고 성장할 수 있도록 다양한 교육 프로그램과 기회를 제공한다. 구글의 '구글러 개발 네트워크'와 같은 프로그램은 직원들이 새로운 기술을 배우고 전문성을 향상시킬 수 있는 기회를 제공한다.

구글은 자율성과 창의성을 중시하는 조직 문화, 포용성과 다양성을 추구하는 인력 관리, 혁신적인 복지 혜택, 지속 가능한 경영을 통해 글로벌 기술 시장에서 선도적인 위치를 유지하고 있다. 이러한 조직 문화와 구조 덕분에 구글은 직원 만족도와 생산성 면에서 우수한 성과를 유지하고 있으며, 앞으로도 지속적인 성장이 기대된다.

4.3 조직 문화 패러다임의 변화

빠른 속도로 변화하고 있는 경영 환경은 경영자들에게 근본적인 변환을 요구하고 있으며, 따라서 조직 문화의 개념에 새로운 과제를 던지고 있다. 이것은 [도표 4-14]에서 보는 바와 같이 새로운 패러다임을 요구한다. 여기서 패러다임이란 우리가 사는 세상을 생각하고, 인식하고, 이해하는 근본적인 방식을 공유하는 마인드 체계를 뜻한다.

첫째, **경영 패러다임은 안정에서 변화로 이동하고 있다.** 과거의 많은 경영자들은 조직을 안정되게 운영하면 성공한다고 믿었다. 그래서 원가 절감과 효율적인 생산 시스템을 선호하였으며, 변화는 조직을 파괴하고 자원을 고갈시킨다고 믿었다. 그러나 오늘의 경영자는 고객, 경쟁자, 기술 등이 무작위적으로 계속 변화하고 있다는 사실을 받아들여야 하는 시점에 와 있다. 그들은 오히려 변화를 번영의 기회로 여기며, 조직이 변화하지 않으면 망해 버릴 것이라고 믿고 있다.

둘째, **통제에서 재량권으로 이동하고 있다.** 권력 지향적인 과거 경영자들은 엄격한 통제하에서 부하들이 명령대로 움직이는 것을 선호하였다. 엄격한 수직적 조직 체계, 구조화된 업무 프로세스, 일방적인 상의하달 등을 중시하였다. 그러나 요즈음은 재량권이 널리 실천되고 있다. **재량권**(empowerment)은 조직 구성원들에게 어느 정도 범위 내에서 자체적으로 의사 결정 권한을 허용하는 것을 말한다. 이것은 현장 직원들로 하여금 신속한 의사 결정을 내릴 수 있도록 하며, 스스로 해결하는 학습 조직이 되도록 한다.

셋째, **경쟁에서 협동으로 움직이고 있다.** 재량권의 허용은 경쟁보다는 협력을 요구하고 있다. 조직에서 어느 정도의 경쟁은 필요하지만, 승패(win-lose)가 걸린 싸움은 조직을 불건전하게 만든다. 따라서 이제는 승승(win-win) 게임을 통하여 공생하는 지혜가 필요하게 되었다. 수평적

[도표 4-14] 조직 문화 패러다임의 변화

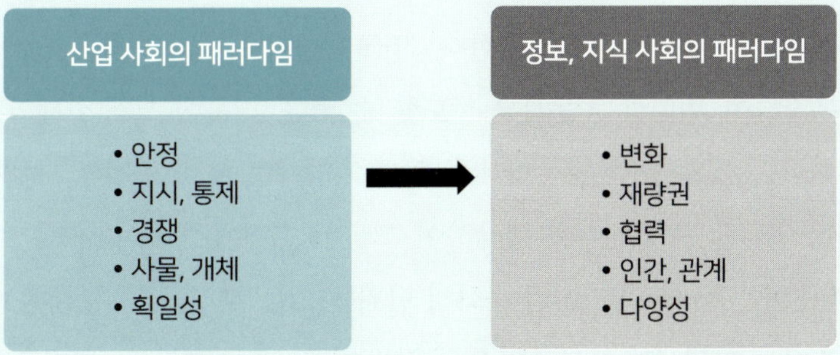

인 협동은 부서 간의 경계를 허물고, 조직 내에서 지식을 확산시키는 방안이 된다. 그리고 이것은 나아가서 협력 업체와 함께 발전하는 기회를 제공한다.

넷째, **개체에서 관계를 중시하고 있다.** 산업 사회의 패러다임은 조직을 기계와 같은 개념으로 보았다. 각 부품(부서)은 낱개로 인식되고 표현되었다. 고장난 부품(부서)은 대체 가능하였고, 안정 속에서 모든 것이 원만하게 운영되었다. 그러나 새로운 패러다임에서는 조직을 통합적인 관계로 파악하고 있다. 단순 이분법적인 사고가 아니라 관계 속에 내재된 미묘한 특성을 이해하여야 하며, 개별적이 아닌 전체적인 시스템이나 상호 작용으로 이해하여야 한다. 그리고 조직을 보이지 않지만 계속 변하는 실체로 인식하여야 한다.

다섯째, **획일성에서 다양성으로 변화하고 있다.** 과거의 경영자는 일체성, 분리성, 전문성 등의 특징을 가지고 조직을 운영하였다. 사람들은 똑같이 생각하고 똑같이 행동하였다. 한 부서에는 똑같은 사람들만이 모여서 일을 하였다. 그러나, 최근의 팀 조직은 사람들의 역할이 각기 다르며, 사고방식도 다르다는 것을 일깨워주고 있다. 예컨대, 우리나라에서는 아직도 여성 능력에 대한 그릇된 편견이 심해서 제한된 업무에만 종사하는 경향이 크다. 경영자들의 이러한 시각은 조직의 다양성 확보와 국제적인 수준에 도달하는 것을 저해하고 있다.

4.4 WCO의 조직 문화

WCO(World Class Organization)의 조직 문화에 대한 연구는 다양하게 이루어져 왔다. 그 중에서 Peters와 Waterman(1982)은 7S 모형을 제시하면서 미국의 초우량 기업을 소개하였다. 우수 기업의 조직 문화 요소는 **공유 가치**(shared value), **전략**(strategy), **구조**(structure), **관리 시스템**(system), **구성원**(staff), **기술**(skill), **리더십 스타일**(style) 등 일곱 가지에서 탁월함을 나타내었다고 주장한다.

이 연구에서는 최고 경영자의 역할을 강조하여, 우량 기업에서는 조직 구성원들에게 일관성 있게 꾸준히 설득할 수 있는 목표, 일체감, 사명 같은 것을 제공하여, 보다 높은 수준의 동기 유발과 목표 달성을 이루었다고 결론으로 말한다. 그러나 실제로 이러한 것은 거대한 조직에서 달성하기 어렵고 복잡하여, 변화하는 문화를 주도할 수 없다. 더욱이 고객이 제외된 상태에서 기업 문화를 생각한다는 것은 불가능한 것이다. 최고 경영자는 조직 구성원 모두가 어떻게 하면 각자의 직무를 잘 수행할 수 있는가를 생각하여, 그들이 고객에 대하여 사고할 수 있는 환경과 분위기를 만들어주어야 할 것이다. 기업 문화의 단위는 기능 부서나 팀과 같은 하부 단위의 문화에 초점을 맞추어서, 창의성과 혁신성을 북돋우며, 미래의 비전과 목표 그리고 핵심 가치를 확

[도표 4-15] WCO의 조직 문화 구성 요소

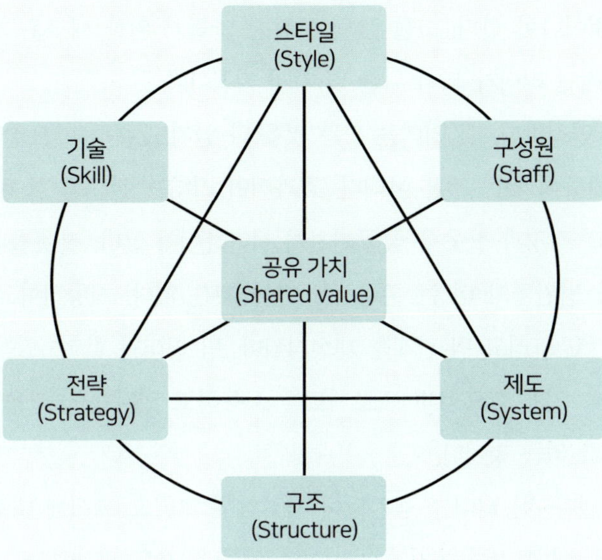

립하여야 한다.

끝으로, 조직 문화와 조직 구조는 어떠한 관계를 갖고 있는 것인가? 조직에서 조직 구조는 몸이며, 조직 문화는 정신이다. 정신이 바르면 몸이 건강하다. 그리고 몸이 건강해야 건강한 정신이 깃든다. 조직 문화와 조직 구조는 상호 보완적이다. 조직 문화는 조직을 구성하고 리드하는 경영자에 의하여 만들어지지만, 구성원들이 어느 정도로 지지하는가에 따라 응집력이 결정된다. 강한 조직 문화는 강한 조직 구조를 만들어 주어 구성원들의 행동이 일체감와 일관성이 있다. 그리하여 어느 정도는 문서화된 규정과 규칙에 얽매이지 않고 업무를 수행하여 목표를 달성할 수 있게 된다.

예를 들면, 팀 리더는 팀이 가지는 역할을 성공적으로 수행하기 위해 리더십을 발휘하여야 한다. 성공적인 팀은 환경 변화에 신속하게 대응하며, 최소한의 자원으로 만든 우수한 성과물로 고객 기대를 능가하며, 그리고 팀원들의 개인 욕구에 부응하여 그들의 헌신과 열정을 유지한다. 이러한 팀을 만들기 위한 팀 리더의 역할은 무엇인가? 팀장의 리더십은 두 가지 역량을 갖추어야 한다. 첫째, 리더가 필요로 하는 개인적인 고상한 품성이 필요하다. 둘째, 리더가 팀의 효과성을 인도하기 위하여 팀 특성과 프로세스를 어떻게 활용하는가에 달려있다. 후자에 대해서는 앞 절에서 이미 설명하였으므로, 여기서는 팀 리더의 개인적 품성에 대해서만 설명한다.

성공적인 팀에는 자신감 있고 효과적인 팀 리더가 있다. 전통적인 조직 출신의 관리자들은 이제 조속한 시일 내에 태도와 행동을 바꾸어야 한다. 효과적인 팀 리더가 되려면 구습을 타파하고 과거의 안주에서 벗어나야 한다. 그들은 팀 문화를 만들기 위한 새로운 기술과 품성을 배워야 한다. 다음은 효과적인 리더가 되기 위한 몇 가지 지침이다.

첫째, 자신의 무지를 인정한다. 팀 리더는 모든 것을 다 알지도 못하며, 또한 알 필요도 없다. 팀원들이 항상 팀장 통제하에 있는 것은 아니다. 효과적인 리더는 질문을 잘 한다. 자신이 모른다는 사실을 숨기지 말고, 걱정과 잘못을 공공연하게 시인하여야 한다. 잘못을 인정하고 그것으로부터 배우는 자세보다 팀원들의 더 큰 존경심을 받는 것은 없다. 개방적이고 약점 있어 보이는 것은 신뢰를 증진시키고 그리고 팀 관계를 개선시킨다. 팀 리더가 할 수 있는 중요한 일은 팀원들이 필요로 하는 것을 얻게 함으로써 프로젝트를 소유하고 있다는 느낌을 주어야 한다. 리더는 모든 것을 알 필요가 없는 것이다.

둘째, 팀원들을 보살핀다. 팀 리더는 팀원들이 서로간에 그리고 고객에 대하여 어떻게 대우하여야 하는가를 정한다. 이때 리더는 자기 자신이나 차후 승진을 생각하는 것이 아니라, 팀원을 어떻게 보살펴야 하는 것인가를 생각한다. 대부분의 팀원들은 인정과 지원의 중요성을 매우 중요하게 공유한다. 리더는 팀원들의 공헌이 값어치 있다는 것을 느끼게 해 주어야 한다.

셋째, 의사소통을 잘 한다. 훌륭한 의사소통 기술은 팀 리더십에 필수적이다. 그러나 이것은 반드시 자기를 명확하게 표현하는 것과 같지 않다. 이것은 절대적으로 듣기를 잘하는 것을 의미한다. 효과적인 팀 리더는 대답보다는 질문을 더 많이 한다. 올바른 질문을 함으로써, 팀원들 스스로가 문제를 해결하고 의사 결정을 내리도록 도와준다.

넷째, 진정으로 권한 공유를 배운다. 팀 리더는 업무와 함께 팀 스피리트 개념을 고양시킨다. 이것은 권력, 정보, 책임 등을 의미한다. 리더는 팀원들이 내린 결정에 신뢰를 보여야 한다. 비록 그것이 리더의 마음에 들지 않는 결정이라 하더라도 그들의 의사를 존중한다.

다섯째, 공유된 목적과 가치의 중요성을 인식한다. 팀을 구축하는 것은 공유된 가치와 헌신으로 하나가 되는 공동체를 형성하는 것이다. 그것은 팀 스피리트이다. 팀워크를 촉진시키기 위해서 리더들은 팀원들에게 의미와 소속감을 주는 행사, 좌담회, 축하 메시지 전달 등과 같은 상징적인 일을 행한다. 평등성을 가진 팀을 창출하여, 리더 자신의 이익을 억제하고 팀원들로 하여금 일하게 한다. 팀 리더는 개인적 품성을 개발하는 것 외에도, 조직에 이익을 가져다주는 팀 노력을 하여야 한다.

여기에서는 조직 문화 차원에서 팀 리더의 효과성에 대하여 설명하였다. 다음 장에서는 본격적으로 조직에서의 리더십에 대한 것을 살펴보기로 한다.

GenAI를 활용한 토의 주제

● 다음 주제에 대하여 적절한 지시문을 만든 후, 여러 GenAI(예컨대, ChatGPT 3.5, Claude 3.5 sonnet, Copilot, Perplexity.ai) 중에서 하나를 선택하여 답변을 구하라.

① 조직에서 권한과 책임

② 조직 문화

③ 한국 기업의 조직과 K-문화 특성 (답변의 예시가 부록 4에 제시되어 있음)

④ 스타벅스의 7S

⑤ WCO(World Class Organization) 조직 문화 사례

제5장 리더십

제1절 리더십이란 무엇인가
- **1.1** 리더십의 중요성
- **1.2** 리더십의 개념

제2절 권력과 리더십
- **2.1** 권한, 권력 그리고 리더십
- **2.2** 관리와 리더십의 비교

제3절 동기 부여
- **3.1** 매슬로우의 욕구 계층 이론
- **3.2** 허즈버그의 두 요인 이론
- **3.3** 브룸의 기대 이론
- **3.4** 아담스의 공정성 이론

제4절 개인 리더십 이론
- **4.1** 특성 이론
- **4.2** 행동 이론

제5절 상황 리더십 이론
- **5.1** 피들러의 상황 모형
- **5.2** 허시와 블랜차드의 상황 리더십 모형
- **5.3** 하우스의 경로-목표 모형
- **5.4** 상황 모형의 비교

제6절 변혁적 리더십

제7절 감성 리더십
- **7.1** 감성과 리더십
- **7.2** 감성 리더십의 개발

삼성 그룹 이건희 회장

이건희 회장은 삼성 그룹을 세계적인 기업으로 성장시키는 데 중요한 역할을 한 인물이다. 그의 리더십 스타일은 한국뿐만 아니라 전 세계 경영자들에게 많은 교훈을 주었다.

① 변화와 혁신의 리더십

이건희 회장은 1993년 프랑크푸르트 선언을 통해 삼성의 대대적인 혁신을 촉구했다. 그는 "마누라와 자식 빼고 다 바꿔라."라는 유명한 말을 남기며, 기존의 관행을 타파하고 새로운 길을 모색할 것을 강조했습니다. 이 선언은 삼성의 품질 혁신과 글로벌 시장 진출을 가속화하는 계기가 되었다.

② 품질 경영

이건희 회장은 제품의 품질을 기업의 가장 중요한 경쟁력으로 보았다. 그는 제품 불량이 발생했을 때 해당 제품을 대량으로 소각하는 등 강력한 품질 관리 정책을 추진했는데, 이러한 품질 경영은 삼성을 고품질 전자 제품의 대명사로 자리매김하게 했다.

③ 글로벌 경영

이건희 회장은 삼성을 글로벌 기업으로 성장시키기 위해 해외시장에 적극적으로 진출했다. 그는 글로벌 인재를 영입하고, 해외에 연구·개발(R&D) 센터를 설립하는 등 국제적 경영 감각을 발휘했다.

④ 디자인과 브랜드 가치

이건희 회장은 디자인의 중요성을 강조하며, 삼성이 단순한 전자 제품 제조업체가 아니라 혁신적 디자인을 갖춘 브랜드가 되도록 노력했다. 그는 디자인 경영을 통해 삼성의 브랜드 가치를 높였다.

자료: 이호정, "이건희 시대의 삼성: 위기와 도전의 20년", 21세기북스, 2010.

제1절 리더십이란 무엇인가

1.1 리더십의 중요성

헤르만 헤세의 「동방순례」라는 소설에 다음과 같은 흥미 있는 이야기가 있다. 한 무리의 귀족이 여행을 떠나게 되었다. 그 여행 그룹을 안내하는 사람을 레오라는 하인이었다. 그 하인은 여행을 필요한 모든 것을 귀족들을 위해서 제공하였다. 관광 안내는 물론이거니와 식사와 잠자리를 보살펴 주었고 또한 현지에서 필요한 정보를 그들에게 알려 주었다. 그들이 명령하고 요구하는 대로 서비스하였다. 여행 초기 모든 것은 만족스러웠고, 귀족들은 즐거워하였다.

그러나 시간이 흐르면서 귀족들은 레오에게 불평하기 시작하였고, 그는 견디다 못해 마침내 사라져 버렸다. 어디로 가야 할지, 무엇을 보아야 할지, 무엇을 먹어야 할지 등에 대하여 알 수가 없었다. 이리하여 여행을 도중에서 참담한 결과로 끝나고 말았다.

여기서 진정으로 리더십을 발휘한 사람은 누구이었을까? 명령하고 대접받은 귀족들이었는가? 아니면 명령에 서비스한 하인이었는가? 대답은 자명하다. 그린리프는 그 하인을 리더로 지명하고, 리더십 개념을 한 단계 더 고상하게 높이면서 그의 리더십을 **서번트 리더십**(servant leadership)이라고 명명하였다. **리더십**은 간단히 말해서 영향을 미치는 능력이다. 즉, 리더십은 집단 구성원들이 공동 목표를 함께 지향하고 목표 달성을 위하여 실질적인 변화를 유도하며 행동하도록 리더가 영행을 미치는 관계적 역량이라고 할 수 있다. 레오는 단순한 하인이 아니라, 리더십을 가진 하인이었다.

우리나라 사람들은 대체로 직장이나 소모임에서 선두자가 되기를 강력하게 희망한다. 기질적으로 우리 모두의 피 속에는 상승욕구가 강하게 내재되어 있는 것으로 보인다. 왜 선두에 나서고 싶어 하는 것인가? 단지 추종자들을 거느리기 위해서인가? 또는 선두자로서 그들에서 서비스하기 위해서인가? '왜'라는 질문에 대한 올바른 해답이 없이 계속해서 앞장서 있는 행동은 자신의 인생을 피곤하고 어리석게 사는 일이다. 선두자가 되는 것도 중요하지만, 더 중요한 것은 봉사하는 리더십을 가지려고 노력하는 일이다. 영향력을 미쳐서 진정한 추종자를 모을 수 있는 능력이 중요한다. 영향력을 미친다는 것을 사실과 버전을 함께 나눈다는 의미이다. 정도의 차이는 있을지 몰라도, 우리 모두는 자신이 다른 사람에게 영향력을 미치고 있다는 사실을 알고 있다. 아무리 내성적인 사람이라고 해도 일생 동안 만 명 정도의 사람들을 만난다고 한다. 나는 이 중에서 몇 % 정도에게 영향을 미칠 수 있을까?

조직에서 일의 성패는 리더십에 달려 있다. 많은 사람들은 진정한 리더십을 가지고 탁월한 사람이 되려고 하는 것보다는 오히려 자신이 탁월하지 못하게 된 이유와 변명을 늘어놓는 경향이 있다. 조직에서 일이 원만하게 수행되지 못한 경우 상가는 부하 직원들의 탓으로 곧잘 돌리곤 한다. 그러나 통찰력 있는 어느 사장의 말에 의하면, '자녀의 행동이 부모를 닮듯이, 은행과 같은 서비스 조직에서 부하 직원들이 상사가 하는 방식을 그대로 따라서 일한다'는 사실이다. 따라서 관리자가 진정한 리더십을 발휘하는 것은 조직의 공동 목표를 달성하기 위하여 매우 중요한 능력 되는 것이다. 스포츠 팀에서 일부 성과가 안 좋으면 선수 몇 명을 교체하지만, 팀 전체에 문제가 있다면 감독 내지는 코치를 교체한다. 리더십 없는 관리자는 교체되어야 할 것이다. 왜냐하면 리더십은 팀원들에게 일하도록 동기 부여하여 팀 성과의 수준을 결정하기 때문이다.

일반적인 관리자는 부하들이 효율적으로 일하도록 점검하는 일을 주로 한다. 그러나 리더십을 가진 관리자는 부하들이 자신의 역량보다 일을 더 잘할 수 있도록 고무시킨다. 리더십은 조직이 탁월해지기 위하여 기져야 하는 중요한 덕목이다. 친구 관계에서는 프렌드십, 스포츠에서는 스포츠맨십이 중요하다. 관계의 본질에서 기본 정신이 중요하다는 의미이다. 리더십은 리더가 가져야 하는 본질적인 능력이며, 효과적인 경영자로 만드는 열쇠이다.

내가 진정한 리더십을 지니고 있다면, 사람들은 나의 말에 경청할 것이다. 사람들이 정치가의 말은 잘 안 들어도 성직자의 말은 대체로 듣는다. 성직자들은 정치가에 비해 진정한 영향력이 있으며, 서비스 성과를 높이고 있다. 성과를 높이기 위해 우리는 자기 자산에게 매일 다음의 질문을 해야 할 것이다. 나는 누구인가? 무엇을 아는가? 무엇을 느끼는가? 어디에 있었는가? 무엇을 이루었는가? 무엇을 진정으로 원하는가? 이런 질문에 대한 답을 준비하기 위해, 리더십의 개념부터 이해하도록 하자.

1.2 리더십의 개념

리더십은 간단히 말해서 일할 분위기를 만드는 능력이. 여기서는 조직에 관련된 더 상세한 정의를 내려보기로 하자. **리더십**은 집단 구성원들이 공동 목표를 함께 지향하고 목표 달성을 위하여 실질적인 변화를 유도하며 행동하도록 리더가 영향력을 행사하는 관계적 역략이다. 탁월한 리더십이 포함하는 요소들을 그림으로 나타내면 [도표 5-1]과 같다. 여기서 보는 바와 같이 리더십은 리더와 추종자들의 관계에서 목표를 달성하도록 영향을 미치며, 변화를 추구하는 개인 역량이다.

첫째, 리더는 경영자이든지 아니든지 간에 추종자에게 영향을 미칠 수 있는 사람이다. 따라서 추종자는 리더에 의하여 영향을 받는 사람이다. 좋은 추종자는 '예스맨'이나 '예스우먼'이 아

[도표 5-1] 타월한 리더십이 포함하는 요소

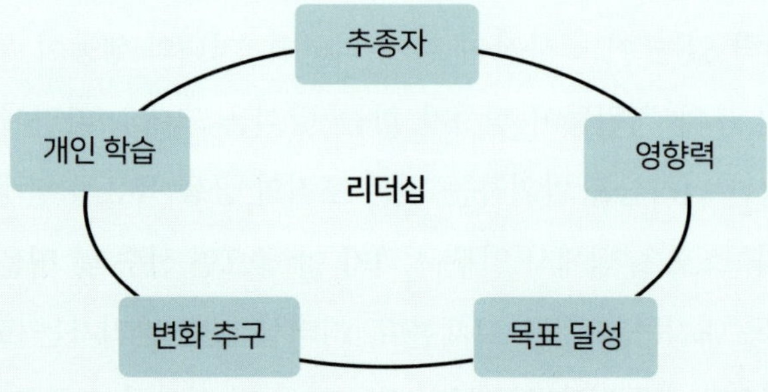

니다. 그는 리더에게 영향을 미치는 투입 요소를 제공할 수 있는 사람이다. 효과적인 리더는 추종자에게 영향을 미치고, 그리고 추종자도 리더에게 영향을 미치는 사람이다. 좋은 추종자는 좋은 리더가 낙마하지 않도록 도와주는 사람이다. 결국 리더십 역량은 추종자의 양과 질로 결정된다. 우수한 리더는 우수한 추종자를 갖는다.

둘째, 영향이란 리더가 사상을 전달하고, 추종자에게 동기 부여하여, 전달받은 사상을 실천하게 하는 과정이다. 영향은 물질적으로, 정신적으로 그리고 영적으로 전달되는 리더십의 본질이다. 조직에서 공식적인 직위가 높을수록, 다른 사람 들에게 영향을 미칠 수 있는 권력은 더 강해진다. 또한 영향은 리더와 추종자 간의 관계에 관한 것이다. 리더십이 없는 관리자는 부하 직원들에게 강제로 영향을 미치려고 하지만, 리더는 그렇지 않다. 탁월한 리더는 추종자들로부터 자발적인 헌신과 열정을 얻어 낸다.

셋째, 효과적인 리더는 부하 직원들로 하여금 개인적인 관심사와 함께 조직의 목표를 생각하게 한다. 추종자들이 자신과 조직에 윤리적이고 또한 이익이 된다고 생각할 때, 리더십이 발휘된다. 그러나 리더는 추종자의 개인적인 이익을 구실로 리더십을 발휘해서는 안 된다. 리더와 추종자 모두가 원하는 조직 목표를 달성하도록 구성원들이 함께 일하는 것이 중요하다. 효과적인 리더는 방향을 제시하고, 도전할 만한 목표를 달성하도록 격려한다.

넷째, 목표를 제시하고 영향을 미치는 것은 변화를 실천하기 위해서이다. 급변하는 경영 환경에 적응하기 위해서 조직은 계속 변화할 필요가 있다. 성공하는 리더는 고객, 경쟁자, 기술 등의 변화를 주의 깊게 관찰하며, 부하 직원들의 학습 능력을 고취시켜 대응하도록 한다. 그리하여 과거의 방식에 얽매이지 않고, 새로운 방식을 모험적으로 실행하게 한다.

다섯째, 탁월한 리더는 정보 수집과 분석 능력을 배양하기 위하여 학습을 게을리 하지 않으며, 끊임없이 변화를 추구한다. 개인 역량 개발에 실천적인 시범을 보인다. 그는 문제를 제기할 뿐만 아니라, 문제 해결 과정에도 부하 직원들과 함께 참석한다. 그는 관리 능력이나 전문가적인 지식을 가지고 있으면서, 사물에 대한 통찰력도 가지고 있다.

참여의 중요성

- Tell me, I will forget.
- Show me, I might remember.
- Involve me, I will understand.

중국 격언

조직에서 경영자가 뒤도 돌아보지 않고 혼자서 앞서 간다는 것은 고독한 산책에 불과하다. 우리는 조직에서 많은 관리자들이 조그만 영향력도 못 미치면서 오만하게 혼자 가고 있는 것을 가끔 관찰한다. 게다가 헌신하는 양도 많지 않아서 성과도 적다. 진정한 리더는 구성원들을 참여시키며, 탁월한 성과를 올린다. 이렇게 하려면 관리자는 팀원 전체에게 헌신적인 서비스 리더십을 발휘할 수 있어야 한다. 여기서 서비스 리더십이란 관리자가 가치 창출을 유도하기 위하여 조직 구 성원들에게 '서비스'하는 과정에서 발휘하는 리더십을 말한다.

전통적인 관리 기능으로는 다이나믹한 문제를 해결할 수 없다는 인식하에서 인간관계에 관한 교육 프로그램이 개발되고 있다. 지식 사회에서는 딱딱한 관리 기술이 부드러운 리더십 기술로 대체되고 있다. 최근의 「숨겨진 힘: 감성」이라는 책에서는 리더의 자질로서 감성의 힘, 즉 따뜻한 리더십을 강조하고 있다. 성공하는 기업은 리더가 나타날 때까지 기다리지 않는다. 잠재적인 리더를 찾아내고, 그들의 능력이 개발되도록 교육 계획을 세운다. 그래서인지 최근 리더십 훈련은 열기가 뜨겁다. 전문적인 리더십 훈련 센터, 컨설턴트 양성소, 경영대학, 기업 내부 교육 부서 등 다양한 기관이 생기면서, 교육이 활발하게 시행되고 있다. 효과적인 프로그램 중의 하나는 우리나라 해병대 교육·훈련일 것이다. '한 번 해병은 영원한 해병'이라는 비전을 제시하면서, 6주 훈련을 마치면 훈련병들은 군인으로서 리더십을 갖춘 '귀신 잡는' 해병으로 변해 버린다. 영웅적 리더가 말 타고 나타나기를 기다릴 것이 아니라, 조직은 리더십을 가진 사람은 개발해야 한다.

우리 모두는 리더십을 배워야 한다. 특히 중간 관리자들은 상사와 부하 직원 양쪽 사이에서 일하고 있다. 리더십 과제를 학습함으로써 부하들에게 영향력을 미치는 방법을 알아야 하고, 동시에 상사와의 소통 시에 좋은 팔로워십(followership)도 배울 수 있어야 한다.

리더십은 학습이 가능하다. 많은 사람들은 리더십이 여러 가지 요인으로 구성되어 있어서 '복잡하고, 눈에 보이지도 않으며 또한 심지어 신비스러워서 배울 수도 없다'라고 생각한다. 그러나 전문가들은 이에 반대 의견을 가진다. '리더는 타고나는 것이 아니라 만들어진다'고 한다. 무엇보다도 먼저 자신의 리더십 자질을 의식하고 그리고 나서 실천 경험을 통하여 개인 역량을 키울 수 있다고 말한다. 그러나 일설에 의하면, 좋은 상사를 만나야 하는 부분은 60%, 스스로 깨닫는 부분이 30%, 그리고 의식적인 학습이 10%라고 한다. 이것이 사실이든 아니든 간에, 리더십을 키우는 것은 어려운 것으로 보인다. 어쨌든 잠재 씨앗을 싹 틔우는것은 본인의 신념과 함께 노력 여하에 달려 있다. 신념은 변화하는 세계와 일체감을 갖게 하며, 그리고 그 신념과 함께 조직을 성공적으로 이끌려는 노력이 있으면 리더가 될 수 있다.

제2절 권력과 리더십

2.1 권한, 권력 그리고 리더십

권한(authority)은 직무에서 나오는 합법적인 권리를 말하며, **권력**(power)은 타인의 행동에 변화를 주는 힘이다. 그리고 권력을 행사하는 사람은 리더십을 갖게 되고 구성원들에 대하여 영향력을 미친다. 이것을 그림으로 나타내면 [도표 5-2]와 같다.

리더십은 목적을 달성하기 위하여 다른 사람에게 영향을 행사할 수 있는 능력이다. 리더십은 일종의 권력 행사이며, 권력(power)은 다른 사람의 행동에 영향을 미칠 수 있는 힘이다. 노조가 경영자의 행동에 불만을 나타내며 힘을 보여 주려는 것은 권력상의 균형을 유지하려는 의도이다. 권한(authority)은 합법적인 권력으로서 직무를 공식적으로 수행할 수 있는 권리이다. 권한에는 공식적인 책임이 뒤따르며, 여기서 책임은 권한에 부수되는 직무상의 의무이다. 공식적인 권한을 가진 경영자는 권력을 효과적으로 행사할 수 있다. 경영자가 리더십을 발휘하는 데에 있어서 어떠한 권력을 사용하는가를 안다면, 리더십에 대한 이해력도더 생길 것이다.

[도표 5-2] 권한, 권력, 리더십

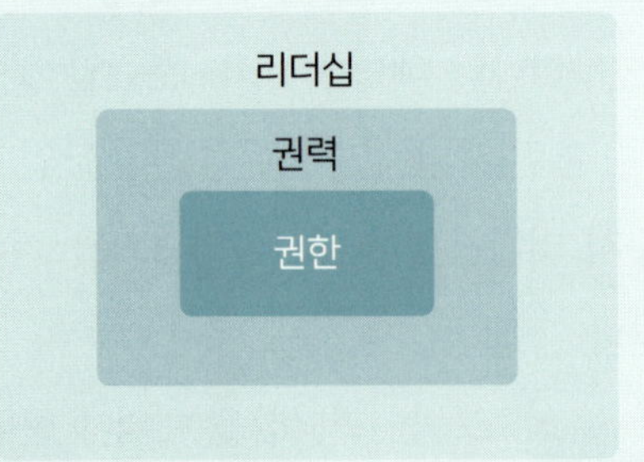

권력의 원천은 지위 혹은 개인이다. 지위에 관

련된 권력을 지위 권력, 그리고 개인에 관련된 권력을 개인 권력이라고 부른다. 먼저, 지위 권력은 최고 경영자로부터 나와서, 명령 사슬을 통하여 하위로 위임된다. 지위가 높을수록, 다른 사람에게 영향력을 미칠 수 있는 가능성은 더 많다. '절대 권력은 절대 부패한다'는 권력의 부정적인 의미도 있으나, 권력은 조직의 목표를 달성하게 한다는 긍정적인 면도 있다. 권력이 사람들로 하여금 일을 하게 하는 것은 대체로 지위 권력에서 나온다고 하겠다. 다음으로, 개인 권력은 리더의 행동에 근거하여 추종자로부터 나온다. 상사의 개인 권력은 부하 직원의 팔로워십에서 나온다고 하겠다. 카리스마적 리더는 개인 권력을 가지고 있다. 어떤 관리자는 지위 권력과 개인 권력 모두 가지고 있으나, 또 다른 관리자는 겨우 지위 권력 정도만 원천적으로 가지고 있는 경우도 있다.

권력을 행사하려면, 어떤 종류의 권력이 있는가를 아는 것이 중요하다. 행사된 권력을 통하여 리더십의 품질을 평가할 수 있기 때문이다. 권력의 종류에는 합법적 권력, 보상 권력, 강제 권력, 존경 권력, 전문가 권력 등 다섯 가지가 있다.

첫째, **합법적 권력**(legitimate power)은 조직 구조에서 리더의 공식 지위에 근거한 영향력이다. 내부 자원, 정보, 주요 의사 결정 사항 등에 접근이 가능하기 때문에 부하 직원에게 영향을 미친다.

둘째, **보상 권력**(reward power)은 부하 직원의 행동과 성과에 대해 긍정적으로 그들을 만족시키는 리더의 능력에 근거한 영향력이다. 리더는 업무 할당, 휴가 일정, 승진, 봉급 인상 등과 관련된 보상을 할 수 있기 때문에, 부하 직원은 리더의 요구나 명령에 따라 행동한다.

셋째, **강제 권력**(coerce power)은 리더가 부하 직원을 통솔하기 위하여 두려움이나 벌을 내릴 수 있는 리더의 영향력이다. 공식적인 경고 서한, 강등, 감봉, 좌천 등이 이에 포함된다. 일반적으로 강제 권력은 보상 권력보다 덜 효과적이다. 벌은 약간의 동기 부여만을 제공한다.

넷째, **존경 권력**(referent power)은 리더에 대한 추종자의 개인적인 인정에 근거한 영향력이다. 일반적으로 존경 권력은 리더의 개인 성품, 카리스마, 명망 등에서 나온다. 이러한 리더는 '냉정한 머리'뿐만 아니라 '따뜻한 가슴'으로 부하를 이끌어 나간다.

다섯째, **전문가 권력**(expert power)은 리더의 지식과 능력에 근거한 영향력이다. 부하 직원은 리더의 경험이나 학습에서 축적된 전문성을 보고 움직인다.

이상과 같이 다섯 종류의 권력의 특성을 살펴보았다. 리더가 행사하는 권력은 부하 직원들로 하여금 제각기 다른 반응을 불러일으킨다. 부하 직원은 리더의 기대에 부응하여 열정적으로 헌신하거나, 그저 주어진 일 범위에서만 수긍하거나, 혹은 부정적으로 저항하거나 한다. 이러한 반응 과정을 도표로 나타내면 [도표 5-3]과 같다.

[도표 5-3] 권력과 리더십

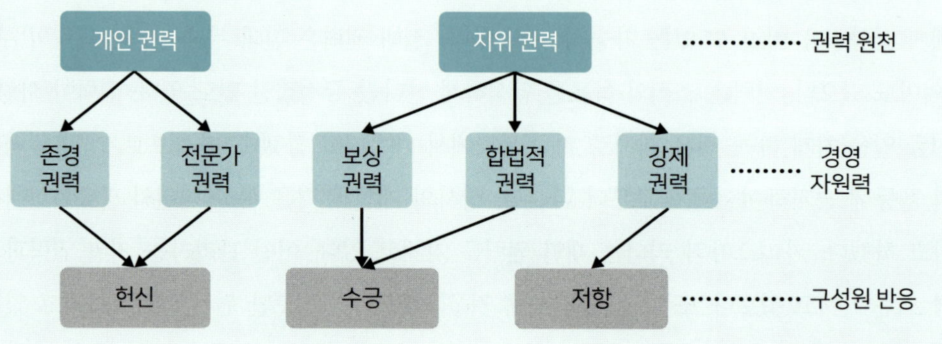

경영자가 리더십을 효과적으로 발휘하려면, 존경 권력과 전문가권력을 행사할수 있어야 한다. 이러한 권력은 개인의 능력과 노력에서 유도된다. 보상 권력과 합법적 권력은 부하 직원들의 수긍을 얻어 내는 정도이며, 강제 권력은 저항을 가져오기 쉽다. 우리는 경영자의 어떠한 권력이 효과적인 리더십에 필요한지 잘 알수 있다. 성공적인 경영자는 지위에서 나오는 권력을 행사하지 않으며, 구성원들은 그의 인격과 전문성에 감동하여 따른다. 따라서 지위 권력보다는 개인 권력에서 나오는 리더십으로 인하여 조직 구성원들은 헌신하게 된다. 효과적인 리더십발휘를 위하여 관리와 리더십의 차이를 알아보자.

2.2 관리와 리더십의 비교

많은 사람들은 관리와 리더십이 다르다는 것을 어느 정도 알고 있는 듯하지만, 그 차이를 정확하게 파악하고 있지는 못하다. 리더십은 초자연적이거나 신비로운 것이 아니며, 또한 개인적인 카리스마와 특별한 연관도 없다. 리더십은 관리 능력을 강화시켜 주고, 문제 해결의 주체가 될 수 있는 능력을 갖추게 해 주는 것으로 학습과 노력으로 배양될 수 있다.

전통 방식의 관리가 넘치는 오늘의 조직에서 리더십이 새롭게 요구되고 있다. 많은 경영자들은 옛것과 새것 사이에서 고민하고 있으며, 산업 사회, 정보사회, 감성 사회 사이에서 어중되게 일하고 있다. 팀워크, 재량권, 다양성, 감정 이입 등은 시기상조이어서 실패할지도 모른다. 아직도 많은 구성원들과 지도자들조차도 통제, 안정, 획일성 등을 선호하며, 낡은 패러다임 속에 안주하고 있기 때문이다.

관리 능력이 지배하는 전통적 조직에서 탈피하려면, 리더십을 가진 사람을 키우고 승진시켜야 한다. 왜냐하면 리더십은 추종자를 모을 수 있는 능력과 추종자에게 영향을 미치므로 조직의 성과를 올리는 유일한 요소가 되기 때문이다. 이러한 리더십을 얻으려면 새로운 세상의 패러다임을 인식하여야 한다. 새로운 세계에서는 다양성과 관계성 확산을 위한 리더십 접근 방법이 필요하다.

오늘날의 리더는 관리자와 차이점이 많다. 관리자는 주어진 목표를 달성하고 통제하는 데에 관심이 많다. 그러나 리더들은 발전적인 역할을 담당한다. 성공적인 경영자가 되려면, 진정으로 민주적인 형태의 리더십을 발휘하여야 한다. 왜냐하면 그들은 부하 직원과 관리 책임을 공유하여야 하기 때문이다. 경영자들은 관리뿐만 아니라 지휘할 수 있는 능력도 갖추어야 한다. 따라서 그들은 계속적으로 관리해 나가면서 지휘에 초점을 맞추어야 한다.

관리와 리더십의 차이는 확연하다. 전자는 질서와 안정을 추구하며, 구성원들을 통제하면서 전문가 기질로 일에 임한다. 그들은 일 중심으로 행동하며 조직의 일체감을 강조한다. 한편, 리더십 있는 경영자는 일보다는 사람에 더 많은 관심을 갖는다. 이들은 구성원들이 비전과 전략, 조직 문화와 가치 등을 공유하고 있는지 여부에 관심이 많다. 동기 부여와 자극을 통하여 비전을 성취하게 한다. 그리고 자기 자신을 끊임없이 통찰하며, 오픈 마인드를 가지고 변화를 추구한다.

[도표 5-4] 관리와 리더십의 비교

구분	관리	리더십
방향	계획과 예산 중시 하한선에 주로 관심	비전과 전략 중시 수평선을 주시
일치	조직화, 지시, 통제 동시 경제 설정	공유된 문화와 가치 경계 개방
관계	상품에 관심 직위 권력에 근거 보스처럼 행동	사람(고객, 구성원)에 관심 개인 능력에 근거 코치, 조언자, 봉사자의 역할
개인 특성	감정적 거리감 전문가 기질 말하기 좋아함 일체감 강조 조직에 대한 통찰력	감성적 연결 오픈 마인드 듣기 다양성 자신에 대한 통찰력
결과	지속적인 안정	변화 창출, 때로는 변신

출처: Daft,R.L., *Leadership*, The Dryden Press, 1999.

여기서 우리가 유념할 것은 리더십이 관리보다 우위의 개념은 아니며, 또한 관리를 대체할 수도 없다는 점이다. 오히려 리더십과 관리는 서로 다른 행동 과정으로서 각각 고유한 기능과 독특한 활동을 수행한다. 그러면서 서로 보완적인 역할을 한다. 따라서 이 두 가지는 경영 환경에 모두 필요한 능력이다. 문제가 되는것은, 조직에서 관리는 넘치는데 리더십이 결핍되어 있다는 데에 있다. 다음에서는 상사의 리더십과 부하 직원의 동기 부여에 관한 것을 공부한다.

제3절 동기 부여

리더십은 부하 직원들에게 영향을 미쳐서 행동하게 하는 리더의 역량이다. 사람들은 주위 환경의 자극에 다양하게 반응하고 행동한다. 동일한 업무에 대한 상사의 지시에 대해서도 제각기 다르게 반응하면서 행동한다. 이러한 반응과 행동은 무엇인가에 의하여 그렇게 하도록 하는 동기가 있기 때문이다. **동기 부여**(motivation)는 사람들의 특정 행동에서 열정과 집중을 갖게 하는 내적·외적 힘이다. 조직에서는 일과 연관된 행동에서 목표 달성을 위한 일종의 노력이라고 하겠다. 직원 또는 조직 구성원의 동기 유발은 생산성에 영향을 미친다. 따라서, 리더 역할 중의 하나는 그들이 조직의 비전과 목표를 달성하도록 동기 부여하는 것이다. [도표 5-5]는 동기 부여의 간단한 모형이다.

[도표 5-5] 동기 부여 모형

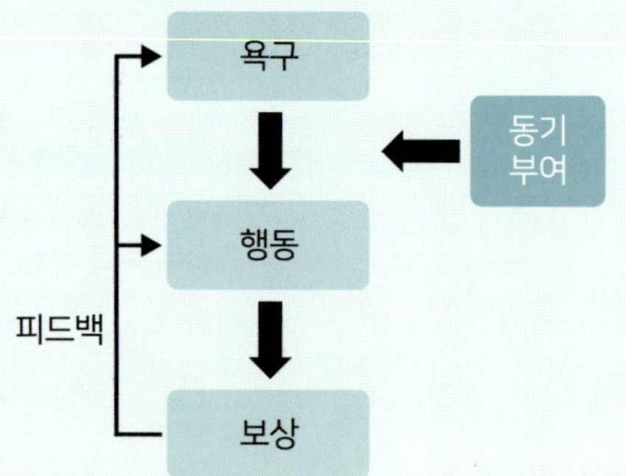

사람들은 의식주에 대한 기본 욕구를 갖고 있으며, 이 욕구를 충족시키기 위하여 행동으로 옮기기 전에 내적인 긴장감이 생긴다. 이때 동기 부여를 하면 직원 또는 조직 구성원은 긴장 상태에 있게 되고, 이 긴장을 완화하기 위하여 목표를 찾고 달성하려고 행동한다. 행동은 몸을 움직여서 하는 일을 의미한다. 이 노력이 성공적으로 이루어져서 목표가 달성되면, 적절한 보상(만족감, 인정, 승진, 봉급 인상 등)을 얻으며, 그리고 피드백을 통하여 자신의 욕구와 행동을 재검토한다.

긴장 해소를 위한 노력은 조직 목표의 달성을 위하여 사용되어야 하므로, 개인 목표와 조직 목표의 일치가 중요하다. 리더십에서는 부하 직원들의 욕구 충족을 도와주고 동시에 업무 성과를 달성하도록 격려하는 동기 부여 이론을 활용하면 좋을것이다. 동기 부여 이론을 알면, 무엇이 사람들을 행동하게 하며, 무엇이 행동의 선택에 영향을 미치며, 왜 그러한 행동에 집착하는가 등을 이해하게 된다.

여기서는 가장 많이 알려진 매슬로우의 욕구 계층 이론(hierarchy of needs theory), 허즈버그의 두 요인 이론(two-factor theory), 브룸의 기대 이론(expectancy theory), 아담스의 공정성 이론(equity theory) 등에 대해서 간단히 설명한다.

3.1 매슬로우의 욕구 계층 이론

매슬로우는 사람들의 욕구에 5단계의 **욕구 계층**이 있다고 [도표 5-6]과 같이 제시하였다.

매슬로우는 사람들이 하위의 욕구가 충족되면 그 다음 단계의 욕구가 지배적으로 나타나서 위쪽으로 계속 올라간다고 한다. 어느 욕구도 완전하게 충족되지는 않지만, 누군가를 동기 유발시키려면 그 사람이 현재 어느 단계에 위치해 있는지 파악하여, 그 단계의 욕구를 충족시키든지 아니면 상위 단계의 것을 만족시키는 데에 초점을 두어야 할 것이다.

이 이론은 직관적이고 쉬운 내용이어서, 조직 관리자들에게 광범위하게 받아들여졌다. 그러나 실제로 이 이론은 실제로 검증되지 않아서 객관적인 타당성이 있다고 보기 어렵다.

[도표 5-6] 매슬로우의 욕구 5단계

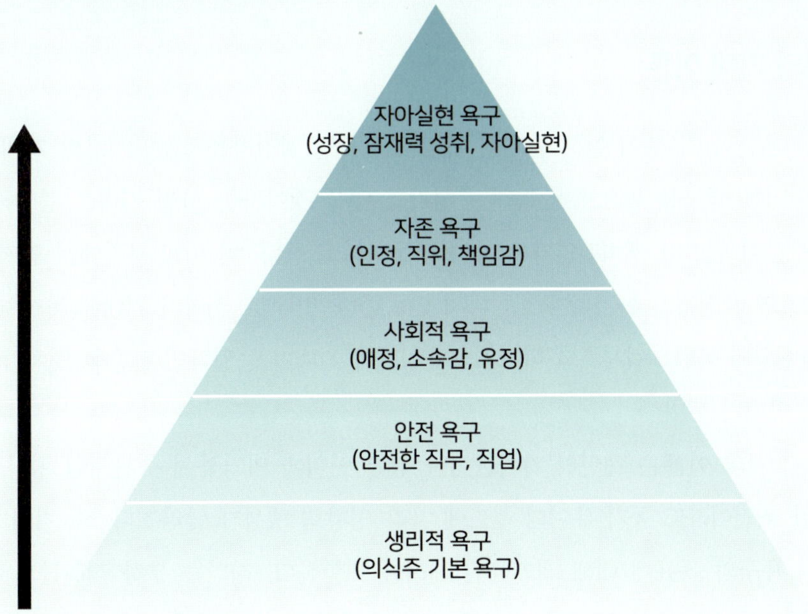

3.2 허즈버그의 두 요인 이론

심리학자인 허즈버그(Frederick Herzberg)는 근로자들이 자신의 직무 수행에서 일에 대한 상황을 구체적으로 제시해 주기를 원한다는 것을 알고, 다음과 같이 **동기 요인**(motivator)과 **위생 요인**(hygiene factor) 등 두 요인으로 나누어 제시하였다.

- 동기 요인: 성취감, 인정, 일 자체, 책임감, 발전성, 성장
- 위생 요인: 감독, 회사 정책, 상사와의 관계, 작업 조건, 임금, 동료와의 관계, 개인적인 삶, 부하와의 관계, 지위, 안정성

두 요인 이론(two-factor theory)에서 동기 요인은 성취감, 인정 등과 같이 내적인 요인으로서 만족과 연관되며, 위생 요인은 감독, 회사정책 등과 같이 외적인요인으로서 불만과 관련되어 있다고 설명한다. 그는 근로자들을 만족시키려면 동기 요인을 강화해야 하며, 위생 요인은 별로 상관이 없다고 말한다. 전통적으로 만족의 반대는 불만으로 간주되어 왔다. 그래서 불만을 제거하면 만족한다고 생각하였다. 그러나 만족의 반대는 비(非)만족, 불만의 반대는 비(非)불만이라고 주장하면서, 그는 불만 요인, 즉 위생 요인을 개선하면 만족이 증가하는 것이 아니라, 불만이 줄어든다고 했다. 예컨대, 급여가 오르면 만족 증가보다는 불만 감소가 이루어지는 것이다. 따라서 구성원들을 만족시키려면 동기 요인을 강화해야 한다. 이 동기 부여 이론은 제한적인 연구라는 비판도 있으나, 조직 경영에서 광범위하게 받아들여지고 있다.

3.3 브룸의 기대 이론

브룸의 이론은 동기 부여 이론 중에서 가장 포괄적인 설명력을 갖는다. 그의 **기대 이론**에서는 개인이 어떠한 행동을 함으로써 정해진 성과를 얻을 것이라는 사전 기대를 형성하고, 그 성과에 대한 보상이 얼마나 매력적인가에 따라 행동한다고 한다. 이 비교 과정에서 인지된 성과가 기대보다 높으면 긍정적인 불일치가 일어나서 만족한다. 반대로, 성과가 기대에 못미치면 부정적 불일치가 형성되어 불만스럽게 느낀다. 그리고 성과와 기대가 동일하면 단순한 일치감을 나타내며 중립적인 상태가 된다.

이와 같이 기대 이론은 개인의 가치관이나 상황 인식에 의거하여 주관적인 평가를 사용하므로, 동일한 조건이라도 동기 부여의 정도에 따라 영향력 행사가 달라진다. 즉, 기대 이론은 부하 직원들의 욕구와 목표에 대해 개인화된 배려를 포함한다. 리더는 부하 직원들의 욕구를 충족시켜야 하는 책임을 가진다. 어느 직원은 더많은 책임을 지는 지위로 옮기는 것을 기대하고,

어느 직원은 동료와 더 좋은 관계를 원하는 등 직원들은 다양한 욕구를 가진다. 리더는 개인 욕구를 파악하고, 바람직한 달성 목표를 제시하고, 부하 직원들이 그러한 성과를 달성하도록 능력과 지원을 아끼지 말아야 한다. 이와 같이 성공적인 리더는 동기 부여를 증대시키는 리더십을 발휘한다.

3.4 아담스의 공정성 이론

아담스의 공정성 이론은 직무에 대한 동기 유발은 개인이 받는 보상이 얼마나 공정하게 배분되는가 하는 평가에 달려 있다고 본다. 자신의 투입/산출의 값을 다른 사람의 투입/산출과 비교한다는 점에서 앞의 기대와 성과 차이를 비교하는 기대 이론과 다르다. 공정성 이론은 주로 대인 관계의 이해를 위한 이론으로서, 대인 관계에서 투입한 노력과 결과가 동일할 때 공정성에 대한 인식이 이루어진다. 따라서 조직 구성원들은 자신의 업무 성과에 따라 주어지는 보상이 공정하다고 느끼면 동기 유발이 된다. 만약 공정성에서 어긋난다고 느끼면, 그 불공정을 해소하기 위하여 자신의 공헌을 조작하는 조정 행동을 취한다. 그러므로 보상할 때에는 항상 형평의 원칙에 어긋나지 않도록 주의하여야 한다. 많은 보상이 주어져도 공정하게 배분되지 않으면 동기 유발이 어렵다.

제4절 개인 리더십 이론

리더십 능력을 습득하는 데에는 이론과 실제를 겸비하는 것이 중요하다. 이론을 연구해 가면서, 실제로 그것이 어떻게 응용될 수 있는가를 검토하여야 한다. 리더십 관련 이론의 분석은 대상 수준을 개인, 집단, 조직 등 세 가지로 나눈다.

첫째, **리더십 이론의 개인 수준은 개별적인 리더와 개별적인 추종자와의 관계에 초점을 맞춘다.** 이 개별적인 분석은 관계에 관한 것이며 리더와 추종자 사이의 상호 영향을 주고받는 프로세스로 인식한다. 영향력을 미친다는 것은 리더와 추종자 간의 관계에 관한 것이다. 경영자는 개별적으로 구성원들에게 영향을 미치고 있음을 잘 인식하여야 한다.

둘째, **리더십의 집단 수준 분석은 한 리더와 집단 구성원들 간의 관계를 조명한다.** 이것은 리더가 집단의 효과성에 어떻게 공헌하는가에 초점을 둔다. 이것은 이른바 팀 정신에 의한 팀 리더십에 관한 것이다. 팀을 성공적으로 리드하는 요인이 무엇인가를 조사한다.

셋째, **조직 수준 분석은 조직 프로세스로서 조직 구성원 전체에 관한 것이다.** 조직 성과는 장기적으로 어떻게 환경에 적용하는가에 달려 있다. 생존에 필요한 자원 획득과 제품이나 서비스의 효과적인 생산 프로세스는 가치 창출의 성과를 결정한다. 많은 연구는 조직 단위에서 이루어지며, 최고 경영자가 조직 성과에 어떻게 영향을 미칠 수 있는가에 초점을 맞춘다. 앞서 소개한 바와 같이, 삼성전자의 이건희 회장은 효과적인 전략적 리더십을 통하여 조직 전체에 걸쳐서 지대한 성과를 가져온 대표적인 리더였다.

본 절에서는 주로 개인 리더십 이론에 대하여 설명한다. 조직은 개인 활동의 총합이므로, 개인 성과는 집단이나 조직 전체 성과의 기본이 된다. 집단이 성공적이려면 무엇보다도 개별적인 관계가 매끄러워야 한다. 여기서는 특성 이론과 행동 이론에 대하여 알아본다.

4.1 특성 이론

모임에서 사람들은 조용하거나 혹은 시끄럽거나, 따뜻하거나 혹은 냉랭하거나, 적극적이거나 혹은 수동적이거나 하여 제각기 다르게 행동한다. 이러한 행동들은 개인적인 특성에서 연유된다. **특성**(traits)이란 다른 사람과 구별된 성향을 의미하고, **성격**(personality)이란 특성들의 조합이다. 성격은 외적인 행동에 영향을 미치기 때문에 구성원의 성격을 아는 것이 중요하다. 그럼에도 불구하고 성품은 성격의 근원이므로 성품을 파악하는 것이 더 현명한 일이다. 어떤 사람의 성품과 성격을 이해하고 나면, 그 사람의 행동을 예측할 수 있다. 그래서 그 사람은 이번 팀 프로젝트에 적합한지, 이번 회의에서는 어떻게 행동할 것인지 등을 예상할 수있다.

리더십에 관한 많은 초기 이론들은 리더의 특성에 맞추어 전개되었다. **특성 이론**(traits theory)은 리더에게 어떤 육체적이고, 사교적이고, 개인적인 특성이 내재되어 있다는 가정에 근거한다. 초기 산업 사회에서는 이러한 특성을 가지고 있으면, 영웅 또는 '위대한 영도자'가 될 수 있다고 생각하였다. 한 사람의 특성이 '우매한' 조직원 전체를 효율적으로 이끌어 나가기에 적합한 모형이다. 이 이론에 의하면, 특성의 존재 여부가 리더십의 존재 여부를 구분해 준다는 것이다. 이 특성을 종합적으로 나타내면 다음과 같다.

- **육체적 특성**: 젊음, 열정, 출중한 외모, 큰 키, 날씬한 체구
- **사회적 배경**: 올바른 학교 졸업, 사회적으로 상승된 신분
- **성격**: 적응성, 적극성, 감정적 안정감, 지배적, 자기 확신
- **사교적 특성**: 매력적, 기교적, 인기, 협동적
- **과업 특성**: 탁월성 추구, 책임 감수, 주도적, 결과 지향적

[도표 5-7] 특성 이론 모형

일반적으로 성공한 리더는 관심 분야, 대인 관계 기술, 개성 등을 독특하게 가지고 있다고 본다. 특성 이론은 다분히 성격 윤리에 기초한 이론이다. 그러나 개인적으로 특징 있게 보이는 특성을 모든 리더에게 적용하기에는 타당성이 부족해 보인다. 예컨대, 육체적인 특성은 성공적인 리더십과 아무 관계가 없으며, 단지 인식된 리더십 능력과 연관이 있을 뿐이다. 겉으로 보기에는 그럴듯하다는 것이다. 육체적 특성은 경찰, 군인 등과 같은 특정 직무 수행에 도움이 되지만, 효과적인 리더십은 개인의 키, 힘, 몸무게 등과 같은 것과는 거의 관계가 없다. 그러나 우리나라와 같이 외모를 중요시하는 곳에서는 호감을 주는 외모는 리더로서 상당한 영향력을 미칠지도 모르겠다.

따라서 이 특성 이론은 리더십을 이해하는 데에 별로 도움을 주지 못한다. 제시된 특성들이 리더와 비(非)리더의 차이를 반드시 일관성 있게 구분해 주지 못하기 때문이다. 위의 특성이 리더십과 관계가 없는 것은 아니나, 상황이나 팀 구성원 등과 같은 다른 요소들과 연결하여 평가되어야 할 것이다.

이러한 단점에도 불구하고, 특성 모형은 아직도 기업에 상당히 적용되는 부분이있다. 예컨대, 리더십은 사회적 특성에 의하여 매우 강하게 좌우된다. 성공적인 리더들은 의사소통, 문제해결, 협상 등과 같은 사회적 특성에서 많은 능력을 가지고 있다. 그들에게는 보통 사람보다 더 많은 에너지로 충만해 있다. 위에 제시된 모든 특성이 리더십에 필요한 것은 아니지만, 선별적으로 어떤 특성은 리더십 역할에 도움이 된다. 장기적으로 볼 때, 조직에서 리더가 되려면 외모나 배경 같은 외부 특성보다는 자신감, 정직성, 동기 부여 등과 같은 인격적 특성이 필요하다.

4.2 행동 이론

리더십이 한 셋트의 특성에 의하여 설명될 수 없다는 비판에 따라서, 특정한 리더가 보여 주는 행동을 가지고 리더십을 연구하게 되었다. 유능한 리더들의 행동에는 무엇인가 독특한 점이 있다는 것에 초점이 모아졌다. **행동 이론**(behavior theory)은 효과적인 리더와 그렇지 못한 리더

[도표 5-8] 행동 이론 모형

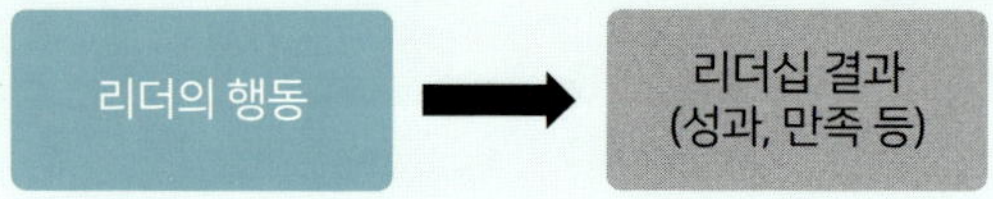

의 행동의 차이에 초점을 맞추고있다. 다시 말해서, 두 부류의 리더들은 각각 부하들에게 과업을 어떻게 위임하는가, 그들은 다른 사람들과 언제 어디에서 의사소통하는가, 그들의 역할을 어떻게 수행하는가 등에서 차이점을 발견하려고 한다. 누구든지 적절한 행동을 하는 사람은 좋은 리더가 될 수 있다는 것이다.

행동 이론은 특성 이론과 달리 실용적인 방안을 마련하는 계기가 되는 것으로 평가받고 있다. 특성 이론에 의하여 제시된 특성들이 조직의 공식 위치에 있을 사람을 선발하는 기준이 된다면, 행동 이론은 리더십의 중요한 행동 요소를 밝혀내어서 개인을 리더로 성공시킬 수 있다고 본다. 행동은 특성보다 더 쉽게 학습될 수 있다. 특정 행동을 배울 수 있다면, 사람들은 더 많은 사람들을 효과적으로 리드할 수 있는 훈련을 받을 수 있다. 즉, 특성 이론이 리더의 선발에 중점을 두고 있다면, 행동 이론은 리더십의 교육과 훈련을 통한 리더의 개발을 강조하고 있다. 이 이론은 리더가 어떠한 상황에서든지 일정한 특징이나 행동만 보여 주면 리더십 효과가 높아진다는 점을 강조하고 있다.

(1) 독재적 리더십과 민주적 리더십

독재적 리더십과 **민주적 리더십** 스타일은 행동 이론의 초보적인 모형이다. 독재적인 리더는 자신에게 권력을 집중하며, 부하 직원들로부터 직위, 보상, 통제권 등의 권력을 빼앗는다. 그러나 민주적인 리더는 권한을 부하 직원들에게 위임하며,참여를 격려한다. 업무 완성을 위해 부하 직원의 지식에 의존하며, 그들은 자신의 리더십에 대해 존경하는 마음을 갖는다.

(2) X이론-Y이론

구성원들에 대한 가정과 믿음 그리고 그들을 동기 부여시키는 방법은 리더 행동에 영향을 미친다. [도표 5-9]는 리더들이 구성원들에 대해 가지는 대조적인 견해를 보여 주고 있다. 두 가지 상반된 견해 또는 가정을 맥그레거(McGregor)의 **X이론-Y이론**이라고 부른다.

[도표 5-9] X이론과 Y이론의 가정

X이론	Y이론
• 사람들은 일하기 싫어함 • 구성원들은 가능하면 지시를 원함 • 관리자들은 구성원들로 하여금 일을 시키려면 강제로 시켜야 함 • 구성원들은 과업에서 안정성만을 추구함	• 사람들은 일하기 좋아함 • 기업 목적에 헌신하는 구성원들은 스스로 자신에게 지시하며 통제해 나감 • 구성원들은 기꺼이 책임을 감수하려 함 • 사람들은 합리적인 의사 결정 능력을 가지고 있음

이 이론에 따르면, 조직에서 경영자가 직원이라는 개인을 다룰 때에, 인간 본성에 대해 부정적으로 혹은 긍정적으로 상반된 가정에 기초하여 직원들에 대한 행동을 형성한다는 것이다. 예컨대, 구성원들이 주로 금전에 의하여 움직이고, 게으르고, 비협동적이라고 믿는 경영자는 그들을 그러한 식으로 대우할 것이다. 그러한 관리자는 명령 지시적인 리더십 스타일을 사용하는 경향이 높다. 관리자들은 직원들이 무엇을 할 것인가를 지시한다. 일을 어떻게 하여 목표를 달성할 것인지를 강조하며, 누가 보스인가를 확인시킨다. 이러한 리더십 스타일은 X이론적이다.

반면에, 구성원들이 근면하고, 협동적이며, 그리고 좋은 업무 습관을 가지고 있다고 믿는 경영자들은 긍정적인 방식으로 직원들을 대우한다. 이러한 리더들은 참여적인 리더십 스타일을 가지고 있다. 이러한 관리자들은 부하 직원들과 상의하면서, 그들의 의견을 청취하고, 그리고 그들을 계획 수립과 의사 결정 과정에 참여시킨다. 이러한 리더십 스타일은 Y이론적이다.

구성원들은 상사가 어떤 가정하에서 일하기를 원할 것인가? 두 말할 나위 없이, Y이론을 선호하는 상사를 만나기를 원할 것이다. 그래야 부하 직원들은 상급자와 함께 계획을 수립하고 의사 결정에 참여할 수 있기 때문이다. 그럼에도 불구하고, 어떠한 가정에서 일하는 것이 더 효과적인지는 판단하기 어렵다. 효과적인 리더는 구성원들을 강력하게 밀어붙여 한계 상황까지 몰고 가면서 많은 성과를 얻어 낸다. 그러나 비효과적인 관리자들은 구성원들을 밀어붙여 보았자 미약한 결과만을 얻을 뿐이다. 실제 현실에서 X이론 가정을 가진 관리자가 Y이론의 관리자들보다 더 효과적으로 일하는 예도 있다.

(3) 오하이오 주립대학교 모형

오하이오 주립대학교 모형은 부하 직원의 관점에서 상사의 행동을 기술하도록 하였다. 이 응답에서 얻어진 것을 근거로, 배려 리더십(considerate leadership)과 주도적-구조 리더십(initiating-

[도표 5-10] 배려 리더십과 주도적-구조 리더십의 비교

배려 리더십	주도적-구조 리더십
• 칭찬과 감사 표시 • 친근함 • 직원의 개인 문제에도 관심 • 능력 이상의 것을 강요하지 않음	• 분명한 과업 할당 • 정해진 규칙과 절차의 준수 요구 • 표준 설정 • 일정 준수

structure leadership)으로 나누었다. **배려 리더십**은 조직 구성원의 복지, 지위, 안정감, 만족 등에 대하여 관심을 가지는 것을 말한다. 사려 깊은 리더는 조직 구성원의 생각과 감정을 고려하여 작업장을 즐겁고 유쾌하게 만드는 데에 노력을 기울인다. 그는 부하 직원들을 기꺼이 도와주며 그리고 동등하게 대우한다. 법적이며 강제적인 권력을 행사하기보다는 신뢰와 존경으로 부하들을 대우한다.

주도적-구조 리더십은 목표 달성을 위해 리더와 조직 구성원의 역할을 정의하고 지시하는 스타일이다. 이것은 작업과 목표를 구조화하기 위한 행동을 포함한다. 주도적-구조 리더는 집단 구성원들에게 일을 배분하고 명확한 행동 기준을 제시하여, 기한 내에 일을 완수할 것을 강조한다.

본 연구의 결과에 의하면, 배려와 주도적-구조 면에서 모두 뛰어난 관리자는 그렇지 못한 다른 관리자들보다 직원의 성과와 만족에서 높은 실적을 보였다. 또 다른 연구에 의하면, 주도적-구조를 가진 리더에 대한 조직 구성원들의 반응은 리더가 배려하는 마음을 가지고 있다고 믿는지 여부에 달려 있다. 만일 그렇다고 믿으면, 리더의 행동을 긍정적인 것으로 받아들였다. 그러나 그렇지 않다고 믿으면, 부하들은 상사의 행동을 감독자로 평가하였다.

(4) 관리 그리드

관리 그리드 모형(managerial grid model)은 블레이크(Blake)와 무튼(Mouton)에 의하여 개발되었는데, 리더십 유형을 인간에 대한 관심과 생산에 대한 관심 등 두 가지 차원의 관점에서 나누어 보았다. 이것을 그림으로 나타내면 [도표 5-11]과 같다.

[도표 5-11]에 나타낸 그리드는 각 축마다 9개의 가능한 위치가 있어 리더의 유형에 적합한 81개의 여러 가지 위치를 나타낸다. 여기서 그리드는 이차원 평면에서어느 요소가 특징적인가를 좌표로 나타낸다. 여기서 대표적인 관리 그리드는 무관심형, 인기형, 타협형, 과업형, 이상형

[도표 5-11] 관리 그리드

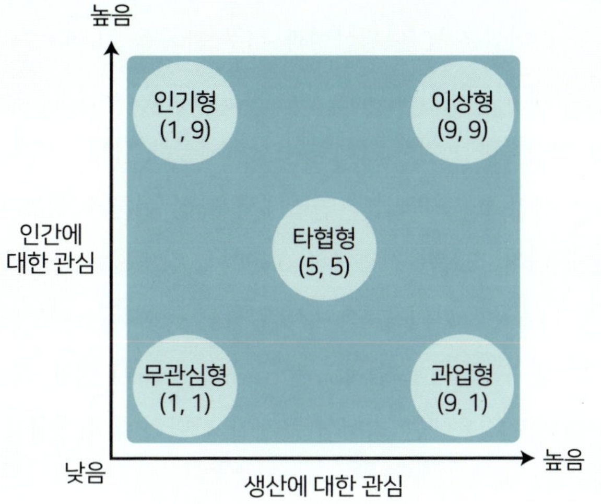

[도표 5-12] 관리 그리드의 설명

위치	리더십 스타일
무관심형 (1, 1)	• 방심형 스타일 • 인간과 생산 모두에게 무관심 • 작업 수행에 최소한의 노력을 하면서, 문제를 안 일으키는 관리자로 남아 있는 것이 주목적
인기형 (1, 9)	• 인간 중심 스타일 • 인간에게만 관심 • 조직 구성원과의 인간관계에 많은 관심을 가지고 있어, 생산적이지는 않지만 우호적인 작업 분위기를 만들어 낸다.
타협형 (5, 5)	• 중용형 스타일 • 인간과 생산 사이에서 균형 • 조직 구성원 욕구와 조직의 생산 목표 사이에서 균형을 취하며, 일이 성취되는 정도에서 조직 구성원 사기를 유지함
과업형 (9, 1)	• 과업 관리형 스타일 • 인간을 희생하고 생산에 최대 관심 • 인간적인 요소를 배제하고 생산의 효율성을 최대로 추구함. 생산성을 높이기 위하여 조직 구성원들에게 합법적인 권한을 행사함
이상형 (9, 9)	• 이상적인 스타일 • 인간과 생산 모두에게 최대의 관심을 가짐 • 조직 목표 달성을 위해 공동의 헌신을 통하여 동기 부여, 상호 존중, 문제 해결 등을 촉진하고 상호 신뢰와 관계를 형성

등을 나타내고 있다.

이 모형에서는 경영자가 (9, 9)형의 리더십을 사용하는 것이 업무 수행에 있어 가장 효과적이라고 결론을 내린다. 이 리더십은 높은 생산성과 직무 만족을 가져다준다고 하겠다. 그러나 이 연구는 무엇이 그를 그렇게 만드는지에 대한 원인적인 해답을 마련해 주지 못하는 결함이 있다. 단지, 리더십 스타일을 개념화하기 위한 프레임워크를 제공한 점에서 의의가 있다고 하겠다.

이상과 같이 우리는 개인적인 리더십의 연구에서 특성 이론과 행동 이론을 살펴보았다. 이 이론적인 모형들은 한 개인이 조직원 전체에게 효율성을 강조하는 조직에서 관찰되는 것이라고 하겠다. 아직도 전통적인 조직 문화의 틀 속에서 일하는 곳에서는 어느 정도 적합한 리더십 스타일을 간단하나마 결정할 수 있다. 그럼에도 불구하고, 조직이 점차 커지면서 각각 하는 일이 복잡하고, 상황 변동이 잦은 경우에는 리더십 문제가 간단하게 해결되지 않는다. 이에 대한 것을 다음 장에서 살펴보기로 하자.

제5절 상황 리더십 이론

앞 절에서 설명한 바와 같이, 특성 이론과 행동 이론의 관점은 리더십 이론을 발전시키는 데에 초석 역할을 하였다. 리더십 이론은 리더가 어떠한 사람인가(특성 이론)로부터 리더는 무엇을 하는 사람인가(행동 이론)로 관점이 바뀌게 되었다. 그럼에도 불구하고, 어느 한 상황에서의 리더십 행동이 다른 상황에도 반드시 적합하다고 보기는 어렵다. 예컨대, 기업이 초기 단계에서는 인간 중심의 리더십 스타일이 효과적이지만, 경쟁이 치열해지면 생산 중심의 스타일이 요구된다. 따라서 특성 이론과 행동 이론 모두가 리더십의 이론적 타당성을 충족시키기에 부족하다는 사실이 지적되어서, 새로운 접근 방법인 상황 이론이 제시되었다.

상황 리더십 이론(contingency theory)은 리더십 유형과 성공 사이에 일관성 있게 나타나는 결과를 찾기 위하여 상황 적합적인 리더십에 초점을 맞추고 있다. 이 이론에 의하면, 상황이 리더십 스타일을 결정하는 데에 매우 중요하다는 것이다. 예컨대, A라는 상황에서는 W라는 유형의 리더십이 적합한 반면, B라는 상황에서는 V라는 유형의 리더십이 더 적합하다. 리더십의 효과성에 영향을 주는 상황 변수를 살펴보면 다음과 같다.

5.1 피들러의 상황 모형

리더십의 상황 모형에 대한 종합적인 연구는 피들러(Fred Fiedler)에 의하여 처음으로 이루어

[도표 5-13] 리더십에 영향을 미치는 상황 변수

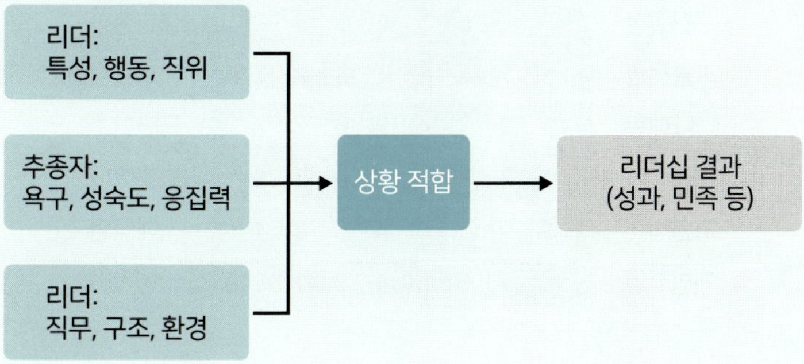

졌다. **피들러의 상황 모형**에 의하면, 성공적인 리더십은 리더십 스타일과 상황 요구 간의 일치 여부에 달려 있다. 모든 리더십 스타일은 올바른 상황에 적합할 때에 가장 효과적으로 나타난다. 이를 위해 관리자는 자신의 리더십 스타일을 파악하여야 하며, 상황을 진단하여, 그러고 나서 자신의 스타일을 그 상황에 일치시켜야 한다. 그리고 일치되지 않은 경우에 관리자는 상황을 변화시키거나 또는 상황에 알맞는 스타일을 가진 사람이나 팀에게 역할을 양도하는 실천력이 필요하다.

(1) 리더십 스타일

나는 어떠한 리더십 스타일을 가지고 있는 것인가? 피들러는 개인의 기본적인 리더십 스타일이 리더십 성공 요인에 영향을 미치는 요소라고 생각하였고, 리더십 스타일을 개인의 고유 특성에 초점을 맞추어서 정하도록 하였다. 이것을 파악하기 위하여 가장 함께 일하기 싫어하는(least preferred coworker, LPC) 동료가 누구인지를 적어 내도록 하였고, 이 사람에 대하여 설문으로 판단하도록 하였다. LPC 설문지는 열여섯 쌍의 대조적인 형용사로 구성되어 있으며, 8점 척도로 측정한다. [도표 5-14]는 그중 6쌍을 예시한 것이다.

이 판단을 통하여 자신이 관계 지향적인지 혹은 과업 지향적인지를 평가하였다. 만일 리더가 가장 싫어하는 사람에게 긍정적인 점수를 주는 경우에는 그를 관계 지향적인 사람으로 평가하였다. 관계 지향적인 관리자는 동료들과 긴밀하고 긍정적인 감성을 나누어서 효과적인 리더십을 가지고 있다고 인식하는 경우이다. 반대로, 리더가 LPC 점수가 낮은, 즉 부정적인 점수를 메기는 경우에는 과업 지향적인 사람으로 평가하였다. 이러한 관리자는 팀 구성원들의 행동을 면밀히 관찰하는 경향이 높다. 이들은 일하는 중에 인간관계를 중시하지 않으며, 팀 구성원들이자

[도표 5-14] 피들러의 LPC 설문지

친절한	8 7 6 5 4 3 2 1	불친절한
효율적인	8 7 6 5 4 3 2 1	비효율적인
나태한	1 2 3 4 5 6 7 8	근면한
침울한	1 2 3 4 5 6 7 8	명랑한
지원적인	8 7 6 5 4 3 2 1	적대적인
개방적인	8 7 6 5 4 3 2 1	방어적인

신의 리더십 스타일에 대하여 어떻게 느끼는가에도 관심이 없다.

(2) 상황 변수

일단 LPC 설문지를 통하여 개인의 기본적인 리더십 스타일을 평가하고 나면, 그 다음으로 환경 요인들을 평가한다, 피들러는 리더십의 효과성을 결정하기 위하여 리더와 구성원의 관계, 과업 구조, 직위 권력 등 세 가지를 제시하였다.

첫째, 리더와 구성원의 관계는 직원들이 리더에게 가지고 있는 자신감, 신뢰성, 존경 등의 정도를 나타낸다. 이것은 리더의 효과성을 결정하는 요인들 중에서가장 중요한 것이다. 팀 구성원들과 잘 지내고, 그들로부터 일하는 전문성과 능력을 신뢰받으면 공식적인 권한에 의존하지 않을 수도 있다. 한편, 그렇지 못한 리더들은 업무 수행을 위해 반드시 공식적인 권한에 크게 의존하여야 할 것이다.

둘째, 과업 구조는 업무가 일상화된 정도를 나타낸다. 여러 업무 가운데, 간단하고 일상화된 업무는 성과 표준이 명확하고, 상세하게(예: 식사 주문 후 15분 이내 배달) 제시되어 있다. 지시가 내려지면 관리자는 표준화된 운영 절차에만 주의를 기울이면 된다. 이 경우에 과업의 구조 정도는 높다고 말한다. 반면에 복잡하고 비정규적인 업무에서는 리더와 부하들에게 일하는 방식이 다양하게 주어진다. 업무에 대한 명확하고 일관된 방침을 내리기가 어렵다. 과업 구조가 낮은 이러한 상황에서는 관리자가 주로 팀 구성원들을 인도하고 지시하는 역할을 하여야 할 것이다.

셋째, 직위 권력은 합법적이고, 강제적이고, 보상할 수 있는 권력 행사의 정도를 나타낸다. 이것은 고용, 해고, 훈련, 승진, 봉급 인상 등과 같은 것들에 대하여 관리자가 가지고 있는 영향력의 정도를 나타낸다. 관리자가 강한 직위 권한을 가지고 있으면, 부하들에게 영향력을 줄 수 있

[도표 5-15] 피들러의 상황 모형

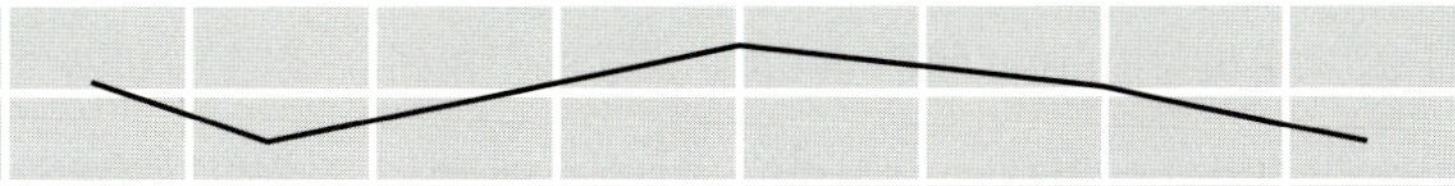

PLC 점수	높음								
	낮음								
효과적인 리더십 스타일		과업 지향적	과업 지향적	과업 지향적	관계 지향적	관계 지향적	관계 지향적	과업 지향적	과업 지향적
		↑	↑	↑	↑	↑	↑	↑	↑
상황		1	2	3	4	5	6	7	8
리더와 구성원 관계		좋음	좋음	좋음	좋음	나쁨	나쁨	나쁨	나쁨
과업 구조		높음	높음	낮음	낮음	높음	높음	낮음	낮음
직위 권력		강함	약함	강함	약함	강함	약함	강함	약함

는 능력이 간단해진다. 그러나 약한 권력은 개인적인 영향력에 의존하여야 하므로 업무 수행을 어렵게 만든다.

이상에서 우리는 피들러 모형에서 두 가지의 리더십 스타일과 세 가지의 상황 변수에 대한 내용을 설명하였다. 그는 개인의 리더십 스타일을 측정하여, 이것을 가지고 리더의 상황 적합 관계를 설정하였다. 현재 상황이 과업 지향적인 리더를 필요로 하는데, 만일 그 리더 위치에 있는 사람의 성향이 관계 지향적인 사람이라면, 상황을 수정하거나 혹은 리더를 교체하여 최고의 효과성을 달성할 수 있다는 것이다.

이 모형에서 리더와 구성원의 관계를 좋음과 나쁨으로, 과업 구조를 높음과 낮음, 그리고 직위 권력을 강함과 약함 등 모두 여덟 가지 상황의 조합으로 나타내었다. 각 상황의 번호를 보면, 1과 2의 낮은 번호는 관리자에게 유리한 상황이며, 반대로 7과 8은 불리하며, 그리고 나머지 번호는 중간을 나타낸다. 각 상황에 적합한 리더십 스타일은 하변에 제시되고 있다.

(3) 효과적인 리더십

[도표 5-15]의 상황 1에서 보는 바와 같이, 리더와 구성원의 관계가 좋을수록, 과업이 구조적일수록, 그리고 리더의 직위 권력이 강할수록, 상황은 그에게 더 유리하게 된다. 따라서 이 경우에 리더는 가장 강한 통제력과 영향력을 가질 것이다. 그리고 번호가 증가할수록 그의 영향력은 점차로 감소할 것이며, 마지막 상황 8에서는 팀원들이 그를 받아들이지 않게 되어, 상황은 매우 비우호적인 단계로 변해 있다.

피들러는 리더가 가장 효과적인 리더십을 가지려면 개인의 LPC와 상황을 일치시켜야 한다고 주장한다. 상황이 매우 유리하거나(상황 1, 2, 3) 또는 매우 불리한 경우(상황 7, 8)에는 과업 지향적인 리더가 바람직하다. 매우 유리한 상황에서 리더는 존경을 받을 것이며, 부하들의 상벌에 재량권을 가지면서 영향력을 행사한다. 이 경우에 과업 지향적인 스타일이 효과적이다. 이와 정반대로 적십자사 총재직과 같이 비우호적인 상황에 있는 경우에도, 리더가 성과를 얻으려면 역시 과업 중심으로 리더십을 발휘하여야 할 것이다.

한편, 중간 상황에서는 관계 지향적인 리더가 적합하다. 과업이 구조화되어 있으나 리더가 배척을 받는 상황이며, 또는 그 반대의 상황이다. 어느 경우든지 간에, 리더가 성과를 얻으려면 그룹의 자발성과 창의성에 의존하여야 한다. 이 상황에서 리더는 적절한 개인관계 기술을 발휘하여야 긍정적인 그룹 분위기를 만들 수 있다.

피들러 모형은 몇 가지 제약점을 가진다. 첫째, 상황 변수는 복잡하며 평가하기가 쉽지 않다. 이러한 변수들은 주관적일 수 있다. 둘째, 이 모형에서는 LPC가 리더의 이미 고정된 특성을 측정하며, 따라서 리더는 상황에 맞게 리더십 스타일을 변화시킬 수 없다고 말한다. 효과적인 리더십 발휘를 위해서는 상황을 변경해야한다고 주장한다. 그러나 엔지니어와 같은 전문가 집단의 과업은 쉽게 바꿀 수 있는 구조가 아니다. 셋째, 리더는 그룹을 관리하는 능력을 가지고 있다고 가정한다. 그러나 리더가 이러한 핵심 능력을 가지고 있지 못하면, 구성원들로부터 신뢰와 존경심을 얻기 어렵다.

그럼에도 불구하고, 피들러 모형은 리더십의 효과성을 이해하는 데에 많은 공헌을 하였다. 어느 상황에서는 과업 지향적인 리더나 관계 지향적인 리더 모두가 성과를 올릴 수 있을지 모르지만, 모든 상황에서 그럴 수는 없는 것이다. 예컨대, 과업 지향적인 리더십 스타일을 가진 연구·개발 팀장이 영업 팀으로 이동하는 경우, 복잡하고 비일상적인 업무 때문에 적합하지 않을 수 있다. 어느 리더십 스타일이 적합한가를 발견하려는 연구자들은 상황을 더 밀접하게 관찰하는 것이 요구되었다. 특정 상황에서 성과를 올리는 리더가 다른 상황에서는 그렇지 못하다는 것은 리더십 효과성이 리더십 스타일보다는 상황 변수에 더 의존한다는 것을 나타낸다.

5.2 허시와 블랜차드의 상황 리더십 모형

허시(Hersey)와 블랜차드(Blanchard)의 **상황 리더십**(situational leadership) 모형은 앞 장에서 설명한 리더십 그리드 모형을 더 발전시킨 것이다. 이 모형에서는 추종자의 특성이 리더십의 효과성을 결정하는 중요한 요소이다. 그들은 부하 직원들의 준비성 정도가 제각기 다르다고 가정하

[도표 5-16] 허시와 블랜차드의 상황 리더십 모형

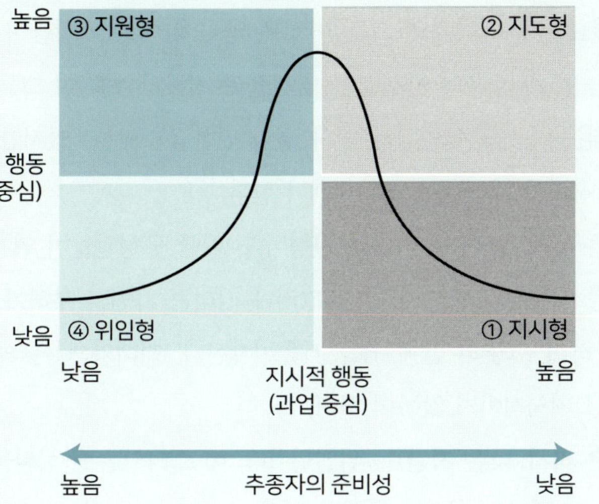

였다. 낮은 능력이나 교육 수준 때문에 준비가 덜된 부하 직원들은 반대로 준비 태세가 잘 갖추어져 있고 능력이나 교육 수준이 높은 사람들과는 다른 리더십이 필요하다는 것이다.

리더십 스타일과 부하의 준비성의 관계를 요약하면 [도표 5-16]과 같다.

지도자는 부하 직원의 특성에 따라 지시적(과업 중심)이거나 지원적(관계 중심)으로 행동한다. 지시적 행동은 상사가 부하에게 일방적으로 직무에 관하여 무엇을 언제 어디서 어떻게 수행할 것인가를 일일이 말해 준다. 그들은 팀원들을 조직하고 통제하고 지도한다. 반면에, 지원적인 리더는 쌍방 통행의 의사소통을 행하며, 부하 직원들에게 귀를 기울이고, 용기를 주며, 의사 결정 과정에 참여하도록 한다. [도표 5-16]에서 추종자의 준비성은 높은 목표 수준의 달성 의지와 책임 의식의 정도를 말한다. 이것은 직무와 관련되어 있으며, 나이와는 아무 상관도 없다.

이 모형은 추종자의 성숙도에 따라서 리더의 지시적 행동과 지원적 행동의 조합을 나타낸다. 피들러는 리더십 스타일이 비교적 고정된 것으로 가정했지만, 허시와 블랜차드는 변화하는 상황에 적응하는 리더의 유연성을 강조하였다. 이 모형에서 네 가지 리더십 유형을 지나가는 곡선은 각 행동의 높고 낮은 상태, 즉 2×2 블록을 모두 통과하여 진행한다.

첫째 단계(**높은 지시, 낮은 지원**)는 **지시형**이다. 지시형을 지닌 리더는 명확하게 지시를 내리고, 방향을 제시한다. 처음 입사한 신입 사원의 경우에는 지시적 리더십 스타일이 적절하다. 신입 사원은 일반적으로 의욕과 열성이 넘치고, 배우려는 자세가 높다. 따라서 상사는 지원보다는 지시가 더 필요하다.

둘째 단계(**높은 지시, 높은 지원**)는 **지도형**이다. 부하 직원들이 일을 배워감에 따라, 지시적 스타일은 아직 필요하다. 왜냐하면 그들은 업무 완수에 대한 책임감이 아직 높지 않기 때문이다. 그러나 리더는 곧 부하들의 자신감과 열정을 유지하기 위하여 그들에 대한 지원을 나타낼 필요가 있다. 리더는 아직도 책임감과 의사 결정 권한을 가지고 있지만, 사람들과 쌍방향 커뮤니케이션을 열고, 용기와 자신감을 고양시켜야 한다.

셋째 단계(**낮은 지시, 높은 지원**)는 **지원형**이다. 일단 구성원들이 업무 수행에 자신감을 가지면 리더는 더 이상 지시적일 필요가 없다. 그러나 리더는 자신의 부하가 이미 습득한 기술을 사용할 기회를 제공하며, 그들의 말에 귀를 기울여야한다. 리더와 팀은 의사 결정 과정을 공유하며, 리더는 더 이상 지시적이지 않아야 한다.

넷째 단계(**낮은 지시, 낮은 지원**)는 **위임형**이다. 이 스타일은 구성원들이 높은 수준의 준비성을 가지고, 전적으로 책임을 지려는 능력과 동기 부여가 되어 있는 경우에 적합하다. 비록 리더는 문제점을 파악하고 있지만, 계획을 수행하는 책임은 경험 있는 부하 직원들에게 주어진다. 이들은 언제 어떻게 업무를 수행하여야 하는가를 보여 주게 된다.

이상과 같이 설명한 허시와 블랜차드 모형은 흥미있는 점을 제시해 준다. 리더는 자신의 스타일이 상황에 적합하게 유연해질 필요가 있다는 것이다. 리더는 부하들의 준비성을 항시 점검하여, 적절한 수준의 지시적 행동과 지원적 행동을 조합하여 제시하여야 한다. 준비도가 낮은 직원들을 철저하게 지시하고 감독하면, 경험 있는 부하 못지 않게 높은 성과를 올릴 수 있다. 동시에 그들의 준비도를 높일 수 있다. 따라서 리더는 조직 구성원들의 준비성 정도의 변화에 따라, 리더십 스타일을 변경시켜나가야 한다.

이 상황 모형은 여러 가지 시사점을 제시함에도 불구하고, 다음과 같은 한계점을 지닌다. 첫째, 리더가 새로운 국면을 맞이할 때에 실제로 거기에 적합한 리더십 스타일을 선택할 수 있는 것인가? 만일 유연한 리더십을 가지고 있지 않으면 승진이 안 된다고 하면, 모든 조직에 이 모형을 적용하기 어렵다. 둘째, 이 모형은 리더의 특성, 권력 같은 것을 감안하지 않았다. 이러한 속성은 리더십에 영향을 주는 것들이다. 셋째, 사람들은 준비성 면에서 제각기 다른 수준에 있다. 일괄적으로 이 모형을 적용한다는 것은 무리가 따른다.

5.3 하우스의 경로-목표 모형

하우스(Robert House)의 **경로-목표 모형**(path-goal model)에 의하면, 리더의 책임은 개인이나

[도표 5-17] 하우스의 경로-목표 모형

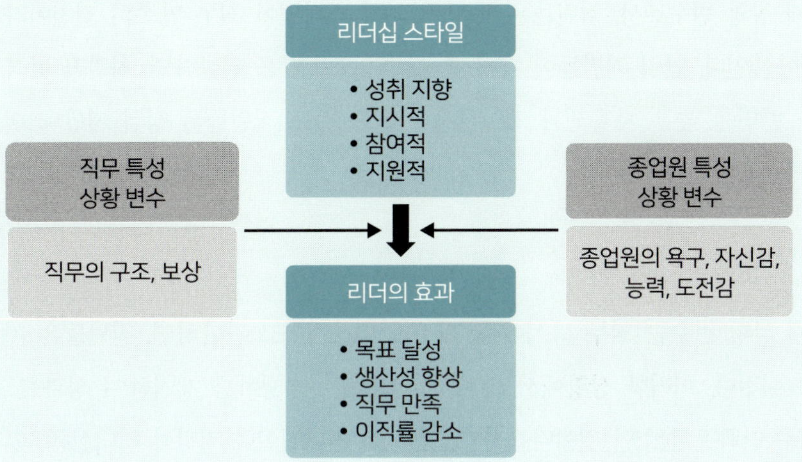

조직의 목표를 달성하기 위하여 부하들의 동기 부여를 증대시키는 것이다. 효과적인 리더는 직무 내용을 상세하게 제시하며, 목표 달성에 방해가되는 요소를 제거하고, 그리고 추종자들에게 그 경로를 제시해 준다. 다시 말해서, 부하들로 하여금 현재 상황이 무엇이며, 목표 지향적인 행동을 유발하도록 도와준다.

이 모형에서, 리더는 조직 구성원 특성과 직무 특성과 같은 두 가지 상황 적합 변수에근거하여 리더십 스타일을 결정한다. 이것을 제시하면 [도표 5-17]과 같다.

(1) 리더십 스타일

이 모형은 특정 상황과 팀원의 욕구에 적합한 리더십 스타일을 제시한다. 여기에서는 성취 지향, 지시적, 참여적, 지원적 등 네 가지 리더십 스타일이 제시되었다. 첫째, 성취 지향 리더십은 도전적인 목표를 제시하고, 부하 직원들이 그것을 달성하리라는 자신감을 가지고 있는 스타일이다. 둘째, 지시적 리더십은 부하 직원들로부터 기대되는 것과 직무를 수행하는 방법을 알려주는 경우이다. 이것은 생산 지향 리더십과 유사한 것이다. 셋째, 참여적 리더십은 의사 결정을 내리기 전에 추종자들과 함께 상의하며, 그들의 의견을 청취하는 스타일이다. 넷째, 지원적 리더십은 친근하고 접근이 용이하며, 추종자의 심리 상태에 대하여 지대한 관심을가지는 스타일이다.

(2) 직원특성

첫 번째 상황 변수로서, 직원들은 특정 리더십 스타일이 직무 만족의 원천이라고 인식하면 그것을 받아들인다. 만일 직원들이 자아 존중이나 소속감을 원한다면, 지원적 리더십을 받아들일 것이다. 반면에, 높은 자율권과 책임감을 가지고 있는 직원들은 성취 지향 리더십에 의하여 동기 부여를 받을 것이다.

(3) 직무 특성

두 번째 상황 변수는 직무 특성이다. 직무가 일상적이고 간단하면, 직원들은 지시가 필요없는 것으로 여긴다. 이러한 상황에서 지시적 리더십은 '농땡이'를 제거하여 성과를 증대시킬 수 있으나, 직무 만족은 감소할 것이다. 그리고 참여적 리더십이나 지원적 리더십은 리더와 회사 방침에 대한 만족을 증가시키지만, 직무 수행 성과는 불만족스러울 것이다. 반면에, 직무가 비일상적이고 복잡하면, 지시적 혹은 성취 지향적 리더십이 지원적 리더십보다 더 적절할 것이다. 이러한 경우에 팀원들은 목표 달성에 이르는 경로를 제시해 주는 리더에게 고마움을 나타낼 것이다.

하우스의 리더십 모형은 피들러 모형과는 대조적으로 리더는 상황에 따라서 여러 형태의 리더십 스타일로 변형시킬 수 있다고 보고 있다. 그리고 리더는 여러 상황에 적합한 리더십 스타일을 찾아야 한다는 것이다. 이 모형을 이용하는 경우에 하급자와의 관계나 성과를 예측하는 것이 어렵지만, 각 상황에 적합한 리더십 스타일을 찾는다면 리더가 부하들을 어떻게 동기 부여할 것인가를 알게 해 준다.

5.4 상황 모형의 비교

지금까지 세 가지 모형을 공부하였다. 이 상황 모형에서는 각 상황에 적합한 리더십 스타일을 채택할 수 있다는 것이다. 그러나 리더가 리더십 스타일을 결정하려면, 상황을 정확하게 평가하여야 한다. 그리고 현실적으로 볼 때, 모든 경영자가 여기에 제시된 모형에 따라서 행동을 하지는 않을 것이다. 효과적인 추종자들은 좋은 리더가 될 수 있다. 리더는 생산성과 직무 만족을 위하여 사람들에게 지시하고 동기를 부여한다. [도표 5-18]은 지금까지 설명한 상황 이론을 비교·정리한 것이다.

[도표 5-18] 세 가지 상황 모형의 비교

구분	피들러의 상황 모형	허시와 블랙차드의 상황 모형	하우스의 경로-목표 모형
주요 상황 변수	• 과업 구조 • 리더-구성원 관계 • 리더의 직위 권력	• 추종자의 준비 정도	• 종웜원 특성 • 직무 특성
리더십 스타일	• 과업 지향형 • 관계 지향형	• 지시형 • 지도형 • 지원형 • 위임형	• 성취 지향형 • 지시형 • 참여형 • 지원형
시사점	통제적인 상황이 매우 높거나 낮으면 과업 지향적 리더십이 적절하고, 중간인 경우에는 관계 지향적인 리더십이 적절함.	성공적인 리더는 추종자의 준비성 정도에 맞는 리더십 스타일을 가져야 함.	직무가 일상적이고 단순하면 지원적 혹은 참여적 리더십, 반대이면 지시적 혹은 성취 지향적인 리더십이 적절함.

제6절 변혁적 리더십

많은 경영자가 구성원들에 대하여 역할과 업무를 명확히 하여, 목표를 달성하도록 이끌어 나가기를 원한다. 이른바 거래적인 리더십을 선호하는 경향이 높다. 그러나 **변혁적 리더**(transformational leader)는 변화의 필요성을 인식하며, 구성원들을 믿고, 자신의 비전을 명확하게 전달하고, 그리고 자신의 직관을 믿는다.

이 리더는 구성원들 개개인의 성장욕구와 관심사에 주의를 기울인다. 구성원 자신들이 기존의 문제를 새로운 방식에서 바라볼 수 있도록 고무시켜서 조직의 목표를 달성하도록 한다. 이렇게 하면 자발성 덕분에 기존의 거래적인 리더십을 발휘할 때보다 더 많은 성과를 얻어 낼 수 있다. 낮은 이직률, 높은 생산성, 높은 직원 만족 등이 그것이다.

제7절 감성 리더십

7.1 감성과 리더십

정보사회의 차가운 태양이 지고 감성 사회의 따뜻한 태양이 떠오르고 있다. 정보사회는 오래 지속되지 않으며, 물질 세계가 쇠퇴하면 감성 세계가 찾아온다. 감성이란 대상에 대하여 감각과 지각으로 인식하는 능력이다. 구체적으로 이것은 자신을 객관적으로 바라보고 감정을 다스리고, 상대방 입장을 이해하여 좋은 관계를 유지하는 능력이다. 감정은 사물 현상에 대하여 느껴서 일어나는 심정으로서 두 가지 종류가 있다. 즐거움, 흥미, 만족, 사랑과 같은 긍정적인 감정이있으며, 한편으로는 분노, 미움, 질투, 두려움 등과 같은 부정적인 감정도 있다. 긍정적인 감정과 태도를 갖는 직원이 부정적인 태도를 갖는 직원보다 더 많은 생산성을 올린다는 것은 널리 알려진 사실이다. 업무는 75% 이상이 인간 상호 작용에서 일어나며, 여기서 발생하는 감성은 사실이나 정보보다 더 오래 기억에 남는다.

초우량 기업의 리더는 자신의 감정을 잘 다스리고, 그리고 조직 구성원들로 하여금 긍정적인 정서를 유지하도록 리더십을 발휘하고 있다. 예를 들어, 사우스웨스트 항공사의 경영진은 사실에 근거한 경영, 결과물을 창출하기 위한 경영을 한다. 그들은 회사의 결과물이 고객에게 제대로 전달되려면, 그 결과물은 직원을 위해서도 창출되어야 한다는 것을 알고 있었다. 여기에서 경영자의 감성이 중요한 역할을 하고 있음은 당연하다. 감성은 사람들에게 영향을 미치고 움직이게 하는 특성을 갖고 있기 때문이다. 이 회사 구성원의 만족 수준은, 경영진이 건전한 기업 문화를 잘 조성해 놓고 있어 상당히 높은 편이다.

조직이 가치 창출이라는 목적을 달성하려면, 관계 형성과 기업 문화에 감성을 접목시킬 수 있는 리더십이 필요하다. 이제는 조직 내부 세계로 눈을 돌려야 한다. 관리자는 직원들이 스스로 장단점을 파악하고 이것을 기탄 없이 이야기하며, 구성원들 상호 간에 서로 돕고 적극 격려하여야 한다. 이렇게 함으로써 구성원들은 각자가 서비스 역량을 갖추게 되는 것이다. 이러한 사실을 깨닫는 기업의 경영자는 우수한 직원이 회사를 떠나지 않게 하기 위하여 감성 리더십을 발휘하여 긍정적인 분위기를 만들어 준다.

인간은 욕심과 죄 때문에 타락하여서 그런지, 부정적인 감정에 더 많은 관심을 갖고, 언어에서 그러한 것을 표현하곤 한다. 예컨대, 사단칠정(四端七情)에서 희(喜: 기쁨), 노(怒: 성냄), 애(哀: 슬픔), 구(懼: 두려움), 애(愛: 사랑함), 오(惡: 미워함), 욕(欲: 가지고 싶어 함)을 살펴보자. 욕은 상황에 따라 긍정적이고 부정적일 수도 있으며, 부정적인 단어의 수(4개)가 긍정적인 단어의 수(2개)보다 더 많다. 이러한 기본 감정이 정서로 자리 잡고 있기 때문에 사람들은 의도적으로 긍정적인 감정을 갖도록 노력하여야 한다. 왜냐하면 부정적인 감정이 상대방의 마음에 더 강하게 영향을 미치고, 더 오래 머물기 때문이다. 단지 부정적인 언어를 사용하고 감정을 표출하는 것은 문제를 해결하기보다는 이목을 집중시키려는 의도에 불과하다. 따라서 이러한 상사의 태도는 문제를 더욱 악화시킬 뿐이다. 그리고 부정적인 감정은 부하 직원의 사고의 폭을 좁히고, 상사의 공격에 대하여 방어적인 자세를 취하게 된다. 이렇게 되면 현장의 고객과 올바른 거래를 할 수가 없다.

감정은 바이러스와 같은 것이다. 부정적인 감정은 더욱 빠르게 조직 내에서 확산된다. 불만스런 고객이 만족한 고객보다 나쁜 소문을 더 많이 전달하는 것과 같다. 긍정적인 감정으로 부정적인 정서를 퇴치시켜야 한다. 이를 위해서는 지리적으로 잠시 자리를 피하거나, 문제에 초점을 맞추어서 할 수 있는 일을 찾거나, 관심 차원을 돌려서 유머를 생각하거나, 또는 역지사지(易地思之)의 상황으로 의미를 변환시킨다면 도움이 될 것이다.

7.2 감성 리더십의 개발

경영자는 따라서 부정적인 분위기를 제거하는 데에 앞장서야 한다. 긍정적인 정서는 열린 마음과 열린 사고를 가능하게 하기 때문이다. 가치 창출이 가능하기 때문이다. 예컨대, 우리가 기쁠 때에 모든 것이 가능하고, 우리 마음은 외부로 향하여 열리게 된다. 이렇게 함으로써 경영자는 조직 구성원들과 장기적인 파트너십의 관계를 유지하게 된다. 긍정적은 감정 표출 능력이 감성이다. 감성은 이성과 마찬가지로 개발되어야 한다. 감성 리더십을 개발하려면 [도표 5-19]에서 보는 바와 같이 네 단계를 실천하여야 한다.

[도표 5-19] 감성 리더십의 개발 단계

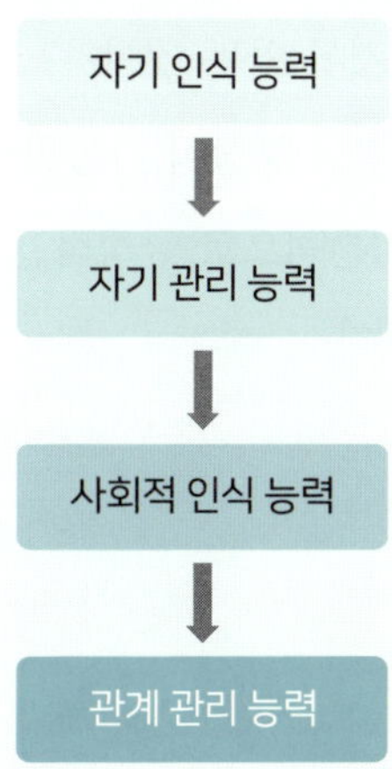

첫째, 자기 인식 능력의 단계이다. 먼저 자신의 감정, 능력, 한계, 가치, 목적 등에 대하여 깊이 이해하여야 한다. 자기 인식이 강한 사람은 지나치게 비관적이거나 낙관적이지 않으며, 자신에게 솔직한 사람이다. 자기 인식이 투철하면 자신의 가치관에 부합하는 결정을 내리기 때문에 그만큼 열정을 갖고 일에 임한다. 자기 인식 능력을 위하여 자신을 조용히 객관적으로 따져 보는 여유가 중요하다. 실제로 위대한 리더들은 영적인 삶을 통해 개발한 자기 성찰 방식을 다른 사람과의 관계에 적용한다. 요컨대, 자기 인식 능력은 자신의 감정을 헤아리고 자신이 무엇을 하고 싶어 하는지 분명하게 아는 능력이다.

둘째, 자기 관리 능력의 단계이다. 우리는 파괴적인 감정과 충동을 통제하는 자기 제어 능력을 키워야 한다. 자신의 진실함을 보여 주고, 나름대로 정해 놓은 최선의 기준을 충족시키도록 노력하여야 한다. 이 능력은 자신의 내면과 꾸준히 대화를 통하여 감정의 노예가 되지 않도록 하는 것이다. 분노, 불안, 공포와 같은 부정적인 감정에서 벗어나 즐거운 감정과 낙관적인 태도를 갖는 것이 중요하다. 이렇게 자기 관리의 능력을 갖춘 리더는 솔직할 수 있으며, 이 솔직함으로 사람들에게 성실함을 얻게 되어서 조직의 힘이 된다.

셋째, 사회적 인식 능력의 단계이다. 이것은 사람들과의 관계를 유지하기 위해 자신의 감정을 상대방에게 전달하는 감정 이입 능력을 갖추는 것이다. 이를 위해서는 부하 직원들의 감정을 헤아리고, 그들의 시각을 이해하고, 그들의 생각에 적극적인 관심을 표명할 수 있어야 한다. 상대방과의 대화 중에 얼굴 표정과 목소리를 통하여 감정을 읽어 내고, 감정에 동조하는 것이다. 그래서 그들의 요구 사항을 알아차리고 부응하는 것이다.

넷째, 관계 관리 능력의 단계이다. 이것은 확고한 비전을 제시하여 구성원들을 이끌고 동기를 부여하는 능력이다. 이 단계의 리더는 다양한 설득 기술을 구사할 줄 알고, 다른 사람들의 능력을 지지하고, 새로운 방향으로 변화를 촉진하는 능력을 갖게 된다. 리더는 자신의 관점과 가치관을 명백하게 인식하고 감성 토양에 뿌리를 내린 뒤에, 조직의 감정 주파수에 맞춘다면, 구성원들과 협력 관계의 체제를 조성할 수 있다.

감성 리더십은 자기 성찰에서 시작하여 감정 이입을 통하여 타인과의 관계를 정서적으로 유지하는 능력이다. 이 감성 능력은 타고나는 것인가? 학습이 가능한 것인가? 성선설과 성악설 중에서 어느 것이 맞는 것인가? 조직 구성원들로부터 감성적 리더십을 원한다면 교육·훈련을 통하여 어느 정도 향상이 가능할 것이다. 그런데 이것은 많은 노력과 비용이 들 것으로 보인다. 조직에서는 기본적으로 긍정적인 태도와 감정을 지닌 사람을 처음부터 제대로 선발하는 것이 더 현명할 것이다.

GenAI를 활용한 토의 주제

● 다음 주제에 대하여 적절한 지시문을 만든 후, 여러 GenAI(예컨대, ChatGPT 3.5, Claude 3.5 sonnet, Copilot, Perplexity.ai) 중에서 하나를 선택하여 답변을 구하라.

① 리더십 (답변의 예시가 부록 4에 제시되어 있음)

② 권력과 리더십

③ 나의 리더십 성향을 파악하는 방법

④ 상황 리더십

⑤ 감성 리더십

제6장
인적 자원 관리

제1절 인적 자원 관리란 무엇인가
- **1.1** 인적 자원 관리의 개념
- **1.2** 인적 자원 계획 수립

제2절 모집과 선발 활동

제3절 교육·훈련과 개발

제4절 업적 평가 및 보상 관리
- **4.1** 업적 평가
- **4.2** 보상 관리

제5절 노사 관리
- **5.1** 노사 관계와 노동조합
- **5.2** 노사 관리 활동

제6절 인적 자원 관리의 변화 인식

최신 HR 베스트 프랙티스

1. 독창적인 인사 철학 보유

넷플릭스(Netflix)는 '자유와 책임'이라는 인사 철학을 가지고 있다. 직원들에게 자율성을 부여하고, 이를 통해 높은 성과를 달성할 것을 기대한다. 이 철학은 넷플릭스의 창의적이고 혁신적인 조직 문화를 촉진한다. **애플**(Apple)은 혁신을 중심으로 한 인사 철학을 가지고 있으며, 직원들에게 창의적인 자유를 부여한다. 팀워크와 협업을 중시하며, 제품 개발 과정에서 다양한 아이디어를 자유롭게 제안할 수 있는 환경을 조성한다.

2. 전략적 방향이 스며 있는 인사 전략

디즈니(Disney)는 고객 만족 경영을 최우선으로 하며, 직원들을 '공연자(cast)'로 보고, 이들이 디즈니의 문화를 체화하도록 한다. 디즈니 대학에서는 신입 직원들에게 디즈니의 역사, 경영 철학, 고객 만족 등에 대한 교육을 제공하여, 디즈니의 전략적 방향과 일치하는 인사 전략을 실행한다. **마이크로소프트**(Microsoft)는 'Growth Mindset' 철학을 통해 직원들이 실패를 학습의 기회로 받아들이고, 지속적으로 성장할 수 있도록 장려한다. 이는 기업의 전략적 목표와 일치하는 인사 전략을 구현하는 데 도움이 된다.

3. 일관된 인사활동을 통한 신뢰 확보

컨테이너 스토어(Container Store)는 고객 대응력을 향상시키기 위한 교육 훈련 프로그램을 강화하고, 소매 산업 평균의 2배 임금을 지급하여 직원들의 만족도와 신뢰를 높인다. 이 회사는 채용, 교육·훈련, 평가, 보상 등 모든 인사 활동을 유기적으로 연계하여 일관된 메시지를 전달한다. **스타벅스** (Starbucks)는 직원들에게 다양한 교육 프로그램과 복지 혜택을 제공하며, 이를 통해 일관된 인사 정책을 유지한다. 스타벅스는 직원 만족도를 높이기 위해 지속적인 교육과 훈련을 제공하며, 이를 통해 높은 서비스 품질을 유지하고 있다.

4. 사업 현장에 실질적 도움을 주는 인사

델 테크놀로지스(Dell Technologies)는 인사 담당자를 각 사업부에 파견하여 현장 감각을 높이고, 전사 차원의 인사 정책을 사업부 단위까지 일관성 있게 전파한다. 이를 통해 인사 전략이 사업 현장에서 실질적인 도움을 줄 수 있도록 하고 있다. **아마존**(Amazon)의 '피플 팀'은 각 사업부와의 협력을 통해 직원들의 성장을 지원하고, 사업부의 목표를 달성할 수 있도록 돕는다. 이는 인사 전략이 사업 현장에서 효과적으로 실행될 수 있도록 한다.

5. 인사 전략 및 활동에 대한 성과 평가

AT&T는 재무 성과인 EVA, 내·외부 고객 만족도인 CVA, 인적 자원 측면의 성과인 PVA를 포함하여 회사의 성과를 평가한다. 특히 PVA는 구성원들의 설문을 통해 리더십을 평가하고, 그 결과를 보상에 반영한다. **IBM**은 직원들의 성과와 만족도를 평가하기 위해 정기적인 피드백과 설문 조사를 실시한다. 이를 통해 인사 전략과 활동의 성과를 평가하고, 필요한 경우 조정하여 지속적으로 개선한다.

6. 지속적인 인사활동 모니터링

HP(Hewlett-Packard)는 'HP War Room'을 운영하여 인사 관련 프로젝트의 진척 현황을 세 가지 색으로 구분하고, 이를 통해 지속적으로 인사 제도의 운영 현황 및 진척도를 모니터링한다. **마이크로소프트**(Microsoft)는 인사 제도의 효과를 지속적으로 모니터링하고 평가하기 위해 다양한 분석 도구와 시스템을 사용한다. 이를 통해 인사 활동이 회사의 전략적 목표에 맞추어 효과적으로 수행되고 있는지 확인하고, 필요한 경우 조정을 통해 개선한다.

최신 HR 베스트 프랙티스는 자율성과 창의성을 중시하고, 전략적 방향과 일치하는 인사 전략을 실행하며, 일관된 인사 활동을 통해 신뢰를 확보하는 데 중점을 둔다. 또한, 사업 현장에서 실질적인 도움을 주고, 성과를 평가하며, 지속적으로 모니터링하는 노력을 통해 기업의 성공을 촉진한다.

제1절 인적 자원 관리란 무엇인가

1.1 인적 자원 관리의 개념

조직에서 사람은 가치 창출의 원동력이다. 컴퓨터가 자료나 정보 처리를 비롯하여 기계화나 자동화 역할을 통하여 인간의 두뇌를 대체하면서 많은 효율성을 제고하고 있지만, 정작 아이디어를 창출할 수 있는 집단은 인간밖에 없다. 얼마나 많은 우수한 인재를 확보하고 있는가에 조직의 미래가 달려 있다. 특히 정보사회와 감성 사회가 겹치는 21세기에는 능력이 있으면서 따뜻한 감성을 지닌 근로자가 요구되고 있다. 이러한 근로자는 어떻게 선발하고 개발, 유지할 수 있는 것인가?

오늘날 기업에서 인적 자원 관리는 조직 목표를 달성하기 위한 중요한 수단이 되고 있는 가운데, 조직 구성원의 채용, 선발, 유지 등에서 많은 문제에 직면하고 있다.

- 능력 있는 근로자를 채용하기 위한 기업 간의 경쟁 심화
- 경력자 선발
- 근로자들은 가정과 직장의 균형을 얻고자 함
- 기술, 정보, 지식의 변화로 사업하는 방식이 변함
- 노사 문제
- 인간관계에서 감성이 중요해짐

인적 자원 관리 책임자들은 우수한 인재를 채용하기 위하여 이러한 문제를 해결하려고 노력하고 있다. 더욱이 기업에서는 수동적인 사람보다는 적극적이고 창의적인 사람이 필요하며, 리더십을 갖춘 관리자가 필요하며, 그리고 연공서열에서 능력 중심으로 인사 고과가 변하고 있다.

본 장에서는 이러한 문제에 해답을 모색하기 위하여 인적 자원의 계획, 채용, 선발, 훈련, 보상 등에 관한 내용과 함께 조직 내의 직무 변화에 대하여 공부하기로 하며, 미래의 인적 자원 관리에 영향을 미치는 경향에 대하여 알아보기로 한다.

인적 자원 관리(human resource management, HRM)는 간단히 말해서 조직 목표를 달성하기 위하여 직원을 모집하고, 개발·유지하고, 평가하는 프로세스이다. 조직의 전략과 목표는 인적 자원 관리에 관한 의사 결정의 근간을 제공한다. 모든 조직은 숙련 기술이 있고, 동기 유발이 잘 되어 있는 사람을 채용하고 싶어 한다. 인적 자원 관리 프로세스는 [도표 6-1]의 개념적 틀에 의하여 진행한다.

인적 자원 관리는 조직의 목적을 달성하기 위하여 필요한 인적 자원을 확보하고 이들이 역량을 발휘하도록 현재 및 잠재 능력을 최대한 개발하며 동시에 채용, 배치, 승진, 평가와 보상 등 인재를 유지·관리하기 위한 제반 조직적인 관리 활동이다. 이것은 구성원과 집단의 팀워크를 증진시키는 팀워크 개발, 학습 과정을 통하여 정해진 업무 처리 방법의 숙지와 스스로 터득하도록 하는 교육·훈련, 그리고 승진, 배치, 전환, 평가 등에 관련된 경력 개발 등을 포함한다.

- **적정 인원 계획**
- **인원 수급 계획**
- **구인·해고 계획**
- **인적 자원 개발 계획**

[도표 6-1] 인적 자원 관리 프로세스

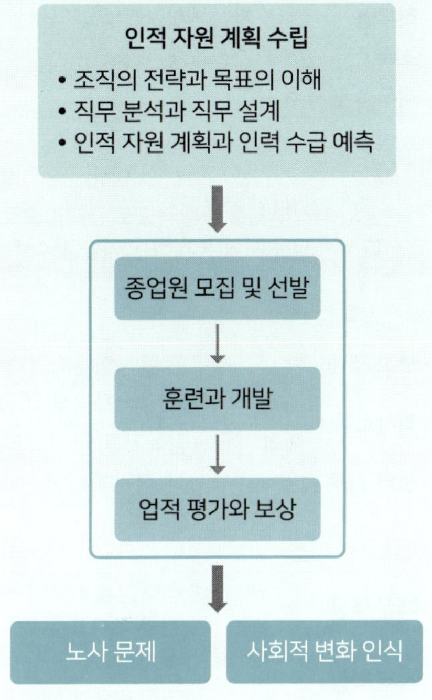

1.2 인적 자원 계획 수립

기업은 적절한 수의 업무에 알맞는 인원을 갖고 싶어 한다. 인사 담당자는 기존 직원들이 갖고 있는 기술을 평가하면서, 신입 사원의 채용과 기존 사원들의 교육 여부에 대하여 검토한다. 이를 **인적 자원 계획**(human resource planning)이라고 부른다. 인적 자원 계획에서는 미래 인적 자원의 필요성에 대하여 전략을 수립하게 되는데, 조직의 전략과 목표의 이해, 직무 분석, 그리고 직원 수요의 예측의 세 가지 중요한 요소를 포함한다.

첫째, 인적 자원 계획 담당자는 먼저 조직의 전략과 목표를 이해하여야 한다. 기업은 자신이 세운 목표와 전략에 따라 이를 달성하기 위한 인력 자원의 적정 인원을 계획한다. 예컨대, 기업이 원가 주도 전략을 위주로 하여 안정 전략을 추구하는 경우에는 신규 채용이 활발하지 않겠지만, 차별화 전략을 무기로 하여 성장 전략을 펴는 경우에는 많은 인원이 추가로 필요하게 될 것이다. 조직은 수립된 전략을 기초로 하여 인적 자원에 관한 현재와 미래의 수요를 분석·예측하고, 그 수요를 충족시키기 위해 직원을 확보하는 과정이 필요하다. 한 기업이 다른 한 기업을 합병하는 경우에는 더욱 복잡한 문제가 발생하여 적정 인원수뿐만 아니라 조직 문화에 대하여도 염려하여야 한다.

[도표 6-2] 직무 기술서

직무명	자산부채관리부장	직무 코드	ABOOA
소속	자산부채관리부	직속 상사	CFO
직무 수행자 수	1	부하 직원 수	20

직무의 목적

은행의 자산부채를 종합적으로 관리함으로써 은행의 전반적인 리스크를 조정·관리하기 위해 부서를 대표하고 부서원을 지휘·통제하는 역할을 수행하여 은행의 목표 달성에 기여한다

의사소통 및 관리·감독의 범위

보고 체계		직무 관련 사항을 CFO에게 보고함
의사소통	대내	기획예산부, 자금부, 여신지원부, 정보 시스템부와 의사소통함
	대외	금융감독기관, 국내외 타 금융기관과 의사소통함
관리·감독 범위		부서 내 직원에 대한 관리, 감독, 지도, 육성의 책임이 있음

자격 요건

핵심 역량		① 리더십 & 커뮤니케이션 ② 인재 개발에 대한 관심 ③ 고객 최우선의 프로 정신 ④ 전략적 사고 및 행동 ⑤ 적극적인 직무 수행
직무 역량		① 문제 해결 ② 조언 및 상담 ③ 분석적 사고 ④ 고객 중심적 사고 ⑤ 조직 변화에 대한 영향 ⑦ 전문성 ⑥ 판매와 마케팅
지식 및 기술		재무 관리 이론, 리스크 관리 이론, 통계학 이론
필요 경력	교육수준	
	필요 경력	은행 경력 최소 12년 이상
	숙련 기간	기초: 6개월 / 표준: 12개월
교육 요건	기본 교육	경영학, 경제학, 통계학, 회계학이론
	관련 교육	ALM과정, Risk Management 과정 세미나
	전문 교육	FRM 과정 세미나

직무 내용

과업(직무)	직무의 영역(절차 및 방법)	비중(%)
ALM관리	금리 변화에 따라서 변동되는 NII 관리를 위한 제 정책의 수립 및 관리와 적정 여·수신금리 결정을 통한 NII 관리를 총괄한다.	30
시장 리스크 관리 및 BIS 관리	유가증권, 파생상품, 외환거래 등에 대한 적정투자한도 및 손실한도 설정 업무, 시장리스크 모니터링 및 평가 업무, 은행의 BIS 관련 장·단기 계획 수립 업무를 총괄한다.	30
FTP 관리	경영 전략에 따른 탄력적인 본지점이자율(Fund Transfer Pricing)의 결정 및 관리 업무를 총괄한다.	20
ALCO 회의 및 기타	자산부채 관리, 리스크 관리에 관한 정책 및 전략수립을 위한 ALCO 회의를 주관하고, 금융종합보험, 재산 및 차량종합보험 관리업무를 총괄한다.	20

비고

※ 직무 담당자 또는 상사가 직무 기술서의 수정할 사항, 기타 관리 사항 등을 기재하는 데 활용함.

둘째, 인적 자원 담당자는 어떠한 종류의 직무가 필요한지를 알아야 한다. 그는 성공적인 직무 수행에 요구되는 과업을 분석하는 **직무 분석**(job analysis)을 실시한다. 이 정보는 직무에 필요한 기술, 지식, 능력 등을 포함한다. 예를 들어, 은행 대출 업무 담당자는 고객이 제출할 대출 서류는 무엇이며, 대출 판단의 기준과 책임에 대하여 잘 알아야 한다. **직무 기술서**(job description)는 이러한 직무의 과업 내용과 책임에 대하여 기술해 놓고 있다. 그리고 **직무 명세서**(job specification)는 직원의 직무 수행에 필요한 기술, 지식, 능력 등을 서술해 놓고 있고, 인적 자원 담당자는 이 두 가지 서류를 이용하여 직무에 적합한 사람을 찾아낼 수 있다. [도표 6-2]는 은행의 자산부채관리부장의 직무 기술서를 예시한 것이다.

셋째, 조직의 인적 자원 수요와 공급을 예측하는 것은 인적 자원 계획에 필수적이다. 구체적으로 말해서, 우선 다음 한 해에 필요한 직원의 수를 결정하여야 하며, 가까운 장래에 조직 내에서 일하고 있을 직원의 수를 추정하여 충원 계획을 세워야 한다. 즉, 적정 인원 계획을 세워서 부서별, 직무별로 필요한 전문 기술을 가진 인적 자원이 얼마나 필요한가를 파악하여야 한다. 인적 자원의 수요와 공급을 예측하고 비교함으로써, 현재의 직원과 필요한 직원 간의 수급 불균형을 계산하여 적절한 조치를 취하여야 한다.

[도표 6-3] 인적 자원 계획 프로세스

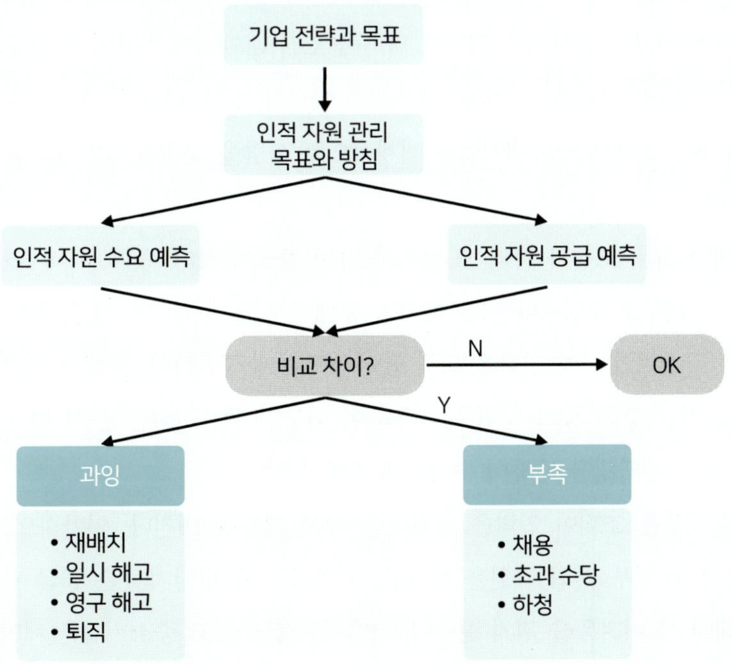

그리고 구인·해고 계획을 통하여 필요한 인적 자원을 보충하는 구인 계획과 불필요한 인적 자원을 줄이는 해고 계획을 통하여 행동을 취한다. 최근 우리나라에서는 직원의 수요를 충족시키기 위하여 전일제이든 시간제이든 임시직을 많이 고용하고 있다. 이것은 기업에 인건비나 노사 문제의 부담을 줄이기 위한 방침이지만, 고용 당사자들의 심리적 불안을 야기시키고 있다. 이로 인하여 조직과 업무에 대한 헌신과 충성심이 떨어지며, 생산성 하락을 가져올 가능성이 높다. 그리고 사회적으로 고용안정에 대한 불안감이 커지고 있다.

제2절 모집과 선발 활동

조직에서 무엇보다도 능력 있고 혁신적인 인력을 모집하고 선발하는 것이 기업의 가치 창출에 원동력이 된다. 조직에서 새로운 인력을 채용하려면 모집하고 선발하는 두 과정이 필요하다. 직원이 조직을 떠났거나 혹은 조직 내에서 다른 직위로 이동하여 갔을 경우에 새로운 인력이 필요하다. 모집은 능력 있는 인력을 선발하려는 지원자의 풀(pool)이다. 광고를 내거나, 직업소개소와 접촉하거나 혹은 교육 기관을 직접 방문하여 후보자를 모집한다. 후보자 모집이 끝나면, 이 가운데에서 특정 업무에 가장 많은 성과를 올릴 만한 사람을 선발하게 된다.

먼저, **모집**(recruitment)에 대하여 설명하여 보자. 모집은 능력 있는 인적 자원을 조직으로 끌어들이는 과정이다. 조직에서 필요한 업무의 정보를 제공하여 적극적으로 지원하도록 동기를 유발하는 활동이다. 이것은 빈자리를 채우기 위하여 조직 내외에서 후보자를 탐색하는 과정이다. 효과적인 모집은 조직에 사람들을 유인하는 것뿐 아니라, 일단 채용된 사람들이 오래 머물도록 기회를 증대시킨다. 일반적으로 대기업은 체계적으로 사람을 모집하지만, 중소기업은 구전으로 사람을 모집한다.

모집 방법에는 사내 모집과 사외 모집의 두 가지 방법이 있다. 첫째, 사내 모집은 조직 내에서 자격을 갖춘 직원 중 승진이나 이동 배치를 통해 인력을 충원하는 방법이다. 조직에서 원활한 승진은 조직 구성원의 사기 진작을 위해 급여 못지않게 중요하다. 둘째, 사외 모집은 광고, 직업소개소, 교육 기관 추천 등의 방법을 이용하여 외부인에게 기회를 주어 빈자리를 충원하는 방법이다. 최근에는 인터넷을 통하여 수시로 모집하고 있다.

외부의 노동시장은 조직이 인력을 모집하는 데에 영향을 미친다. 일반적으로 실업률 특히 청년 실업률이 높은 경우, 신입 사원을 채용할 때 인적 자원 담당자들은 공급 과잉으로 응모자를 모집하는 데에 큰 어려움을 겪지 않는다. 그럼에도 불구하고 중소기업은 체면 중시, 힘든 업종 기피 등 여러 가지 요인으로 여전히 어려움에 직면해 있다. 사실 경험 있고 숙련된 경력자를 모집하는 것은 그리 쉬운 일이 아니다. 적재적소에 알맞는 인력을 모집하기 위해서는 우리 회사 직원과 이미 안면이 있거나 사회적으로 유능하게 알려진 인사를 개별적으로 초빙하는 경우도 있다.

최근에는 이공계 인력을 모집하기가 갈수록 어려워지고 있어 제조 기업들은 많은 곤란에 처해 있다. 사회적으로 힘든 일을 하지 않으려고 하거나, 소위 권력 지향적인 국가고시 합격을 위하여 많은 사람들이 기피하기 때문이다. 이러한 문제는 정부나 지방자치단체가 해결하여야 하는 것이기도 하지만, 기업이라고 해서 손 놓고 기다릴 수만은 없다. 좀 더 적극적인 모집 전략을 세워야 할 것이다. 예컨대, 델컴퓨터 회사의 인사 담당 책임자는 100명의 리쿠르트 전문가들과 함께 일한다. 그리고 모든 직원이 리쿠르트에 참여한다. 이 회사는 최고의 사람만을 원한다. 만일 적절한 사람이 있어 초빙하기를 원하는데 다른 기업과 경쟁 관계에 있게 되면, CEO에게 주저없이 연락하여 협조를 구하기도 한다. 이 회사는 모집 인원의 3분의 1정도를 인터넷을 통하여 모집하기도 한다. 다양한 모집 방법과 전략은 유능한 잠재 직원을 선발하는 기회가 된다.

다음으로, **선발**(selection)에 대하여 알아보자. 선발이란 응모자 중에서 기업이 필요로 하는 자질과 능력을 갖춘 사람을 선별하는 과정이다. 모집에 응한 응모자들은 잠재적인 구성원들이다. 이들을 적재적소에 배치하기 위하여 올바른 사람을 뽑아야 한다.

선발에 필요한 일반적인 서류는 이력서, 자기소개서, 추천서, 면접 시험 등이다. 이 중에서 이력서는 응모자가 제출하는 가장 주관적인 서류이다. 응모자가 이력서를 작성할 때에는 이해하기 쉽고, 간결하고, 명백하게 작성하여야 하다. 이력서는 개인 정보(이름, 주소, 전화번호 등), 교육(학교, 평균 점수 또는 학점, 전공, 학위), 직업 경험(특별한 기술과 책임을 기재), 기타 개인 역량과 활동(상벌 포함), 그리고 참고인 등을 포함한다. 이러한 이력서는 종이 서류로 제출하기도 하지만, 인터넷에서 주어진 형식을 다운받아 사용하기도 한다.

자기소개서는 일차 서류 면접에 중요한 역할을 한다. 다른 후보자와 얼마나 차별화가 되어 있는가를 나타내는 서류이다. 자신의 경력 개발의 목적은 무엇이며, 그것을 위해 무엇을 준비해 왔는가를 설명한다. 가정 형편을 적은 감상적인 내용보다는 능력 지향적이고 미래 지향적인 내용으로 적극성을 표현하여야 한다. 예컨대, 어학 능력을 나타내는 데에 있어 단순히 해외 연수를 다녀왔다고 하는 것보다 어떠한 내용을 얼마나 잘 알고 있는가를 설명하는 것이 좋을 것이다. 요컨대, '왜 우리 회사가 당신을 뽑아야 하는가'에 명쾌하게 대답을 하여야 한다.

참고인 추천서에는 응모자를 추천하는 사유와 그의 능력을 평가하는 추천자의 내용이 들어 있다. 일반적으로 이력서의 내용을 확인하기 위하여 추천서를 받는다. 응모자의 이력서 사실 여부와 경력 사항의 질적인 면을 이중 조사하기 위한 것이다. 미국을 비롯한 선진국에서는 추천서를 중요시하지만, 우리나라에서는 추천서의 내용이 피추천자에 대한 온정주의로 인하고 신뢰성 있게 작성된다고 보지 않기 때문에 입사 결정에서 큰 역할을 하기 어렵다.

면접은 응모자가 무엇을 가지고 있는지를 직접 알아볼 수 있는 기회이며, 대부분의 기업에서 널리 이용된다. 사실 면접을 통하여 실제로 업무 기술을 갖고 있는지 여부를 정확하게 알아내기는 쉽지 않다. 많은 회사에서는 심층 면접을 통하여 응모자의 직업 경험, 기술과 능력, 교육 배경, 그리고 직업적인 관심사 등에 대하여 질문하기도 한다. 그러나 한 연구에 의하면, 면접관은 면접 초기에 이미 당락을 결정하고 이를 정당화하기 위한 정보를 찾는다고 한다. 심지어 어떤 경영자는 겉보기에 자신과 닮았다는 이유로 후보자에 대하여 호감을 표시하는 경우도 있다.

기업에서 좀 더 체계적인 면접 시험을 실시한다면 면접관이 범할 수 있는 판단 오류를 보완할 수 있을 것이다. 예컨대, 일차 면접에서 지원자의 인생관이 직업적 성공과 일치하는지 여부를 서류로 검토한다. 이차 면접에서는 훈련된 면접관이 전화 면접용 설문지를 이용하여 전화 면접을 실시한다. 이때 녹음과 동시에 경청 능력을 분석하고, 조직 문화에 적합한지 여부를 판단하여 우선적으로 합격자를 가려낼 수 있을 것이다. 그리고 나서 합격 후 상급자가 될 사람으로 하여금 직접 면접을 한다. 특히 이 과정에서는 주어진 상황에서 문제 해결 능력이 있는가를 심사한다. 그리고 함께 일할 동료들과 함께 자리를 마련하여 응모자의 태도와 능력이 팀워크에 적합한지 여부를 판단한다. 그리고 마지막에는 최고 경영자가 확인한다.

Ⅱ 자포스: 고객 서비스 혁신의 선두 주자

자포스(Zappos)는 온라인 신발 및 의류 소매업체로, 뛰어난 고객 서비스와 독특한 기업 문화로 미국 내에서 큰 인기를 끌고 있다. 1999년에 설립된 이 회사는 고객 만족을 최우선으로 하여, 경쟁이 치열한 전자 상거래 시장에서 두각을 나타내고 있다.

WOW 서비스 철학

자포스는 'WOW 서비스' 철학을 통해 고객에게 기대 이상의 서비스를 제공하는 것을 목표로 한다. 고객이 원하는 제품이 재고가 없을 경우, 경쟁사 웹사이트를 찾아 제품을 추천해 주는 등 고객의 요구를 충족시키기 위해 노력한다. 이러한 고객 중심의 접근 방식은 높은 고객 만족도를 유지하는 데 큰 역할을 하고 있다.

독특한 채용 프로세스

자포스는 기술보다는 문화 적합성을 중시하는 독특한 채용 프로세스를 운영한다. 지원자의 태도와 가치가 회사의 문화와 잘 맞는지를 평가하며, 초기 교육 과정 후에도 문화에 적응하지 못하면 퇴사할 수 있는 옵션을 제공한다. 이때 퇴사를 선택하는 신입 직원에게는 2,000달러의 보너스를 지급하여 진정으로 자포스에서 일하고 싶은 사람들만 남도록 유도한다.

자율성과 책임 부여

자포스는 직원들에게 높은 자율성을 부여하여 고객 문제를 해결할 수 있도록 한다. 고객 서비스 담당자는 고객의 문제를 해결하기 위해 필요한 모든 자원을 사용할 수 있으며, 상사의 승인을 받지 않고도 고객을 위한 결정을 내릴 수 있다. 이는 직원들이 보다 적극적으로 문제를 해결하고, 고객에게 최상의 서비스를 제공할 수 있도록 돕는다.

강력한 기업 문화

자포스는 강력한 기업 문화를 유지하기 위해 다양한 활동과 프로그램을 운영한다. 매년 '문화 북'을 발간하여 직원들이 자신의 경험과 생각을 공유하며, 이를 통해 회사의 문화를 지속적으로 강화한다. 또한, 직원들이 자발적으로 참여할 수 있는 다양한 사회 공헌 활동을 장려하고 있다.

주요 성과

자포스는 뛰어난 고객 서비스와 독특한 기업 문화 덕분에 높은 고객 만족도와 충성도를 유지하고 있다. 이러한 혁신적인 접근 방식 덕분에 자포스는 다양한 상을 수상하며, 고객 서비스 분야에서의 혁신을 인정받고 있다.

Tony Hsieh의 교훈

많은 조직의 경영자들이 원하는 것은 기술이 아니라 좋은 사람이다. 기술은 가르칠 수 있지만, 태도가 좋아지도록 만들기는 어렵다. 이와 마찬가지로 자포스의 창립자 Tony Hsieh도 직원 선발 시 기술보다는 태도와 가치를 중시했다. 그는 진정으로 고객 서비스 전문가가 되고 싶은 사람을 찾기 위해 많은 노력을 기울였다. 일반 면접은 거부하고, 지원자의 추천인과 신용 등급을 확인하며, 인성 검사와 적성 검사를 거친다. 목적 의식이 뚜렷한 사람을 구하는 것이 중요하다는 그의 철학은 자포스가 최고의 고객 서비스를 제공하는 기반이 되었다.

제3절 교육·훈련과 개발

일단 조직의 구성원으로 채용되면, 업무 숙지와 숙달을 위하여 교육·훈련과 경력 개발이 이루어져야 한다. 훈련과 개발은 직무 성과 증대를 위한 추가적인 지식과 기술을 학습하는 기회이다. 기업에서 요구되는 능력을 배양하려면 교육이 제공되어야 하며, 이를 통하여 업무상의 한계를 극복하고 생산성을 향상시킬 수 있다. 그리고 경력 개발을 위하여 고용주는 직원들의 경력 증대 기회를 계속적으로 제공하여야 한다. 지금 당장 최고의 능력 있는 사람을 고용하였다 하더라도 교육·훈련과 경력 개발에 계속 투자하여야 한다.

먼저, **훈련**(training)이란 인적 자원의 능력이나 직무 관련 기술 수준을 지속적으로 향상시키고 개발하는 과정을 말하며, 직원들이 갖고 있는 현재 능력과 잠재 능력 모두를 개발하기 위하여 교육 과정을 개설하여야 한다. 훈련에는 신입 사원에게 주어지는 오리엔테이션이 있으며, 이를 통하여 조직의 분위기와 업무 처리 방법을 익히게 된다. 그리고 쓰기, 읽기, 계산하기 등과 같은 비교적 단순한 기초 기술을 교육하며, 문제 해결하기, 새로운 기술 습득, 팀 훈련과 같은 고단계의 프로그램도 이수하게 된다.

다음으로, **경력 개발**(career development)이란 기업 요구와 개인 욕구가 일치되도록 개인의 경력을 개발하는 활동을 말한다. 대부분의 사람들은 수년 동안 동일한 일을 계속하고 싶어하지 않는다. 그들은 성장하기를 원하고 또한 새로운 일을 하고 원한다. 경력 개발 프로그램은 미래 일에 대하여 대비하도록 조직 구성원들의 능력을 향상시켜 주는 데 그 목적이 있다. 이 프로그램에서는 사람들의 강점과 개발 욕구를 확인시켜 주며, 새로운 직위에 있을 때에 새로이 만나는 사람들과의 갈등 문제를 해결하는 능력을 키워 준다.

교육·훈련에는 교육 장소에 따라 직무 현장과 직무 현장 외의 두 가지 교육이 있다. 먼저, **직무 현장 교육·훈련**(on the job training, OJT)은 직무 현장에서 상급자나 경험 있는 동료가 직접 직무에 관련된 것을 교육·훈련하는 방법이다. 여기에는 코칭, 직무 전환, 도제 제도, 멘토링, 특별 프로젝트 과제 등이 있다. 직무 전환은 다양한 직무를 돌아가면서 경험하게 하는 것이다. 예컨대, 입사 첫해에 영업, 고객 서비스, 신용, 인적 자원 등에 관련 부서를 순환 근무한다. 도제 제도는 소수 직원의 기술 향상을 위해 이론 수업과 함께 실제 기술을 배우도록 하는데, 목수, 배관, 전기, 용접 등의 업무에서 주로 이루어진다.

멘토링은 높은 신뢰 관계 속에서 멘토(mentor)는 멘티(mentee)가 원하는 것을 달성하도록 지원하고 그의 잠재력을 개발해 주는 학습 방법이다. 널리 알려진 예는 하이든과 모차르트 그리고 설리반과 헬렌 켈러의 관계를 들 수 있다. 교육 과정에서 멘토링 제도를 통하여 당사자들로 하여금 인간관계를 배울 수 있는 기회를 갖고, 팀워크를 배운다. 그리고 경험의 세계를 넓히며, 새로운 업무의 지평 확장에 대한 가능성을 높인다. 따라서 기업은 멘토링 제도의 역할 수행을 통하여 직원들로 하여금 업무에 대한 성취 욕구와 헌신적 노력을 고양시킬 수 있다. 이러한 직무 현장 훈련의 장점은 교육 성과에 대한 즉각적인 피드백이 가능하고, 현장에서 이루어지므로 비용이 저렴하다.

기업들은 직무 현장에서 이루어지는 교육 훈련의 장점을 잘 알고 있지만, 그럼에도 불구하고 현장 밖에서 이루어지는 교육이 필요하다고 느낀다. **직무 현장 외 교육·훈련**(off the job training, Off JT)은 직무 현장 이외 장소에서 강의, 시청각 교육, 사례 연구, 역할 연기 등을 통해서 직무 이외의 새로운 직무를 배우는 기회가 된다. 이 외에도 인근 교육 기관과 협력하여 교육 프로그램을 신설하거나 또는 인터넷을 통하여 교육 전문 회사가 개발한 프로그램 모듈을 통하여 체계화된 학습을 자체적으로 진행하기도 한다. 이러한 직무 현장 외 교육은 직무 현장 교육보다 비용이 더 비싸며, 교육 효과가 직무에 즉각적으로 나타나지 않는 단점이 있다.

탁월한 기업은 교육 프로그램의 실천을 비용으로 간주하지 않으며, 투자로 간주한다. 이들 회사는 교육을 수단과 목적으로 모두 활용한다. 수단으로서의 교육은 해당 업무를 원만하게 수행하도록 하는 기술을 배우게 하며, 목적으로서의 교육은 직원들의 자기 확신, 자긍심, 질 높은 삶 등을 영위할 수 있는 능력을 개발시켜 준다. 특히 서비스기업에서는 **재량권**(empowerment)에 대한 교육이 중요하게 이루어진다. 현장 직원들은 고객에게 책임 있게 결과물을 제공하는 충분한 재량권을 원하며 또한 명문화된 한도를 가지기 원한다. 재량권이라는 상자 속에서 자유롭게 행동하기를 원한다. 예를 들어, 사우스웨스트 항공사에서는 고객을 위해 편안하다고 느끼면 무엇이든지 할 수 있는 재량권을 위임받고 일한다. '편안함'이 어느 정도인지는 불명확하지만 한도를 의미한다. 일반적으로 기업에서는 비용의 한도를 결정해 준다.

제4절 업적 평가 및 보상 관리

4.1 업적 평가

새로 입사한 직원들은 오리엔테이션과 교육이 끝나면서 업적 평가라는 것이 기다리고 있다는 사실을 곧 알게 된다. 상급자는 부하 직원들에 대하여 기대감을 표시하게 되는데, 구체적으로 업무 목표, 일정 계획, 업무 완료일, 제품/서비스에 요구되는 품질 등을 통하여 나타낸다. 직원들이 업무를 수행할 때마다, 상사는 매번 직원의 노력을 평가한다. **업적 평가**(performance appraisal)란 직원들이 얼마나 만족하며 성공적으로 직무를 수행하고 있는가를 판단하는 활동이다. 업적 평가 절차는 [도표 6-4]와 같다.

경영자는 직원 직무에 대하여 기대하는 수준을 결정하며, 직원들은 그 수준과 기대에 맞추기 위해 업무를 수행한다. 그리고 기준치와 실적을 비교하는데, 이를 통하여 조직의 목표 달성에 공헌한 부분을 측정하여서 교육, 보상, 승진, 직무 전환 등에 관련하여 의사 결정을 내리려는 두 가지 목적을 갖는다. 평가 후에는 이것을 다시 경영자와 구성원들에게 피드백하는 과정을 거친다.

[도표 6-4] 업적 평가 절차

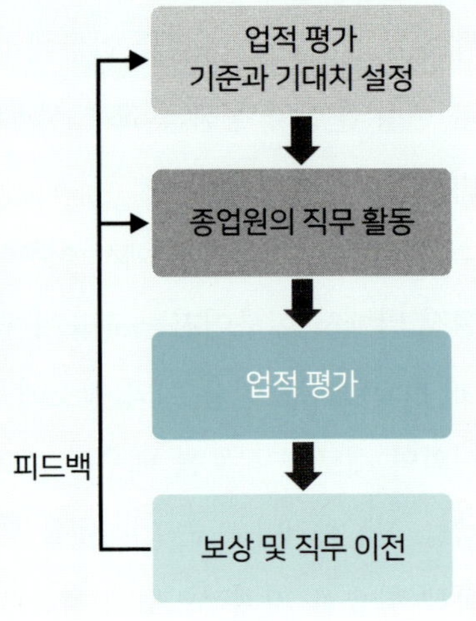

4.2 보상 관리

보상 관리는 업적 평가 과정에서 측정한 기업에 대한 공헌도의 대가로 직원에게 보상(compensation)하는 관리 활동을 말한다. 보상은 임금과 복리 후생으로 나누며, 이것은 직원들의 생활 수준을 유지하게 하며 그리고 일에 대한 동기 부여의 수단이 된다. 임금에는 기본급, 수당, 상여금 등이 포함되며, 복리 후생은 일종의 간접 임금으로서 연금, 건강 보험, 휴가 등이 포함된다.

[도표 6-5]는 다양한 종류의 기본급에 대한 설명한 것이다.

임금과 복리 후생은 조직 내부적으로 직무의 중요도를 반영한다. 조직에서 중요한 직무일

[도표 6-5] 기본급의 종류

종류	내용
연공급 (wages on seniority)	근무 연한에 따라 임금 수준이 결정되며, 학력, 나이, 근무 연수 등이 중요한 결정 요인임
직무급 (wages on post)	직무에 따라 임금 차이를 두며, 학력이나 근무 연수에 관계없이 직무의 난이도나 위험 조건 등을 감안하여 동일한 직무에 동일한 임금을 지급함
직능급 (wages on job evaluation)	직무 특성에 직무 수행 능력까지 고려하여 임금 수준을 결정하는 것으로서, 개인마다 능력차를 고려하여 임금을 지급함

수록 더 많은 급여가 책정된다. 예컨대, 최고 경영자나 임원은 임금이 높은 직무이며, 특별한 기술을 갖고 있는 직원도 임금이 많다. 그러나 중요도가 같은 직무는 모두가 동일한 임금을 받게 된다.

또한 임금과 복리 후생은 외부적으로 영향을 미친다. 기업은 경쟁 회사에 비하여 임금 체계가 좋은지 혹은 나쁜지 여부를 판단하여야 한다. 만일 경쟁회사가 더 높은 임금을 지불한다면, 우리 회사의 직원들은 사기가 떨어지게 되며 그리고 우수한 인력을 그 회사에게 빼앗길지도 모른다.

제5절 노사 관리

5.1 노사 관계와 노동조합

노사 관계(labor relations)는 협의의 노동자와 기업가의 상호 관계를 포함하지만 주로 노동조합과 경영자 간의 단체교섭(collective bargaining)을 전제로 한 상호 관계를 뜻한다. 그리고 이 범위를 확대하여 지역별, 산업별을 포함하는 포괄적인 관계로 보기도 한다. 건전한 노사 관계는 기업의 생산성을 향상시키고, 경쟁력을 강화하며, 사회의 공공 안정과 국가경제 발전에 기여한다. 따라서 원활한 협력 체제는 국가 발전에 필수적인 것이다. 노사 관계의 의미는 다음 두 가지로 나눈다.

- 넓은 의미: 특정 산업 수준의 노동조합 대 기업 단체의 관계로서 전국적 수준으로서의 일반적 노동 운동 또는 노동 문제
- 좁은 의미: 한 작업장을 단위로 일선 관리자와 작업자 간의 관계

경영학적 의미의 노사 관계는 기업 경영을 매개로 한 노사 관계로서 기업 내 노동조합 단체와 기업 단체의 관계이며, 경영 노사 관계를 말한다. 노사 관계를 결정하는 요인들은 기업 경영층, 노동조합, 정부 등이며 '노사정 합의'에 따라 그 관계가 정립된다.

노사 관계는 기업 내에 노조가 있든지 없든지 간에 상관없이 노동자인 직원과 사용자인 경영자의 관계를 뜻한다. 노조가 없는 기업은 자체적으로 직원 관계 프로그램이나 노사협의 제도를 통하여 조직 구성원의 의견, 고충, 욕구를 경영자에게 전달하여서 조직이 효율적이고 효과적으로 경영될 수 있다. 그리고 노조가 있는 조직도 마찬가지로 노동자의 뜻을 전하여 경영 합리화를 추구하면 된다. 그러나 노조가 지역이나 산업에 속하게 되어 기업의 외부 세력과 함께 물

리적인 힘을 과시하게 되면 파국의 국면을 맞기 쉽다. 노동조합은 약자가 아니다. 노사 관계의 목적은 고객 가치 창출을 위하여 조직 구성원의 가치를 높이기 위한 것이며, 여기서 유념할 것은 균형 잡힌 상호 관계를 유지하는 것이다. 그래야만 올바른 고객 서비스를 할 수 있다. 우리나라는 강성 노조가 있어 경영자들은 기업을 하기 어렵다고 불평하며, 외국인들은 투자를 기피하고 있는 실정이다.

노동조합(labor union)은 근로 생활의 조건을 유지·개선하기 위해 조직된 임금 근로자들의 기관이며 [도표 6-6]과 같은 종류가 있다. 또한, 가입 방식에 따라 구분하면 [도표 6-7]과 같다.

5.2 노사 관리 활동

노사 관리는 조직 내의 기업주나 근로자 모두가 인간적인 관계 속에서 협력 체제를 모색하기 위한 관리 활동이다. 서로를 고매한 인격체로 인정한다면 갈등없는 관계를 유지할 수 있다.

[도표 6-6] 노동조합 종류

종류	내용
직업별 노동조합(craft union)	동일 직종이나 같은 직업에 종사하는 노동자가 결성하는 노동조합 (예) 인쇄공조합
산업별 노동조합(industrial union)	직종에 관계없이 동일 산업에 종사하는 노동자가 결성하는 노동조합 (예) 금속노련
일반 노동조합(general union)	모든 미숙련 노동자나 중소기업 노동자가 결성하는 노동조합
기업별 노동조합(company union)	같은 기업에 종사하는 노동자가 결성하는 노동조합

[도표 6-7] 가입 방식에 따른 노동조합

종류	내용
클로즈드 숍 (closed shop)	기업의 모든 근로자가 의무적으로 가입하며, 근로자의 채용, 해고를 노동조합의 통제에 위탁하고, 사용자가 조합원만을 고용 할 수 있도록 한 제도
오픈 숍 (open shop)	노동조합에 가입한 조합원뿐만 아니라 노동조합에 가입하지 않은 노동자도 임의로 채용할 수 있도록 한 제도(우리나라)
유니온 숍 (union shop)	회사가 노동조합원, 비조합원도 자유롭게 고용할 수 있으나, 일단 고용된 근로자는 고용 후 일정 기일 내에 조합에 가입하지 않으면 자동적으로 해고되는 제도

우리나라는 아직 산업이 충분히 발달하지 못하고 있어, 완전 고용 창출이 안 되고 있다. 실업자를 포함한 노동력 과잉 상태에서 노동시장은 수요보다는 공급이 넘치고 있으며, 사용자에게 유리한 구매자 시장이 형성되고 있다. 유리한 사용자의 입장이 노사 관계에 있어서 근로자에게 약점이 되어서는 안 된다. 일단 채용이 되면 고객 가치 창출이라는 공동 목표를 향하여 한 방향을 바라보아야 한다.

사회적으로 여성, 빈곤자, 저학력자, 장애자와 같은 약자를 배려하지 않는 문화와 전근대적인 경영 조직으로 노사 관리도 전근대적으로 이루어지고 있다. 노사 관리는 노동조합과 사용자인 기업주가 대등한 입장에서 효과적으로 교섭이 이루어지도록 원만한 관계를 유지하기 위한 활동이다. 이제 근로자는 인간으로서의 권리를 주장할 수 있으며, 또한 책임과 의무도 강조되어야 한다. 그래서 노동조합과의 임금 협상, 작업 규칙 설정 등 전반적인 단체교섭이 생산성 향상을 유도하는 방향으로 이루어지도록 관계를 유지하는 활동이 이루어져야 한다.

제6절 인적 자원 관리의 변화 인식

인적 자원 관리의 변화 인식은 효과적인 인적 자원 관리 계획 수립과 실행에 중요한 역할을 한다.

첫째, 인적 자원 관리 전략은 기업 전략과 일치하여야 한다. 마치 생산 전략이나 마케팅 전략이 기업 전략과 일관성을 유지하여야 하는 것과 같다. 따라서 필요한 인력을 채용, 교육·훈련, 평가, 보상할 때에는 전략 사업을 하는 것과 마찬가지로 활동하여야 한다. 그리고 직무 중심에서 능력 중심으로 바뀌어야 한다. 실적은 현재의 직무에서 어느 정도로 일을 했는가를 나타내는 결과이며, 능력은 새로운 직무를 수행할 수 있는 잠재적인 가치이다. 조직의 미래 발전 가능성을 위하여 교육 훈련을 강화시켜서 능력을 개발할 필요가 있다. 능력 있는 사람이 제대로 경력을 쌓아 갈 수 있도록 인적 자원 관리 제도를 합리화하여야 한다.

둘째, 사회적으로 가장 큰 변화는 여성 인구의 취업률이 급증하고 있다는 사실이다. 직장은 남자 위주의 세상에서 이제는 남녀가 같이 일하는 장소로 바뀌고 있다. 우리나라는 다른 선진국에 비해 아직 여성 취업률이 저조하지만, 최근에는 증가 추세로 가고 있다. 기업에서는 맞벌이 부부, 조직 구성원의 자녀 양육, 성희롱 등의 새로운 문제가 야기되며, 이것을 해결하여야 한다.

그리고 평생직장 개념에서 기회만 되면 언제든지 다른 곳으로 옮겨 갈 수 있다는 생각으로 바뀌고 있다. 젊은 세대는 나이든 세대에 대해 무작정의 존경심을 나타내지 않으며, 직장에 대하여 무조건적인 충성심을 보이지 않는다. 직장은 한시적이며 조직의 비전이 나의 비전과 일치되지 않으면 언제든지 옮길 수 있다고 생각한다. 그리고 재택 근무 방식은 새로운 인적 자원 관리의 과제를 준다.

이제는 외국인 노동자들도 함께 일하는 시대가 되었다. 단일 민족은 국제화를 지향하는 데에 오히려 불리한 요인이다. 다양성을 경험하지 못하기 때문에 국제적인 감각에 뒤쳐진다. 국내 노동시장이 개방된 상태에서 선진 기업의 투자 유치만 중요한 것이 아니라, 제3세계의 노동자들과 함께 일하는 관계도 중요시되어야 한다. 그들의 사고방식, 관습, 문화, 의사소통 방식은 우리와 다르기 때문에 관리자들은 잘 이해하여야 한다.

셋째, 기술의 발전은 인적 자원 관리를 효율적으로 할 수 있게 한다. IT의 발전으로 인적 자원 정보 시스템을 구축하여 활용하게 되었다. 예컨대, 조직 구성원들에 대한 임금 관련 정보나 본·지점 간의 의사소통은 신속하고 편리하게 수행되고 있다. 그래서 많은 인적 자원 관련 업무들이 아웃소싱되기도 한다.

넷째, 세계적인 경쟁 시대에서 현지인의 언어와 문화를 이해하는 것이 중요하다. 예컨대, 우리나라 기업이 중국에 진출하여 사업할 때에, 중국 내의 한국기업으로 만들 것인가 혹은 중국 내의 중국기업을 만들 것인가를 결정하여야 한다. 후자인 경우에는 중국 근로자들의 행동과 문화를 잘 이해하여야 효과적인 인적 자원 관리를 할 수 있다.

경영은 다른 사람으로 하여금 올바른 일을 수행하는 것이라고 하였다. 올바른 일을 하기 위해서는 올바른 사람을 선발하고 양육하는 것이 급선무이다. 이를 위해서는 먼저 경영자 자신이 올바른 가치관을 가지고 있어야 한다. 올바른 미션과 비전을 갖고 있으면 올바른 사람이 눈에 띄고, 그들과 함께 동고동락할 수 있다. 좋은 직원은 조직의 소중한 자산이다. 이 자산을 확보하기 위하여 경영자는 또한 인적 자원 관리의 변화 추세를 잘 알고 있어야 한다.

GenAI를 활용한 토의 주제

● 다음 주제에 대하여 적절한 지시문을 만든 후, 여러 GenAI(예컨대, ChatGPT 3.5, Claude 3.5 sonnet, Copilot, Perplexity.ai) 중에서 하나를 선택하여 답변을 구하라.

① 한국 기업의 인적 자원 관리 특징

② 영업직 면접에서 어려운 질문 다섯 가지 (답변의 예시가 부록 4에 제시되어 있음)

③ 한국 기업의 고용제도 특징

④ 한국 기업의 노사 관계 특징

⑤ 세계적인 기업의 노사 관계 특징

제3편 제품/서비스

제7장 제품
제8장 서비스
제9장 제품과 서비스 개발

제7장 제품

제1절 제조와 서비스의 관련성

제2절 생산 활동

- **2.1** 생산 활동의 개념
- **2.2** 생산 활동의 목표

제3절 생산과 생산 의사 결정

- **3.1** 생산 전략
- **3.2** 생산 의사 결정

제4절 생산 계획

- **4.1** 총괄 계획
- **4.2** 주생산 계획
- **4.3** 자재 소요 계획
- **4.4** 일정 계획
- **4.5** 생산 능력 계획

제5절 기술 혁신

- **5.1** 기술의 의의
- **5.2** 기술 혁신

삼성 바이오로직스

성과와 발전

삼성 바이오로직스(Samsung Biologics)는 세계적인 바이오 의약품 위탁개발 및 제조(CDMO) 기업으로, 2023년에 전년 대비 23.1% 증가한 3.69조 원의 매출과 1.11조 원의 영업이익을 기록했다. 이는 설립 이후 처음으로 연간 영업이익 1조 원을 돌파한 기록적인 성과이다.

생산성과 기술 혁신

삼성 바이오로직스는 최신 기술을 도입하여 생산성을 극대화하고 있다. 2023년에는 세계 최대의 단일 제조 시설인 제4공장을 완전히 가동했으며, 제5공장은 2025년 4월에 운영을 시작할 예정이다. 제5공장은 18만 리터의 용량을 추가하여 총 78만 4,000리터의 세계 최대 바이오 의약품 제조 용량을 확보하게 된다.

연구·개발(R&D)

삼성 바이오로직스는 지속적인 연구·개발(R&D)에 집중 투자하고 있다. 2023년에는 차세대 바이오 의약품 기술을 개발하기 위해 다양한 혁신적인 플랫폼과 솔루션을 도입했다. 특히, 새로운 항체-약물 결합(ADC) 제조 시설과 전용 mRNA 제조 시설을 구축하여 고객의 다양한 요구를 충족시키고 있다.

주요 성과와 프로젝트

삼성 바이오로직스는 2023년 동안 14개 글로벌 제약사와의 파트너십을 확장하며, 총 120억 달러 이상의 계약을 체결했다. 이 중에는 화이자와 브리스톨 마이어스 스퀴브와의 대규모 제조 계약이 포함되어 있다. 또한, 북미와 유럽 시장을 위한 지역 사무소를 확장하여 글로벌 네트워크를 강화하고 있다.

윤리 경영 및 지속 가능성

삼성 바이오로직스는 투명한 윤리 경영과 지속 가능성을 위한 노력으로 2023년 에코바디스의 플래티넘 지속 가능성 평가를 받았다. 또한, ESG(환경, 사회, 지배 구조) 경영을 강화하고, 공급망 탄소 중립화를 목표로 다양한 프로젝트를 진행하고 있다.

삼성 바이오로직스는 높은 생산성, 강력한 연구·개발 역량, 투명한 윤리 경영을 통해 글로벌 바이오 의약품 시장에서 중요한 역할을 하고 있다. 지속적인 혁신과 글로벌 시장 확장을 통해 앞으로도 높은 성장을 이어갈 것으로 기대된다.

제1절 제조와 서비스의 관련성[1]

제조(manufacturing)는 원자재를 가공하여 유용한 제품으로 변환하는 일련의 과정이다. 이 과정은 다양한 공정(process)과 기술을 통해 이루어지며, 각 공정은 고유한 기술적 요구 사항을 가지고 있다. 인류 문명과 함께 발전해 온 제조는 초기에는 수작업 방식으로 도구와 물품을 제작하는 것이었으나, 산업혁명 이후 기계화와 대량 생산의 시대가 열렸다. 20세기 들어서는 자동화와 컴퓨터 통합 제조 시스템(CIMS)이 도입되어 생산 효율성과 품질이 크게 향상되었다. 오늘날에는 4차 산업혁명의 영향으로 스마트 제조와 디지털 전환이 가속화되고 있다.

제조는 자동차, 전자, 섬유, 식품, 화학 등 다양한 산업 분야에 걸쳐 이루어져 있으며, 각 산업은 고유의 제조 공정과 기술을 필요로 한다. 이러한 다양성은 제조업의 복잡성과 풍부함을 더한다. 제조업은 국가의 고용 창출과 경제 성장에 크게 기여하며, 이는 한 국가의 경제 기반을 이루고 수출을 통해 외화를 획득하며 기술 혁신을 촉진하는 역할을 한다. 제조업의 발전은 국가 경쟁력의 핵심 요소로, 기술 개발과 산업 발전을 통해 지속 가능한 경제 성장을 도모한다.

과거 제조의 핵심은 대량 생산을 통해 규모의 경제를 실현하여 단위당 생산비용을 절감하고 제품의 가격 경쟁력을 확보하는 것이다. 현대 제조업은 로봇 공학, 인공지능(AI), 사물인터넷(IoT) 등 첨단 기술을 활용하여 생산성을 높이고, 품질을 개선하며, 인건비를 절감하고 있다. 이러한 기술 혁신은 제조업의 경쟁력을 강화하는 데 핵심적인 역할을 합니다. 제조 과정에서 품질 관리는 여전히 중요하며, 제품의 신뢰성과 고객 만족도를 보장하기 위해 다양한 품질 관리 기법과 표준이 적용되고 있다.

한국 제조업은 최근 급격한 변화와 혁신을 겪고 있다. 4차 산업혁명의 핵심 기술인 AI, IoT, 빅데이터, 클라우드 컴퓨팅 등을 적극 도입하여 스마트 제조 시스템을 구축하고 있으며, 이는 생산 공정의 효율성을 높이고 품질 관리와 예측 유지 보수를 개선하는 데 크게 기여하고 있다. 로봇 공학과 자동화 기술의 발전으로 한국은 산업용 로봇의 도입이 활발하여 제조업의 자동화 수준을 높이고 있다.

반도체, 배터리, 바이오헬스 등 첨단 산업 분야에서의 기술 개발과 혁신이 빠르게 진행되고 있으며, 특히 반도체 산업은 한국 경제의 핵심 동력으로 많은 투자가 이루어지고 있다. 환경 문제를 포함한 ESG에 대한 인식이 높아지면서 제조업계는 친환경 생산 공정과 지속 가능한 제품

[1] 제조업은 영원하다, 마키노 노보루 원저, 청계연구소, 1990.

개발에 집중하고 있다. 재생 에너지 사용 확대, 탄소 배출 저감 기술 도입, 자원 재활용 등의 노력이 활발히 진행되고 있다.

코로나19 팬데믹으로 인해 글로벌 공급망의 불확실성이 커지면서 제조업체들은 공급망의 안정성을 강화하기 위해 지역 내 생산 확대, 공급망의 다변화, 재고 관리의 최적화 등을 주요 전략으로 채택하고 있다. 제조업의 디지털화와 자동화에 따라 새로운 기술을 다룰 수 있는 인력에 대한 수요가 증가하고 있으며, 이에 따라 기업들은 인력 재교육과 기술 인력 양성을 위한 프로그램을 강화하고 있다.

이와 같이 제조는 단순한 제품 생산을 넘어 기술 발전과 경제 성장을 이끄는 원동력으로서 그 중요성이 지속적으로 강조되고 있다. 미래의 제조업은 디지털화와 친환경 기술을 통해 더욱 발전할 것이며, 이는 지속 가능한 경제와 사회 발전에 기여할 것다. 한국 제조업은 이러한 변화에 발맞추어 혁신을 지속하고, 새로운 기회를 포착하기 위한 전략을 모색하고 있다.

현재 미국은 기업의 생산력 퇴조로 경제력이 전보다는 약화되고 있는 것으로 평가되고 있다. 세계를 지배하였던 미국의 철강, 반도체 칩, 가전제품, 자동차 산업은 경쟁력을 잃어가고 있으며, 재정 적자와 함께 무역 적자 속에서 경제 사정은 악화되고 있다. 경제력 약화의 직접적인 원인은 기업의 생산성이 낮을 뿐만이 아니라 제품의 품질이 떨어져 있기 때문이다.

미국의 제조업이 전체 고용에서 차지하고 있는 비율은 제2차 세계대전 직후에는 30%이었던 것이 지금은 20%도 되지 않는다. 미국은 물건을 만들지 않고 3차 산업 중심으로 가고 있으며, 이것은 국가 발전에 나쁜 영향을 미치고 있다. 기초 연구·개발, 특허, 과학 기술 등이 우위라고 하지만 공장이 없기 때문에, 공장에서 관계되는 실용적인 연구, 특허, 소프트웨어 등의 개발이 어렵다. 현재 미국의 공업 제품의 수입은 서비스 상품 수출의 20배에 가까운 금액으로 실질적인 무역 적자 국가로 전락하고 말았다. 그리고 기초 연구·개발비는 급속히 증가하고 있어 기업에 부담을 주고 있다.

3차 산업 종사자의 비율과 무역수지 사이의 관계를 조사하는 것은 흥미있는 일이다. 미국의 전성기였던 1960년대에는 3차 산업의 종사자의 비율이 60%였고, 이때는 무역이 흑자였다. 그러던 것이 3차 산업 종사자 비율이 70%를 넘어 80%에 가까워짐에 따라 무역수지적자는 점점 늘어나고 있다. 명목 국내 생산의 비율을 보더라도, 3차 산업의 비율이 1960년대 60%일 때에는 무역 흑자였으나, 그 비율이 늘어남에 따라 무역 적자는 자꾸 커져 가고 있다. 미국은 물건을 만들지 않고 3차 산업 비중이 높아지고 있기 때문에, 무역 적자가 점점 늘어나고 있는 것을 확실히 알 수 있다.

비록 제조업이 해외로 빠져나간다 하더라도 미국은 설계, 엔지니어링, 소프트웨어 등 이른바 제조업에 관련된 지적(知的) 서비스업이 강하기 때문에 걱정이 없다고 말하는 사람도 있다. 그러나 이것은 잘못된 생각이다. 왜냐하면, 많은 서비스업은 제조업이 성립하여야만 존재하기 때문이다. 예를 들어, 엔지니어링 산업은 플랜트를 운영해야 성립되는 것이며, 컴퓨터 소프트웨어는 컴퓨터를 만들어 움직여야만 개발될 수 있다. 만일 IBM이 쇠퇴한다면, 부수되는 소프트웨어도 자연히 쇠퇴하여 간다. 제조업이 있기 때문에 지적 서비스업이 나타나고, 이것으로 인하여 운송, 설비보전, 검사 등의 3차 산업이 성립되는 것이다.

미국 인플레이션의 주요 원인은 서비스 가격 상승에 있다고 분석한다. 미국 경제의 서비스화 현상은 장기적인 경향이고, 그 결과로 물가에서 차지하는 서비스 가격의 비중은 계속 높아지고 있다. 더욱이 장기 호황의 영향으로 단위 노동 원가의 상승이 노동 집약산업인 서비스업의 원가를 상승시켜 서비스 인플레이션을 일으킨다. 공공요금과 시계나 계산기 같은 공업 제품을 비교하여 보면 잘 알 수 있다. 공공요금은 장기간에 걸쳐 상승하나, 공업 제품은 생산 합리화로 품질이 향상되면서 가격이 점점 떨어지는 경향이 있기 때문이다.

서비스 인플레이션의 제어는 매우 어려운 것으로 판명이 나 있다. 첫째, 서비스 원가는 공산제품의 원가 이상으로 단위 노동 원가에 영향을 준다. 서비스업은 노동 집약적 산업이기 때문이다. 둘째, 서비스는 제품에 비하여 원가 합리화의 여지가 적다. 원가 중에서 차지하는 소프트한 요소가 많고 가격은 수급 관계에서 주관적으로 결정되기 쉽기 때문이다. 셋째, 서비스는 재고가 성립되지 않으므로, 공급이 경직적으로 이루어진다.

유감스럽게도 서비스업 중에서 은행, 증권, 금융, 보험, 소매 등의 서비스 관련 산업에 많은 학생들은 관심을 가지고 있다. 철강, 금속, 기계 등의 지원자가 점차 줄어들고 금융업이나 종합상사와 같은 서비스업으로 몰리는 것은 우려할 만한 일이다. 이에 관련된 자료는 도처에서 찾아볼 수 있다. 이공 계통의 일은 위험하고 힘든 직업이며, 서비스업은 깔끔하고 급료가 많은 직업이라고 생각하기 때문일 것이다. 그리고 금융업은 정부에 의하여 과대한 보호를 받고 있다. 제조업의 경우에는 불황을 이기지 못하면 쓰러지는 것이 자연의 섭리처럼 되어 있으나, 금융업에서는 도산이 없고 제일 성과가 나쁜 곳을 기준으로 하여 정부가 지원한다. 이러한 정책은 사실 이공계 학생을 제조업으로부터 이탈시키고, 금융업 지향을 부추기고 있는 것이다. 인간은 본능적으로 물건을 만들고 싶어하는 창조 욕구가 있으나, 이 욕구는 사회적인 돈벌이 앞에서 의미를 잃어가고 있는 것이다.

경제 성장의 견인차는 제조업이다. 명목치(가격)로 보아서 서비스업이 비중을 많이 차지하고 있으므로 중요하다고 생각하는 것은 잘못이다. 실질치로 보면, 오히려 제조업은 생산성이 더 높아져서 가격이 내려가므로 규모가 작아 보인다. 성장 산업은 서비스업이 될 수 없다. 왜냐하면 실질 생산이 신장하지 못하기 때문이다. 예를 들어, 이발소 요금을 2배 올린다고 하자. 머리 깎는 사람은 거의 고정되어 있어 실질 수요에 의한 기준이 증가하지 않았음에도 불구하고, 가격 상승으로만 생각하여 성장하였다고 판단하기 쉽다. 그러나 이것은 오해이다.

제조업은 제품 가격이 내려가는 특성이 있다. 원가, 품질, 공정 등의 합리화를 통하여 생산량이 증가하면서 평균 가격은 급속히 떨어진다. 예를 들어, 컴퓨터, 복사기, 사진기, 냉장고 등은 도입기의 가격에 비하면 현재의 가격은 매우 저렴하다. 제조업의 특성은 가격 하락으로 명목 가치가 높아지지 못하나, 생산 수량으로 보아서는 실질 산업 활동이 활발하다.

사실 서비스업의 노동자는 거의 제조업에 의존하고 있다. 제조업이 위축되면, 물류 관계 산업도 위축되고 설비보전 관련 서비스업도 위축된다. 운송업이 대표적인 예가 될 것이다. 미국에서 고용이 증대되는 경우에 약 3분의 2정도가 제조업 생산에 직접 의존하는 서비스업의 노동자라고 한다. 따라서 제조업이 쇠퇴하면 서비스업도 쇠퇴하는 것은 당연한 일일 것이다. 제조업이 있어야 서비스업도 존재하는 것이며, 지적 서비스업도 발전하는 것이다.

오래전부터 미국은 탈공업화 사회가 미래의 상징이라고 이야기하여 왔다. 『권력 이동』에서 앨빈 토플러는 사회 변천 과정을 설명하면서, 농업 사회에서 공업 사회로 이전되고, 정보 산업이나 서비 스산업이 주축을 이루는 탈공업화 사회가 온다고 하였다. 미국 사회는 경제적인 쇠퇴를 겪지 않을 것이며, 오히려 혁명적인 새로운 생산 체제를 향하여 도약할 것이라고 주장하였다. 패권국인 미국은 탈공업화 사회를 향하여 맹렬히 전진하면서, 3차 산업의 비중은 높아져만 갔다. 그러나 그 뒤에 제조업은 해외로 진출하고 산업의 공동화가 일어나면서, 무역 적자는 가속도로 늘어났다.

'제조업을 잃는다는 것은 질 높은 서비스업의 고임금 고용마저도 잃는 것이 된다'고 미국의 학자는 경고한다. 미국에서 만들어진 상품 중에는 결함이 많으며, 제품을 제대로 사용하기 위한 서비스도 좋지 않은 경우가 있다. 예를 들어, 세탁기가 고장이 나서 서비스 요원을 부르는 경우에 잘 오지 않는다. 제품이 그 안에 존재하는 서비스와 잘 결합되어 있지 않다는 것을 의미한다. 그리고 통신 기기나 로보트 등의 전자 기술의 대폭적인 이용과 함께 국제적인 생산의 모습도 달라지고 있고 제조업의 기술도 많이 변하였으나, 미국은 이러한 변화에 잘 대응하지 못한다는 지적이다. 생산이 약하기 때문에 미국의 국제 경쟁력은 약화되고 있는 것이다. 이것이 탈공업화의 환상을 가지고 있는 미국의 교훈이다.

제2절 생산 활동

2.1 생산 활동의 개념

생산은 재무, 인사, 마케팅, 회계와 더불어 기업이 목표 달성을 위해 행하는 주요 활동 중의 하나이다. 기업에서 생산이란 투입된 자원을 산출로 변환시키는 프로세스를 의미한다. 여기서 산출은 생산된 제품이나 서비스이다. 따라서 생산 관리는 제품이나 서비스를 창출하는 데 필요한 생산 활동을 관리하는 경영의 주요 업무이다. 생산 활동은 기업의 본질적인 가치 창출 활동이다. 원자재를 이용하여 완성품으로 변환시키는 기능이 생산 활동이다. 기업에서 이익을 내려면 제품이든 서비스이든 먼저 생산을 하여야 할 것이 아닌가? 간단히 말해서, 생산 활동은 이익 창출의 시발점이다.

일반적으로 생산 활동은 제품과 서비스를 생산·제공하는 활동을 의미한다. 생산 활동의 종류를 살펴보면 [도표 7-1]과 같다. 도표에서 보는 바와 같이 생산 활동은 재화의 변환이나 서비스의 제공에 관련된 것이므로, 제조업과 서비스업을 포함하여 전 산업에서 수행한다.

산업이 발달함에 따라 제조업은 서비스화되는 경향이 있으며, 금융, 유통, 교육 등의 분야도 발달하게 되었다. 예컨대, 자동차 회사는 단지 자동차만 생산하는 것이 아니라, 애프터 서비스는 물론이거니와 판매 시에 금융 서비스도 함께 한다. 이러한 일련의 가치 확장은 고객에게 더 많은 가치를 제공한다. 그래서 최근에는 **생산 관리**(production management)보다는 **운영 관리**(operations management)라는 용어를 사용하고 있다. 이 운영은 경영의 하위 개념으로서 기능 부서에서 전략을 직접 실천하는 활동이다.

본 장에서는 주로 제품 생산에 초점을 맞추어서 제조 공장의 생산 활동 개념을 이해하도록

[도표 7-1] 생산 활동의 종류

생산 활동의 종류	업종
재화(goods)의 물리적, 화학적 변환	제조
재화의 운반(장소 변환)	유통
재화의 교환(가치 변환)	도매, 소매
재화의 저장(시간 변환)	창고
서비스(service) 제공	학교, 병원, 호텔

하며, 전략적 개념도 함께 포함한다(서비스는 다음 장에서 설명한다). 따라서, 생산 목표를 설정하고 계획하며, 직원들에게 동기 부여를 하여 전략적이고 전술적으로 생산 활동을 수행하는 과정을 다루기로 한다.

2.2 생산 활동의 목표

경영이 조직에 속한 모든 인적·물적 자원을 효율적이고, 효과적이며 그리고 유연하게 활용하는 것을 목표로 하는 것과 같이, 생산 관리도 경영의 한 기능으로서 동일한 목표를 가지고 생산 활동을 한다. 생산 활동의 목표는 좋은 제품과 서비스를 저렴하게 만들어서 소비자에게 신속하고 적절한 양으로 제공하는 데 있다. 이 목표를 구체적으로 설명하면 네 가지로 표현할 수 있다. 첫째, 생산 관리는 사회와 시장의 요구를 적극적으로 검토하여, 이에 부응하는 고품질 제품을 계획·생산하여 고객에게 만족을 주는 목표를 수행한다. 둘째, 생산 관리는 제품의 기획부터 시작하여 조달, 생산, 품질, 납품까지의 모든 활동에 관련된 원가를 계획한다. 셋째, 예측된 시장 수요에 기초하여, 고객의 요구를 정확하게 분석하여 납기일을 맞춘다. 넷째, 적절한 수량 또는 필요하다면 소량이라도 탄력적으로 생산 출하한다.

따라서, 생산 관리는 품질(효과성 지표), 원가(효율성 지표), 납기(효율성 지표), 생산 탄력성(유연성 지표) 등을 유지·향상시키도록 기획하며, 이를 완수하기 위하여 전체 생산 활동과 프로세스(개발, 설계, 구매, 제조, 운반, 검사, 재고 등)를 계획, 조직화, 지휘, 통제하는 체계적인 관리를 실시하여야 한다. 생산 관리는 생산(production) 자체뿐만이 아니라, 마케팅, 정보, 구매 등을 포함하는 생산 이전(before-production) 활동, 그리고 물류, 영업과 같은 생산 이후(after-production) 활동과 함께 긴밀한 관계를 유지하는 것이 중요하다.

제3절 생산 전략과 생산 의사 결정

3.1 생산 전략

기업 차원의 전략안이 수립되고 결정되면 각 기능 부서(functional department)에서는 이 전략이 수행되도록 자원이 동원된다. 기업(또는 사업부)에는 생산, 마케팅, 인사, 재무, 회계 등의 여러 부서가 있으며, 이러한 부서와 연관된 전략이 있다. 제조 공장의 생산 부서는 생산 계획, 제조 공정, 검사, 출하 등과 같은 생산 활동에 필요한 전략을 세우는 데 이것을 생산 전략이라고

[도표 7-2] 생산 전략의 역할

기업 전략
비전과 목표에 근거한 상위 전략

↓

생산 운영
기업 전략을 생산 의사 결정으로 이행되도록 연결시킴

↓

생산 의사 결정
생산 운영을 실행하기 위한 구체적인 생산 활동의 결정 사항

부른다.

생산 전략이란 기업 전략을 집행하기 위해서 내·외적인 여건을 고려하면서, 제조 공장에서 계획한 생산 의사 결정을 위하여 생산 목표를 세우고 달성하려는 방침이다. 생산 전략은 [도표 7-2]에서 보는 바와 같이 기업 전략이 생산 의사 결정으로 이행되도록 연결해 주는 역할을 한다. 생산 전략은 기업 전략과 부합되어야 한다. 만일 어느 기업이 차별화 전략을 실행하려고 한다면, 생산 전략도 원가 절감이 아닌 신제품 개발이나 품질 향상에 우선적으로 많은 노력을 기울여야 한다. 그러나 원가 주도 전략을 수행하려 한다면, 원가 절감의 노력을 우선적으로 기울여야 한다. 따라서 기업 전략과 생산 전략이 일관되지 못하다면, 기업을 성공적으로 경영하지 못할 것이다. 생산 전략은 장기적인 기업 전략과 목표와 연계하면서 효율적인 생산 자원 배분과 생산 활동 관리를 위하여 수행되는 의사 결정 방침이다.

앞에서 언급한 바와 같이, 생산 부서가 목표로 하는 전략 차원은 원가, 품질, 납기, 생산 탄력성 등이다. 이 생산 전략은 기업 전략과 일관성 있게 수행되어야 하므로 생산 기능에서 추구하는 전략 차원은 공장에 근무하는 전체 구성원들이 적극 참여하여 기업 전략 수준과 연결이 되도록 하여야 한다. 생산 전략 차원을 차례로 설명하여 보자.

첫째, **원가**는 제품이나 서비스를 생산, 판매, 유통시키는 데 있어서 드는 재료와 노동 가치를 계산해 낸 가격이다. 유의하여야 할 것은, 원가는 이러한 일련의 활동 결과로 계산해야지, 투입물의 결과로 계산해서는 안 된다는 점이다. 저원가 전략은 낮은 가격으로 광범위한 소비자에게 상품을 제공하는 것을 의미한다. 이 전략을 추구하는 경영자는 효율성을 극대화하고 원가를 최

소화하려 한다. 해외시장에서 아직도 대부분의 우리나라 상품의 판매 전략은 이에 해당한다고 볼 수 있다. 이러한 경우에 기업은 생산에서 규모의 경제 효과를 이용하며, 그리고 생산 단가를 줄이기 위하여 노무비, 재료비, 제조 간접비 등을 극소화하려 한다. 이뿐만 아니라 연구·개발비, 광고비, 유통·서비스 등에 관련된 비용도 극소화하려 한다.

원가와 가격의 관계

기업에서 최고 경영자가 10% 원가 절감을 하라는 명령을 내렸을 때에 이것은 가격 경쟁력을 증대시키는 즉각적인 방법인 것처럼 보인다. 그러나 현실적으로 볼 때에 이러한 방법은 대개 실패하기 쉽다. 왜냐하면 원가 절감으로 인하여 다른 부문에 추가적인 단기 비용이 증가하여, 이것이 10% 원가 절감에서 얻은 효과보다 더 큰 비용 증대를 유발할 수도 있기 때문이다. 이에 대한 가장 알기 쉬운 예는 품질 관리에서 찾아볼 수 있다. 제품을 만들 때에 저렴한 생산 공정만 고집하다 보면, 재작업이나 불량품으로 인한 소비자 불만 등으로 오히려 비용이 증가할 것이다. 이와 같이 원가 절감은 반드시 가격 인하로 이어지지는 않는다. 차라리 고품질의 생산 전략은 재작업을 줄여 주기 때문에 원가 부담이 줄어든다고 하겠다.

둘째, **품질**이란 소비자의 사용에 적합한 상태를 의미하며, 이는 기업 성공의 기초이다. 품질은 설계 명세서의 필요한 규격, 무게, 기능, 성능, 외관 등 모두를 포함하여야 하는데, 적절한 시간과 장소, 적절한 원가도 포함한다. 이뿐만 아니라 유연성의 측면을 반영하는 고객 서비스와 마케팅 측면도 포함된다. 높은 수준의 품질은 경쟁사 제품과 확연한 차이를 나타내면서 차별화를 갖는 비가격 경쟁 중에서 가장 중요한 전략 요소이다. 품질 향상을 위해서 새로운 아이디어의 개발과 가치 증대를 위한 기존 요소들의 결합을 실행하는 혁신은 단기적인 어려움이 있을지라도 장기적으로 반드시 성취하여야 한다. 품질은 정적인 개념이 아니며 고객의 기대감과 경쟁자의 행동에 차별화를 주는 동적인 표적이기 때문이다. 품질 개선은 완전을 향하는 계속적인 노력 절차이다.

셋째, **납기**는 주문을 받은 후에 제품이나 서비스를 고객에게 공급할 때까지 소요되는 기간이다. 이것을 **리드 타임**(lead time)이라고 부른다. 납기 준수라는 약속을 신뢰성 있게 유지한다면 첨단 기술이 없이도 경쟁력을 가질 수 있다. 고객에게 주문 상품을 인도하는 것이 경영의 핵심이다. 상품 인도는 무엇보다도 계약 당사자들끼리 합의된 시기에 실천되어야 한다. 이를 성취하려면 자사의 생산 능력과 외주를 포함하는 총공급량과 주문량 간의 균형이 맞아야 한다. 기업은 일반적으로 원활한 공급을 위해서 안전 재고를 확보한다. 기업 입장에서는 재고 수준을 될 수 있는 대로 낮게 유지하면서 납기를 준수하는 것이 가장 효율적일 것이다.

넷째, **생산 탄력성**은 일반적으로 신제품 도입, 생산량, 제품 혼합에 관련된다. 기업에서는 제품에 대한 고객 욕구의 변화를 극복하는 것이 필수적이다. 이를 위해서는 기존의 표준 제품 영역 내에서 탄력성 전략을 구사하는 것이 가능할 것이다. 탄력성 전략의 가장 극단적인 예는 새로운 고객의 욕구나 새로운 시장에 참입하기 위해서 신제품을 소개하는 경우이다. 기업이 기존 제품의 범위 내에서 탄력성 전략을 구사할 수 있는 방법은 다양한 시간대에 다양한 수량을 공급하거나 여러 형태의 **제품 혼합**(product mix)을 시도할 수도 있다.

생산 전략은 기업 전략을 구체적으로 이행하기 위한 수단으로서 중요한 의미를 가진다. 이 전략은 어떠한 순서로 이행할 수 있을 것인가? 우리나라의 많은 기업은 아직도 원가 주도 전략을 최우선순위로 하고 있다. 그러나 생산이 생산자 만족이 아닌 고객 만족 차원에서 이루어져야 한다면, 우선순위의 전략 차원은 비가격 경쟁에 의한 고품질 전략이라고 하겠다. 왜냐하면 최근의 소비자는 일반적으로 소득 수준이 높아지면서 좀 더 품위있고 다양한 욕구를 가지고 있기 때문이다. 위의 전략 차원에서 중요한 순서대로 놓는다면 어떻게 할까? 아마도 품질, 납기, 원가, 생산 탄력성의 순서가 될 것으로 생각된다.

앞에서도 지적한 바와 같이, 과거부터 지금까지도 우리나라 기업 중에서는 원가와 납기를 최우선의 생산 전략으로 수행하는 기업이 상당수 있다. 지나치게 내부 효율적인 면만 중요시한 나머지, 외부의 고객 만족과 같은 효과성에 대해서는 등한시하여 왔던 것이다. 품질의 관리나 개선 노력이 부족한 것은 사실이었다. 많은 기업들은 틈새시장을 위한 다품종 소량 생산보다는 넓은 시장을 위한 대량 생산 방식을 더 선호하여 왔기 때문이다. 무엇보다도, 품질이 안정되어야 고객에 대한 납기를 효율적으로 준수할 수 있다. 품질과 납기 준수가 이루어지고 나면, 그때부터 원가 절감을 통한 가격 우위를 점할 수 있으며, 나아가서 유연성을 가질 수 있다. 따라서 생산 전략은 품질, 납기, 원가, 생산 탄력성의 순서로 이루어져야 할 것이다.

생산 부서의 전략이 수행되면 그 결과는 반드시 평가되어야 한다. 생산 목표에 대한 성과를 측정하는 기준은 [도표 7-3]과 같다.

생산 전략의 성과를 측정하는 방법으로, 대부분의 기업은 내부 개념인 품질, 원가 구성 비율, 납기 준수 등과 같은 내부 목표의 달성 정도를 이용하여 측정한다. 이 외에도 위 표에 제시된 바와 같이 외부 경쟁자와 고객의 동향을 나타내는 생산 탄력성을 고려하여야 한다.

[도표 7-3] 생산 전략 목표의 평가 기준

기업 전략 수준	생산 전략 수준	평가 기준
효과성	품질	성능, 외관, 신뢰성
효율성	납기	납기 준수, 신속성
	원가	매출액 대비 제조 원가의 비율
유연성	생산 탄력성	설계 변경, 신제품 도입, 제품 혼합, 제품 라인 추가

3.2 생산 의사 결정

앞에서 살펴본 바와 같이, 생산 전략은 목표 달성에 대한 생산 능력의 수준을 검토하고, 생산 자원을 적합하게 이용하여 생산 활동을 수행하는 계획이다. 이를 성공적으로 수행하기 위해서 구체적으로 포함되는 생산 의사 결정은 전략적, 전술적, 단기 운영 등 세 가지 계층적인 범주로 나눈다.

먼저, 상위의 전략적 의사 결정은 대부분 장기적인 것으로서, 제품과 서비스의 선택, 기술과 공정, 품질 경영, 조직의 정책 등과 같은 것을 포함한다. 중위의 전술적인 의사 결정은 고용, 생산, 설비 문제를 다룬다. 이것은 전략적인 것보다 범위가 더 좁으며 또한 전략적 의사 결정에 의하여 영향을 받는다. 끝으로, 하위의 단기 운영적인 의사 결정은 작업 인원과 생산량의 조정, 설비 고장 수리, 재고 보충 등을 포함한다. 생산 의사 결정에 있어서 계획과 운영은 이와 같이 수직적이어서, 하위의 단기 운영은 상위의 전술적 요인과 전략적 요인에 의하여 제약을 받는다.

지금까지 기업 전략, 생산 전략, 생산 의사 결정이 어떠한 관련을 가지고 있는가를 설명하였다. 그러면 기업은 시장의 특성에 맞추어서 이러한 요소들을 어떻게 조직적으로 운영하고 있는가를 살펴보기로 하자.

[도표 7-4]를 보면, 기업은 가격에 민감하면서 대량 소비가 이루어지는 시장에서는 주로 원가 주도 전략을 가지고 운영한다. 이 경우 기업은 저가격을 유지하기 위하여 원가 절감의 노력을 기울인다. 생산되는 제품이나 공정은 대량 생산 시스템을 지향한다. 이와 반대로, 제품 특성에 민감한 시장에서 기업 전략은 차별화 전략이 되며, 품질이나 생산 탄력성을 중요시하는 생산 전략을 가진다. 이를 수행하기 위해서 생산 공정은 유연하며, 신제품 개발에 많은 노력을 기울이게 된다. 또한 생산 전략은 다음에서 설명하는 생산 계획을 수립하는 데에 기초가 된다.

[도표 7-4] 기업 전략, 생산 전략, 생산 의사 결정의 관계

시장 특성 전략	대량 소비 시장(높은 가격 탄력성)	다품종 소량 소비 시장(민감한 제품 특성)
기업 전략	원가 주도 전략: 저원가에 적절한 수준의 품질	차별화 전략: 고품질과 생산 탄력성 중시에 적절한 가격
생산 전략	• 표준화된 제품 • 규모의 경제 • 엄격한 재고 관리 • 자동화	• 독특한 제품 • 범위의 경제 • 덜 엄격한 재고 관리 • 숙련 작업자
생산 의사 결정	• 제품 생산 라인의 제한 • 1조 3교대 근무 형태 • 설비 가동률 80% 유지	• 신제품 개발 및 시험 • 셀 생산제* 도입 • 교육·훈련 중시

*셀(cell) 생산은 컨베이어벨트 대신 한 작업대에서 독자 작업을 하는 생산 형태를 말한다.

제4절 생산 계획

생산 계획(production planning)은 생산 활동에 필요한 자원을 효율적으로 배분하는 생산 의사 결정 계획이다. 생산 활동에 필요한 자원은 인적 자원, 물적 자원, 정보 등을 포함한다. 일반적으로 수요 예측에 따라서 제품 계획이 이루어지며, 그리고 제품을 생산하기 위해서 생산 계획을 세운다. 생산 계획은 수요 예측을 토대로 생산하려는 제품의 종류, 수량, 가격 등과 함께 생산 방법과 일정 계획 등에 관하여 효율적인 계획을 수립한다. 생산 계획의 중심 내용은 생산 수량과 일정 계획에 관한 의사 결정이다.

계획 생산의 경우, 생산 계획은 수요 예측 및 제품 계획과 직접적인 관계를 갖는다. 비교적 안정된 수요 패턴 속에서 이루어지는 전통적인 생산 계획은 만들면 팔리는 개념이다. 반면에, 주문생산의 경우에는 수요 예측 없이 주문 후 직접 제품 설계를 실시한다. 이 방식은 다품종 소량 생산의 주문을 받아 생산 활동을 집행하는 것이다. 생산 형태에 관계없이 생산 계획의 목표는 필요한 제품을 필요한 시기에 필요한 양만큼 만드는 것이다. 이것은 당연한 것으로 보이지만, 최근 들어 수요 예측의 불확실성으로 인하여 더욱 어려워지고 있다.

[도표 7-5]는 생산 계획과 관련된 활동을 나타낸다. 생산 계획은 [도표 7-5]에서 보는 바와 같이 총괄 계획, 주생산 계획, 자재 소요 계획, 일정 계획 등의 순서로 이루어진다. 일반적으로 일년 단위의 생산 계획량은 중기 계획으로서 본부에서 세우며, 분기별 계획은 공장장이 세운다. 그리고 그 이하 단위의 계획은 작업 현장에서 이루어진다. 실제 기업 현장에서는 복잡한 용어를

[도표 7-5] 생산 계획과 관련된 활동

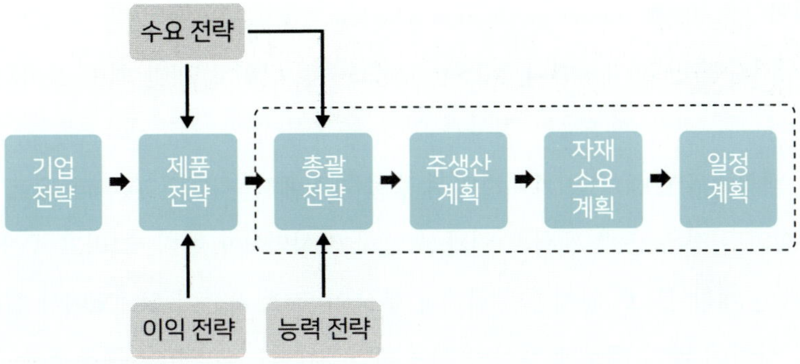

사용하기보다는 분기별, 월간, 주간, 일일 계획과 같이 기간별 이름을 사용하면서, 생산 계획 기간에 따라 생산량과 생산 시기를 계획한다.

4.1 총괄 계획

총괄 계획(aggregate production planning, APP)은 통상 1년 단위로 수요 예측에 근거하여 어떤 제품을 언제의 얼마나 생산할 것인가를 결정한다. 즉, 제품 생산에 관련된 생산 수준, 고용 인원, 재고 등의 통제 가능한 변수를 조정하는 중기 계획이다. 총괄 계획에서는 전체 수요에 대응하여 다른 부서와는 물론 사업 전략과 활동에 관하여 조정을 하는데, 인력 수급, 예산, 원자재와 부품 구입, 판매 등에 관하여 의사 결정을 내린다.

여기에서 다루는 것은 개별 제품을 적절하게 그룹으로 묶어, 그룹 제품을 기본 단위로 생산 계획을 세운다. 제품을 그룹으로 분리하는 기준은 제품 특성이 다른 경우에는 별 문제가 없으나, 특성이 비슷한 경우에는 공통 척도를 기준으로 분리한다. 예를 들어, 냉장고와 에어컨을 만드는 가전제품 회사는 확연하게 구분되는 제품을 생산하므로 두 그룹으로 나누어 총괄 계획을 세우면 된다. 그러나 자전거 제조 회사에서 일반 자전거, 산악자전거 등 여러 종류의 제품을 만드는 경우에는 모두 합한 단일 품목으로 간주하여 전체적으로 총괄 계획을 세운다. 총괄 계획에서 가장 중요한 사항은 수요의 변동을 어떻게 흡수하는가이다. 이 계획의 목표는 공급량을 수요량에 일치시키는 데 있다. 구체적으로 공장 내부에서는 생산 수준, 고용 수준, 재고 수준 등을 조정한다.

4.2 주생산 계획

주생산 계획(主生産計劃, master production schedule, MPS)은 제품 그룹을 해제하고 개별적인 제품의 생산 시기와 수량을 계획한다. MPS는 보통 1주일 단위로 개별 최종 품목의 일정을 계획한다. 예를 들어, 자전거를 제조하는 회사가 있어, 품목을 일반 자전거와 산악자전거로 나눈다고 하자. 총괄 계획에서 1,000대를 계획하면 주생산 계획에서는 각각 700, 300대로 나눈다.

주생산 계획의 일정은 총괄 계획과 일관성 있게 작성되어야 한다. 그리고 주생산 계획은 최종 완제품에 관한 계획이므로 완제품의 납기와 부품의 조달 기간이 고려되어야 한다. 주생산 계획에는 고려할 사항이 많기 때문에 생산 방식에 따라 계획이 달라진다. 주문생산인 경우에는 생산 계획을 미리 세울 수 없으며 주문을 받은 후에 생산 계획을 세워야한다. 계획 생산에서는 제품이 많지 않고, 사양이 복잡하지 않은 경우에 제품별로 주생산 계획을 세운다. 그러나 자동차와 같이 복잡하게 부품을 조립하여야 하는 경우에는 최종 제품에 대한 것보다 엔진, 변속기 등과 같이 주요 부품에 대하여 생산 계획을 세운다. 승용차의 경우는 엔진의 크기, 에어컨의 유무, 자동식 혹은 수동식 변속기 등으로 옵션이 다양하므로, 완제품에 대한 주생산 계획은 복잡해진다.

4.3 자재 소요 계획

자재 소요 계획(material requirements planning, MRP)은 주생산 계획(MPS)을 기초로 하여 완제품 생산에 필요한 자재 및 구성 부품의 종류, 수량, 시기 등을 계획한다. MPS에서 확정된 완제품의 소요량은 생산 기간별(주 단위)로 자재 및 부품의 소요량으로 바뀐다. MRP에서는 부품의 재고 수준을 합리적으로 낮게 하면서 완제품을 적시에 생산하도록, 부품의 발주, 생산, 조립에 관한 계획을 수립한다.

MRP는 자재 및 부품의 적절한 재고 수준 유지, 작업 흐름의 향상, 우선순위 및 납기 준수, 생산 능력의 활용 등을 목표로 한다. 그리고 자재나 부품의 사용과 우선순위를 계획하기 위하여 내부적으로 의사소통을 긴밀하게 하는 데 있다. 특히 구매 부서와 생산 부서 간의 긴밀한 관계가 필요하다.

4.4 일정 계획

생산 계획에서 총괄 계획(장기), 주생산 계획(중기), 자재 소요 계획(단기)이 이루어져서 생산 지시가 있으면, 일정 계획을 위해서 작업 지시가 내려진다. **일정 계획**은 현장 관리자용으로서 주간 단위로 일일 작업을 계획하는 것이며, 부품이 적기에 조달되고 생산이 지정된 시간까지 이루어지도록 하는 계획이다. 일정 계획의 목표는 자원 활용과 납기에 대하여 세워진다. 일정 계획은 인력이나 기계에 대한 자원 이용률을 높게 유지하며, 작업의 우선순위에 따르는 인력이나 기계의 능력 계획을 세운다. 납기는 계획 생산이나 주문생산과 관계없이 준수되어야 한다. 주문생산의 경우 납기 준수는 계약을 이행하는 것이며, 계획 생산의 경우 생산 일정 계획을 준수하는 것이다. 일반적으로 일정 계획은 생산하여야 할 품목의 순서를 결정하며 그리고 작업의 순서를 결정하게 된다.

일정 계획에서는 간트차트를 이용하여 생산 일정표를 만든다. **간트차트**는 시간이 진행됨에 따라 계획과 작업 진행 성과와의 관계를 막대로 표시한다. 이 차트의 수평축은 기간(월, 주, 일, 시간 등)을 표시하며, 수직축은 필요에 따라 적당한 항목(작업, 기계, 부서, 작업자 등)을 표시한다.

4.5 생산 능력 계획

생산 능력(production capacity)이란 고객이 원하는 제품이나 서비스를 필요한 시간에 제공할 수 있도록 설계된 생산 시스템의 생산 규모이다. 다시 말하면, 생산 능력은 일정한 기간 동안에 실제로 생산이 가능한 최대 생산량을 의미한다. 예를 들어, 어느 공장에서는 3대의 기계가 있고, 하루 12시간씩 2교대를 하며, 기계 1대당 1교대에 1,000개를 생산할 수 있다고 하자. 이 공장의 일일 생산 능력과 월생산 능력(월 평균 20일 작업)은 각각 다음과 같이 계산된다.

일일 생산 능력: $3 \times 1000 \times 2 = 6{,}000$(개)

월 생산 능력: $3 \times 1000 \times 2 \times 20 = 120{,}000$(개)

기업은 고객의 니즈에 충분한 생산 능력을 갖추어야 하지만, 과도한 시설로 인한 과잉 능력은 과잉 투자가 되어 기업은 자금 압박을 받게 된다. 반대로 과소 생산 능력은 생산 기회를 잃어버리게 되어 기회 손실을 가져올 수 있다. 따라서 생산 능력 계획을 정확하게 세우는 것이 중요하다.

기업 전략, 수요 예측, 생산 계획 등이 이루어지면 생산 능력 계획은 생산 시스템의 생산 규모를 결정하게 된다. 완벽하게 균형 잡힌 공장에서는 1공정의 산출량이 2공정의 투입 소요량이 되며, 그리고 2공정의 산출량은 다음 공정의 투입 소요량이 된다. 그러나 현실적으로는 이것을 성취하기가 매우 어렵다. 각 공정마다 최적 가동률과 품질 상태가 다르며, 그리고 적어도 단기적으로는 공정 자체가 생산 수요 변화에 대응하기가 어렵기 때문이다. 여기서 최적 가동률이란 단위당 제품 생산 원가가 최저인 때의 생산 능력 수준이다. 그리고 공정상의 불균형 문제는 서비스업의 경우에 더욱 심하다.

따라서 기업은 생산 능력에 대한 계획을 세워 수요 변화에 대응하여 생산량을 변화시킬 수 있어야 하며, 그리고 다품종의 제품을 생산할 수 있는 제품 기술 및 공정 기술이 있어야 한다. 이를 위해서 생산 능력 계획은 [도표 7-6]에 제시된 바와 같이 기간별로 세워지는 중요한 의사 결정이다.

[도표 7-6] 생산 능력 계획

종류	기간	내용
장기 계획	1년 이상	• 건물, 설비, 자본 • 최고 경영자의 참여
중기 계획	1년 이하	• 고용, 해고, 새로운 공구, 하청 • 총괄 계획과 연관
단기 계획	1달 미만	• 잔업, 인원 교체, 대체 공정 • 일일 또는 주일 일정 계획

[도표 7-6]에서 보면, 장기 계획은 건물이나 설비와 같이 자본 회임 기간이 1년 이상의 기간을 요하는 투자를 포함한다. 중기 계획은 월 단위의 계획으로서 고용, 하청 등에 관하여 계획을 세우며, 단기 계획에서는 일일 또는 주일 계획에 속하는 일정 계획을 주로 세운다.

사실, 기업에서 생산 계획을 세우는 데에는 많은 애로점을 가지고 있다. 구매 부서는 공급 업체가 납기일에 맞추어서 배달할 것인지를 확인하지 못하며, 그리고 조달 기간 때문에 생산 부서의 정확한 일정을 미리 요구한다. 생산 부서는 주별로 스케줄을 잡아 놓았으나, 영업 부서의 납기 변동 요청으로 여러 제품에 대하여 기일을 지키지 못하고 있으며, 1개월이 지나도록 스케줄을 다시 못 잡기도 한다. 고객의 제품 수요는 매일 일어나지만, 리드 타임이 길어져서 고객 수요는 며칠 후에나 충족되기도 한다. 어느 고객으로부터 한달 후에 500단위의 구매 약속을 받아 놓았지만, 제품이 인도되기 전까지는 확실치 않다. 완성된 제품을 재고로 보유하고 있어야 고객의 납기에 맞추어서 선적할 수 있다. 정도의 차이는 있으나 이러한 현상은 많은 기업이 겪고 있는 문제이다. 제품 생산은 재고 수준을 어느 정도 유지할 것인가의 문제로 귀착된다.

따라서 기업은 생산 품종과 수량의 변화가 심해짐에 따라 수요 변화에 대응할 수 있는 생산 시스템이 필요하다. 생산 방식은 라인 생산 방식에서 분업에 의한 단순 노동이 아니라, 다기능 팀에 의하여 모듈화된 부품을 다루는 형태를 지닌다. 그리고 리드 타임(주문에서부터 납기까지)의 단축은 주요 현안이 되고, 재고 부담을 최대한으로 줄이면서 수요 변동에 유연한 생산 계획을 수립하지 않으면 안 되게 되었다.

유연한 생산 계획을 수립하려면 직접 부문의 효율화만으로는 충분하지 않다. 직접 부문은 많은 부분에서 자동화를 통하여 개선되어 왔다. 그럼에도 불구하고, 소비자의 다양한 요구를 충족시키기에는 기계화의 장점만으로는 불충분하다. 오히려 과도한 투자로 인하여 생산 설비의 가동률이 떨어지는 경우에 심각한 타격을 입을 수 있다. 따라서 부품 조달과 생산 계획과 같은 간접 부문에서 정보화를 통하여 불확실한 시장 상황에 대응하는 유연한 생산 계획이 필요하다.

PL법

한국의 제조물 책임(Product Liability, PL)법은 2002년 7월부터 시행되었으며, 최근에는 더욱 강화되었다. 2023년 기준, PL법은 기업의 고의나 과실이 입증되지 않더라도 제품 결함이 인정되면 소비자가 배상을 받을 수 있도록 하고 있다. 또한, PL법은 처벌적 손해 배상과 증거 부담 완화를 포함하여 소비자 보호를 강화했다.

PL법의 주요 내용

- 안전 보장: 기업은 제작, 유통한 제품의 안전을 보장해야 하며, 제품 결함으로 인한 사고에 대해 책임을 진다.
- 책임 강화: 제품 결함이 인정되면 고의나 과실이 입증되지 않더라도 기업은 배상을 해야 한다.
- 경고 및 표시: 제품 자체의 품질 문제뿐만 아니라 경고, 표시 등에도 신경을 써야 한다.
- 처벌적 손해 배상: 중대한 결함으로 인한 사고에 대해서는 추가적인 배상을 요구할 수 있다.
- 증거 부담 완화: 소비자가 제품 결함을 입증하기 쉽게 증거 부담이 완화되었다.

기업의 대응

기업은 전사적 차원에서 사고 발생 가능성을 줄이고, 소비자 불만이나 이미지 손상을 최소화하기 위해 노력해야 한다. 또한, 해외 수출 시 제조물 보상 책임보험에 가입하여 인명 및 재산 피해에 대비할 필요가 있다. 이는 특히 전기, 전자, 자동차, 식품, 약품, 의료 기기 등 안전성과 밀접한 상품에 큰 영향을 미친다. 중소기업들은 클레임 처리와 법적 대응을 위해 전문가를 확보하는 등 대비책을 마련해야 한다.

제5절 기술 혁신

5.1 기술의 의의

어느 학자는 '국가는 기술에 흥하고 기술에 망한다'고 하였다. 세계사의 변화 속에서도 알 수 있듯이, 일찌기 군사력은 세계의 패권을 잡는 데 중요한 수단이 되었다. 스페인, 영국, 독일, 일본, 미국 등이 이에 해당된다고 할 수 있다. 그러나 제1차 대전 이후에는 국가에 의한 강력한 경제 정책이 국가의 성장을 이끌어 나갔다. 미국은 국가 경제 차원에서 1929년의 대공황 문제를 해결하였으며, 그 후 사회주의나 자본주의 할 것 없이 많은 국가들은 계획경제로 부흥, 발전하였다. 그러나 최근에는 경제력보다는 기술력이 강한 국가가 세계를 지배하고 국제 관계에서 힘을 행사할 수 있다는 것이 사실로 받아들여지고 있다. 미국, 독일, 일본이 이에 해당된다고 보겠다.

기술이란 무엇인가? 기술이란 일반적으로 산업 사회에 사용되는 지식이라고 할 수 있다. 기술은 새로운 지식의 창조부터 제품과 서비스에 이르기까지 광범위하게 사용된다. 그것은 제품을 발명해서 개발하는 일, 제조하여 고객에게 제공하는 과정, 그리고 개개 활동뿐만이 아니라 사업 전체를 움직이는 정보 처리까지도 포함한다. 기술 경영을 효과적으로 실천하려면 이러한 점을 인식하여, 기술이 기업의 경쟁력을 유지하는 데 필요한 절대 요소라는 것을 알아야 할 것이다.

기술의 종류는 크게 제품 기술, 공정 기술, 정보 기술로 나누어 볼 수 있다. [도표 7-7]은 기술의 종류를 설명하고 있다.

[도표 7-7] 기술의 종류

종류	내용
제품 기술	• 제품 기획 • 제품 설계 • 서비스 기술
공정 기술	• 재료 • 전용 기계와 도구 • 재료와 부품의 이동, 배치법 • 제조 시스템 • 품질 관리 • 보수 정비 기술
정보 기술	• 정보의 하드웨어와 소프트웨어 • 응용 정보 시스템 • 경영자 지원 시스템 • 새로운 정보 비즈니스

첫째, 제품 기술은 제품 기획과 제품 설계에 관련된 기술을 포함한다. 제품 기획에서는 고객의 욕구를 파악하면서 동시에 이익이 남는 제품의 형태와 성능을 계획한다. 제품 설계에서는 제품 개발을 하면서 성능, 품질, 원가 등의 목표를 만족시키는 제품을 설계한다. 서비스 기술은 신제품의 결함 수리, 작업자 훈련, 작업 자료 및 매뉴얼 제작, 제품 사용 방법에 대한 사용자와의 연락 등이 포함된다.

둘째, 공정기술은 재료, 전용기계 와 공구, 재

료 취급 기술, 제조 시스템, 품질 관리, 보수 정비 기술 등이 포함된다. 재료에 관련된 기술로는 재료의 선정 기술, 업자의 능력 평가 기술 등이 포함된다. 재료 취급 기술은 재료와 부품의 정리, 보관, 이동, 방향 등에 관련된 기술이다. 제조 시스템 기술에는 부품의 증가, 조달, 공정 계획, 생산에 필요한 종합 정보 시스템 개발 등이 포함된다.

셋째, 정보 기술은 중요한 분야이다. 이것은 정보의 하드웨어와 소프트웨어, 응용 정보 시스템, 경영자 지원 시스템, 새로운 정보 시스템 등에 관련된 기술이다. 이 중에서, 정보의 하드웨어와 소프트웨어는 처리 속도, 시스템 능력, 인공지능, 전문가 시스템 등을 포함한다. 새로운 정보 비지니스는 창의적으로 시스템을 운영하여 새로운 제품, 새로운 서비스를 창출할 수 있는 기술을 의미한다.

이상에서 본 바와 같이 기술은 제품, 공정, 정보 등에 관련된 항목을 포함하고 있다. 기술 수준의 향상은 주로 연구·개발 부서의 능력에 의하여 향상되지만, 특히 현장 직원들에 의한 제조 기술 향상이 무엇보다도 중요하다. 이들은 주로 생산 공정에 투입되기 때문에 공정 기술의 발전이 이들의 동기 유발, 제안 제도 활성화 등을 통하여 이루어진다. 그리고 최근 정보화 사회를 맞이하여 정보 기술이 중요시되고 있음을 알 수 있다. 이러한 기술의 결합을 시대적으로 나타내 보면 [도표 7-8]과 같다.

[도표 7-8]에서 보면, 과거에는 정보 기술이 등한시되었으나, 최근 들어 들어와서 제품 및 공정 기술보다 더 중요시되는 경향이 높다. 미래로 나가면서, 정보 기술은 점점 더 큰 비중을 가지게 될 것으로 예상된다.

[도표 7-8] 기술의 결합과 정보 기술의 역할

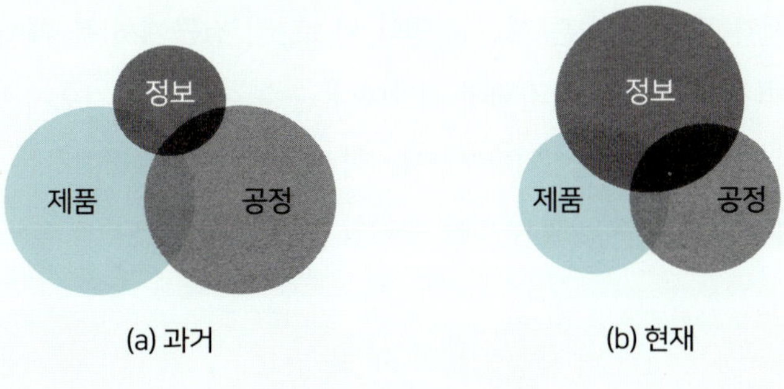

5.2 기술 혁신

많은 기업들이 혁신을 위해서 몸부림치고 있다. 경기 침체가 계속되는 한 기업이 살아남는 방법은 혁신뿐이라고 해도 과언이 아니다. 혁신은 새로운 아이디어를 만들어 신제품, 신공정, 또는 신서비스에 실행시켜서 기업에 이익을 가져다주며, 나아가서는 국가 경제에 역동적인 발전을 가져온다. 혁신은 일회성의 현상이 아니며 장기적이고 누적적인 조직의 의사 결정 과정이다. 새로운 아이디어는 새로운 고객의 니즈나 새로운 생산 방법을 의미한다. 이것은 지속적인 도전 가운데 정보를 계속 수집하는 과정에서만 만들어진다. 실천 과정을 통하여 새로운 아이디어는 개발되고 상업화된다. 혁신에 성공하면 시장에서 리더십을 가지거나, 새로운 시장을 창조하거나, 또는 경쟁력을 가지게 된다.

혁신에는 두 가지 변화, 즉 급진적인 변화와 점진적인 변화가 있다. 급진적인 변화는 혁명적인 갑작스런 변화를 의미하고, 점진적인 변화는 조그만 변화가 누적적으로 발생하는 것을 의미한다. 전자는 급진적인 혁신이며, 후자는 점진적인 개선이라고 할 수 있다. 산업의 초기 단계에서는 급진적인 제품 혁신, 예컨대 포드 자동차의 초기 발명과 같은 획기적인 것이 있었으나, 성숙 단계의 기존 제품(예를 들어, 현대의 소나타)에서 품질이나 디자인 향상으로 점진적으로 일어난다. 급진적인 경우에는 새로운 제품 설계가 유입되고, 시장이 불확실하여 위험도가 높다. 반면에, 점진적인 개선은 안정적으로 경쟁 우위 확보에 기여한다.

혁신은 구체적으로 새로운 재료, 소재에 의한 생산 제품, 기존 제품의 개선, 신제품의 개발, 신시장의 개척, 새로운 공정의 개발 등을 포함한다. 요컨대, 혁신 문제는 재래식 방법, 즉 기존의 제품이나 생산 공정으로 해결될 수 없는, 새로운 변화를 요구한다.

기술 혁신은 기술 개발과 동의어로 볼 수 있는데, 슘페터에 의하면 경제적으로 현저한 이익을 가져오는 새로운 기술의 출현을 의미하며, 구체적으로 제품, 생산 공정, 판매 경로, 경영 조직 등이 기술 혁신의 예가 된다. 기술은 생산 경영의 시스템적 접근에서 볼 때에 아마도 가장 중요한 투입 요소일 것이다. 혁신이 시장 경제에 성장이나 순수 이익을 가져오지 못한다면 기술 혁신이라고 보기 어렵다. 여기서 순수 이익이란 기술 혁신이 순수하게 공헌하는 부분이다. 기술 혁신은 시장에서 경쟁자에 대하여 경쟁 우위를 유지할 수 있게 해 준다.

Ⅱ 3D 프린팅을 통한 맞춤형 의료 기기 제작

한 의료 기기 제조업체는 환자 맞춤형 의료 기기를 제공하기 위해 3D 프린팅 기술을 도입했다. 기존의 의료 기기 제조 방식은 대량 생산에 적합했지만, 개별 환자의 신체적 특성에 맞춘 맞춤형 기기를 제작하는 데 한계가 있었다.

구현

① 환자 데이터 수집: 환자의 CT 및 MRI 스캔 데이터를 활용하여 정확한 신체 모델을 생성한다.
② 3D 모델링: 수집된 데이터를 기반으로 환자 맞춤형 기기의 3D 모델을 설계한다.
③ 3D 프린팅: 고성능 3D 프린터를 사용하여 생체 적합성 재료로 기기를 제작한다. 이 과정은 기존 제조 방식보다 빠르고 효율적이다.
④ 적합성 검사: 3D 프린팅된 기기를 환자에게 적용하여 적합성을 검사하고, 필요 시 추가 조정을 통해 최적화를 진행한다.

결과

3D 프린팅 기술의 도입으로 환자는 자신에게 최적화된 의료 기기를 사용할 수 있게 되었으며, 수술 성공률과 환자 만족도가 크게 향상되었다. 또한, 맞춤형 기기의 제작 시간과 비용이 감소하여 더 많은 환자에게 적시에 서비스를 제공할 수 있게 되었다.

이 사례는 의료 산업에서 3D 프린팅 기술의 활용을 기반으로 한 가상의 시나리오이다. 3D 프린팅은 맞춤형 제품 제작을 통해 다양한 산업 분야에서 혁신적인 변화를 이끌고 있다.

자료: Kim, J. (2021). "The Role of 3D Printing in Personalized Medicine." *Journal of Medical Devices*, 14(1), 45-58. Smith, L., & Johnson, R. (2023). "Advancements in 3D Printing for Biomedical Applications." *International Journal of Biomedical Engineering*, 17(3), 100-112.

GenAI를 활용한 토의 주제

● 다음 주제에 대하여 적절한 지시문을 만든 후, 여러 GenAI(예컨대, ChatGPT 3.5, Claude 3.5 sonnet, Copilot, Perplexity.ai) 중에서 하나를 선택하여 답변을 구하라.

① 한국 제조업의 특징 (답변의 예시가 부록 4에 제시되어 있음)

② 생산 운영의 전략적 사고

③ 생산과 IT 기술

④ 제품 혁신

⑤ 삼성전자와 TSMC 비교

제8장 서비스

제1절 서비스 산업의 발전
제2절 제조와 서비스의 비교
제3절 서비스란 무엇인가
  3.1 서비스의 개념
  3.3 서비스의 분류
  3.3 서비스의 운영상 특성
  3.4 서비스 패키지
제4절 서비스의 삼각 구조
제5절 서비스의 마케팅적 사고

넷플릭스

넷플릭스(Netflix)는 1997년에 설립된 미국의 스트리밍 서비스 기업으로, 전 세계 190개 이상의 국가에서 서비스를 제공하고 있다. 2023년 기준, 넷플릭스는 2억 3천만 명 이상의 구독자를 보유하고 있으며, 연간 매출은 약 316억 달러에 달한다.

넷플릭스가 글로벌 시장에서 성공할 수 있었던 이유는 다음과 같다.

① 원본 콘텐츠 제작: 넷플릭스는 자체 제작 콘텐츠를 통해 독점적인 시청 경험을 제공하며, 이는 경쟁력 강화에 중요한 역할을 했다. 히트작으로는 '기묘한 이야기(Stranger Things)', '더 크라운(The Crown)', '오징어 게임(Squid Game)' 등이 있다. 2023년에는 자체 제작 콘텐츠에 170억 달러를 투자했다.

② 글로벌 확장: 초기에는 미국 내 DVD 대여 서비스로 시작했으나, 2007년 스트리밍 서비스로 전환하면서 전 세계 시장으로 확장했다. 현재 30개 이상의 언어로 서비스를 제공하고 있다.

③ 개인화된 추천 시스템: AI 기반의 추천 시스템을 통해 사용자에게 맞춤형 콘텐츠를 제공하여 사용자 만족도를 높였다. 매년 알고리즘 개선에 수억 달러를 투자하고 있다.

④ 모바일 접근성: 다양한 디바이스에서 접근할 수 있는 서비스를 제공하여 언제 어디서나 콘텐츠를 즐길 수 있게 했다. 특히, 모바일 전용 요금제를 도입하여 새로운 시장을 개척하고 있다.

최근 성장과 혁신은 다음과 같다.

① 글로벌 콘텐츠 투자: 넷플릭스는 전 세계 다양한 국가에서 콘텐츠를 제작하며, 각국의 문화와 특성에 맞춘 콘텐츠를 제공하고 있다. 예를 들어, 한국 드라마 '오징어 게임'은 전 세계적인 인기를 끌며 큰 성공을 거두었다.

② 기술 혁신: 스트리밍 품질 개선을 위한 기술 개발과 AI를 활용한 콘텐츠 제작 및 관리에 지속적으로 투자하고 있다. 2023년에는 새로운 비디오 코덱을 도입하여 데이터 사용량을 20% 절감하면서도 품질을 유지했다.

결론적으로 넷플릭스는 독창적인 콘텐츠 제작, 글로벌 확장 전략, 기술 혁신을 통해 스트리밍 서비스 시장에서 선도적인 위치를 유지하고 있다. 앞으로도 지속적인 성장이 기대된다.

제1절 서비스 산업의 발전

과거 한국은 급속한 경제 성장을 추구하며 수출 지향적 정책 속에서 노동과 자본 집약을 통해 규모의 경제가 용이한 제조업 중심의 산업 발전에 주력해 왔다. 그러나 소득 수준이 높아지고 서비스 산업의 비중이 증가하면서, 한국은 제조업과 서비스 산업의 병행 발전을 통해 경제의 고부가가치화와 삶의 질 개선을 목표로 하고 있다. 현재 서비스업에 종사하는 인구가 늘어나고 있지만, 향락적이고 소비적인 서비스업의 증가는 바람직하지 않다. 따라서 유통, 운송, 사업 지원 서비스업 등에서 영세성과 낙후성을 극복하기 위해 장기적인 안목이 필요하다. 서비스 산업의 개방이 가속화됨에 따라, 생산적인 서비스 산업의 발전이 요구되며, 서비스 분야에서 고급 인력을 활용한 고부가가치 산업 창출이 시급하다.

경제 발전에 따라 산업의 중심은 점진적으로 농업과 공업에서 3차 산업인 서비스로 이동하고 있다. 서비스는 여러 영역으로 분류될 수 있으며, 통신과 교통 같은 인프라 서비스는 소비자뿐만 아니라 경제 활동을 연결하는 필수적인 역할을 한다. 서비스 전문 회사는 제조 회사보다 더 저렴하고 효율적으로 고객에게 서비스를 제공할 수 있다. 예를 들어, 금융, 광고, 컨설팅, 설비 보수 등은 제조업을 지원하기 위해 서비스 회사가 제공하는 중요한 서비스들이다. 정보사회에서는 대량생산에 의한 제품 생산량이 아닌, 건강, 교육, 여가 등과 같은 서비스로 삶의 질이 측정될 수 있다.

오늘날 주요 선진국들의 서비스 산업은 국내총생산(GDP)에서 60% 이상을 차지하며 경제와 사회 발전의 중심 역할을 하고 있다. 미국과 영국 같은 나라는 이 비율이 70%를 넘는다. 서비스 산업은 사회의 중심에 위치하여 1차 및 2차 산업의 제품 생산을 지원하고 촉진하는 역할을 담당한다. 서비스 산업의 비중이 커지면 물가 상승 압력이 높아지지만, 동시에 고용 흡수력도 증가한다. 특히 정보 통신과 같은 서비스 산업은 글로벌 경제 체제를 구축하는 데 중요한 역할을 하고 있다.

한국의 서비스 산업은 경제에서 차지하는 비중이 점점 커지고 있으며, 이는 주요 선진국들과 마찬가지로 GDP의 60% 이상을 차지하고 있다. 이러한 변화는 한국 경제가 제조업 중심에서 서비스 중심으로 전환되고 있음을 나타낸다. 또한, 서비스 산업은 전체 고용의 약 70% 이상을 차지하는 주요 고용원으로, 한국 경제의 다각화와 안정성 강화에 크게 기여하고 있다.

한국의 서비스 산업은 다양한 분야에서 두드러진 발전을 이루며 경제 성장에 중요한 기여를 하고 있다. 주요 서비스 분야로는 정보 통신 기술(ICT) 서비스, 금융 서비스, 관광 및 문화 콘텐츠, 의료 및 헬스케어 서비스, 교육 서비스 등이 있다.

오늘날 한국은 세계적인 ICT 강국으로 자리매김하고 있으며, 통신 서비스, 인터넷 서비스, 소

[도표 8-1] 서비스 영역

영역	업종
사업 지원 서비스	금융, 은행, 컨설팅
거래 서비스	창고, 도소매, 설비·보수
인프라 서비스	통신, 교통, 운송
개인 서비스	식당, 호텔, 의료, 연예
공공 서비스	교육, 정부, 방송

프트웨어 개발, 클라우드 컴퓨팅 등 다양한 서비스를 제공하고 있다. ICT 서비스는 디지털 경제의 중추적인 요소로, 다른 산업의 디지털 전환을 지원하며 경제의 경쟁력을 강화하는 데 중대한 역할을 하고 있다. 특히, 5G 네트워크의 신속한 도입과 발전은 한국 ICT 산업의 글로벌 리더십을 더욱 강화하고 있다.

금융 서비스는 한국 경제에서 필수적인 역할을 수행하며, 은행, 보험, 증권 등 다양한 서비스를 포함하고 있다. 최근 디지털 금융의 발전과 함께 핀테크 분야가 급속히 성장하면서 금융 서비스의 효율성과 접근성이 크게 향상되고 있다. 인터넷 뱅킹, 모바일 결제 시스템, 블록체인 기술의 활용 등은 한국 금융 산업의 혁신을 주도하고 있다.

관광 산업은 한국의 경제 성장에 중요한 기여를 하고 있으며, 문화와 자연을 기반으로 다양한 관광 상품이 개발되고 있다. 특히, 한류의 영향으로 K-pop, 드라마, 영화 등 문화 콘텐츠가 전 세계적으로 인기를 끌며, 이는 한국의 이미지 제고와 수출 확대에 기여하고 있다. 이러한 문화 콘텐츠는 관광 산업과 시너지 효과를 발휘하여 한국을 방문하는 외국인 관광객 수를 증가시키고 있다.

한국의 의료 서비스는 높은 수준의 기술과 전문성을 바탕으로 발전하고 있으며, 의료 관광 분야에서도 주목받고 있다. 첨단 의료 기술과 우수한 서비스를 통해 외국인 환자를 유치하고 있으며, 이는 의료 산업의 국제 경쟁력을 높이는 데 기여하고 있다. 또한, 건강과 웰빙에 대한 관심 증가로 헬스케어 서비스 시장도 빠르게 성장하고 있다.

교육 서비스는 한국의 높은 교육열과 수준을 기반으로 발전하고 있으며, 온라인 교육의 확대로 새로운 시장을 개척하고 있다. 한국의 교육 콘텐츠는 해외에서도 인기를 얻고 있으며, 이는 글로벌 교육 서비스 시장에서 경쟁력을 갖추는 데 기여하고 있다. 특히, 디지털 기술을 활용한 교육 플랫폼의 발전은 교육의 접근성과 효율성을 크게 높이고 있다.

[도표 8-2] 제조업과 서비스업의 고용 인구 비율 변화

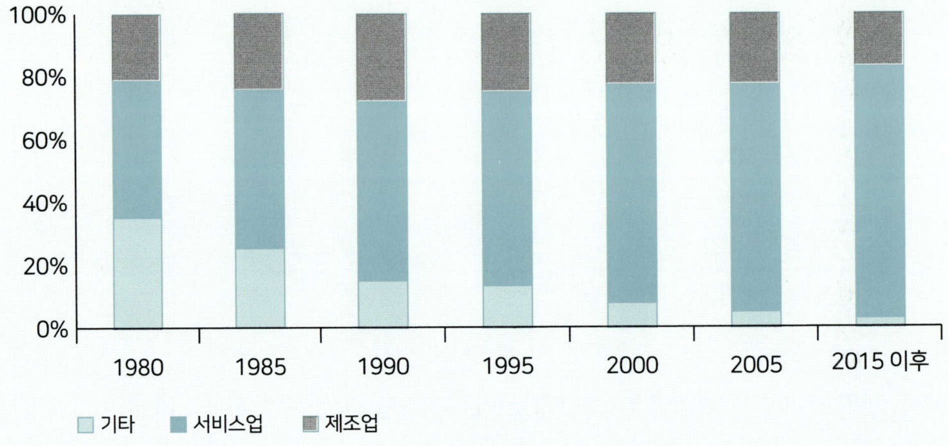

이와 같은 주요 서비스 분야는 한국 경제의 중요한 축으로 자리 잡고 있으며, 이러한 서비스 산업의 발전은 경제 성장과 고용 창출에 핵심적인 역할을 할 것이다. 이를 위해 디지털 전환, 서비스 품질 개선, 글로벌 시장 확대 등 다양한 노력이 지속적으로 이루어질 것이다.

제2절 제조와 서비스의 비교

제조업은 제품을, 서비스업은 서비스 상품을 생산하여 고객에게 제공한다. 예컨대, 자동차 제조 회사는 자동차를 생산하여 판매하며, 병원은 환자를 치료하는 서비스를 판매한다. 두 산업의 특징을 비교하면 다음과 같다.

첫째, **제조업의 제품은 물리적인 형태가 있으나, 서비스 상품은 형태가 없다.** 이러한 기본적인 차이점에도 불구하고, 제조업에서는 유형적인 제품과 함께 기술, 정보, A/S 같은 무형의 것이 포함된다. 그리고 음식점의 경우에는 손님에게 친절한 서비스와 함께 유형적인 음식이 제공된다. 모든 산업에는 유형적인 요소와 무형적인 요소가 함께 포함되며, 다만 산업의 특성에 따라 그 구성비가 달라진다. 유형과 무형의 두 부분 중에서 어느 것이 더 많은 부분을 차지하는가에 따라 제조와 서비스로 대별할 수 있다. 일반적으로 말해서, 제품은 유형적인 부분을, 서비스는 무형적인 부분을 많이 차지한다. [도표 8-3]에서, 제조 이외의 소매, 식당, 교육 등은 서비스업으로 분류된다.

[도표 8-3] 상품의 유형 부분과 무형 부분

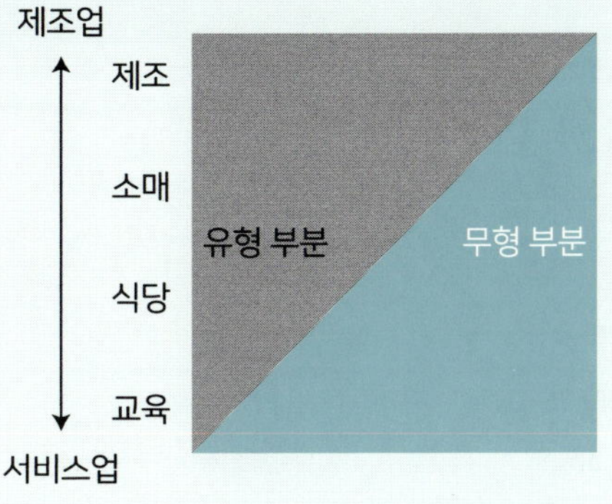

둘째, **제조업과 서비스업은 재고 가능 여부의 기준으로 분류할 수 있다.** 제품은 유형적인 모양을 가지고 있어 재고가 가능하여, 미래에 고객을 위하여 사용될 수 있다. 그러나 서비스는 재고 불가능의 무형 상품이며 생산과 소비가 현장에서 즉시 이루어진다. 더욱이 서비스의 품질은 서비스 제공자에 의하여 결정되므로 객관성 있는 품질 관리가 어렵다. 한마디로 제품과 서비스의 차이는, 제품은 소비하는 것이지만 서비스는 경험하는 것이다.

셋째, **제조업과 서비스업의 차이는 고객과의 접촉 형태에 있다.** 제조업에서는 이미 생산된 제품을 통하여 고객을 만나지만, 고객이 생산 공장이나 프로세스에서 함께 작업하는 것은 거의 불가능하다. 반대로 서비스업에서는 프로세스 안에 고객이 있어야 서비스 생산이 이루어진다. 예컨대, 환자 없는 병원과 학생 없는 학교는 상상하기 힘들다. 병원, 학교, 호텔 등에서 고객은 중요한 투입 요소가 된다. 요컨대, 제조 공장에서는 고객과 직접 접촉하는 기회가 그리 많지 않으나, 서비스업에서는 고객 접촉이 다반사이다. 따라서 고객 접촉이 많은 서비스업에서는 고도의 고객 관리 기술이 필요하다. [도표 8-4]에서 제조와 서비스의 차이를 총괄적으로 비교하였다.

이와 같이 제조와 서비스는 여러 면에서 차이가 있으며, 따라서 전략적으로 고려할 내용도 다르다. 그리고 동일한 산업 안에서도 산출물의 특성에 따라 운영 전략에 차이가 있다.

특히, 서비스 상품은 무형적이며, 고객과의 대응 시간이 짧다. 서비스 상품을 생산하기 위한 시스템에서 직원들의 명확한 의사소통은 제조업의 경우보다 더 중요하다고 하겠다. 생산 부서와 마케팅 부서의 유기적인 협조는 즉각적인 서비스 전달에 지대한 영향을 미친다. 예를 들어, 손님으로부터 주문을 받는 직원과 주방에서 일하는 직원 사이에 의사 전달이 명확하게 이루어지지 않으면, 손님에게 제공되는 서비스 수준은 불만족스러운 것이 될 수 있다. 이러한 문제는 짧은

[도표 8-4] 제조와 서비스의 비교

특성	제조	서비스	가상현실
상품 형태	유형	무형	유/무형
재고	재고 가능	재고 불가능	재고 가능
생산/소비	시간차	동시	동시
표준화	표준화	비표준화	표준화/비표준화
고객 대응 시간	길다	짧다	짧다
고객 접촉	적다	많다	많다
품질 측정	객관적	주관적	주관적

시간 내에 발생할 수 있으며, 매출에 심각한 영향을 주기도 한다.

서비스업은 주로 노동 집약적인 산업이며, 특히 고객 접촉은 직원을 통하여 이루어진다. 최고 경영자는 고객 정보를 직접 받기 어려우므로, 정교한 고객 관련 정보 시스템의 개발이 요구된다. 따라서 서비스업에서 직원은 대인 관계뿐만 아니라, 정보 관리에서도 능력을 갖추어야 한다. 서비스업의 특징상 생산과 소비가 현장에서 동시에 이루어지기 때문에 고객에 대해서 즉각적이고도 세심한 배려가 필요하기 때문이다.

제3절 서비스란 무엇인가

3.1 서비스의 개념

서비스란 무엇인가? 라틴어로 서비스는 노예 봉사(servitium)의 뜻을 가지고 있으며, 지금도 이와 비슷한 봉사와 헌신의 의미를 가지고 있다. 요사이는 심지어 '공짜로 해 주는 것' 혹은 '덤으로 해 주는 것'과 같이 부가적인 의미도 가지고 있다. 서비스는 제공자 입장에서 볼 때 독자적으로 혹은 부가적으로 판매되는 무형적인 상품이며, 구매자 입장에서 볼 때에는 사람이나 재물에 대하여 상호 작용을 통하여 베풀어지는 활동 혹은 혜택이다. 이와 같이 서비스의 개념은 생산자와 소비자 사이에 일치되지 않으므로 서비스 제공 시에 세심한 주의가 필요하다. 서비스 과제는 무형적인 요소들을 고객 기대에 부응하여 어떻게 제공할 것인가를 다루는 문제이다.

미국의 찰스 슈왑 회사의 경우, 증권거래 알선 서비스는 독자적인 무형 상품의 형태를 갖고 있으며, 이 서비스 판매를 통하여 이익을 올리고 있다. 한편, 냉장고를 만드는 제조 기업의 경우, 애프터 서비스는 제품에 추가된 요소이다. 생산 라인에서 부품들이 결합되어 완성된 후, 재고 창고에 입고될 때, 이것을 제품이라고 부른다. 이 재고품이 소비자에게 구매될 때에 비로소 상품으로 전환된다. 최근의 소비자는 단순히 제품만을 구매하지 않는다. 그들은 이미 많은 상품 정보를 가지고 구매장으로 나온다. 제품의 기술적인 차이를 별로 느끼지 못하는 상황에서, 애프터 서비스나 할부 금융 서비스와 같은 추가적인 행동 서비스를 원한다. 제조 기업도 서비스 개념을 이해하고 체득하여야 경쟁력을 갖출 수 있다.

서비스 구매자는 상품을 통하여 혜택을 얻고자 한다. 혜택이란 고맙게 베풀어주는 은혜이다. 이것은 단순히 구매 과정에서 친절한 말로 손님을 대하는 것에 그치지 않는다. 구매자는 제공자로부터 감사하는 마음으로 약속을 이행하는 신뢰성 있는 서비스를 원한다. 실천적인 행동만이 혜택을 준다. 말로 하는 약속은 립(lip) 서비스에 그치고 실망감만 주게 된다. 이것은 죽음의 키스이다. 몸을 움직여서 약속을 실천하는 행동만이 소비자에게 혜택을 준다. 예컨대, 학교에서 학생들은 선생들의 교훈이 '고상한 잔소리'에 불과하다고 생각하기 일쑤이다. 그들은 선생의 모범적인 행동을 경험하고 나서야 움직이려고 한다. 그들의 욕구를 파악하고 그들을 리드하는 교육 프로그램을 개발하여야 하며, 또한 그들이 있는 곳에 찾아가서 혜택을 주어야 한다. 이것이 교육 서비스이다.

인생에서 혜택은 그냥 얻어지는 것이 아니다. 혜택을 얻고자 하는 사람들의 노력으로 얻어지는 것이다. 숲을 얻으려면, 나무를 심어야 한다. 심고 유지하고 관리하여야만, 그 혜택을 누릴 수 있다. 은혜가 그냥 얻어지는 것이 아니다. 필요한 사람의 입장에서 간절한 마음으로 소원할 때 얻어지는 것이다. 선생의 서비스 혜택을 싫어하는 학생은 거의 없겠지만, 고객인 학생 자신이 필요성과 적절성을 느끼지 않는 한 감사의 마음이 들지 않는다. 서비스는 인적인 상호 작용을 다분히 포함하고 있으므로, 제공자와 수혜자 모두 쌍방적인 적극 노력이 필요하다. 그래서 서비스는 두 명이 함께 추는 사교댄스에 비유할 수 있다.

일반적으로 말해서 제품은 생산된 후에 돈을 지불하고 구매하지만, 서비스는 구매된 후에 생산한다. 따라서 제품은 이미 생산된 제품에 값을 지불하지만, 서비스는 먼저 값을 지불하여야 제공된다. 그래서 선불한 고객은 항상 기대와 감정을 가지고 서비스 제공자에게 접근한다. 학생들의 학교 수업료 지불을 생각해 보면 서비스가 무엇인지를 쉽게 이해할 수 있다. 최근 감성 사회에서 고객은 자신만의 서비스를 경험하고 싶어 한다. 그래서 삼성 에버랜드나 롯데 월드와 같은 테마파크에서는 고객들로 하여금 개별적이고 인상적인 서비스를 경험하도록 노력한다. 서비스를 제공하는 직원들은 연출자의 자격으로 손님을 맞이한다.

3.2 서비스의 분류

일반적으로 서비스 기업은 다양성과 상이한 고객 관계 때문에 운영 전략을 세울 때 많은 어려움을 겪는다. 세분 시장은 과연 존재하는가? 그리고 일대일 마케팅의 비용은 효과에 비하여 어느 정도 차지할 것인가? 모두가 해결하기 어려운 과제이다. 그러나 서비스 산업의 특성을 잘 살펴보면, 서비스 운영 전략을 폭넓게 고찰할 수 있다. 예를 들면, 이용원 서비스에서 사용되는 운영 전략은 고객의 신체를 다루기 때문에 식당 서비스에서도 이용될 수 있다. Lovelock(1983)은 서비스를 분류하고, 서비스 산업의 한계를 극복할 수 있는 전략적 차원을 제시하고 있다.

(1) 서비스 행위에 따른 분류

서비스는 누가(사람) 또는 무엇(재화)이 서비스의 직접적인 수혜자인가, 그리고 서비스의 유무형적 성격 등의 두 가지 차원에 따라 2×2 행렬에서 네 가지로 분류할 수 있다. 첫째, 승객 운송과 건강 관리와 같이 고객에게 유형적으로 행해지는 것, 둘째, 세탁물과 같이 고객의 자산에 대하여 유형적으로 행해지는 것, 셋째, 오락과 같이 고객의 마음에 무형적으로 행해지는 것, 넷째, 금융 서비스와 같이 고객의 자산에 대하여 무형적으로 행해지는 것 등 같이 네 가지로 분류할 수 있다. 이것을 그림으로 나타내면 [도표 8-5]와 같다.

이러한 분류 체계는 서비스 전달에 대한 전통적인 방법을 다시 한번 생각하게 만든다. 즉, 고객이 서비스 시작 전의 과정에 직접 참여하여야 하는지, 거래의 처음 또는 끝날 때 참여하여야 하는지, 또는 한번도 참여하지 않아도 되는지 등을 결정하여야 한다. 만약 고객이 참여해야 한다면, 그들은 서비스 시설물까지 직접 가서 서비스 과정의 한 요소가 되어야 하는가, 아니면 서비스 제공자가 고객에게 가야 하는가? 고객은 인식된 서비스에 대하여 영향을 받기 때문에, 이러한 질문들은 시설 설계와 직원과의 상호 작용에 중요한 의미를 지닌다. 게다가 고객의 편의성에 관한 질문들은 시설 위치와 업무 시간 결정에 있어 매우 중요하다. 예컨대, 은행이 예금 거래의 대체안으로서 현금 자동 인출기로 전자 서비스를 제공하는 것은 당연한 일이다.

(2) 고객화와 직원 재량권 판단에 따른 분류

서비스는 생산과 더불어 소비되며, 고객은 서비스 과정에 참여하기 때문에, 고객의 욕구를 만족시키는 서비스가 만들어질 수 있다. [도표 8-6]은 고객화가 두 가지 차원, 즉 고객화의 정도와 서비스 직원의 재량권의 정도에서 이루어지고 있음을 보여 주고 있다.

기업은 네 개의 면 중에서 하나를 선택함으로써 서비스 운영에 대한 전략을 세울 수 있다.

[도표 8-5] 서비스 행위의 특성

서비스 행위의 본질 \ 서비스 수혜 대상	사람	재화
유형적	신체에 직접 서비스: 건강, 교통, 미용, 레스토랑, 미장원	유형 제품에 직접 서비스: 화물 운송, 설비 유지 및 보수, 경비, 세탁, 반려동물 센터
무형적	정신에 직접 서비스: 교육, 광고, 정보 서비스, 영화, 박물관	무형 자산에 직접 서비스: 은행, 법률, 회계, 증권, 보험

자료: Lovelock, H. C., "Classifying Services to Gain Strategic Marketing Insight," *Journal of Marketing*, Vol. 47, Summer 1983, pp.12-18.

[도표 8-6] 고객화와 직원의 판단

서비스 요원의 판단 \ 고객화	높음	낮음
높음	전문가 서비스, 수술, 미용실, 집 수리, 가정교사, 고급 식당	대규모 교육, 건강 예방 프로그램, 대학 식당
낮음	은행, 전화, 호텔, 소매점, 패밀리 레스토랑	대중교통, 일상적 수리, 영화관, 스포츠 관람, 패스트푸드점

자료: Lovelock, H. C., "Classifying Services to Gain Strategic Marketing Insight," *Journal of Marketing*, Vol. 47, Summer 1983, pp.12-18.

예를 들어, 은행은 전통적으로 높음-낮음(고객화가 높고, 서비스 직원의 재량권이 낮은 부분) 사분면에 위치하고 있으나, 동적인 환경에서는 높음-높음(고객화가 높고, 서비스 직원의 재량권이 높은 부분)으로 이동하고 있다. 은행 직원은 자신의 우량 고객에 대하여 상사와 상의하지 않고 주어진 범위 내에서 이자율을 결정할 수 있다. 그리고 하나의 영화만을 상영하는 전통적인 개념의 극장은 낮음-낮음 사분면에 위치하고 있다. 그러나 오늘날의 극장은 여러 개의 영화를 동시에 상영함으로써 어느 정도 고객화를 달성할 수 있다. 이 도표처럼 기업은 산업에서 시장을 세분화함으로써 1~4사분면 중 어느 곳에든지 위치할 수 있다. 전략의 선택에 따라 고객화 정도와 서비스 직원의 재량권 정도가 결정되며, 이 전략의 선택은 서비스 전달 프로세스와 밀접한 관계를 가진다.

3.3 서비스의 운영상 특성

기업이 서비스 개념을 이해한다고 해서 서비스를 제대로 제공할 수 있는 것은 아니다. 마치 여러 가지 제품이 존재하듯이, 서비스 상품도 다양하며 그에 따라 특성도 여러 가지이다. 그럼에도 불구하고, 서비스는 그것을 제공하는 운영상 공통적인 특성을 몇 가지 갖고 있다. 이것을 이해하고 나면 서비스 판매 전략을 비교적 수월하게 수립할 수 있을 것이다. 서비스의 특성은 [도표 8-7]에서 보는 바와 같이 무형성, 소멸성, 동시성 등을 들 수 있다.

첫째, 서비스는 **무형성**의 상품이다. 앞에서 이미 설명하였듯이, 어느 상품이든 유형 부분과 무형 부분으로 나누어져 있다. 제조된 냉장고를 판매하기 위해서는 냉장고라는 유형 부분이 있고, 판매원의 제품 지식, 친절성, 애프터 서비스 등의 무형 부분이 포함되어 있다. 은행에서 예금 관련 고객 서비스를 하는 경우에는 예금 인출이라는 프로세스의 무형 부분이 있으며 동시에 창구 직원이나 시설과 같은 유형 부분이 있다. 유형과 무형의 두 부분 중에서 어느 것이 더 많은 부분을 차지하는가에 따라 제조와 서비스로 대별할 수 있다. 서비스는 상품 형태상 무형적인 요소를 더 많이 포함하고 있다.

서비스의 무형적인 특성은 생산자에게 어려움을 가져다준다. 서비스는 무형적인 혜택의 개

[도표 8-7] 서비스의 특성

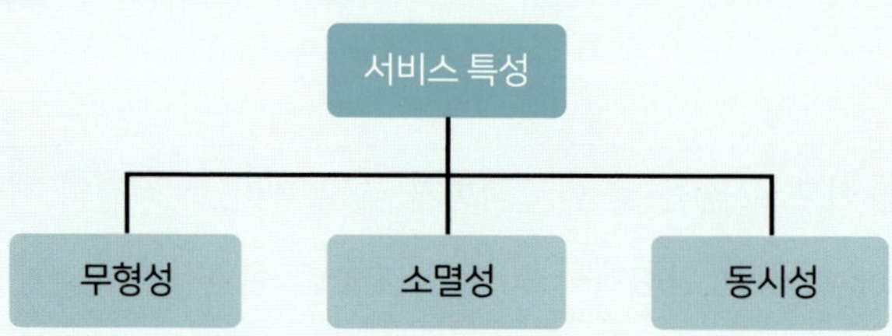

념이 되기 때문에 특허를 받기 어렵고 모방이 가능하다. 서비스에서 경쟁 우위를 가지려면 신뢰성을 바탕으로 신속하게 제공하여야 한다. 이것은 회사 자체가 할 수 있는 것보다는 직원이 회사를 대표하여 고객에게 전달한다. 따라서 기업은 시장 영역을 확보하기 위하여 브랜드 명성을 확립하여야 한다. 사실, 서비스 무형성은 고객에게도 문제이다. 제품을 구매하는 경우 고객은 구매 전에 그것을 볼 수도 있고, 느끼거나 시험해 볼 수도 있다. 그러나 서비스에서 고객은 서비스 회사의 명성밖에 의존할 것이 없다. 따라서 서비스 기업은 무형적인 요소를 최대한으로 유형화시키는 노력이 필요하다.

둘째, 서비스 상품은 재고가 불가능하여 기회 손실이 발생하므로 **소멸성**을 갖는다. 우리는 이미 앞에서 상품의 재고 가능 여부에 따라 제품과 서비스를 구별하였다. 냉장고, 자동차, 텔레비전 등과 같은 유형적인 제품은 재고가 가능하여, 미래에 고객을 위하여 사용할 수 있다. 그러나 서비스 상품은 재고 불가능의 무형 상품이다. 예를 들어, 학교 수업이 끝난 후 결석한 학생의 좌석, 이륙한 비행기의 빈 좌석, 병원의 빈 침대 등은 당시의 서비스가 끝나면 소멸된다. 미래 수요를 위해 재고로 남아 있지 않는다.

서비스는 저장될 수 없기 때문에, 사용되지 않으면 영원히 그 기회를 잃어버린다. 경영자는 서비스 능력을 최대한으로 활용하기 위하여 효율적인 운영을 통하여 성과를 올려야 하는 과제를 갖는다. 고객의 수요는 시간대별, 요일별, 계절별로 편차가 크며, 이러한 변동을 흡수하는 것은 쉬운 일이 아니다. [도표 8-8]은 서비스의 수요와 공급 간의 시간적 차이를 보여 주고 있다.

[도표 8-8]을 보면, 수요와 공급이 일치하는 곳에서만 매출이 이루어진다. 나머지 시간은 유

[도표 8-8] 서비스 수요와 공급의 시간 차이

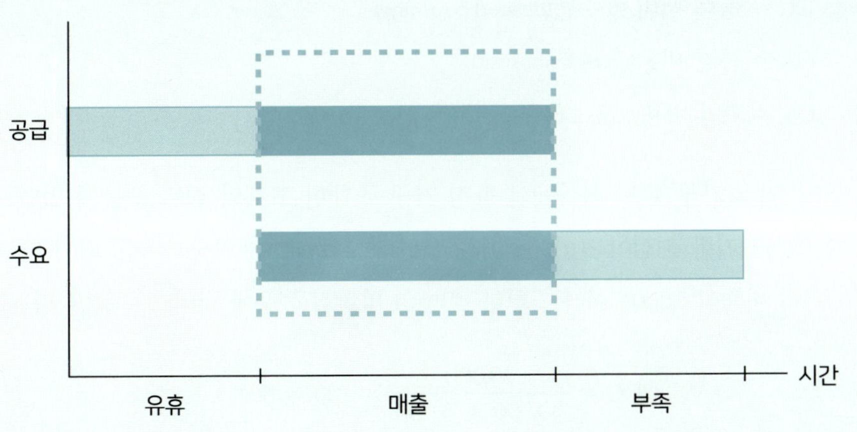

휴 상태로 공급 과잉이 되거나 또는 부족 상태로 기회 손실이 일어난다. 예를 들어, 테이블 10개가 있는 음식점에서 손님이 이보다 적게 들어오면, 손님이 있는 테이블 이외의 것은 유휴 상태가 된다. 반대로 시설 용량 이상으로 손님이 오면, 추가로 서비스를 할 수가 없어 매출 기회를 잃게 된다. 서비스에 대한 고객 수요는 단기적으로 다양한 주기적인 행동을 보이며, 가장 바쁜 시간과 한가한 시간 간의 차이가 크다. 식당에서 정오부터 1시까지는 점심 식사 하러 오는 손님들로 북새통을 이룬다. 휴양지의 여름 성수기는 다른 기간과 너무나도 큰 차이를 보이면서 계절적인 편차가 심하다.

수요 변동과 소멸적인 능력에 대비하여 서비스 경영자는 다음의 몇 가지 대안을 고려할 수 있다. 첫째, 예약이나 약속을 통하여 수요를 완화시킨다. 그리고 저녁이나 주말 이용 시 할인 혜택을 주어서 가격 인센티브 제도를 사용한다. 둘째, 서비스 공급 능력을 조절한다. 최고 피크 시간에는 시간제 노동력을 사용하거나 고객의 셀프 서비스를 확대한다. 끝으로, 적절한 대안이 없으면, 고객으로 하여금 기다리게 하는 수밖에 없을 것이다. 이 안은 서비스 프로세스에서 가장 소극적인 것이며, 경쟁자에게 불만족한 고객을 빼앗길 위험을 가지고 있다. 다행히 고객이 기다려 준다면 서비스 능력을 보다 크게 활용하는 셈이다.

운영 전략에서 볼 때, 서비스는 재고로 보관할 수 없기 때문에 시스템의 최적화를 이루는 것이 중요하다. 서비스업에서는 고객 수요의 변동에 대응하기 위하여 어느 정도로 서비스 능력을 유지하여야 하는가를 결정하여야 한다. 직원, 시설물, 재고 등이 부족하지 않은가 혹은 과잉인가를 잘 살펴야 할 것이다. 바람직한 응대 서비스 수준(desired coverage, DC)을 위해서 다음의 공식을 살펴보자.

$$DC = \frac{C_{SO}}{C_{SO} + C_O} \times 100$$

여기서, DC = 응대 서비스 수준(desired coverage)

C_{SO} = 품절 비용(cost of stockout)

C_O = 과잉 비용(cost of overage)

예를 들어, 어느 가구 렌트 회사에서 특정 가구에 대한 고객의 렌트 주문이 있었으나 응하지 못한 경우에는 기회 손실이 30,000원이라고 한다. 그런데 이 가구가 렌트되지 않는 상태로 있는 경우, 관리 비용이 5,000원이라고 한다. 이때의 바람직한 응대 서비스 수준은 다음과 같다.

$$DC = \frac{30{,}000}{30{,}000 + 5{,}000} \times 100 = 86(\%)$$

따라서 가구 렌트 회사는 점포 책임자의 영업 신뢰도가 86%가 되도록 다양한 가구를 보유하고 있어야 한다. 이것은 총주문의 86%를 응대할 수 있는 서비스 수준을 말한다. 나머지 14%는 수용할 수 없어 기회 손실이 일어난다.

셋째, 서비스는 생산과 소비가 동시에 이루어진다. 즉, 서비스 상품의 **동시성** 내지는 비분리성을 말한다. 예컨대, 선생의 강의는 말하자마자 학생에 의하여 소비된다. 오케스트라의 실황 연주는 현장에서 그대로 방청객에게 감상된다. 이와 같이 대부분의 서비스는 고객과 만나는 접점에서 생산과 동시에 소비된다. 따라서 서비스 제공자의 태도가 중요하다. 고객과 서비스 제공자 사이의 현장 서비스 접점은 곧바로 서비스 결과에 영향을 미치기 때문이다. 소위 진실의 순간(moment of truth, MOT)은 약 15초이며, 이 짧은 시간 안에 고객에게 자신의 서비스가 최고임을 증명하여야 한다. 현장 서비스 품질 수준은 근본적으로 경영자가 이해하고 전파해야 할 전략적 리더십의 산물이라는 사실을 간과해서는 안 된다.

서비스 상품은 비재고성 때문에 재고(수요 변동을 흡수하는 완충 수단)에 의존하는 전통적인 제조 전략을 사용할 수가 없다. 완제품 재고는 제조업자가 내부 환경의 계획 및 통제를 외부 환경으로부터 분리할 수 있는 편리한 시스템이다. 따라서 제조 시설은 일정한 생산량 수준에서 운영하는 것이 가장 효율적이다. 공장은 고객의 수요 변동을 흡수할 수 있는 재고를 가진 폐쇄 시스템이다. 반면에 서비스는 수요 변동이 시스템에 직접적으로 영향을 미치는 개방 시스템으로 운영된다. 개방 시스템에서는 고객의 수요 변화에 대한 더 많은 연구가 필요하다.

요컨대, 제조업의 운영에서 당면한 핵심적인 문제는 재고 관리이다. 재고 관리의 목적은 재고가 가능한 제품을 최소의 비용으로 관리하는 것이다. 반면에, 서비스 과제는 기다림의 문제이다. 서비스 능력, 시설 활용, 그리고 유휴 시간의 사용에 대한 문제는 고객의 대기 시간과 균형을 맞추어야 한다. 이것은 경영자가 해결해야 하는 중요한 과제이다. 그리고 서비스에서 생산과 소비의 동시성은 품질의 통제가 개입될 수 있는 기회가 적어진다. 제품은 배달 전에 검사가 가능하지만 서비스는 제공된 이후에 그 품질을 측정이 가능하므로, 품질 검사 기준을 미리 개발하여야 한다.

많은 서비스 경영자는 위와 같은 특성 때문에 서비스 상품을 명확히 인식하는 데 어려움을 느낀다. 특히 서비스의 무형성은 서비스 제공자들이 고객의 불평을 야기시킬 소지가 충분히 있다. 한편, 고객 입장에서는 서비스를 전체적으로 이해하고 경험하기를 원한다. 은혜와 같은 혜택을 포괄적으로 원하는 것이다. 예를 들어, 예약제 레스토랑에서는 식사뿐만 아니라 직원의 친절이나 분위기도 매우 중요하다. 특별히 중요한 사람이나 모임을 위해 이 레스토랑을 찾기 때문이다.

3.4 서비스 패키지

앞에서 서술한 문제를 해결하는 방법으로 서비스 패키지 개념을 이해하면 서비스 운영에서 고객 지향적인 서비스를 제공할 수 있다. 서비스 패키지는 **기본 시설**, **보조 용품**, **명시적 서비스**, **묵시적 서비스** 등 네 가지 요소를 포함한다. 이것은 [도표 8-9]에서 보는 바와 같이 특정 환경(예: 교육)에서 제공되는 재화와 서비스의 묶음이다.

고객은 서비스 제공 시 이런 특색들을 종합적으로 경험하며, 서비스 인식의 기초가 된다. 따라서 서비스 기업은 서비스 패키지 개념을 잘 활용하여 고객이 원하는 일관되고 종합적인 경험을 제공하는 것이 중요하다. 예를 들어, 동네 병원의 경우 기본 시설은 조그만 진료실과 검소한 장식이다. 보조 용품으로는 간편한 진료 의자와 저렴한 검사 장비로 범위가 좁다. 명시적 서비스는 비교적 간단한 치료와 향후 치료에 대한 의료 정보 제공이며, 묵시적 서비스로는 친절한 직원과 안온한 느낌이 될 수 있다. 고가의 검사 장비는 종합병원의 서비스 패키지에 속한 것이므로, 원래의 소박하고 가족적인 이미지를 손상시킬 우려가 있다.

서비스 패키지에서 기본 시설은 명시적인 서비스를 알리는 데에 중요한 역할을 한다. 쾌적한 강의실은 좋은 학습 분위기를 만들어 주어서 수업 진행이 잘 된다. 그리고 보조 용품의 중요성에 따라 서비스를 순수한 서비스와 다양한 혼합 서비스로 분류할 수 있다. 예를 들어, 정신과 의사는 아무런 보조 용품도 가지고 있지 않으므로 순수한 서비스로 분류될 수 있다. 반면에 자동차 정비소는 미용실보다 더 많은 보조 용품을 필요로 한다.

서비스업에서는 설비 디자인에 보다 많은 주의를 기울여야 한다. 왜냐하면 고객이 생산 프로세스에 직접 참여하기 때문이다. 제조업에서 자동차가 지저분하고, 시끄러운 공장에서 생산된다 하더라도, 고객과는 별로 상관이 없다. 고객들은 쾌적한 대리점에서 깨끗한 자동차를 사면 그만이다. 서비스업에서 시설 환경은 고객 입장에서 설계되어야 한다. 그들은 실내 분위기, 가구, 장

[도표 8-9] 교육 서비스 패키지

서비스 패키지	내용	예
기본 시설	기본적인 시설	교실, 조명 시설, 냉난방 시설
보조 용품	보조적인 수단 물품	칠판, 프로젝터
명시적 서비스	본질적이고 핵심적인 혜택	실력 향상, 사고력 증진, 자신감
묵시적 서비스	심리적인 혜택	사제 간의 감정 이입

식, 소리, 심지어 색깔까지도 종합하여 서비스를 인식하기 때문이다. 혁신적인 서비스 기업들은 주방이 보이는 식당과 같이 그들의 지원사무실을 개방하여 서비스의 신뢰를 높이기도 한다.

제4절 서비스의 삼각 구조

앞에서 강조하였듯이, 서비스에서는 프로세스 안에 고객이 있어야 그 프로세스가 성립된다. 모든 '진실의 순간'은 고객과 서비스 제공자 사이의 상호 작용을 포함한다. [도표 8-10]에서 서비스 접점의 세 구성 요소는 상호 작용 내지는 갈등의 원인을 나타낸다.

첫째, 성공적인 경영자는 경쟁력을 유지하기 위하여 효율성과 효과성을 모두 추구한다. 그러나 기업은 일반적으로 투입 요소의 원가를 절감하고 단기 목표 달성에 몰두하여 통제력을 강화한다. 그들은 직원에게 규칙과 절차를 부과하고, 자율권과 재량권을 오히려 제한하는 경향이 높기 때문에 효율성을 더 선호한다. 이렇게 되면 서비스가 제한되기 때문에 고객화된 서비스가 이루어지기 어렵다.

많은 고객은 직원들이 관료주의에 물들어 있다고 비난한다. 그 이유는 경영자가 직원에게 개별적인 고객 요구를 최종 처리하는 재량권을 주지 않기 때문이다. 고객이 자신의 문제를 통사정하지만, 직원 또는 조직 구성원들은 '회사 규칙에 의하여' 어쩔 수 없다고 말하곤 한다. 그리고

[도표 8-10] 서비스의 삼각 구조

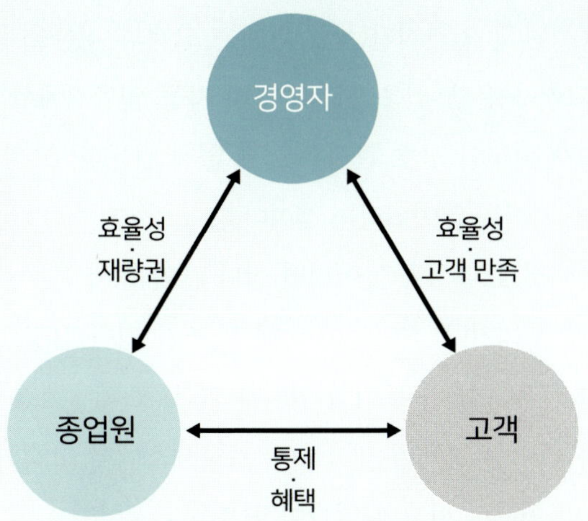

직원 자신도 어쩔 수 없는 처지에 불만스러워한다. 조직의 제한된 정책이나 규칙은 직원 또는 조직 구성원의 리더십을 억제하고, 사기를 떨어뜨린다. 이렇게 되면, 그들은 내적인 사직 상태에 있게 된다.

둘째, 일반적으로 서비스 직원들은 다양한 욕구를 가진 고객과의 만남에서 발생하는 스트레스를 줄이기 위하여 서비스 접점의 영역을 줄이는 경향이 있다. 그러나 서비스 제공자가 전문성을 가지고 있으면 상호 관계에서 자신감을 가지며, 우세한 위치에 놓일 수 있다. 예컨대, 병원 의사는 환자와의 관계뿐만 아니라, 병원 당국과도 자신의 요구를 상당 부분 관철시킬 수 있다. 그들은 재량권과 봉사할 수 있는 지식과 기술을 갖고 있다. 접점의 직원 또는 조직 구성원들이 관리자처럼 업무 능력과 리더십을 가지고 있으면, 자신의 직무에 만족감을 가질 수 있다. 직원 또는 조직 구성원으로 결성된 노조가 강한 기업에서는 이 삼각 구조가 무너질 염려가 있다.

셋째, 서비스가 성립되려면 프로세스 안에 고객이 존재하여야 한다. 고객은 투입 요소이다. 기업은 우수 고객을 유지하여, 그들로 하여금 프로세스 안에서 중요한 역할을 하도록 강조하여야 한다. 고객의 지식, 경험, 태도 등은 서비스 성과에 직접적인 영향을 미친다. 예컨대, 환자의 정확한 의료 기록은 치료의 효과성에 큰 영향을 미치며, 교육 효과는 학생 자신의 노력과 헌신에 의하여 결정된다.

서비스 시스템은 프로세스 안에서 고객과 상호 작용을 한다. 고객은 그들 나름대로 자유재량을 가지고 있으며, 서비스에 대해 그들만의 독특한 혜택을 요구한다. 따라서 서비스 직원들이 고객의 요구를 일치시키는 것은 매우 중요하다. 서비스에서 고객의 선택 여지가 많아질수록 서비스를 인식하는 범위가 넓어지고, 직원들이 다양하게 대처하는 능력이 필요하다. 최근 들어 은행 서비스는 사람보다는 정보를 처리하는 일을 더 중요시하지만, 그럼에도 불구하고 전통적인 상호 관계는 여전히 중요시된다. 인간적인 상호 관계는 고객의 재산을 통합적으로 관리하는 단계에까지 이르게 한다. 그러나 은행 신용카드로 현금 자동 인출기에서 현금을 찾는 경우, 완벽하게 표준화된 절차는 고객 요구와 상호 관계를 필요 없게 만든다. 고객이 표준화된 서비스에서는 접점을 통제할 수 있는 기회를 잃어버리는 셈이다.

서비스 접점의 삼각형에서 효과성을 높이려면 삼자 간의 통제 욕구가 균형을 이루어야 한다. 경영자가 지나치게 횡포를 부리거나, 직원들이 속한 노조가 집단 감정으로 대응하거나, 또는 고객이 잘난 척하거나 하면 삼각 구조가 무너질 염려가 있다. 조직이 효율성을 강조하는 경우에도 적절한 직원 직무 교육과 리더십 교육이 필요하며, 프로세스에서 고객의 욕구와 역할을 지속적으로 파악하려는 경영자의 전략적 사고와 역할이 필요하다.

제5절 서비스의 마케팅적 사고

마케팅은 소비자의 욕구와 필요를 발견하여 그들을 만족시킬 제품이나 서비스를 제공하는 것이다. 제품이 만들면 팔리던 시대에서는 생산 활동이 중요시되었으나, 경쟁이 심하고 고객의 욕구가 변화하는 현대에서는 마케팅 활동이 고객 가치 창출에 기초가 되고 있다. 신상품 개발은 고객 지향적인 사고에서 이루어져야 경쟁사와 차별화된 것을 내놓을 수 있다. 기업은 고객 만족을 통하여 장기 목표를 달성할 수 있다.

구체적으로, 마케팅이란 상품(제품/서비스)을 창출하고, 가격을 결정하고, 상품에 대한 정보를 제공하고, 상품을 전달하여, 교환 가치를 성립시키는 활동이다. 마케팅은 이른바 4P, 즉 **제품**(product), **가격**(price), **홍보**(promotion), **유통**(place)에 관련된 활동이다. **마케팅 믹스**는 이 네 가지를 어떻게 배합하여 가치 창출의 최적화를 이루는가 하는 문제를 다룬다.

4P는 전통적인 생산자 입장에서 정리된 개념이라서, 현대와 같이 고객 지향적인 경영 시대에서는 적절하지 않다는 지적이 있다. 고객 관점에서 고객 가치 방정식은 고객이 얻고자 하는 효용과 지불하고자 하는 희생의 비율이다. 첫째, 제품이나 서비스는 소비자가 얻고자 하는 효용의 원천이다. 그들의 욕구가 충족되어야 효용이 발생한다. 따라서 제품보다는 **소비자 욕구 파악**(consumer needs)이 우선적이다. 둘째, 가격은 희생의 일부이다. 희생은 가격을 포함하여 노력, 시간, 심리적 부담 등이 포함된다. 이것은 소비자가 치루는 **희생적인 비용**(cost to consumer needs)을 고려하여야 한다. 셋째, 홍보는 상품에 대한 일방적인 정보 전달로서 광고의 의미를 지닌다. 고객과 상호 작용을 위해 **의사소통**(communication)이 필요한 것이다. 넷째, 유통은 판매 장소가 되어서 물리적인 시장을 의미한다. 인터넷 시대에서 정보 통신 기술의 발달로 시간과 공간의 제약없이 상거래가 이루어진다. 소비자는 구매 과정에서 **편리함**(convenience)을 추구한다. 따라서

[도표 8-11] 마케팅 믹스

마케팅 믹스	내용
제품(product)	소비자의 욕구와 필요를 충족시키는 제품, 서비스, 혹은 아이디어
가격(price)	소비자가 상품을 얻기 위하여 지불하는 금액
홍보(promotion)	생산자와 소비자 간의 의사소통
유통(place)	생산자가 상품을 판매하는 장소

마케팅 믹스는 4P 개념에서 4C로 옮겨가고 있다. 기업은 소비자 입장을 이해함으로써 마케팅 전략을 성공적으로 수행할 수 있다.

마케팅 전략 수립의 첫 단계는 목표를 세우는 것이다. 마케팅 전략의 목표는 제품 이미지, 고객 만족, 시장 점유율과 같은 목표와 함께 수익성 같은 재무 목표도 함께 세운다. 다음으로, 누구를 우리의 고객으로 할 것인가를 결정한다. 이를 위해서 먼저 시장을 분류하여 고객 집단을 선택하는 **시장 세분화**(segmentation)가 이루어져야 한다. 이 결과로 세분 시장을 얻게 된다. 세분 시장은 예컨대 20대 젊은이, 50대 장년 등과 같이 비교적 동질적인 소비자들로 이루어진 시장이다. 또는 어느 동호인 모임처럼 독특한 라이프 스타일을 가진 사람들로 이루어진 시장일 수도 있다. 둘째, 이들을 **표적 집단**(targeting)으로 필요와 욕구를 파악한다. 이때 어느 세분 시장에 자원을 집중할 것인가는 세분 시장의 규모, 성장성, 매력도 등에 의한다. 셋째, 고객 입장에서 인지하는 차별화된 제품이나 서비스를 제공한다. 이를 **포지셔닝**(positioning)이라고 하며, 이를 통하여 회사는 가치를 제공하고 따라서 정체성을 확립하게 된다.

이러한 전체 과정을 전략적 STP 마케팅이라고 부르며, [도표 8-12]처럼 나타낼 수 있다.

[도표 8-12] 전략적 STP 마케팅

시장 세분화(Segmentation)
지리적, 인구통계적, 심리적, 행동적, 충성도, 태도 등

↓

표적 집단 선정(Targeting)
특정 집단에 집중, 전체 시장, 제품별, 시장별

↓

포지셔닝(Positioning)
제품 차별화, 서비스 차별화, 이미지 차별화

Ⅱ 서비스 품질

품질은 일정한 특성을 갖춘 제품 또는 서비스를 고객에게 제공할 수 있는 가치이다. 고품질은 고객에게 신뢰감을 준다. 기업 관점에서 보면, 품질은 요구 사양을 준수한 결과이며, 제품이나 서비스에 가치를 더하는 고유 특성의 전체를 말한다. 고객 관점에서 보면, 품질은 정서적인 경험이다. 고객은 서비스를 받기 전에 '이 정도는 해 주겠지'하는 기대감(expectation)을 갖는다. 그리고 서비스를 받는 과정 및 결과를 평가한 인지(perception)가 발생한다. 서비스 품질은 사전 기대와 인지에 따라 결정된다. 즉, 후자가 전자보다 크거나 같으면, 품질이 높다고 평가하며 만족한다. 그 반대이면 낮은 품질이라고 생각하며, 불만스러워 한다.

서비스 품질의 판단은 고객에 따라 다르다. 사전 기대와 인지하는 정도가 사람마다 주관적이기 때문이다. 동일한 서비스에 대하여 어떤 사람은 서비스가 좋다고 말하지만, 다른 사람은 나쁘다고 말하기도 한다. 따라서 어떤 종류의 고객을 위해서 일할 것인가를 명확히 정의하는 것이 중요하다. 그리고 공급자의 독단과 편견에 따라 고객의 사전 기대를 결정해버리지 않는 것이 중요하다. 예를 들어, 택시를 타고 가는 경우 라디오 방송의 음악을 즐기는 손님이 있는가 하면, 소리 방해 없이 조용히 가고자 하는 사람 등 여러 부류의 승객이 있다.

사전 기대에 영향을 주는 것에는 광고, 담당자의 화술, 소문, 과거의 체험 등이 있다. 광고나 담당자의 화술은 소비자에게 직접 영향을 미친다. 소비자가 TV나 신문 잡지의 광고를 보는 순간, 자신이 소비할 때를 상상해 보며 '이 정도일 것이다'라고 기대해 본다. 소문은 제3자의 입에서 전달되는 것이므로 사전 기대를 강하게 갖게 하는 힘이 있다. 그리고 고객 자신의 이용 체험은 그 자신을 단골이 되게 하며, 또한 새로운 다른 소비자를 소개하는 데에 결정적으로 중요한 요소가 된다. 그런데 유의할 것은 고객으로 하여금 불필요하게 과도한 기대감을 갖게 하면 서비스 제공자가 서비스 품질을 유지하는 것이 곤란해진다는 점이다.

GenAI를 활용한 토의 주제

● 다음 주제에 대하여 적절한 지시문을 만든 후, 여러 GenAI(예컨대, ChatGPT 3.5, Claude 3.5 sonnet, Copilot, Perplexity.ai) 중에서 하나를 선택하여 답변을 구하라.

① 서비스와 운영 전략 (답변의 예시가 부록 4에 제시되어 있음)

② 제조의 서비스화

③ 마케팅 믹스 4P (답변의 예시가 부록 4에 제시되어 있음)

④ 마케팅의 전략적 사고 (답변의 예시가 부록 4에 제시되어 있음)

⑤ 서비스 품질

제9장
제품과 서비스 개발

제1절 제품/서비스 개발의 개념과 필요성
제2절 제품의 개발
- **2.1** 제품 개발의 의미
- **2.2** 제품 수명 주기와 제품 개발
- **2.3** 제품 개발의 절차

제3절 제품 개발의 전략적 요인
제4절 서비스의 개발
- **4.1** 서비스 개발의 어려움
- **4.2** 서비스 상품과 직원 만족

제5절 서비스 개발의 전략적 요인
제6절 제품, 서비스 그리고 감성의 결합

테슬라

테슬라(Tesla)는 2003년에 설립된 미국의 전기차 및 에너지 저장 솔루션 제조업체로, 일론 머스크(Elon Musk)가 CEO로 재직하고 있다. 2023년 기준, 테슬라는 세계적으로 200만 대 이상의 전기차를 판매했으며, 연간 매출은 약 810억 달러에 달한다.

성공 배경과 전략은 다음과 같다.

① 혁신적인 전기차 개발: 테슬라는 Model S, Model 3, Model X, Model Y 등 다양한 전기차 모델을 출시하며, 고성능과 긴 주행거리를 자랑한다. 2023년에는 Roadster와 Cybertruck을 새롭게 선보이며 시장의 기대를 모았다.

② 배터리 기술 개발: 테슬라는 배터리 기술에 대한 지속적인 투자와 연구·개발을 통해 에너지 밀도와 충전 속도를 개선하고 있다. 특히, 자체적으로 개발한 4680 배터리는 생산 비용을 50% 절감하면서도 성능을 5배 향상시켰다.

③ 자율주행 기술: 테슬라는 자율주행 소프트웨어인 '오토파일럿'을 개발하여, 차량의 자율주행 기능을 강화하고 있다. 2023년에는 완전 자율주행 베타 버전을 출시하여 일부 사용자가 이를 테스트 중이다.

④ 지속 가능한 에너지 솔루션: 테슬라는 전기차 외에도 태양광 패널과 에너지 저장 시스템을 통해 지속 가능한 에너지 솔루션을 제공한다. 이를 통해 전 세계적으로 재생 에너지의 사용을 촉진하고 있다. 테슬라의 Powerwall과 Powerpack 시스템은 가정과 기업의 에너지 관리 효율성을 높인다.

최근 성장과 혁신은 다음과 같다.

① 글로벌 확장: 테슬라는 미국, 중국, 유럽 등 주요 시장에서 생산 공장을 운영하며, 글로벌 시장에서의 입지를 강화하고 있다. 특히, 2023년에는 독일 베를린 공장을 완공하여 유럽 시장에서의 생산 능력을 확대하였다.

② 새로운 모델 출시: 테슬라는 Cybertruck과 Semi 트럭 등 새로운 모델을 개발하고 있으며, 이를 통해 다양한 차량 시장을 공략하고 있다. 2023년에는 Cybertruck의 대규모 생산이 시작되었다.

③ 지속 가능한 생산: 테슬라는 지속 가능한 생산 방식을 도입하여 환경에 미치는 영향을 최소화하고 있다. 재생 에너지를 사용한 생산 공장을 운영하며, 탄소 발자국을 줄이기 위해 노력하고 있다. 2023년에는 모든 공장에서 탄소 중립 목표를 달성했다.

④ 인공지능 및 소프트웨어 개발: 테슬라는 AI 기반의 자율주행 소프트웨어와 차량 관리 시스템을 지속적으로 개선하고 있다. 이를 통해 차량의 안전성과 효율성을 높이고, 사용자 경험을 향상시키고 있다.

테슬라는 혁신적인 기술 개발, 지속 가능한 에너지 솔루션, 글로벌 확장 전략을 통해 전기차 시장에서 선도적인 위치를 유지하고 있다. 지속적인 혁신과 글로벌 확장을 통해 앞으로도 높은 성장이 기대된다.

제1절 제품/서비스 개발의 개념과 필요성

기업의 목적은 가치를 창출하는 데 있다. 가치 창출을 위해서는 상품(제품 또는 서비스)이나 시장을 개발하여 고객이 원하는 상태로 제공하여야 한다. 전략적으로 볼 때, 기업의 핵심 역량은 핵심 상품을 만드는 뿌리가 된다. 예컨대, 자동차 회사의 자동차 생산, 서점의 책 판매, 대학의 전공 교육 등은 핵심 상품이 된다. 그런데 이러한 핵심 상품의 가치를 증대시키기 위해서는 생산자와 소비자 간의 교환에서 가치 확장이 이루어져야 한다. 제품 개발을 통해 생산자는 소비자에게 매력 있는 제품이나 서비스 제공을 위해 품질 향상을 지속적으로 꾀해야 한다. 한편, 소비자는 상품 자체에 대한 필요성보다는 그 상품을 통한 필요성과 니즈 만족에 관심이 있다. 예컨대, 서점은 고객이 원하는 책은 물론이거니와 관련 상품의 다양한 구색, 정보 검색, 안락한 분위기 등을 제공하여야 한다. 소비자들은 총체적인 경험을 더 원하는 것이다. 기업은 고객에게 전체적으로 확장된 경험을 만족시켜야 가치를 증진시킬 수 있다. 이것은 어떻게 가능한 것인가?

기업은 제품이나 서비스를 개발함으로써 고객의 전체 경험에 대하여 가치를 확장할 수 있다. 이것을 그림으로 나타내면 [도표 9-1]과 같다.

[도표 9-1] 상품 개발을 통한 가치 확장

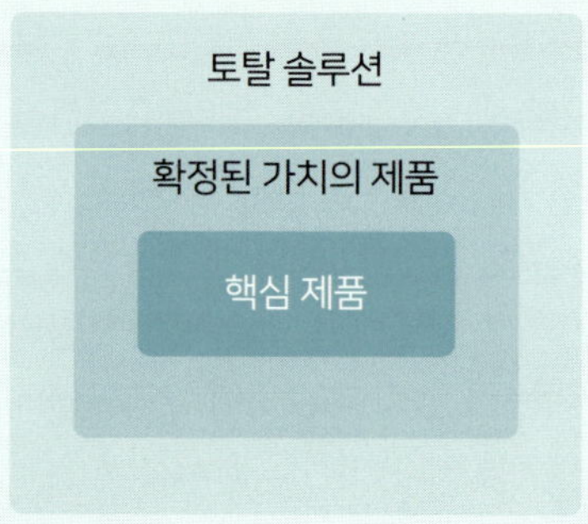

핵심 제품은 다른 기능이나 서비스를 결합하여 고객의 전체 경험의 일부를 충족시킬 수 있다. 대체로 모자, 구두, 의류, 자동차 등과 같은 소비자 용품은 핵심 제품에 속한다. 자동차의 예를 들어보자. 자동차 제조 회사에서 고품질의 자동차를 개발하는 것은 물론 제품 개발에 속하는 활동이다. 그런데 여기에서 한 걸음 더 나아가 고객이 다른 곳에서는 찾을 수 없을 정도의 낮은 가격으로 보험을 제공한다면 가치는 더 확장되는 셈이다. 그리고 자동차와 관련된 정비는 물론이거니와 여행, 문화 등의 정보를 제공한다면 토탈 솔루션에 가까운 가치를 제공하는 제품 개발이 이루어지는 셈이다. 기업의 성공 여부는 위의 가치 확장 라인 어느 곳에 위치하는가에 따라 결정된다.

상품 개발은, 첫째, 고객의 니즈를 만족시키고 확장된 가치를 제공하기 위하여 상품 개발이 필요하다. 상품 개발의 최우선 목표는 고객이다. 고객이 무엇을 소중하게 여기는가에 초점을 맞추어서 제품 개발을 하여야 한다. 둘째, 경쟁 업체에 대하여 경쟁 우위를 확보하여야 하기 때문이다. 경쟁 우위의 확보는 시장에서 일인자가 되는 것을 의미하며, 시장 확대의 가능성을 뜻한

[도표 9-2] 상품 개발의 필요성

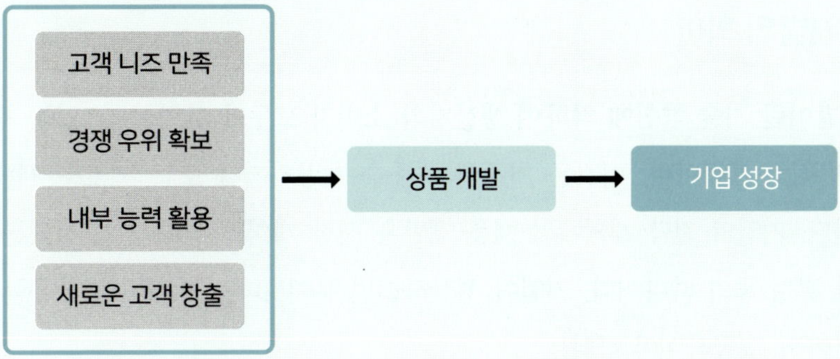

다. 셋째, 제품을 개발함으로써 연구·개발 능력, 생산 능력, 마케팅 능력 등과 같은 내부 자원을 효율적으로 사용할 수 있고 또한 내부 능력을 확장시킬 수 있다. 넷째, 기존의 제품을 개선시킬 뿐만 아니라, 새로운 제품과 새로운 시장, 즉 새로운 고객을 창출하여야 성장할 수 있다. 신제품 개발의 성과는 앞의 테슬라 사례에서 충분히 찾아볼 수 있다.

특히 신제품 개발은 기업의 성장 전략을 위해서 필수적이다. 신제품 개발이란 새로운 제품을 만들어서 기존 시장 또는 새로운 시장에서 판매하는 전략이다. 신제품 개발 전략은 기존 제품으로 매출을 신장시킬 수 없을 때에 성장을 위하여 실행하는 전략이다. 그러나 제품을 개발하는 것은 쉽지 않으며, 기업 내부의 개발 프로세스가 혁신적으로 이루어져야 성공할 수 있다.

많은 신제품이 시장에서 실패를 겪는다. 기업은 정교한 시장 조사를 통하여 그 정보를 입수하고 있기 때문에 고객이 무엇을 원하는지 잘 알고 있다고 생각한다. 그럼에도 불구하고 신상품 도입이 실패로 돌아가는 이유는, 기술 역량이 부족하거나 또는 고객 가치 창출을 핵심 제품에만 두어 너무 협소하게 정의를 내리기 때문이다. 총체적 경험의 가치로 확장하려는 능력이 부족하며, 따라서 핵심 제품의 시너지 효과를 잘 모르기 때문이다. 만일 스키장에서 스키 코스 개발에만 집중하고 휴게소나 식당 등과 같은 부대시설, 직원 또는 조직 구성원 교육 등을 등한시 한다면, 고객을 위한 토탈 가치 창출은 이루어지기 어렵다. 기업은 소비자와의 가치 교환에서 유형, 무형의 요소를 총체적으로 조합하는 능력이 있어야 한다. 이러한 문제를 다음에서 해결하여 보기로 하자.

제2절 제품의 개발

2.1 제품 개발의 의미

제품 개발이란 기술 혁신에 의하여 생산자와 소비자 모두가 만족할 수 있는 제품을 마련하기 위한 전반적인 계획이다. 이것은 기존의 제품을 개량하거나 또는 새로운 제품을 발표하는 것을 의미한다. 기업의 전략 계획에서 제품 개발은 시장 개척과 함께 기업 목표를 이루는 데에 중요한 의사 결정 중의 하나이다. 기업이 성장하려면 무엇보다도 소비자가 만족할 만한 제품을 시장에 내놓아서, 성공하여야 한다.

소비자의 니즈가 점차 다양화되고 개성화되고 있는 상황에서, 고객은 자신만의 욕구를 충족시키는 특화된 제품을 요구하고 있어 이에 대한 신속한 대응이 요구되고 있다. 그리고 교육과 소득 수준의 향상과 함께 정보 통신과 인터넷의 발달은 소비자 욕구의 다양화, 개성화, 특성화를 촉진시키고 있다. 과거의 소비자는 수동적이었다. 반면에, 현대의 소비자는 적극적으로 권리를 찾기 위해 노력하며, 비즈니스 프로세스에 자신들이 직접 개입할 수 있기를 원한다.

비즈니스는 생산자와 소비자 간의 간격이 없어지는 시대가 되고 있다. 소비자들의 지식, 정보, 아이디어는 직접 제품 사양의 결정에 스며들어, 실제적인 생산 과정에 참여하게 된다. 그리고 이것은 네트워크 연계를 통하여 국제적인 협동 창고의 역할을 한다. 예컨대, 소비자가 선호하는 PC 쇼우룸에 들어가서 여러 가지 선택을 하면 원하는 PC 사양을 가질 수 있다. 컴퓨터 제조회사는 소비자가 원하는 사양을 종합하여 보편적이면서도 그가 원하는 종류의 컴퓨터를 개발할 수 있어야 한다. 사실 제품 개발의 성공은 매우 상황적이다. 다시 말해서, 성황에 적합하여야만 성공을 거둘 수 있다는 뜻이다. 예를 들어, 모든 일회용 제품이 성공하는 것은 아니다. 후지의 일회용 카메라는 성공하였으나, 질레트는 일회용 면도기 보다는 고기술의 면도기로 되돌아감으로써 성공하였다.

제품 개발의 성공은 조직이 보유하고 있는 연구·개발 능력, 마케팅 능력, 생산 능력 등의 유기적인 결합에 의하여 좌우된다. 이뿐만이 아니라 전략적인 재무 계획도 뒷받침되어야 한다.

제품 개발에 따르는 문제는 단지 마케팅에만 관련된 것이 아니므로, 연구·개발을 비롯한 여러 기능이 유기적으로 결합되어야 한다. 예를 들어, 미국의 3M에서 생산하는 포스트잇은 기존 테이프 제품의 특성을 역으로 이용한 신제품이다. 일반 기존 테이프의 특성은 한번 부착되면 얼마나 오랫동안 견고하게 붙어 있는가에 초점을 맞추었으나, 연구·개발팀에서 이 제품은 붙였다가 떼어 냈을 때에 붙인 흔적이 남아있지 않도록 하는 데에 역점을 두었다. 많은 노력 끝에

[도표 9-3] 제품 개발의 성공 요건

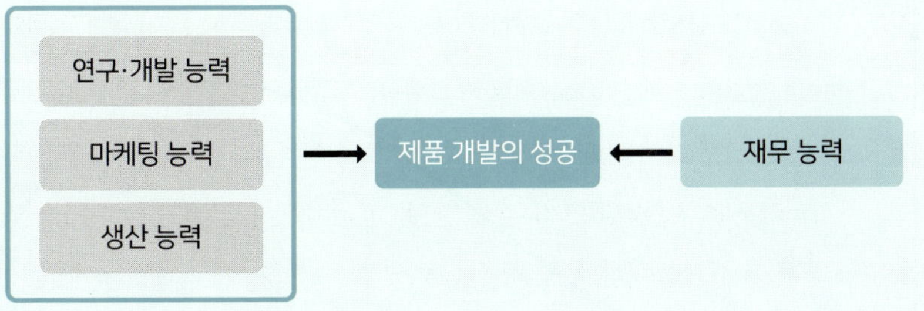

제품이 성공적으로 제조되어 회사 내에서 커다란 인기를 얻었다. 그러나 제품 판매는 또 하나의 극복되어야 할 난제였다. 초기에는 미국 전 지역을 상대로 광고를 하였으나, 신제품에 대한 일반 소비자들의 지식과 관심이 적어서 판매의 어려움을 겪어야 했다. 그러나 광고 전략을 바꾸어서, 한 중소 도시에서 집중적으로 판매를 촉진하고 나중에 전국으로 확대하여 성공한 제품이 되었다.

2.2 제품 수명 주기와 제품 개발

제품 수명 주기(product life cycle, PLC) 모형은 제품이 시장에서 처음 소개된 후 시간의 흐름에 따라 수요가 어떻게 변하는가를 나타내는 그림이다. 모든 제품에는 생물과 같이 생노병사(生老病死)가 있다는 가정이다. 즉, 제품은 [도표 9-4]와 같이 도입기, 성장기, 성숙기, 쇠퇴기 등의 수명 주기를 거친다.

제품 수명은 제품에 따라 다르다. 어떤 제품(주로 소비성 제품)은 불과 2~3년 사이에 네 단계를 거쳐서 사라지는가 하면, 어떤 제품(주로 내구성 제품)은 몇십 년 동안을 시장에서 성숙기에 있는 경우도 있다. 또한 동일한 제품이라 하더라도 지역이나 국가에 따라 다르다. 제품 수명 주기를 도입하면 제품의 생산 전략 범위를 파악할 수 있다. 예를 들어, 고도로 표준화된 제품은 소량 생산 특별 주문의 도입기, 제품의 종류가 한정된 성장기, 종류가 더욱 한정되어 기본적으로 표준화되는 성숙기, 그리고 대체 상품이 출현하는 쇠퇴기를 맞이한다.

[도표 9-4]에서 보면, 도입기에서는 제품 개발과 새로운 시장과 고객을 찾아야 하므로 그만큼 위험 부담이 높다. 다음으로, 성장기에 들어서 있는 제품은 매출 증가와 함께 이익도 증가한다. 생산은 증가하나 경쟁이 심화되고 품질과 성능의 향상이 요구된다. 성숙기에 들어가면, 제품은

[도표 9-4] 제품 수명 주기 모형

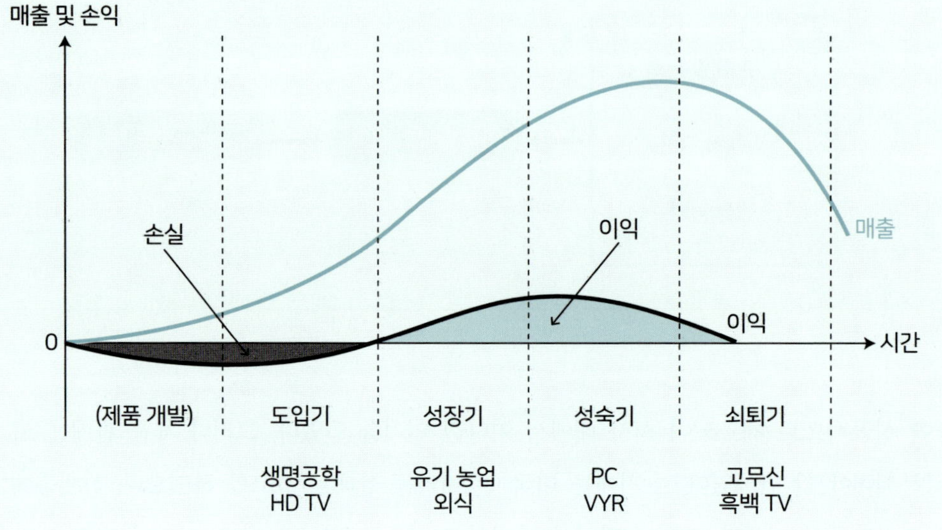

대량으로 생산되고 매출은 피크를 이루다가 감소하기 시작한다. 그리고 이익도 감소하기 시작한다. 소수 기업만이 생산하며, 효율성이 강조된다. 끝으로 쇠퇴기에 오면 매출이 격감하고 제품은 시장에서 사라진다.

제품 개발 시에 제품 수명 주기 모형을 이용하면 기존 제품이 어느 상태에 있는가를 파악하면서 신제품을 준비할 수 있다. 경영자는 수명 주기 중간에 있는 제품을 새로운 도입 단계로 옮길 수 있으며, 또는 도입기의 제품을 성숙기로 옮길 수 있다. 예를 들어, 흑백TV는 칼라TV로 그리고 디지털로 대체되고 있으며, 라디오는 워크맨이나 CD 겸용 라디오로 개선 발전되기도 했다.

이 모형은 경영자가 기업의 전략적 방향을 모색하거나 제품을 개발할 때에 도움이 된다. 후발 주자 입장에서 본 제품 개발 전략을 살펴보면 다음과 같다. 도입기에는 주로 마케팅 정보 수집과 조사를 계속하면서 신제품 기회를 포착한다. 성장기에는 시장 조사를 질적으로 양적으로 계속한다. 성숙기에는 보다 소비자 이점을 가지는 제품을 개발하고, 집중적으로 광고한다. 쇠퇴기에는 새로운 용도의 제품 개념을 소개한다. 제품 수명 주기 모형은 지나치게 시장 부분만을 강조하는 단점이 있으나, 제품 개발의 시점과 전략을 알게 해주는 유익한 모형이다.

2.3 제품 개발의 절차

제품 개발은 아이디어의 확실한 개념화로부터 시작해서 다양한 개발과 실험을 거쳐 완제품에 이르게 된다. 제품 개발의 절차는 [도표 9-5]와 같다.

(1) 콘셉트 디자인

제품 콘셉트를 디자인하려면 아이디어를 수집하게 되는데, 이것은 기존의 시장 또는 기술로부터 나온다. 특히 기업 외부의 고객은 제품 개발에 많은 도움을 주고 있다. 고객의 요구, 불평, 건의, 제안 같은 것은 귀중한 아이디어 원천이다. 우량 기업이 고객에게 귀를 기울이고 있다는 것은 우연한 일이 아니다. 기존 시장을 조사하는 것은 물론이거니와 자사 제품을 사용하고 있는 소비자를 방문 조사하는 것도 중요한 일이다.

그리고 기업의 구성원으로부터 나오는 아이디어도 또한 중요한 원천이다. 고객과 접촉하고

[도표 9-5] 제품 개발의 절차

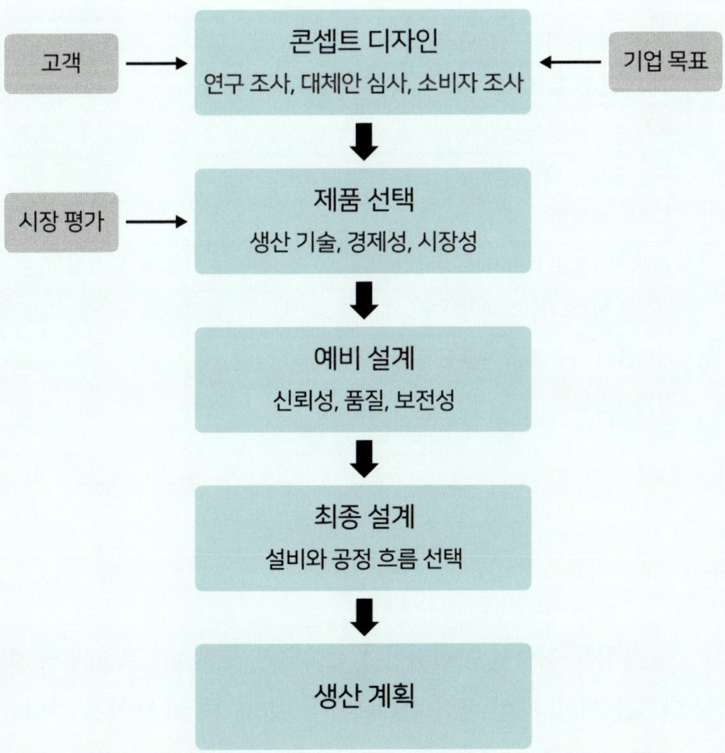

있는 영업 사원들의 제품 아이디어는 소중하다. 생산 과정에서 일하는 근로자의 것도 소중하다. 연구·개발 부서에서 착상되는 제품 아이디어가 생산이나 영업과 같은 현장 부서의 것보다 더 낫다고 보기는 어려울지도 모른다. 그리고 개발되는 과정에 있는 제품에 대하여 공개적이고 자유롭게 제안을 할 수 있다면, 아이디어는 더 많이 수집될 수 있을 것이다.

(2) 시장 평가와 제품 선택

타당성 있는 많은 아이디어가 수집되면, 그 중에서 성공할 가능성이 높은 것을 선택하게 된다. 제품을 선택하는 데에는 여러 가지 요인이 감안된다. 예를 들어, 생산 기술, 재무, 시장성 등의 요인을 종합적으로 검토한다.

[도표 9-6] 제품 선택 요인

요인	선택 기준	평가 점수				
생산 기술	제품에 경험이 있는가?	1	2	3	4	5
	현존 설비로 가능한가?	1	2	3	4	5
	자사 기술로 생산 가능한가?	1	2	3	4	5
	개발 기간은 짧은가?	1	2	3	4	5
경제성	투자 수익률은 높은가?	1	2	3	4	5
	자본 투자는 적절한가?	1	2	3	4	5
	원가는 적절한가?	1	2	3	4	5
시장성	고객은 기존 고객인가?	1	2	3	4	5
	시장은 성장하는 추세인가?	1	2	3	4	5
	신제품이 기존 제품에 좋은 영향을 미치는가?	1	2	3	4	5
	경쟁자는 없는가?	1	2	3	4	5

(3) 예비 설계

앞 단계에서 평가 과정을 거쳐서 아이디어가 선택되면, 구체적으로 개념을 현실화시키기 위해서 예비 설계의 단계를 거친다. 이 예비 단계에서는 여러 가지의 대안을 준비한다. 예를 들어, 에어컨을 생산하는 경우에 모양, 용량, 모터 크기, 환경 문제 등을 고려하게 된다. 그리고 제품의 수명, 신뢰성, 보전 관리와 같은 품질의 문제를 구체화시킨다. 예비 설계는 시험 제작에 앞서 이루어지므로 시작 설계(試作設計)라고도 한다. 에어컨의 경우에, 예상되는 제품 내구성(수명), 부품의 고장율(신뢰성), 전반적인 수리 및 유지의 용이성(보전성) 등이 예비 단계에서 고려된다.

(4) 최종 설계

최종 설계 단계에서는 본격적인 생산에 앞서서 제품 원형(prototype)을 만들어 실제로 사용되는 조건하에서 제품의 특성을 시험한다. 그 제품이 공학적인 견지에서 문제가 없는지 여부를 검토하여, 제품과 부품의 명세서 그리고 공정 설계도면을 준비하고 검토한다.

제품 개발의 최종 단계에서는 제조상의 원가 문제에 부딪히게 되는데, 이 문제를 해결하기 위하여 설계 도면과 명세서에서는 부품의 호환성과 단순성이 강조된다. 호환성은 부품의 성능이나 규격이 표준화되어 서로 바꾸어 사용할 수 있는 것을 의미한다. 설계의 단순성은 낮은 제조 원가와 용이한 수리 보전을 위하여 중요하다. 최종 단계에서는 설계에 관련된 활동뿐만이 아니라, 고객의 입장에서 제품을 테스트하게 된다. 최종 소비 단계에서 어떤 문제가 일어날까 하는 것에 대비하여야 하기 때문이다.

지금까지 제품 개발에 관하여 순차적으로 설명하였다. 개발 과정에서 근본적인 결함의 문제를 만나면 처음 단계에서부터 재검토하게 되며, 작은 문제를 만나는 경우에는 앞 단계로 가서 다시 검토하는 과정을 거친다. 이제 최종 설계가 끝나면, 생산 공정을 설계하게 된다. 사실 제품 개발은 쉬운 문제가 아니다. 새로운 아이디어로 제품을 개선하거나 새롭게 만드는 것도 어려운 것이지만, 일단 개발된 제품도 경쟁사에게 시장 주도권을 빼앗기는 위험성도 있다. 따라서 제품 개발의 문제점으로는 아이디어 부족, 극심한 경쟁, 개발 시차에 따르는 위험성, 비용 증대, 실패율 증대 등을 들 수 있다.

우리나라 기업의 제품 개발의 문제점은 기술과 원자재 등을 해외에 크게 의존하고 있다는 점이다. 특히 일본과 미국에 대한 의존은 극심하다. 그리고 제품 수명 주기로 보면, 이미 쇠퇴기로 들어간 것이 많다. 이에 대한 해결책으로는 신제품 개발로 이윤이 가장 큰 제품 수명 주기의 초기 단계를 이용함으로써 판매 성장과 안정을 유지하여야 한다.

제3절 제품 개발의 전략적 요인

제품을 개발하기 위해서는 기술 발달과 함께 소비자 욕구의 다양화에 따른 최신 기술소재의 핵심 요소를 충족시켜야 한다. 상품 기술의 종류가 다양화되고 수명은 짧아지고 있다. 연구·개발비가 증가함에도 불구하고 대형 인기 상품 또는 대형 인기 기술의 개발은 어려워지고 있으며, 상품 수명 주기는 점점 단축되고 있다. 이러한 상황에서 다음과 같은 요인을 전략적으로 고려하여야 한다.

첫째, 시장 추세와 소비자 니즈를 파악하여야 한다. 시장 추세의 변화를 읽어서 자사에 유리한지 여부를 검토하여야 한다. 예컨대, 건강에 대한 관심은 건강식품을 개발할 수 있는 좋은 기회가 된다. 그리고 나아가서 경쟁 제품보다 더 소비자의 니즈를 충족시키는 것이 중요하다. 소비자 욕구의 인구통계학적, 심리통계학적인 세분 시장을 통하여 집단 간의 서로 다른 욕구를 파악하여야 한다.

둘째, 핵심 제품 개념과 일관된 제품 포지셔닝을 구축하여야 한다. 예컨대, 단순히 커피가 아니라 안락함을 판다든지, 단순히 음료수가 아니라 건강과 좋은 맛을 판다든지, 혹은 어린이용 소프트웨어가 아니라 재미와 신비를 파는 것 등이다. 제품 개발 과정은 세분 시장을 목표로 하는 결과를 분명히 하여, 표적 고객의 마음 속에 원하는 효익을 해결해 주어야 한다.

셋째, 조직 문화는 제품 개발 철학과 지원을 강조하여야 한다. 이를 위해서 제품 개발의 기술과 전문 지식뿐만 아니라, 공식적인 권한을 강조하여야 한다. 특히 공식적인 승인과 지원은 필수적이며, 이를 위해서 최고 경영자는 지원을 아끼지 말아야 한다. 그리고 교차기능팀을 구성하여 필요한 활동을 조화롭게 수행하도록 권한을 위임하도록 한다.

넷째, 제품 개발은 서비스와 함께 토탈 패키지의 개념을 가져야 한다. 제품은 사용하는 것이고, 서비스는 경험하는 것이다. 소비자가 원하는 것은 단순히 제품 자체가 아니라, 관련 서비스가 포함된 토탈 패키지를 경험하고 싶은 것이다. 예컨대, 자동차를 사는 사람들은 안전 운행, 보험, 유지 보수, 여행 등에 대하여 어떠한 서비스를 받을 수 있는지에 관심을 가진다. 그리고 나아가서 제품과 서비스를 자신에 걸맞게 제공되기를 바라는 것이다.

끝으로, 제품을 개발할 때에는 물론 기술성(high tech)이 강조되어야 하나, 한편으로는 인간미(high touch)가 있어야 한다. 기술이 가지는 비인격성에 인간적인 가치 시스템이 있는 상품이 바로 하이테크/하이타치 상품이다. 예를 들어, 사람들은 영화관에서 고도의 하이테크 제품을 즐기면서 동시에 관객과 함께 감정을 나누고 싶어한다. 환자의 경우에 지나친 초현대식 의료 설비보다는 적절한 설비에 인간미 있는 병원을 더 원할 것이다. 감성 사회에서는 제품과 함께 그 안에 이야깃거리가 있어야 상품화 가능성이 높다. 예컨대, 빼빼로 같은 과자에도 이야기와 의미를 부여하면 성공적인 상품이 되는 것이다. 제품이나 서비스의 개발 시에 물리적인 것과 정신적인 것 모두가 균형이 맞도록 하는 하이테크/하이타치 전략은 성공 가능성을 높게 해 준다.

제4절 서비스의 개발

4.1 서비스 개발의 어려움

지금까지 제품 개발에 대하여 설명하였다. 제품 개발에는 모양, 무게, 크기, 공학적인 문제, 품질 등에 주의를 기울여야 한다. 이러한 문제를 해결하기 위해서는 부품의 표준화 내지는 호환성이 이루어져야 하며, 이것은 품질 관리 과정에서 확인된다. 그러나 서비스 상품의 개발은 제품의 경우와 다르다. 서비스 품질은 서비스를 제공하는 사람에 의하여 그 수준이 결정되며, 또한 고객에 따라 인지하는 정도가 다르다. 따라서 표준화된 서비스, 일관성 있는 서비스, 객관성 있는 품질의 서비스 등은 매우 어려운 과제이다.

우리의 생활 가운데에서 무형의 서비스에 관심을 가지는 경우가 많이 있다. 서비스 품질은 분위기 내지는 느낌이다. 예를 들어, 택시를 타는 경우를 생각해 보자. 같은 종류의 택시를 타더라도 운전수의 서비스에 따라 승차감이 달라진다. 전자 제품을 사는 경우에 판매원의 전문 지식이나 애프터 서비스에 대하여 많은 관심을 가진다. 어떻게 보면, 우리는 생활 가운데에서 많은 양의 서비스를 연속적으로 경험하기 때문에, 누구나 나름대로 서비스 전문가로 되어 있다고 하겠다. 따라서 개발자는 소비자의 높은 경험 수준을 고려하여야 하며, 고개의 기대를 충족시키거나 또는 통제하는 수단을 강구함으로써 서비스를 향상시킬 수 있다.

4.2 서비스 상품과 직원 만족

서비스 상품을 구분하는 기준은 여러 가지가 있다. 예컨대, 유형 부분과 무형 부분의 혼합 비율에 따라 나눌 수 있으며, 또한 유형적인 관점에서 보아 대인 서비스인가 혹은 대물 서비스인가로 나누어 볼 수도 있다. 그러나 고객 중심적인 기업 목표를 가지고 있는 한, 서비스업의 분류는 역시 고객을 기준으로 하는 것이 타당하다고 하겠다. 그래서 고객을 얼마나 많이 접촉하는가에 따라, 즉 고객 접촉 빈도수에 따라 고접촉, 중접촉, 저접촉 서비스로 나눈다. 예를 들어, 연구소는 저접촉 형태이며, 은행 본점은 중접촉을 가지나 지점은 고접촉을 갖는 경향이 높다.

고접촉 서비스는 저접촉 서비스와 다른 특징을 내포하고 있다. 우선, 고접촉 서비스에서는 고객이 생산 프로세스에 결정적으로 중요한 투입 요소가 되며, 따라서 일일 과업에 불확실성이 높은 경향이 있다. 그리고 예약 제도로 운영하지 않는다면, 통계적인 확률에 의존하여 수요를 예측하여야 할 것이다. 예를 들어, 음식점의 경우 과거 경험에 근거하여 요일별로 정해진 양의 식품 자재를 구매하여 놓고 있어야 한다.

다음으로, 고접촉 서비스는 시간대의 변화를 중요시 하여야 하는데, 짧은 시간에 갑자기 많은 고객이 몰려오는 수가 있어 그들을 공정하게 처리하는 것이 어려운 경우가 있다. 서비스를 제공하는 데 있어서 직원과 고객은 거의 짧은 기간에 만나기 때문에 고객이 원하는 바를 빠른 시간 내에 충족시킬 수 있어야 한다. 점심시간대의 음식점이 이러한 예에 해당된다. 이때 직원의 태도는 매우 중요하다. 직원의 태도는 자신의 만족도와 사기에 의하여 영향을 받으며, 이것은 고객의 만족도로 연결되기 때문이다. [도표 9-7]은 이것을 나타내고 있다.

[도표 9-7]과 같이 경영 실적의 증대에 직원의 만족과 사기가 절대적으로 중요함에도 불구하고, 일반적으로 직원 이직에 대하여는 크게 마음을 쓰지 않았다. 결원이 된 경우에 다른 사람으로 대체하면 그만이며, 모집 고용 훈련에 드는 비용 정도만 손실을 입었다고 생각하였다. 그러나 서비스업에서 직원의 이직으로 인한 더 큰 비용은 생산성 저하와 고객 만족의 감소이다. 예컨대, 증권 회사에서 숙련된 중개인을 잃는 경우에 입는 피해는 심각하다. 미국에서 가장 이상적인 10대 직장의 하나로 뽑힌 사우스웨스트 항공사는 항공 산업에서 가장 낮은 이직률을 기록하고 있다. 이 회사의 직원들은 주요 고객들을 잘 알고 지낼 수 있으며, 자신감 있고 숙련된 기술로 자신의 직무를 훌륭하게 수행하고 있다. 유념할 점은, 고객의 요구에 민감하게 반응하고 전문 지식이 있는 직원은 타고 나는 것이 아니고, 시간이 걸려서 훈련되고 개발된다는 사실이

[도표 9-7] 고접촉 서비스 시스템의 개발 개념

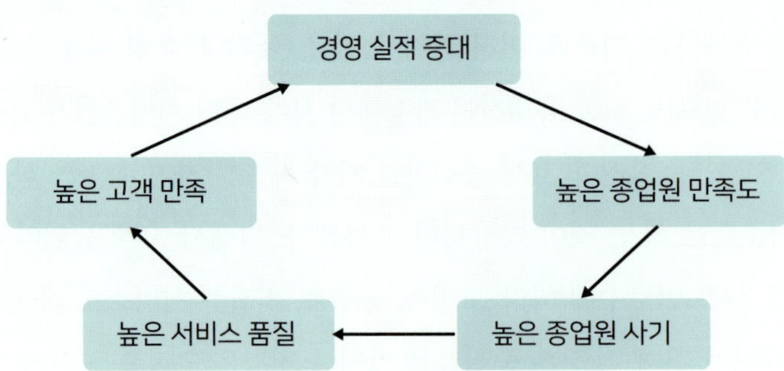

다. 이들에 대한 교육 투자는 서비스 시스템 개발의 중요한 시금석이 된다. 조직에서는 특히 긍정적인 태도를 가진 직원을 처음부터 선발하는 것이 중요하다. 태도는 생활 경험을 통해서 서서히 학습화된 것으로서 가치 판단을 포함하는 심적 상황이며, 성인이 되어서는 이미 내재화된 습관이 되기 때문이다. 긍정적인 태도를 가진 직원은 자신에 대하여 자긍심을 갖고 있으며, 타인에 대한 서비스 마인드가 높다.

제5절 서비스 개발의 전략적 요인

서비스업에서 서비스 상품의 개발 과정은 기본적으로 제조업의 경우와 유사하다. 그러나 서비스의 개발 과정은 제조와 다른 몇 가지 특징을 가지고 있다. 먼저, 서비스 아이디어의 원천은 제조업의 특정 제품과 달리 한 가지 유형이 아니다. 고객을 어떻게 정의하는가에 따라 다양하게 아이디어를 낼 수 있다. 예를 들면, 어느 호텔에서 고객의 서비스를 향상시키고자 할 때에, 고객의 범위를 어떻게 정할 것인가에 달라진다. 고객을 단순 투숙객인가, 여러 여행 정보(다음 숙박지, 비행기 예약, 쇼핑 등)도 원하는 사람인가, 또는 고급 시설을 이용하는 사람인가 등으로 정의하는가에 따라 서비스 아이디어는 다양해진다.

다음으로, 서비스의 개발 과정은 제조업과는 달리 정형화된 것이 아니며, 개발 상품에 대한 시험이 그렇게 많지 않다. 한편, 의사, 변호사, 선생 등과 같은 전문업에서는 개발 변화의 폭이 엄격하게 제한되어 있으나, 옷가게, 식당과 같이 표준화된 서비스를 제공하는 곳에서는 서비스 개발의 변화가 비교적 자유롭다. 서비스 상품을 개발하는 전략으로는 고객 참여, 유형화, 표준화 등을 들 수 있으며, 이를 차례로 설명하여 보자.

[도표 9-8] 서비스 개발의 전략적 요소

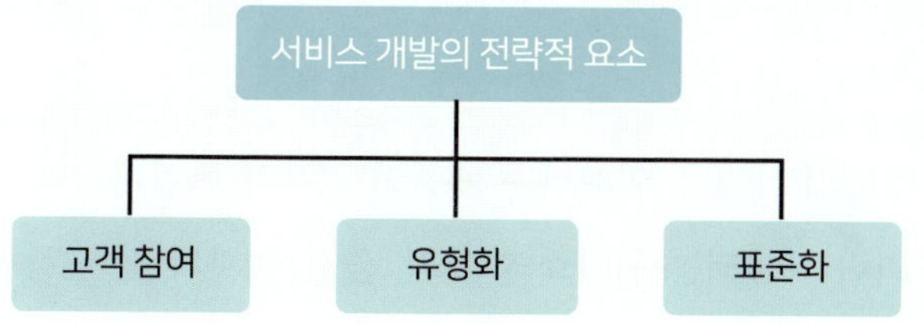

(1) 고객 참여

많은 기업은 서비스를 제공하는 과정에서 고객을 참여시켜, 고객의 역할을 증대시키고 있다. 예를 들어, 현금 자동 인출기, 노래방, 농산물 현지 재배, 관중의 연극 참여, 부페 식당 등은 생산의 일부 과정을 소비자에게 넘기고 있다. 고객이 생산에 직접 참여함으로써 서비스 상품에 대한 호기심과 흥미를 더하게 하고, 따라서 매출을 신장시킬 수 있다. 이렇게 하기 위해서는 고객의 신뢰가 있어야 하며, 경제성, 신속성, 편의성 차원에서 효율적으로 운영되어야 할 것이다.

(2) 유형화

서비스 상품 안에는 유형적인 요소보다는 무형적인 요소가 더 많이 포함되어 있어, 무형적인 요소가 중요시되는 것은 당연하다. 그러나 문제는 무형 부분을 어떻게 확인할 수 있는가 하는 것이다. 의료, 식당, 호텔 등에서는 무형 부분을 유형화하려고 노력하여야 한다. 가장 많이 거론되는 방법으로는 무엇보다도 고객에 의하여 판단을 받는 것이다. 고객에 의한 평가는 고전적인 방법임에도 불구하고 실제로는 자주 이용되고 있지 않다. 오히려 아직도 많은 곳에서는 이것을 기피하는 실정이다. 병원의 서비스는 환자의 불평 건수나 완치율보다는 환자의 수나 매출에 의하여 평가하려 한다. 어떤 호텔의 경우에는 손님의 편리성보다는 직원의 편리성 차원에서 일하려 한다.

고객은 '눈에 보이는 부분'을 중요시하기 때문에 유형화를 하여야 한다. 경영자는 서비스 프로세스의 유형 부분을 하나하나 점검하여야 중요한 부분에 부족감이 없는가를 확인하여야 할 것이다. 비록 내용은 이해되지 않더라도 눈에 보이는 부분을 중요시하여야 서비스 품질은 높아진다. 서비스의 유형화는 알맹이만 충실하면 유형 부분은 아무래도 좋다라는 발상으로는 성공할 수 없으며, 더욱이 겉만 번지르르한 것은 고객을 기만하는 하는 행위이다. 결론적으로 서비스업에서는 서비스의 유형화를 위하여 노력하여야 하며, 제조업 이상으로 기업의 이미지를 고객의 마음속에 심어 놓아 '유형화'를 하여야 할 것이다.

(3) 표준화

무형적인 서비스 상품의 개발을 위해서는 제품의 경우와 마찬가지로 서비스의 표준화 전략을 세워야 한다. 표준화란 제공되는 서비스의 크기, 품질, 성과와 같은 특징을 명세화하는 것을 의미한다. 서비스 대부분의 무형 부분은 프로세스이다. 각 프로세스에는 정형화된 표준화가 있어 일관성 있는 서비스 제공이 되도록 하여야 한다. 예를 들어, 맥도날드에서는 감자튀김의 양이 대소에 따라 구별되며, 튀김 기름은 일정 시간 이상을 사용할 수 없으며, 햄버거는 종류에 따라 구별하여 포장하도록 한다. 이러한 일련의 표준화 작업은 기술 개발과 함께 이루어지도록 하여야 할 것이다. 그리하여 누가 근무하든지 간에 관계없이 일정한 서비스 수준을 유지할 수 있도록 하여야 한다. 표준화는 자원을 효율적으로 사용할 수 있게 해주며, 생산성이 높아진다. 그리고 고객은 상품의 안전과 동시에 신뢰감 있는 성과를 기대할 수 있다.

제6절 제품, 서비스 그리고 감성의 결합

새로운 시대의 상품 개발은 기술적 혁신과 감성적 혁신에 기초한다. 성공하는 기업에서는 기존 제품이나 서비스에 안주하지 말고 새로운 것으로 대체하라는 요구가 드높다. 끊임없는 혁신을 통하여 제품, 프로세스, 경영 시스템, 조직 문화 등을 새롭게 하는 것이 성공의 비결이다. 혁신적인 제품이나 서비스를 전략적으로 개발하기 위해서는 먼저 환경 변화에 대한 분석이 필요하다. 앞서 제3장에서도 설명한 바와 같이 이 분석은 사업 환경에서 기회와 위협, 조직의 강점과 약점을 확인하고 평가하는 것이다. 기회와 위협에 대하여 강점과 약점을 정렬시키는 것이 타당성 있는 전략적 선택이며, 제품 및 서비스 개발은 이 전략적 선택과 부합되어야 성공할 수 있다. 이에 관련된 연구 질문은 다음과 같다.

- what the product(service) does.
- what the product(service) is.
- who the product(service) serves.

바야흐로 21세기는 기술과 감성을 결합하여 신제품을 개발하는 시대가 되었다.[1] 기업은 1980년대 후반까지 생산 프로세스를 개선하여 전통적으로 품질, 원가, 납기 등에 관심을 기울여 경쟁력을 확보하였다. 1990년대에 와서는 디지털 기술이 본격화되면서, 기존 기술이 심화되고 신기술 확보가 시장의 지배력을 좌우하였다. 이제는 기술이 여전히 중요한 가운데, 감성이 구매의 결정적 요소로 부상하게 되었다. 예컨대, 소니의 디지털 TV, 도요타의 자동차, 노키아의 휴대폰 등은 제품 기술에 감성이 내포된 상품이다. 다음 표는 제품 개발의 시대적인 변화를 나타낸다.

[1] 삼성경제연구소, 2003.

[도표 9-9] 제품 개발의 시대적 변화

구분	생산 시대 (1970~80년대)	기술 시대 (1990년대)	기술+감성 시대 (2000년대)
소비자 니즈	단순, 획일	신제품, 고기능 선호	차별화, 감성 중시
구매 결정 요인	가격, 품질, 대량 확보, 다품종	소형/대형, 고기능, 디지털, 친환경	디자인, 사용 편의성, 복합화, 콘셉트, 색상, 매력과 브랜드 이미지
기업 대응	대량 생산, 원가 절감	기존 기술 고도화, 첨단 신기술 개발	소프트 강화를 통한 고객 감성 포착, 다른 업종 기술 접목
업종 사례	의류, 제지	메모리, 신약, 대형 평면 TV	향기 나는 자동차, 쥬얼리 휴대폰

자료: 삼성경제연구소, 2003.

비록 기술 혁신으로 제품 개발에 성공한다 하더라도, 고객에게 외면당하고 팔리지 않으면 상품이 될 수 없다. 창고 속의 제품은 재고일 뿐이다. 이것이 고객에게 전달되어야 상품으로 변환되는 것이다. 이 변환에는 감성이 결정적으로 역할을 하고 있는 시대가 온 것이다.

앞에서도 지적한 바와 같이, 최근 전략적 선택으로서 강력하게 떠오르는 개념은 감성 요소이다. 감성이란 감각과 지각에 의하여 일어나고 지배되는 심적 체험을 말한다. 따라서 감성 친화적인 상품은 그 상품을 소비할 때에 느끼고 경험하며 그리고 심신에 영향력을 미쳐서 변화를 일으킨다. 예를 들어, 소니는 기존 PC 제품들이 재미 요소가 부족하다는 점에 착안하여, '소유가 즐겁고 사용이 즐거운 PC'를 콘셉트로 색상, 로고, 휴대감, 디자인 등에 독창성을 발휘하여 새로운 노트북인 VAIO를 출시하였고, 이것이 고객감성에 어필하여 대성공을 거두었다.[2] 우리나라 자동차, TV 같은 제품을 보면 고객 편의나 디자인보다는 아직도 기술력에 중점을 두고 있다.

소비자들은 제품 자체로부터 감성을 원하지만, 또한 상품에 부수되는 이야기라는 감성을 갖고 싶어 한다.[3] 이것은 우리 몸 안에 동화, 신화, 전설 등이 태고 때부터 누적되어 온 부분이다. 영화 산업은 대표적인 예가 될 것이다. 앞으로 유망한 서비스 상품으로서, 모험 시장에서는 번지 점프, 열기구 여행, 사파리 사냥 등이 있으며 관심(care) 산업에서는 반려동물, 장난감, 종교, 건강, 보험 등이 유망하다. 이러한 상품은 감성과 문화 이야기를 갖는 서비스 상품이다.

[2] 전게서.

[3] 드림 소사이어티, 2000.

특히 서비스는 제품과 달리 감성적인 측면이 강하다. 제대로 전달되면 감사하는 마음이 있지만, 잘못 전달되면 감정을 자극하여 불만족한 상태에 오래 머문다. 고객에게 예의 바른 자세와 적절한 표현은 고객들로부터 긍정적인 감정을 얻어 낼 수 있다. 고객은 항상 정서적이다. 그들은 이미 시간과 노력을 들였을 뿐만 아니라 자신의 돈을 지불하기 때문에 감정을 가지고 있는 것이다. 고객들은 자신의 정서로 의사소통하는 것이다. 따라서 서비스 직원들은 사교적인 상호 작용에 있어 세련된 대응이 요구된다.

끝으로, 상품에 이야깃거리를 더하려면 기업 스스로가 모험 이야기를 만들어야 하며, 고객과 이야기를 주고 받는 동업자가 되어야 한다. 그리고서는 고객들로 하여금 이야기를 만들도록 하는 것이다. 지역적이고 전통적인 이야기는 세계적인 이야기로 보편성을 내포해야 성공한다. 예컨대, 여성복은 지역성에 그치고 있지만, 남자 양복은 확신감, 안정감, 신사정신, 신뢰감 등의 보편적 감성을 가지고 있기에 세계적인 옷으로 군림하고 있다.

Ⅱ JYP 엔터테인먼트의 신인 아이돌 그룹 개발

배경

JYP 엔터테인먼트는 새로운 K-pop 아이돌 그룹을 론칭하기 위해 체계적인 개발 프로그램을 운영하고 있다. 이 프로그램은 글로벌 시장을 겨냥하여 다국적 멤버들로 구성된 그룹을 목표로 하고 있다.

구현

① 오디션 및 캐스팅
- 국내외 오디션을 통해 다양한 인재를 발굴한다. JYP는 한국뿐만 아니라 미국, 일본, 중국 등에서 글로벌 오디션을 개최하여 다양한 국적과 배경을 가진 지원자들을 모집한다.
- 캐스팅 팀이 지원자의 보컬, 댄스, 비주얼, 가능성 등을 평가하여 최종 후보를 선정한다.

② 트레이닝 프로그램
- 보컬 및 댄스 트레이닝: 전문 트레이너들이 체계적인 교육을 통해 멤버들의 실력을 향상시킨다.
- 언어 교육: 글로벌 활동을 위한 영어, 일본어, 중국어 등의 언어 교육을 제공한다.
- 퍼포먼스 및 팀워크 강화: 다양한 무대 경험과 팀워크 훈련을 통해 그룹으로서의 시너지를 높인다.

③ 콘셉트 개발 및 데뷔 준비
- 콘셉트 및 음악 스타일 결정: 시장 조사와 트렌드 분석을 통해 그룹의 독창적인 콘셉트와 음악 스타일을 개발한다.
- 뮤직 비디오 및 프로모션 준비: 데뷔 앨범의 타이틀 곡을 선정하고 뮤직 비디오 촬영과 각종 프로모션 활동을 계획한다.

④ 데뷔 및 활동
- 데뷔 쇼케이스를 통해 공식적으로 팬들과 미디어에 그룹을 소개한다.
- 국내외 활동: 한국 내 음악 방송 출연뿐만 아니라 해외 팬미팅과 콘서트를 통해 글로벌 팬층을 확보한다.

이러한 체계적인 개발 과정을 통해 JYP는 성공적인 신인 아이돌 그룹을 론칭할 수 있었으며, 그룹은 빠르게 글로벌 시장에서 인기를 얻었다. 이들은 다양한 음악 차트에서 높은 순위를 기록하며 K-pop을 대표하는 아이돌 그룹으로 자리 잡았다.

자료: Lee, H. (2022). "The Making of K-pop Idols: Inside JYP's Training System." *Journal of Music Industry Studies*, 5(2), 75-89. Park, J., & Kim, S. (2023). "Global Strategies of K-pop Entertainment Companies." *International Journal of Cultural Industries*, 9(1), 30-44.

GenAI를 활용한 토의 주제

● 다음 주제에 대하여 적절한 지시문을 만든 후, 여러 GenAI(예컨대, ChatGPT 3.5, Claude 3.5 sonnet, Copilot, Perplexity.ai) 중에서 하나를 선택하여 답변을 구하라.

① 제품의 수명 주기

② 제품 개발

③ 서비스 개발

④ K-pop 개발의 전략 (답변의 예시가 부록 4에 제시되어 있음)

⑤ 기술과 감성의 결합

제4편 프로세스

제10장 가치 창출 프로세스
제11장 경영 정보와 e비즈니스

제10장
가치 창출 프로세스

제1절 프로세스란 무엇인가
- **1.1** 프로세스의 개념
- **1.2** 프로세스의 종류
- **1.3** 프로세스 조직

제2절 생산 프로세스
- **2.1** 제조업의 생산 프로세스
- **2.2** 서비스업의 생산(전달) 프로세스

제3절 가치 창출 프로세스
- **3.1** 가치 사슬과 가치 시스템
- **3.2** 새로운 SCM

제4절 지속적인 프로세스 개선

아마존의 혁신적인 공급망 관리

미국의 아마존(Amazon)은 1994년에 설립되어, 현재 세계 최대의 온라인 소매업체로 성장하였다. 2023년 기준으로 아마존의 매출액은 4,698억 달러에 달하며, 다양한 산업 분야에서 영향력을 확대하고 있다. 이 회사가 이렇게 성장하게 된 이유 중 하나는 공급 체인(supply chain)에서 제품, 정보, 자금 등의 흐름을 효율적으로 관리했기 때문이다.

아마존의 기본적인 공급 사슬 모형

아마존의 기본적인 공급 사슬 모델은 고객에게 직접 판매하는 것으로, 다양한 제품을 한 곳에서 제공하는 것이다. 대리점과 소매점을 경유하지 않고, 공급 업체 → 아마존 → 고객의 단순한 세 단계로 이루어져 있다. 이로 인해 아마존은 고객의 요구를 보다 직접적으로 이해하고 대응할 수 있다.

고객의 세분화와 실시간 주문 처리

아마존은 고객을 정교하게 세분화하여 그들의 필요와 수익성을 분석한다. 예를 들어, 아마존 프라임(Amazon Prime) 서비스를 통해 고객에게 빠른 배송 옵션을 제공하며, 이로 인해 프라임 회원의 재구매율이 높아졌다. 또한, 고객의 구매 이력을 바탕으로 맞춤형 추천 서비스를 제공하여 개인화된 쇼핑 경험을 제공하고 있다.

재고 관리의 효율성

아마존은 재고 수준을 최소화하여 시간과 비용을 절감한다. 경쟁사와 달리 아마존은 몇 주에서 몇 달 분량의 재고를 보유하지 않으며, 재고 회전율을 높여 신제품을 신속하게 시장에 도입할 수 있다. 이를 위해 아마존은 효율적인 물류 네트워크와 최신 기술을 활용하여 제품을 빠르게 이동시키고 있다. 예를 들어, 아마존의 로봇 시스템은 물류 센터 내에서 제품을 자동으로 이동시켜 작업 속도와 정확성을 높인다.

최신 정보 기술의 활용

아마존은 최신 정보 기술을 활용하여 공급 업체와 실시간으로 정보를 교환한다. 공급 업체는 아마존의 실시간 주문 정보를 바탕으로 부품 재고를 관리하고, 생산 일정을 조정한다. 이를 통해 아마존은 수요 변동에 유연하게 대응하고, 공급망 전체의 효율성을 극대화한다. 예를 들어, 아마존의 예측 분석 도구는 고객의 구매 패턴을 분석하여 향후 수요를 예측하고, 이에 따라 재고를 조정한다.

품질 관리와 서비스

아마존은 품질 향상에 많은 관심을 기울이고 있다. 불량 제품이 확인되면 즉시 생산을 중단하고, 설계 결함을 교정한다. 또한, 고객 서비스의 품질을 보장하기 위해 일부 서비스를 아웃소싱하고 있으며, 고객으로부터 받은 피드백을 토대로 지속적으로 서비스를 개선하고 있다. 예를 들어, 아마존의 고객 서비스 팀은 고객의 불만을 신속하게 처리하고 문제를 해결하여 높은 고객 만족도를 유지하고 있다.

현금 흐름 관리

아마존은 현금 흐름을 효과적으로 관리하여 공급 업체에 대금을 지불하기 전에 고객으로부터 현금을 받는다. 이를 통해 자본 회전율을 높이고, 재무 건전성을 유지하고 있다. 예를 들어, 아마존은 고객이 상품을 주문하면 즉시 결제를 처리하여 현금을 확보한 후, 공급 업체에 대금을 지불한다. 이러한 방식은 아마존의 운영 자금을 효율적으로 관리하는 데 도움이 된다.

아마존은 공급 체인상에서 제품, 정보, 현금 흐름 등의 요소를 적절하게 관리하여 사업에서 성공하였다. 이 덕분에 아마존은 전 세계적으로 중요한 자리를 차지하고 있으며, 다양한 산업 분야에서 영향력을 확대하고 있다. 아마존의 사례는 현대 비즈니스 환경에서 효율적인 공급망 관리와 기술 활용이 얼마나 중요한지 보여 주는 대표적인 예시다.

제1절 프로세스란 무엇인가

1.1 프로세스의 개념

프로세스(process)란 시장이나 고객에게 가치 있는 산출물을 제공하기 위한 업무 활동의 집합 구조를 말한다. 이것은 제조 공장에서 여러 단계를 거치면서 부품을 조립하여 완성품을 만들어가는 공정과 같은 이치이다. 일반적으로 공정은 제조업에서 사용되는 용어이지만, 여기서 말하는 프로세스는 모든 조직에서 일어나는 업무 처리 과정이다. 흔히 기업 입장에서 보면 고객은 최종 고객을 가리킨다. 그러나 프로세스의 고객은 업무에 관련된 사람은 물론이거니와 설비 기계에도 인격성을 부여하여[1] 나 이외에 주위의 모든 사람과 사물을 포함시킨다.

따라서 프로세스 개념은 석유 화학이나 맥주와 같은 연속적인 제품을 생산하는 장치 산업의 프로세스에 국한되지 않는다. 프로세스 개념은 제조업이나 서비스업 모두에게 통용된다. 성공적인 경영자는 프로세스 구조를 잘 이해한다. 그 이유는 프로세스가 고객 관점에서 업무들이 연관되어 있기 때문이다. 또한 효과적인 프로세스는 물 흐르듯한 업무 처리를 통하여, 효율성과 효과성을 제고할 수 있다. 그리고 업무 성과의 측정이 가능한 지표와 목표를 개발할 수 있다.

프로세스는 다음과 같은 특징을 갖고 있다. 첫째, **프로세스의 구조는 시간과 장소를 횡단하는 업무 활동의 논리적인 순서를 갖는다.** 이것은 시작점과 끝점을 가지고 있으며, 투입과 산출을 명백히 정의한다. [도표 10-1]에서 보는 바와 같이, 프로세스의 투입물은 고객 욕구를 비롯하여 원자재를 포함하는 생산 요소, 기술, 정보 등이다. 이것을 처리하는 과정을 거치면 결과물로서 제품과 서비스가 생산된다. 이 생산물이 원가, 품질, 납기 등의 생산 목표 수준에 합당하게 충족되었을 때, 매출과 이익이 발생하며 그리고 고객들이 만족하게 된다.

둘째, **한 프로세스는 다른 한 프로세스와 비교적 독립적이다.** 예컨대, 제조 프로세스는 마케팅 프로세스와 비교적 거리가 있다. 그리고 프로세스는 계층적인 구조를 가지고 있어, 한 프로세스 아래에 하부 프로세스를 갖는다. 예컨대, 제조 프로세스 아래에는 생산 계획 프로세스, 조립 프로세스, 검사 프로세스, 출하 프로세스 등의 하부 프로세스로 이루어져 있다.

셋째, **프로세스는 활동을 위한 구조이다.** 프로세스가 구조화되지 않으면 효과적인 운영을 하기 어렵다. 프로세스 구조의 요소들은 고객, 작업자, 책임자 등을 포함하며, 이들의 효과적인

---

[1] 제조 공장에서 행해지고 있는 마이머신(my machine) 운동에서는 사무직과 생산직을 포함하는 모든 조직 구성원이 현장 기계의 회원이 된다. 마치 조종사가 자신의 전투기에 애칭을 붙이듯이, 그 기계에 이름을 명명하고 함께 정비한다. 이렇게 함으로써 사무직과 생산직의 근로자들 사이의 거리감이 없어지고 상호 신뢰의 기회가 만들어진다.

[도표 10-1] 프로세스 구조

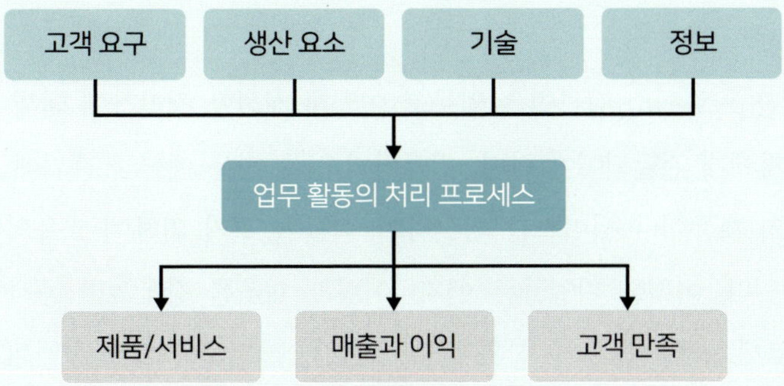

결합은 프로세스의 성과를 거두는 데에 중요한 역할을 한다. 따라서, 프로세스 접근법을 도입한다는 것은 고객 관점에서 고객 가치를 생산한다는 것을 의미한다. 프로세스 성과의 주요 변수 중의 하나는 고객 만족이다. 그가 얼마나 만족하는가에 따라서 가치 창출 여부가 결정된다. 예컨대, 좋은 물건을 만들었어도 팔리지 않으면 재고로 남게 되고, 내가 작업한 서류가 상사에 의하여 거부되면 쓰레기통으로 들어가게 되어서 가치 창출이 일어나지 않는다. 고객은 프로세스 구조 설계의 투입 요소이면서 산출 요소인 셈이다. 고객은 알파요 오메가[2]이므로, 프로세스 구조에 고객을 최우선으로 고려한다는 것은 당연한 것이다.

넷째, **프로세스에는 책임자가 있어, 그는 구성원들이 프로세스 설계와 실행, 고객 욕구의 충족 등에 관련된 업무를 성실하게 수행하는지 여부를 확인하는 책임을 가진다.** 일반적으로 프로세스 책임자는 부서의 팀장이나 부장으로 임명한다. 그러나 혁신적인 프로세스 조직을 만드는 경우 프로세스 책임자를 선정하기가 쉽지 않다. 조직에서 서열을 의식하여 능력 여부에 관계없이 상급자에게 무조건 책임을 맡기려 한다면, 그 프로세스는 실패할 위험이 있다. 신제품 개발 프로세스에서 유능한 사람이 책임자가 되는 것은 당연한 일이다. 프로세스 책임자는 적어도 업무 수행 기간 동안에 기존 조직도에서 추가적인 책임을 갖는다.

조직에서 프로세스 개념을 채택하는 것은 혁신적인 사고를 가지고 있음을 말한다. 프로세스 지향적이 된다는 것은 조직의 목적과 목표, 조직 구조, 측정, 책임과 권한, 고객 등의 개념을 가지려는 시도이다. 프로세스는 '조직에서 무엇을 생산하여야 하는가?'라는 계획 문제가 아니라,

[2] 그리스 문자로서 영어의 A와 Z를 나타내므로, 고객 개념이 처음부터 끝까지 포함된다는 뜻이다.

'일을 어떻게 하여야 하는가?'라는 지휘 문제를 강조하기 때문이다. 비록 한 사람이 전체 프로세스를 수행할 수는 없어도, 관련된 모든 사람들이 프로세스의 전체성을 이해하고, 그 성과에 집중하는 것이 프로세스 개념이다.

비즈니스에 대한 프로세스 접근법은 업무를 어떻게 개선할 것인가에 대해 강조한다. 제품이나 서비스는 소비자에게 전달되어야 한다. 전달되지 않은 것은 예쁜 쓰레기에 불과하다. 성공적인 기업은 고품질의 제품이나 서비스를 생산하며, 이들을 팔기 위하여 효율적이고 효과적인 프로세스를 가지고 있다. 이러한 기업들은 엔지니어링과 제조를 강조하며 동시에 마케팅과 판매 및 일반 관리 프로세스에도 많은 관심을 둔다. 프로세스 접근법의 핵심은 제품과 프로세스의 투자 균형을 유지하고, 생산 현장 내·외부 모두에 관심을 갖는 것을 의미한다. 그런데 제품과 달리, 서비스는 고객에게 제공되는 상품과 이것을 가능하게 하는 프로세스의 구별이 어렵다. 예컨대, 보험 회사에서 50대를 위한 실업 보험을 개발한다고 할 때, 보험 상품과 판매 프로세스를 구분하기가 쉽지 않아 보인다. 조직은 점차 성숙해지고 혁신을 추구하여야 하며, 또한 프로세스 지향적인 경영을 채택하여야 한다.

1.2 프로세스의 종류

프로세스는 업무의 규모가 크고 작은 것에 관계없이 정의된다. 고객 주문을 이행하는 서비스의 전 과정을 포함하기도 하고, 단지 고객 불평에 답장을 보내는 과정에도 활용된다. 그러나 프로세스 규모가 클수록, 혁신적인 성과에 대한 잠재 가능성은 더 크다. 대기업의 경우, 프로세스는 20여 개의 주요 프로세스로 나누어질 수 있다. 비즈니스는 프로세스로 이루어져 있는 것이다.

기업에서 프로세스는 가치 활동의 기능적 특성에 따라 네 종류로 나눌 수 있다. 그것은 [도표 10-2]에서 보는 바와 같이 **운영 프로세스**(operational process), **자산 관리 프로세스**(asset creating process), **조정 프로세스**(governing process), **지원 프로세스**(enabling process) 등으로 나눈다. [도표 10-2]에 있는 프로세스의 내용을 표 형식으로 설명하면 [도표 10-3]과 같다.

1.3 프로세스 조직

많은 기업의 경우 프로세스 개발보다는 제품 개발에 대하여 더 많은 관심과 연구를 수행하여 왔다. 이제는 두 가지 모두에 주의를 기울여야 하지만, 서비스업은 물론 제조업도 서비스화하면서 프로세스 개발에 더욱 관심을 기울여야 한다. 전통적인 관점은 조직도에서 보는 바와 같

[도표 10-2] 기업의 주요 프로세스

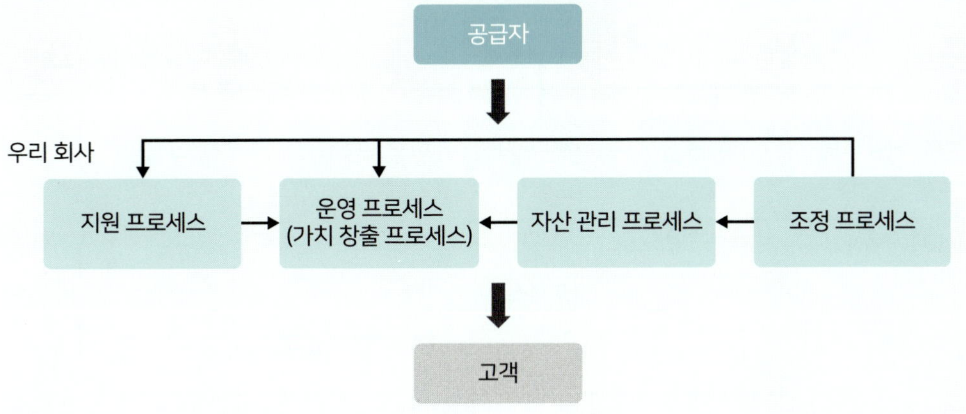

[도표 10-3] 기업의 프로세스 종류

명칭	내용	예
운영 프로세스 (가치 창출 프로세스)	고객 요구에 부응하여 직접 고객 가치를 창출한다.	제품 개발, 고객 획득, 고객 소요량 확인, 제조, 통합 물류, 주문 관리, 판매 후 서비스
지원 프로세스	가치 창출을 지원한다.	구매, 경영 정보, 생산 기술, 시장 조사
자산 관리 프로세스	조직의 인프라 자산(자금, 인력, 생산 설비 등)을 창출 관리한다.	인적 자원 관리, 자금 조달, 설비 관리
조정 프로세스	프로세스 간의 문제를 조정하며 통제한다.	경영 계획, 생산 계획, 예산 배분

이 조직을 수직적으로 바라본다. 그러나 오늘의 업무는 수평적이거나 교차기능적인 방식으로 이루어지므로, 고객에게 가치를 창출하려면 프로세스식의 구조를 갖추어야 한다.

프로세스 조직의 구조는 [도표 10-4]에서 보는 바와 같이 조직 전체를 프로세스로 연결한다. 프로세스 조직은 수직적인 조직과 구별된다. 수직적 조직에서 책임과 의사소통은 시간 단위의 단편적인 연결을 의미하지만, 프로세스 조직은 조직이 어떻게 가치를 창출하여 전달하는가 하는 동적인 구조이다. 수직적인 조직에서는 성과를 측정하기가 어려우나, 프로세스 조직에서는 원가, 시간, 품질, 고객 만족 등을 측정할 수 있다. 원가를 감소하고 고객 만족을 증대하면, 그 자체로 프로세스가 향상되는 것이다. 따라서 구조화된 프로세스를 따르는 것은 바람직한 일이다.

[도표 10-4] 기능식 조직 대 프로세스 조직

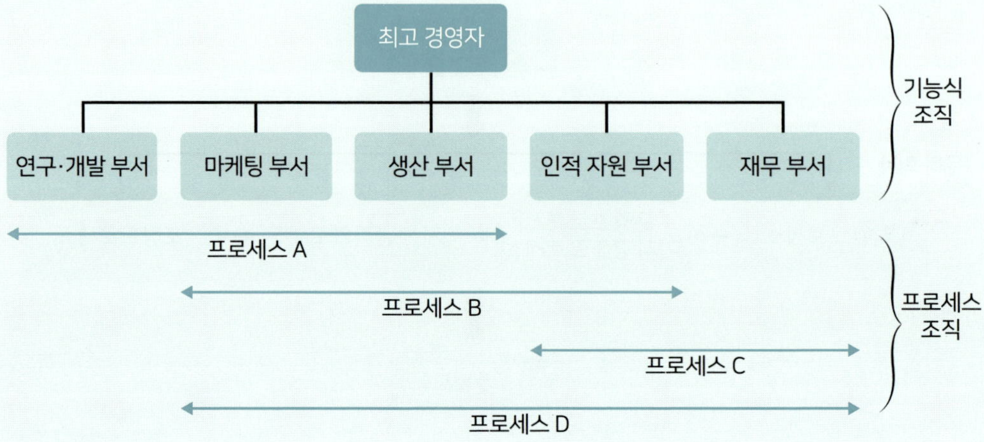

예컨대, '어느 직원이 규정에 합당한 절차대로 업무를 수행하겠다'라는 것은 그 자체가 프로세스 내부에서 비효율성을 나타내는 것이 아니다. 그것은 업무를 체계적으로 수행하겠다는 것을 의미한다.

프로세스 접근 방법은 조직을 수평적으로 가로지르는 개념을 의미한다. 처음에는 투입물로서 원자재가 있고, 끝에는 산출물과 고객이 있다. 프로세스 조직 구조에서는 기능적인 구조를 강조하지 않는다. 오늘날의 비즈니스는 기능 부서, 즉 엔지니어링, 마케팅, 제조, 영업, 고객 서비스 등등을 횡단하면서 제품과 서비스가 연속적으로 움직인다. 기능 부서의 구조는 제각기 비용이나 시간을 많이 소모하면서도, 고객에게 제대로 서비스하지 못한다. 부서 간의 조정은 잘 이루어지지 않는다. 따라서, 실험실에서 시장까지, 고객 주문에서 수령까지 등에 제품을 이동시키는 시간과 원가를 측정하고 관리하는 책임을 어느 누구도 지지 않으려 한다. 프로세스 혁신은 기능 부서 혹은 제품별 부서 간의 중재 역할이 강화되어야 하는지 혹은 제거되어야 하는지, 신속하고 광범위한 정보 흐름을 통하여 부서 간의 횡적인 흐름이 이루어지도록 요구한다.

신제품 개발 프로세스의 예를 들어보자. 이것은 많은 기능 부서의 기술을 요구한다. 신제품 개발 설계는 연구·개발 부서, 시장 수용 가능성 검사는 마케팅 부서, 제조 가능성 여부는 생산 부서 등이 참여한다.

그러나 주문 관리 프로세스는 협력 업체와 고객까지도 확장된다. 따라서, 프로세스 관점에서 조직을 바라보는 것은 부서 간의 횡적인 연결과 전사적인 횡적인 연결을 내포한다.

[도표 10-5] 신제품 개발 프로세스

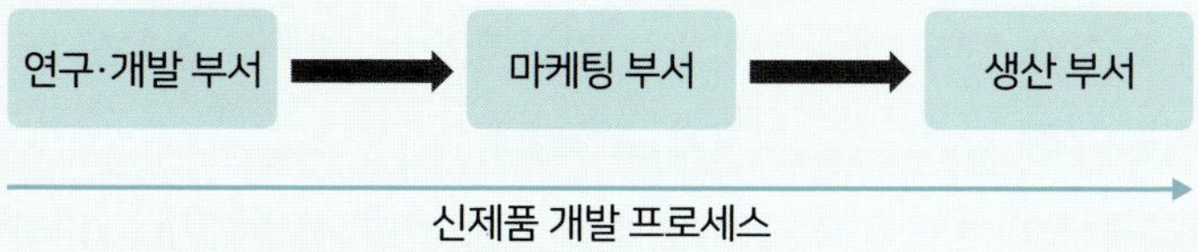

조직 구조에 프로세스를 도입한다는 것은 프로세스 개선에 헌신함을 의미한다. 원가 절감, 품질개선 등은 모두 비슷한 개념이다. 그러나 이러한 단편적인 목표는 프로세스 개선의 일부분에 그친다. 프로세스 경영 개념을 도입하면 여러 목표를 동시에 성취할 수 있다. 즉, 고객의 리드타임을 줄이고, 산출물의 품질을 개선할 수 있다. 이와 동시에 원가도 절감할 수 있는 것이다.

기능적인 조직에서도 이러한 목표 달성이 가능하다. 예컨대, 제조 회사에서는 매년 리드 타임을 줄이거나, 품질 개선을 위하여 노력하여 왔다. 그럼에도 불구하고 이러한 성과는 고객들에 의하여 잘 감지되지 않았다. 왜냐하면, 다른 부서와 조정이 부족하기 때문이다. 설령 제품이 빠르게 생산되었다 하더라도, 창고에서 고객의 신용을 조사하느라고 혹은 주문의 차이를 확인하느라고 시간이 지체되기 일쑤다. 따라서 기능적인 개선은 제한적일 수밖에 없다. 반면에, 프로세스 경영은 내부적으로 혹은 외부적으로 고객의 이익에 관점을 두고 있다.

프로세스가 명확하게 구조화될 때, 그 성과는 다양하게 측정될 수 있다. 이러한 프로세스는 수행 성과에 대한 시간과 원가로 측정된다. 투입과 산출은 효율성, 효과성, 유연성 관점에서 원가, 납기, 품질, 탄력성, 신속성, 일관성, 다양성, 무결점 등의 다양한 요소로 측정될 수 있다. 이러한 측정요소는 고객 가치를 평가하며, 활동 중인 프로세스를 개선하는 기준이 된다.

제2절 생산 프로세스

2.1 제조업의 생산 프로세스

제조업의 생산 프로세스는 여러 기준으로 나누어서 그 종류를 설명할 수 있는데, 여기서는 제품의 주문형태에 따라 **재고생산**(make-to-stock)과 **주문생산**(make to order)으로 나눈다. 먼저, 대부분의 소비자는 대량 생산에 의한 표준화 제품을 구매한다. 이러한 제품은 계획에 의하여 생산이 이루어지는데, 구매자에게 제품 조달이 즉시 가능하다. TV나 세탁기 같은 가전제품은 수요 예측에 근거하여 생산하고, 재고로 비축하여 둔다. 이 생산을 재고생산이라고도 하며, 이 경우 재고 관리는 경영 목표의 주요한 부분이 된다. 또한 수요의 성격으로 보아 공급 능력과 저원가가 주요 전략적 요소가 된다. 제품 차별화는 거의 없으며, 제품의 종류도 한정되어 있다. 석유, 설탕, 철강, 알루미늄 부품 같은 것도 여기에 포함된다.

다음으로, 주문생산은 고객의 특정 주문과 니즈에 따라 이루어진다. 비행기나 선박을 제조하는 경우에는 고객으로부터 주문을 받은 후에 생산에 들어가며, 생산이 끝나면 예정한 날짜에 주문자에게 납품한다. 주문부터 납품까지의 기간을 **리드 타임**(lead time)이라고 부른다. 이 경우에는 일정 계획이 주문마다 달라지게 되어 관리가 복잡하고, 납기를 준수하기 위한 리드 타임 관리가 관심사가 된다. 주문생산의 경우에는 제품의 특성, 납기 준수, 품질, 고객의 요구 변화에 따른 생산 공정의 유연한 변환 능력 등이 중요한 전략 목표가 된다.

일반적으로 소비재는 계획 생산, 생산재는 주문생산으로 만들어지지만, 거의 많은 제품은 표준화 제품과 주문 제품의 양극단 사이에 속해 있으면서, 적은 양으로 생산되는 경향이 높다. 이것을 다품종 소량 생산이라고 부른다. 이러한 경우에는 제품 믹스, 납기 준수, 적절한 원가, 공급의 신뢰성 등의 혼합 전략이 사용되기도 한다. 이러한 중간적인 입장에서는 기업의 전략과 원가 계획에 따라 재고생산이나 혹은 외부 주문으로 조달하게 된다.

경쟁력 있는 기업은 생산 프로세스에서 제품 생산뿐만 아니라 정보의 중요성을 인식한다. 새로운 시대에는 제품의 판매 여부에 대한 정보를 신속하게 입수하여, 팔리는 제품을 신속하고 유연하게 생산하는 것이 효율적이다. 즉, 리드 타임을 줄이는 것이 중요한 전략적 목표 중의 하나이다. 그러나 계획 생산의 경우, 유통업자나 소매업자에게는 제품 재고가 있고, 공장에는 부품

[도표 10-6] 계획 생산 프로세스와 주문생산 프로세스

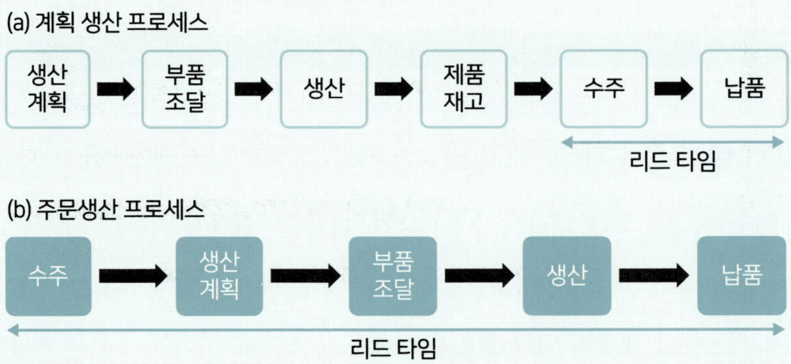

재고가 있어, 생산 라인에서 제품을 바꾸는 일이 쉽지 않다. 그리고 주문생산의 경우, 주문부터 납품까지 걸리는 리드 타임이 길어져서 판매 기회를 잃는 경우도 발생한다.

최근의 생산 전략은 구매나 생산에 시간이 걸리는 부품을 표준화하고, 전략 재고로서 미리 보유해 놓고, 고객 사양에 맞는 제품을 생산하여 제공한다. 이렇게 함으로써 다양한 주문을 단시간에 대응하는 것이 가능하다. 대표적인 예가 델컴퓨터이다. 이 회사는 고객이 주문한 컴퓨터를 3일 이내에 제공하는 것을 목표로 운영하고 있다. 이 회사는 외부 협력 업체와 시스템화하여 재화, 정보의 흐름이 동시에 일어나고, 부품과 제품의 체류 현상을 없애는 전략을 수행하고 있다.

특히 전자 제품의 경우에는 심화되는 경쟁 속에서 가격이 경쟁력을 좌우하고 있어, 생산 아웃소싱을 통하여 원가 절감에 나서고 있다. 시스코시스템나 썬마이크로시스템즈 같은 전자 제품 회사는 핵심 제품만 생산하고, 보완관계 제품의 생산은 아웃소싱을 통하여 조달한다. 이것을 **EMS**(**electronics manufacturing service**)라고 부른다. EMS 기업은 다양한 제품을 생산할 수 있는 유연한 생산 체제를 완비하여 고객의 니즈에 신속하게 대응하는 능력을 가지고 있다. 예컨대, 미국의 솔렉트론이나 SCI 시스템즈 같은 회사는 특정 기업에 소속되지 않으면서 불특정 다수의 고객으로부터 생산 수주가 가능한 전자 제품의 생산 전문 업체로 급성장하였다.

대기업들은 기존의 생산 공장을 통폐합하거나 재편성하여 생산성 향상을 추구하고 있다. 자사를 위하여 특정 제품만 생산하던 기존 생산 공장을 재편성하여 다품종 소량 생산을 담당하게 하며 전사 차원의 물건을 생산하도록 체제를 개편하고 있다. 공장은 사업부 소속이 아니라, 스스로가 이익을 내면서 생존하는 독립 채산제를 지향하고 있다.

정보화 및 글로벌화 시대를 맞아 제조 회사들은 수평 분업이나 가상 체제를 통해 원가 절감을 실현하면서 경쟁력을 확보해 나갈 것으로 예상된다. 기업들은 EMS 기업에 생산을 위탁하는 수평 분업 체제로 파트너와 협력적 관계를 가져야 한다. 이를 위해서는 네트워크에서 비즈니스 프로세스와 모든 정보를 공유하는 것이 중요하다.

[도표 10-7] 리드 타임의 전략적 관리

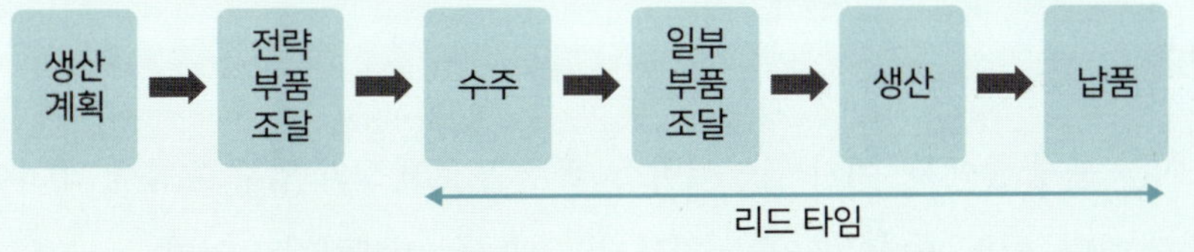

2.2 서비스업의 생산(전달) 프로세스

(1) 서비스의 의사 결정 과제

일반적으로 제품은 이미 생산된 것에 값을 지불하지만, 서비스는 먼저 값을 지불하여야 생산된다. 식당의 경우처럼 후불하는 경우도 있으나, 대체로 학교 수업료, 호텔 숙박료(신용카드로 먼저 확보함), 항공료 등과 같이 일반적으로 선불이다. 선불한 고객은 항상 기대심과 감정을 가지고 서비스 제공자에게 접근한다. 소비는 항상 감성적이므로, 고객은 감성의 배를 타고 접근한다. 더욱이 고객은 개별적이고 인상적인 경험을 원한다. 따라서 서비스 생산자는 주의를 기울여서 고객이 혜택을 받았다고 느낄 정도로 봉사하여야 한다.

앞서 제6장에서 설명한 바와 같이 서비스는 무형성, 소멸성, 동시성 등의 특성을 가지고 있다. 무형적인 특성 때문에 서비스 제공자는 시스템적인 신뢰성을 바탕으로 서비스를 생산·제공하여야 한다. 소멸성이란 재고가 불가능하여 기회 손실이 발생하는 것을 말하며, 그리고 동시성이란 생산과 소비가 동시에 이루어진다는 의미이다. 특히 생산과 소비의 동시성은 서비스의 생산 프로세스에 생산자와 소비자가 함께 있어야 서비스가 성립된다는 것을 말한다. 생산이란 단어는 주로 제품에 관련하여 사용하지만, 가치를 창출한다는 의미에서는 서비스에도 적용이 가능하다. 본 절에서는 다만 의미의 원활한 해석을 위해서 서비스 '생산 프로세스'보다는 '전달 프로세스'로 사용하기로 한다.

본질적으로 제조의 핵심 문제는 재고 관리이지만, 서비스의 경우는 기다림의 문제이다. 고객이 원하는 것을 얼마나 신속하게 제공하여야 하는가의 문제이다. 서비스에서 이 문제를 해결하기 위한 전달 프로세스는 다음과 같은 의사 결정 과제를 안고 있다.

- 고객을 위한 실제 대기 장소
- 고객의 프로세스 참여 정도
- 서비스 수요와 공급 능력
- 설비 배치와 디자인
- 서비스 제공 프로세스의 업무 흐름
- 품질 측정

이러한 여러 문제 중에서, 여기서는 서비스 제공 프로세스의 업무 흐름에 대하여 중점적으로 논의하기로 한다. 이를 위해서 서비스 청사진의 개념을 이해하기로 하자.

(2) 서비스 청사진

서비스 청사진은 건축설계 도면과 같이 서비스 전달 과정을 시각적으로 나타내준다. 이 설계도면을 보면 건축하려는 건물을 상상할 수 있듯이, 서비스 청사진을 보면 서비스의 현장과 지원 장소에서 일어나는 업무 흐름을 파악할 수 있다.

[도표 10-8]에서 보는 바와 같이, 식당에서는 가시선을 사용하여 현장과 지원 업무를 구분한다. 고객 접촉이 있는 현장에서 직원은 효과성과 유연성에 관심을 갖고 있다. 그리고 고객에게 보이지 않는 주방과 같은 지원 부서의 업무는 효율성을 추구한다. 이곳은 마치 제조 공장처럼 운영된다.

이 서비스 청사진은 세 가지의 유용한 아이디어를 제공한다. 첫째, 서비스 전달 프로세스를 조감도로 나타내어 전체 흐름을 한 눈에 알 수 있게 해 준다. 비록 직원은 자신이 맡은 일이 한 가지에 국한될지 모르지만, 전체 관점에서 원만한 흐름 여부를 알 수 있으며, 그리고 바쁜 시간(예: 점심시간)에 병목 현상이 어디에서 발생하고 있는가를 알 수 있다. 둘째, 과업 활동에 따라서 어떤 정보가 필요하고, 또한 어떤 상호 작용을 하여야 하며, 어떤 의사 결정을 내려야 하는

[도표 10-8] 호텔 식당의 서비스 청사진

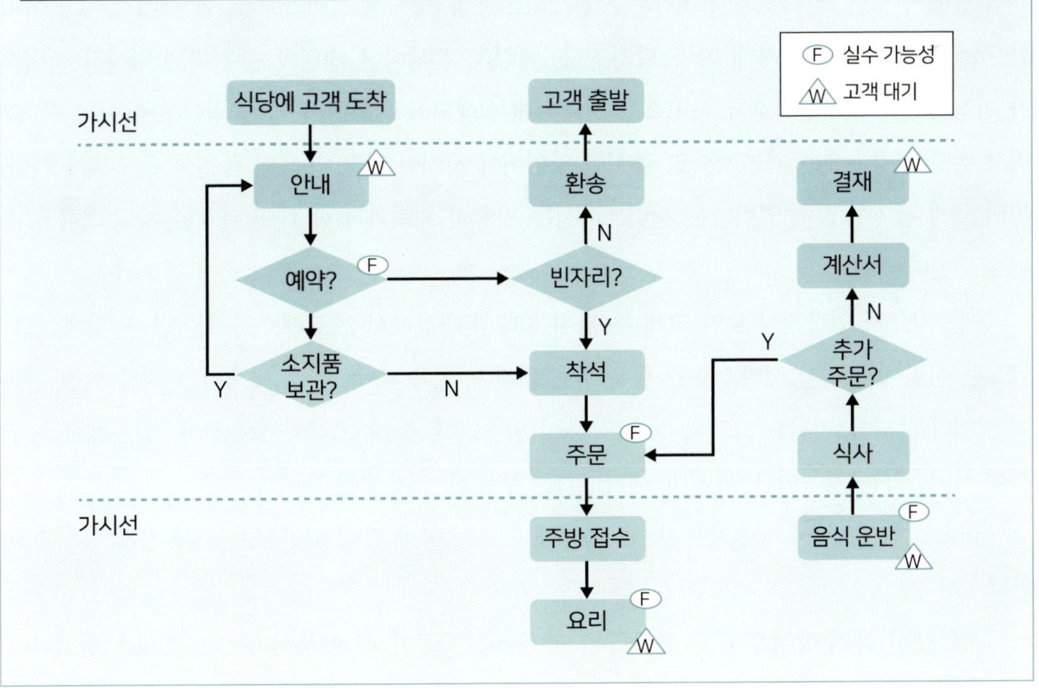

지 알게 된다. 의사 결정 활동은 다이아몬드로 표시하여 가부 여부를 나타내므로, 고객으로부터 명확히 확인할 필요가 있다. 의사 결정에 실수가 없도록 한다. 그리고 사각형은 진행 활동을 나타낸다. 셋째, 실수 가능성(F)과 기다림(W)을 표시하여 정확하게 업무 수행을 하도록 한다. 특히, '음식 운반'은 식사하는 고객의 상황을 잘 지켜보면서 완급을 조절하여야 한다. 전채, 메인 요리, 후식 등의 순서로 여러 차례 음식이 제공되는 호텔에서는 지나치게 빠르거나 느리면, 아무리 음식이 좋아도 만족스런 서비스라고 느껴지지 않는다.

서비스 성과는 이와 같이 전체적인 경험에 의하여 평가된다. 고객 입장에서 어느 단일 활동도 분리되지 않고 물 흐르듯이 부드러운 진행이 되어야 한다. 고객이 중요시하는 서비스 운영에 대하여는 표준 시간을 정해 놓되, 고객의 기대 시간에 잘 맞추는 것이 필요하다. 예컨대, 고객이 자리에 앉자마자 주문을 요구하는 것은 너무 급한 생각이다. 적절한 간격의 시간과 준비물에 관하여 표준을 정하면 안정감 있는 서비스가 될 것이다. 이와 같이 서비스 청사진은 서비스 전달 프로세스에서 발생할 수 있는 문제점을 알려주고, 창의적인 사고를 하도록 도와주며, 그리고 고객 서비스에 대한 인식을 종합적으로 할 수 있게 해 준다.

(3) 서비스 전달 프로세스의 유형

서비스 전달 프로세스는 제공자와 수요자의 입장에서 다양한 특성을 내포한다. 먼저, 제공자 입장에서 보면 서비스 패키지(기본 시설, 보조 용품, 명시적 서비스, 묵시적 서비스)에서 어떠한 것을 주로 사용하는가에 따라 달라진다. 예컨대, 은행이나 병원의 경우에는 명시적 서비스가 가장 중요하다. 즉, 입출금 서비스가 정확하게 실행되어야 하며, 환자는 병이 나아야 한다. 그리고 식당의 경우에는 기본적으로 음식이 맛있어야 하지만 보조 용품의 품질이 우수해야 한다. 특히 고객 접촉이 많이 일어나는 서비스에서는 기술적 능력과 함께 대인 관계 유지에 대한 능력이 요구된다.

한편, 수요자 입장에서 보면 크게 두 가지 형태의 대상에서 프로세스가 일어난다. 첫째, 고객이라는 사람에게 직접 서비스하는 경우이다. 예컨대, 교육, 숙박, 여행 등에서 고객과 직접 접촉이 일어나게 되어, 직원은 고객과 상호 작용이 일어난다. 둘째, 고객이 보유하고 있는 재물을 위하여 서비스하는 경우이다. 예컨대, 세탁, 현금, 부동산, 유가증권 등이다.

서비스 전달 프로세스 설계는 [도표 10-9]에서 보는 바와 같이 일반적으로 세 가지 방식에 의한다.

첫째, **생산 라인 방식**은 주로 표준화된 서비스를 제공할 때 이루어지는 프로세스 방식이다. 마치 공장에서 표준 제품을 생산 하듯이 패스트 푸드점에서는 정해진 규격의 햄버거를 판매한

▌숄다이스 병원

캐나다 토론토에 위치한 숄다이스 병원(Shouldice Hospital)은 탈장 치료 전문 병원으로, 높은 서비스 성과와 환자 만족도를 자랑하는 틈새시장 병원이다. 숄다이스 병원은 독특한 수술 방법과 환자 중심의 접근 방식을 통해 전 세계적으로 인정받고 있다.

숄다이스 병원은 독자적으로 개발한 탈장 수술 기법으로 유명하다. 이 병원의 수술 기법은 환자가 수술 후 바로 수술대에서 일어나 걸어 나갈 수 있을 만큼 회복 속도가 빠르다. 일반적인 병원에서보다 두 배 빠르게 일상 생활로 복귀할 수 있어, 환자들에게 깊은 인상과 높은 만족도를 제공한다. 이 병원은 매년 수천 건의 탈장 수술을 성공적으로 수행하며, 매우 낮은 재발률을 유지하고 있다.

숄다이스 병원의 모든 프로세스는 환자와 직원의 만족을 최우선으로 설계되어 있다. 환자들은 수술 전 충분한 정보를 제공받으며, 사전 검사로 의료 위험 요소를 미리 제거한다. 입원 과정은 간단하고 신속하며, 환자들은 수술 후에도 적극적으로 자신의 회복에 참여한다. 병실은 환자들이 많이 걷도록 설계되어 있으며, 다른 환자들과의 교류를 통해 심리적 안정과 회복을 돕는다. 또한, 퇴원 후에도 연례 회동 모임을 통해 환자들과의 유대감을 유지한다.

숄다이스 병원은 전통적인 병원의 모습에서 벗어나 환자들이 편안함을 느낄 수 있도록 설계되었다. 병원은 넓은 골프장 같은 부지에 위치해 있으며, 병원 특유의 냄새나 분위기가 없다. 의사들은 연간 600회 이상의 수술을 수행할 수 있는 능력과 인내력을 갖추고 있으며, 충분한 보수와 안정된 일정 속에서 근무한다. 간호사와 직원들은 환자들에게 이동 시 도움이 없다는 것을 설명하고, 주로 상담 역할을 수행하며, 자신의 업무에 대해 큰 만족감을 느끼고 있다.

숄다이스 병원의 시스템과 프로세스는 설립자의 비전을 따라 지속적으로 개선되어 왔다. 이러한 개선은 의료 행위자의 관점이 아닌, 환자의 관점에서 이루어졌다는 점이 주목할 만하다. 환자 피드백을 적극 반영하여 치료 과정과 서비스를 지속적으로 향상시키고 있다. 이러한 접근 방식은 숄다이스 병원이 탈장 치료 분야에서 세계 최고의 병원 중 하나로 자리매김하는 데 중요한 역할을 했다.

숄다이스 병원은 전문적인 탈장 치료, 환자 중심의 프로세스, 독특한 병원 환경, 지속적인 개선을 통해 틈새시장에서 성공을 거두고 있다. 이러한 전략은 숄다이스 병원이 전 세계적으로 높은 명성과 신뢰를 쌓는 데 기여하고 있다.

[도표 10-9] 서비스 전달 프로세스의 유형

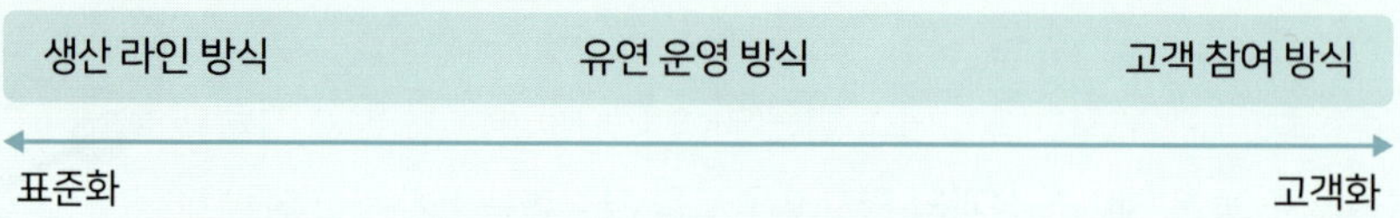

다. 직원은 임의로 빵의 크기를 바꿀 수 없으며, 정해진 범위 내에서 고객이 요구하는 대로 서비스한다. 그는 직무 수행에 필요한 기술만 가지고 있으면 되는 것이며, 재량권은 주어지지 않는다. 표준화된 서비스를 제공할 수 있어, 통제가 용이하고 일관된 품질을 유지하기 쉽다.

둘째, **유연 운영 방식**은 고객 접촉에 따라 서비스 제공 방식이 달라진다. 고객 접촉이 비교적 많은 호텔 식당의 홀에서는 분위기가 고객의 심리적 기대를 충족시켜야 하고, 프로세스 설계와 직원의 태도는 고객에게 직접 영향을 미치므로, 고객 요구에 잘 대응하는 능력이 요구된다. 반면에, 식당 주방은 고객 접촉이 거의 없어 직원은 단지 기술적인 능력만 있으면 된다. 설비는 공장과 같이 제품 지향적이며, 표준 운영 시간이 엄격하게 요구된다. 이렇게 고객 접촉에 따라 유연하게 생산 프로세스를 구축하여야 한다.

셋째, **고객 참여 방식**은 고객이 서비스 프로세스 안에서 공동 생산자로 적극 참여하는 것이다. 서비스 생산 시에 필요한 활동의 일부를 고객으로 대체하기 때문에 비용을 줄이거나 생산성을 높일 수 있다. 예컨대, 샐러드 바에서 셀프 서비스를 하거나, 현금 자동 인출기의 이용, 주말 농장 운영 등의 경우이다. 이 방식에서는 고객이 참여할 수 있는 기술을 가르쳐 주어야 호응이 높다. 그리고 이러한 고객 참여는 고객화를 높이는 방식이 될 수 있다. 고객은 생산에 대한 경험을 간직할 수 있어 더 많은 흥미를 느끼게 될 것이다.

앞의 서비스 청사진과 같이 프로세스 맵을 그리면 프로세스의 전체적인 균형 감각을 얻을 수 있다. 프로세스 맵은 3단계로 작성한다. 첫째, 전반적인 프로세스를 그린다. 프로세스의 비전이 명확하게 설정되어 있다면, 이것은 어렵지 않다. 둘째, 각 하부 프로세스는 상위의 주 프로세스와 같이 어느 정도 완벽하게 그린다. 셋째, 각 주요 활동은 누가 이것을 실행할 것인가, 수행하는 데에 필요한 정보는 무엇인가 등에 대하여 기술한다. 프로세스에 성과 목표, 시간이나 품질에 관한 정보를 나타낸다. 새로 그린 프로세스 설계는 업무 흐름, 기술, 조직, 정보 등의 관점에서 현재 프로세스와 비교되어야 한다.

제3절 가치 창출 프로세스

3.1 가치 사슬과 가치 시스템

지금까지 생산 프로세스의 효율성과 효과성에 대하여 중점적으로 설명하였다. 고객을 위한 가치 창출은 기업의 근본 목적이다. 이를 위해 기업은 먼저 내부 프로세스의 통합화를 모색하여야 한다. 앞에서도 언급한 바와 같이, 기업의 비즈니스는 많은 프로세스로 구성되어 있다. 기업은 가치 창출 프로세스들을 하나의 체인 프로세스로 연결하여야 한다. 이것은 목적 달성을 위하여 통합적으로 최적해를 구하는 것을 의미한다. 특히 기업의 가치 창출 프로세스를 사슬로 연결하여 그림으로 나타내면 [도표 10-10]과 같다.

기업은 자신의 가치 사슬을 검토하고 평가하여, 어디에 자신의 자원을 중점 배분할 것인가를 결정하여야 한다. 무엇을 고객에게 제공할 것인가를 결정하면, 다음으로 어느 곳에 초점을 두어야 할지를 검토하여야 한다. 예컨대, 연구·개발 중심인지 혹은 생산 중심인지 여부에 따라 가치 창출의 추진 방법은 달라진다. 삼성전자는 전자에 속하지만, 현대중공업은 후자에 속한다.

그리고 더욱 중요한 것은, 가치 사슬을 자사 내부에 한정시키지 않고 가능한 한 넓은 범위로 확장해 나가는 것이 필요하다. 공급 업체, 유통 업체, 고객까지 확장하는 가치 사슬상에서 최적해를 구해야 한다. 기업이 외부적인 활동 개념을 포함시키기 위해서 생산 시스템을 어떻게 확장하는 것이 좋은 것일까? 이를 위해서는 **공급 사슬 관리**(supply chain management, SCM)를 이해할 필요가 있다.

공급 사슬 관리는 크게 두 가지로 정의된다. 하나는, 최종 제품을 생산하기 위하여 원자재, 부품, 시스템 등의 공급 업체들과 **관계**(relationship)를 중심으로 파악하는 경우이다. 이것은 공급 사슬을 최종 제품 혹은 서비스의 생산에 순차적으로 가치를 부가하는 일련의 협력적 거래 관계로 정의한다. 다른 하나는, 원자재부터 최종 제품에 이르기까지의 물적 흐름(physical flow)을 중심으로 이해하는 경우이다. 이것은 원자재 구매, 중간재 변환, 최종 제품 생산으로 소비자에게 전달하는 과정을 이루고 있는 네트워크를 의미한다. 여기서는 후자의 개념을 사용하기로 하며,

[도표 10-10] 기업의 내부 가치 창출 프로세스

연구·개발 ➡ 구매 ➡ 생산 ➡ 영업 ➡ 물류 ➡ 서비스

따라서 공급 사슬 관리는 공급 업체와 고객을 기업의 프로세스에 연결하여 전략적으로 관리하는 것을 말한다.

SCM에 대하여 상세하게 이해하려면, 포터가 기업의 경쟁 우위 분석을 위하여 도입한 가치 사슬을 검토할 필요가 있다. 그는 기업이 부가가치를 창출하는 과정을 몇 가지 분야로 나누어서 경쟁 우위에 기여하는 바를 분석하였다. 가치를 창출하는 활동을 분류하기 위해서는 궁극적으로 경쟁 우위에 기여하는 몫을 고려하여야 한다. 가치 활동은 고객이 가치를 느끼는 제품이나 서비스를 제공하는 데에 필요한 요소들이다. 이러한 가치 활동을 연결하여 최종적으로 고객에게 전달되는 가치를 창출한다는 의미에서 가치 사슬이라고 명명하였다.

가치 사슬은 기업이 부가가치를 만들어 나가는 과정을 내부에서 발생하는 가치 활동(구매, 생산, 영업, 지원 등)의 연결로 나타내고 있다. 이것은 본원적 활동과 지원 활동으로 나눈다. 본원적 활동은 투입 물류, 운영, 산출 물류 등의 주요 활동에 마케팅과 판매, 서비스를 추가하고 있다. 그리고 지원 활동은 조달, 기술 개발, 인적 자원 관리, 기업 하부 구조 등의 하부 활동을 나타낸다. 이 가운데에서 생산은 가치 사슬의 중요한 기능을 담당하고 있음을 알 수 있다.

계속해서, 포터는 이러한 가치 사슬을 산업의 기업 간에 연결하여 최종 고객에게 제공하는 가치를 창출하는 가치 시스템을 제시하였다.

[도표 10-11]에서 보는 바와 같이 가치 시스템은 최종 구매자의 입장에서 가치가 전달되는 구조를 보이는데, 이것은 개별적인 가치 사슬의 집합체인 셈이다. 기업은 타 기업과의 연결을 가장 적합하게 통제 조정함으로써 경쟁력을 높일 수 있다는 것이다. 이를 위해 수직적, 수평적인 연계를 통해 가치 시스템을 구성하여 경쟁 우위의 원천을 창조할 수 있다. 여기서 수평적인 연계란 공급 업체 → 제조 업체 → 유통 업체로 연결되는 전통적인 연계이며, 수직적인 연계는 고객 가치를 제고하기 위한 제품이나 서비스의 결합을 의미한다.

다시 말해서, 가치 시스템은 최종 고객의 입장에서 보면 고객이 원하는 가치를 만들어 내기 위한 기업 간의 연계 구조를 의미한다. 기업은 미시적인 가치 사슬이라는 내부 운영 프로세스의

[도표 10-11] 전통적인 가치 시스템

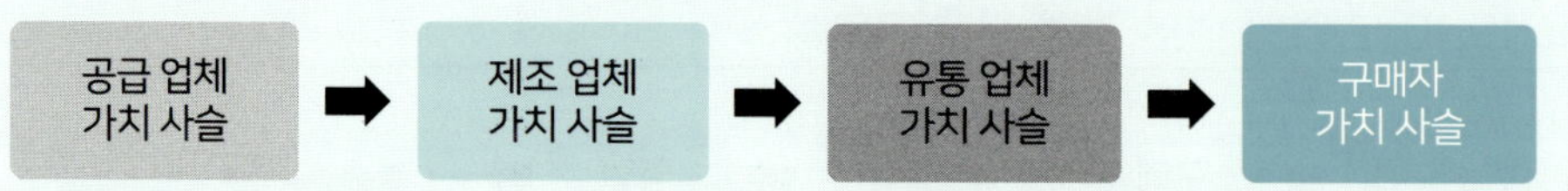

분석도 중요하지만, 거시적인 가치 시스템 내에서 어떤 위치를 가지고 있으며 얼마만큼의 부가가치를 창출할 수 있는가에 따라서 경쟁 우위가 결정된다.

전통적인 제조 업체와 공급 업체는 기존의 SCM에서 유통 업체를 통하여 고객 정보를 얻을 수밖에 없었다. 새로운 업체를 가치 시스템에 포함시키려면 하드웨어나 소프트웨어에 많은 투자 비용이 들었다. **EDI**(electronic data interchange)나 **VAN**(value-added network)과 같은 소유적인 네트워크를 가지고 있어 확장, 발전하는 데에 한계가 있었다. 그러나 인터넷 환경에서는 기업이 언제든지 쉽게 연결되어 가치 시스템에 쉽게 포함될 수 있어서, 고객과 직접 접촉하여 정보를 바로 얻을 수 있다. e비즈니스 기업들은 자신의 핵심 역량만을 활용하고, 나머지 부수적인 활동은 아웃소싱을 통하여 해결함으로서 전략적인 경쟁 우위를 가질 수 있다.

3.2 새로운 SCM

새로운 SCM은 최종 수요자의 수요 예측을 구매계획, 생산 계획, 재고 계획들과 잘 연결하여 재고 과잉이나 부족이 일어나지 않게 한다. 그리고 원활한 정보 교류를 통하여 물류 기능을 원활하게 수행한다. 기업은 다양한 정보와 기능을 한 곳에 집중 관리하여 네트워크를 통하여 경영 계획과 의사 결정을 여러 채널을 통하여 관련부서, 협력 업체에 신속하고 일관성 있게 전달할 수 있게 되었다. 따라서 SCM은 네트워크 기술과 정보 기술을 이용하여 원·부자재부터 생산, 배송, 판매에 이르기까지의 전 과정을 정보 흐름과 물류 흐름의 관점에서 공급 업체, 내부 프로세스, 유통 업체, 고객들을 통합적으로 연결한 프로세스이다.

e비즈니스는 정보 기술(IT)을 활용하여 고객의 욕구에 맞는 제품이나 서비스를 얼마나 신속하게 제공하는가에 성패가 달려 있다. 기업은 더 이상 가치 시스템이 주어졌다는 전제 조건하에서 경영 활동을 할 수가 없다. 경영 환경은 불변의 것이 아니고 동적으로 변화하기 때문이다. 가

[도표 10-12] 새로운 SCM의 개념

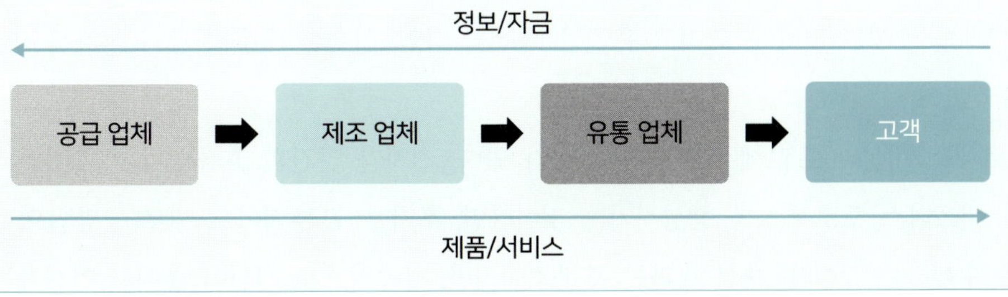

[도표 10-13] e비즈니스의 가치 시스템

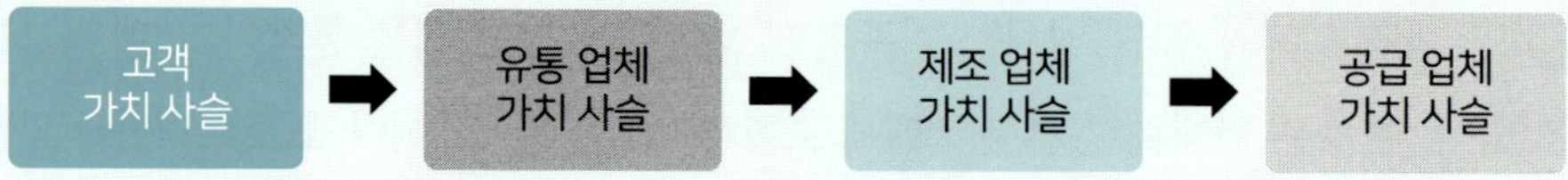

치 시스템 내에서 더 많은 부가가치를 차지하거나, 최종 고객에게 더 높은 가치를 제공하기 위하여 가치 시스템을 변화시켜 나가는 적극적인 시스템 분석이 중요하게 되었다. 기업 간 가치 사슬의 연계 구조를 변화시키고, 새로운 조합 형태를 만들어 냄으로써 최종 소비자가 요구하는 가치를 창조하는 최적의 가치 시스템을 구성하여야 할 것이다. 이를 위해서는 전통적인 가치 시스템과 상반된 방향인 고객 가치 사슬부터 시작되어야 할 것이다.

앞의 사례에서 설명한 바와 같이, 델컴퓨터는 인터넷을 이용하여 유통 업체 가치 사슬을 제거하고 소비자와 직접 연결함으로써, 싼 가격에 소비자가 원하는 사양의 컴퓨터를 제공할 수 있다. 인터넷 환경을 이용하여 생산자와 공급자 간, 생산자와 구매자 간을 연결하는 새로운 가치 사슬을 만들 수 있어 가능하다. 기업은 기존 가치 시스템이 소비자가 원하는 가치를 제공하는 데에 한계가 생긴 경우에는 새로운 조합을 시도할 수 있다. 기업은 점차로 고객 주도형으로 변화되는 시장 환경 속에서 가치 시스템을 재조합 내지는 통합하는 것이 중요한 이슈가 되고 있다.

제4절 지속적인 프로세스 개선

조직에서 지속적인 프로세스 개선은 적절하게 기획되고 실행되어야 한다. 즉, 이 활동은 매일의 과업이 되며, 문제를 해결하고, 그리고 더욱 향상되는 기회를 마련하여야 한다. 이른바 지속적인 프로세스 개선에는 점증적인 개선과 급격한 혁신으로 나눈다. 프로세스 개선과 혁신의 목적은 가치 향상에 있다. 예를 들면, 작업 공정을 향상시켜서 불량과 실수를 줄여서 생산성과 운영 성과를 높이는 것이다. 그리고 유연성, 싸이클 타임, 신속한 대응성 등의 성과를 개선하는 것이다.

프로세스 개선과 프로세스 혁신은 차이가 있다. 전자가 약간의 효율성과 효과성을 가지고 동일한 비즈니스 프로세스를 향상시키는 것이라면, 후자는 근본적이고 새로운 방법으로 업무 활동을 수행하는 것이다. 개선 효과는 부분적이지만, 지속적으로 개선이 쌓여서 언젠가는 혁신

[도표 10-14] 지속적인 프로세스 개선

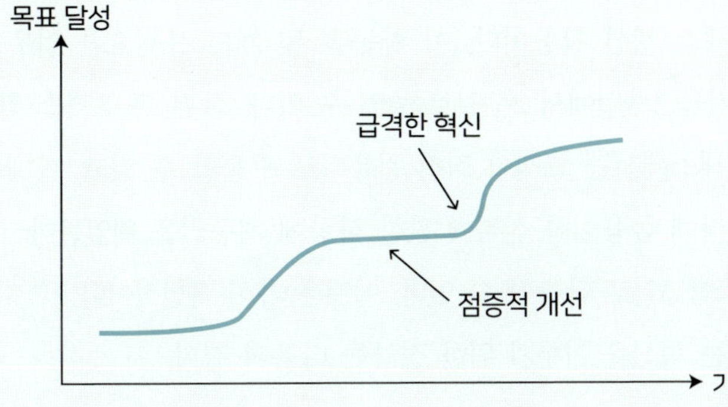

효과를 가져오는 기초를 제공한다. 운영상에 도입되는 전사적인 혁신은 전 부문에 걸쳐서 그 효과가 나타난다. 프로세스에 새로운 것을 도입하는 목적은 조직에 근본적인 변화를 가져오려는 것이다. 조직은 프로세스 변화를 통하여 업무 구조 변화와 함께 가시적이고 극적인 결과를 얻을 수 있다.

학습 조직

성공하는 경영자들은 가치 창출을 위하여 회사 조직을 학습 조직(learning organization)으로 변화시킨다. 학습 조직은 프로세스 개선과 혁신에 필요한 지식을 창출, 획득, 확산하는 데에 노력하는 조직이며, 새로운 지식을 활용하여 업무를 수행하는 능력을 가진 조직이다. 구성원 누구나 문제를 제기하고 해결하는 데에 관여한다. 조직은 프로세스를 지속적으로 실험하고, 개선하고 그리고 능력을 배양하여야 한다. 학습 리더들은 직원 또는 조직 구성원 임파워먼트를 강조하고, 타 부서 및 타 조직과의 협력을 격려한다.

전통적 조직은 효율적인 성과를 위해 설계되어 있어, 딱딱하고 이성적인 모형이며 수직적 조직과 공식적인 시스템을 가지고 있다. 이 조직은 변화에 무관심하고 지정된 과업만 수행한다. 그러나 학습 조직의 본질적 가치는 문제 해결 능력이다. 학습 조직의 리더는 구성원들이 무엇을 할 것인가를 미리 결정하지 않으며, 단지 그들이 공부하고 행동할 기회를 제공한다. 학습 조직은 부드럽고 직관적인 조직을 가지며, 수평적이고 권한 위임된 과업을 개인적으로 수행한다. 전략은 조직 안팎으로 협력적인 연결을 갖는다. 시스템은 유연하고, 지속적인 개선을 강조하며, 혁신을 유도한다. 학습 조직은 조직으로 하여금 기회를 붙잡고 또한 위기를 해결하는 공유된 기업 문화에 기초한다. 학습 조직은 프로세스 개선과 혁신에 필요조건인 것이다.

실제로 거의 모든 기업은 점진적 혹은 근본적인 변화 중에서 하나를 선택한다. 예를 들어, 어느 회사에서 고객 주문에 관한 프로세스를 분석한 후에, 가치 창출이 없는 단계를 줄인다고 한다면, 그것은 프로세스 개선 활동이다. 이 활동은 몇 개의 불필요한 업무를 제거하며, 고객 만족을 증대하고, 납기를 3주일에서 2주일로 줄일 수 있다. 한편, 프로세스 혁신을 계획하는 기업의 고객 주문 프로세스에서는 고객이 직접 컴퓨터로 주문할 수 있고, 판매원을 줄이고, 주문을 보증하고, 일선 현장에 금융이나 선적에 관한 사항에 재량권을 위임한다. 이렇게 하여 3주일 걸리던 주문 프로세스를 3일로 단축할 수 있다. 이것은 가히 혁신적이다.

프로세스 개선 또는 혁신을 이루기 위한 절차는 다음과 같다.

1. 가치 창출에 가장 중요한 프로세스를 선택하고 목표를 정함
2. 현재 프로세스(as-is process)를 그림
3. 조직의 동료들에게 검토를 의뢰함
4. 미래 프로세스(should-be process)를 그림
5. 목표 달성을 위한 실행 방안을 마련함

프로세스의 정량적·정성적 목표는 현재 프로세스와 미래 프로세스 모두에 중요하다. 새로운 프로세스를 설계하기 전에 기존의 프로세스를 이해하는 것은 중요하다. 여기에는 측정이 포함되어야 한다. 미래 프로세스에 명시적인 프로세스 비전이 없으면, 현재 프로세스에서 무엇을 검토하여야 하는지 알 수 없다. 단지 옛 프로세스에서 사용되었던 원가와 시간 같은 것만 측정한다면, 새로운 목표의 구체적인 측정을 무시하게 된다.

이러한 절차를 수행하면서 유념할 것은 무엇보다도 프로세스는 비전과 목표를 가져야 한다. 그리고 고객을 통하여 투입 요소를 얻고, 직원과 고객 간의 관점에서 균형을 유지하고, 또한 벤치마킹을 통해서 개선이나 혁신이 가능하다. 기업은 산업 최고와 비교하지 말고 세계 최고와 비교하는 과감한 정책을 가져야 할 것이다.

(1) 프로세스의 비전과 목표를 세움

비전을 전략과 일치시키는 것은 비즈니스 프로세스의 근본적인 변화에 필수적이다. 전략과 프로세스는 서로 강화할 수 있어야 하고, 일관성 있게 주제를 반영하여야 한다. 잘 정의된 전략은 특히 프로세스 혁신에 중요하다. 근본적인 변화는 명확한 방향 없이 성취되기 어렵기 때문이다. 그리고 전략 또한 잘 정의된 프로세스 비전 없이는 수행이 불가능하다. 프로세스 비전은 특별하고 측정 가능한 목표와 미래 프로세스 모습의 특성으로 이루어져야 하며, 이렇게 될 때에

비전과 행동으로 필요한 연결이 이루어진다. 프로세스 혁신에 참여한 사람들이 비전을 공유하지 않고 또한 이해하지 않으면, 혁신은 이루어지기 어렵고, 단지 약간의 개선 효과만을 가져 올 것이다.

프로세스 혁신은 합리화나 단순화 이상의 것이며, 상식을 뛰어 넘는 것이다. 사실 합리화와 단순화는 작업 개선을 통하여 이루어지는 전통적인 제조업에서 사용하는 단어이다. 이것은 업무 수행에서 쉽고 경제적인 방법을 제시하는 것이다. 그러나 쉽고 경제적인 업무 수행 방법에 대해서도 '왜 이렇게 하지 않으면 안 되는 것일까?'라는 의문을 가지며, 때에 따라서는 복잡한 프로세스도 고려한다. 예컨대, 보험 회사에서 보험 계약을 선형적인 순서로 진행하지 않고, 동시병발적으로 프로세스를 진행한다는 것은 프로세스가 복잡해진다는 것을 의미한다. 신제품 개발 시에도 마찬가지이다.

전략과 마찬가지로 프로세스 비전은 의사소통하기 쉬워야 하고, 수행하는 이들에게 위협적이어서는 안 된다. 예를 들어, 원가 절감을 위하여 제시된 바람직한 혁신 목표보다 낮은 목표는 구성원들에게 의욕을 주지 못하고, 단지 위협적인 것으로만 인식된다. 원가 절감이 최종 목표라 하더라도, 원가 절감을 가져오는 시간 단축이나 품질 향상 등과 같은 다른 중간 목표와 혼합하여 사용하여야 한다. 이렇게 되지 않으면, 참여자의 흥미가 떨어지고 저항이 발생할 우려가 있다. 품질, 삶의 질 향상, 시간 등 다양한 목표를 지향하는 회사는 프로세스 혁신 과정에서 원가 절감을 성취하기도 한다. 그러나 오직 원가 절감만을 외치는 회사는 그것조차 달성하기 어렵다. 프로세스 변화에 비전과 전략이 없기 때문에 약간의 시늉만을 감지할 뿐이다. 프로세스 혁신은 전략적 상황에서 적용 가치가 있다.

그리고 가장 중요한 문제가 되는 프로세스에 초점을 맞추었을 때에 성공적인 변화를 이끌어 낼 수 있다. 어느 대기업의 사업부 공장에서는 마이너스 재무 성과를 역전시키기 위하여, 프로세스 혁신, 조직 구조, 기술 등을 이용하였다. 공장은 자주 관리 팀워크, 고객과의 연결, 프로세스 성과에 대한 측정 등을 이용하였다. 이러한 프로세스 혁신으로 고객 불평은 십분의 일로 줄었고, 원가는 30% 감소하고, 리드 타임은 3주에서 3일로 줄었다. 대기업에서 본부 수준의 전략은 특정 사업부의 프로세스에 혁신을 고무하기는 어려운 것이다. 따라서 자체적인 단위 사업부 차원에서 프로세스 혁신의 노력이 이루어야 한다.

프로세스 목표는 사업 전체로 표적을 확장하여야 한다. 사업의 일부 프로세스에만 국한시켜서는 안 된다. 조직 전체로 확장되지 않으면, 혁신이 어렵다. 예컨대, 10%의 개선 목표는 간단하게 한 사람을 줄이거나 업무 한 단계를 줄이는 프로세스 정리로 가능하다. 낮은 수준의 개선은 프로세스를 잠깐 들여다 보는 것으로써 약간의 개선만을 가져올 뿐이다. 그러나 100% 개선 목표는 근본적인 변화를 검토하는 기회를 가져오게 한다. 표적 확장의 목적은 프로세스 설계자나 실행자가 자신이 혁신 의지와 창의력을 발휘하여야 한다는 것을 알게 하는 행동이다.

프로세스 비전은 상급자가 강하게 요구하는 활동에 참여도를 높이는 수단이 된다. 상급자로부터 지시된 목표를 달성하는 새로운 프로세스를 설계하는 것이 팀원들의 어깨에 달려 있게 된다. 프로세스 혁신 팀은 기업 스태프와 중간 관리자들로 구성되기 때문에, 프로세스 실행은 탑다운 또는 바텀업의 어프로치라기보다는 미들업이 더 적절한 표현이 될 것이다. 중간 관리자는 혁신 프로세스가 조직 전체 이익을 달성하도록 하는 데에 책임을 진다.

(2) 고객을 프로세스 설계에 참여시킴

프로세스 혁신을 위해서는 프로세스에서 고객의 변화를 읽고, 이해하여야 한다. 프로세스의 고객은 조직의 내부 및 외부에 있다. 실제로, 많은 기업들은 외부 고객에 대하여 더 많은 관심을 가진다. 경험적으로 볼 때, 고객이 프로세스 혁신에 신통한 의견을 주는 경우는 많지 않다. 대신에, 그들은 현재 프로세스를 점진적으로 개선하려 한다. '우리 회사에 좀 더 신속하게 공급해 주시오' 등과 같은 것이다. 이것은 프로세스가 혁신되어야 함을 알려주는 셈이므로 중요하다. 그러나 일반적으로, 고객은 자신이 얻은 것을 보기 전까지 또는 자신이 원치 않는 것을 볼 때까지, 그들이 무엇을 원하는지 잘 모른다.

그럼에도 불구하고, 고객에게 그들이 원하는 것이 무엇인가를 묻는다는 것은 많은 목적을 가진다. 고객은 프로세스 성과에 대한 아이디어와 목표를 세우는 데 도움을 주기 때문이다. 그리고 고객 아이디어라는 투입 요소를 구한다는 것은 더 가까운 관계를 유지하는 것과 같다. 그리고 새로운 프로세스가 효과적이려면, 그들로 하여금 태도를 바꾸게 하는 것도 중요하다. 초기 단계에서 투입 요소를 구하는 것은 고객의 헌신을 약속받는 것이며, 또한 고객들로 하여금 프로세스 거래를 시작하게 하는 의미도 있다.

고객과 접촉하는 방법은 여러 가지 있다. 초점 집단은 개별 고객을 다루는 데 가장 좋은 방법이다. 어떤 회사는 고객 면접에 외부 컨설턴트를 보내서, 진정한 느낌의 결과를 얻는 데에 실패하는 경우도 있다. 또 어떤 회사는 개인적인 친밀감을 넘어서지 못하는 경우도 있다. 고객들로부터 견해를 얻으려면 비공식적으로도 가능하다. 예를 들어, 납품 업체의 사장은 모회사의 사장과 골프 중에서 납품에 관한 의견을 주고 받을 수 있다.

대부분의 프로세스는 고객을 갖고 있다. 그런데 이들 고객을 모두 동등하게 대우한다는 것은 현명하지 못하다. 예를 들어, 설문지를 수백 장 보내어도 의미 있는 결과를 얻기 어려울 때가 있다. 오히려, 회사에 중요하고 결정적인 단서를 제공하려는 의지가 있는 고객을 일부 한정적으로 선택하는 것이 더 낫다. 소수의 고객 집단에게 초점을 맞추면 개인적인 의사소통으로 구조화된 면접을 피하고, 거기서 혁신적인 아이디어를 얻을 수 있다. 고객들로부터 얻어야 하는 투입 요소는 광범위하고, 바람직한 프로세스 산출물, 성과, 흐름, 기타 관련 요소 등을 내포하는 것이 좋다.

(3) 직원과 고객의 균형적인 관점을 바라봄

중간 관리자들을 참여시켜서, 고객 경험이 풍부한 일선 직원들의 아이디어를 수집하는 것이 중요하다. 직원 가치가 고객 가치를 창출하므로, 직원과 고객 간의 관점에서 균형을 유지하여야 한다. 프로세스 맵이나 서비스 청사진을 그리는 경우에는 이러한 점을 감안하여야 한다. 무작정 원가 절감만을 원하는 분위기에서 일자리를 잃을지도 모른다고 생각하는 직원들로부터 아이디어를 기대하는 것은 비현실적이다. 오히려 가치 창출에서 그들의 역할이 중요함을 일깨워 준다면 충분히 협조적인 태도를 확보할 수 있다.

(4) 벤치마킹을 실천함

벤치마킹은 프로세스 목표와 혁신적인 프로세스의 특성을 결정하는 데에도 효과적인 도구가 된다. 이것은 조직이 외부 세계를 바라봄으로써, 내부 중심적인 사고를 깨는 데에 도움을 준다. 벤치마킹은 산업 종류와 관계없이 성과가 가장 우수한 프로세스를 참조하는 것이다. 예컨대, 신제품 개발 프로세스를 개발하기 위해서 유통 회사의 패션 상품을 전시하는 프로세스를 검토해 볼 수 있다. 또는 개인화된 서비스를 배우기 위하여 미용실을 방문할 수 있다. 벤치마킹은 목표 수립과 달성 방법을 확인시켜 준다. 프로세스 혁신에 대한 브레인스토밍 과정에서도 참고가 되는 정보를 제공한다.

우수한 회사의 프로세스 측정과 원가는 새로운 프로세스를 정립하는 데에 도움을 준다. 성과가 안 좋은 회사의 프로세스도 참고가 된다. 이렇게 하면 안 된다는 것을 배우는 셈이다. 담당 추진자의 독특한 방식과 혁신적인 작업 설계를 참고하는 것도 역시 중요하다. 혁신적인 벤치마킹은 전통적인 관점에 초점을 맞출 필요는 없다. 예를 들어, 주문 처리 프로세스를 설계하기 위하여, 통신 회사를 방문하기도 한다. 통신 회사에서는 사무실 없이 노트북 컴퓨터로 주문하는 방법을 잘 알고 있다. 이러한 부분적인 혁신은 완벽한 프로세스를 구축하지 못하지만, 커다란 도움이 된다.

벤치마킹의 원천은 다양하다. 앞에서도 언급한 바와 같이, 벤치마킹은 다른 산업에서 얼마든지 이루어질 수 있다. 관련 산업 내에서의 혁신은 크게 참고가 된다. 그리고 외부 컨설턴트와 같은 제3자로 하여금 방문하게 하는 것은 중요한 점을 간과할 위험성이 높으므로, 혁신 담당자가 직접적으로 벤치마킹 상대 회사를 방문하여 프로세스를 관찰하여야 한다.

Ⅱ 자기 평가 설문

<설문> 다음은 창의성의 정도를 알아보기 위한 설문이다.

항목	전혀 아니다		보통		매우 그렇다
1. 나는 문제 해결에 대하여 새로운 아이디어와 접근 방법을 제시한다.	1	2	3	4	5
2. 나는 다른 사람들에게 어려움을 준 문제를 해결하기 좋아한다.	1	2	3	4	5
3. 나는 회의에서 새로운 업무 방법을 말한다.	1	2	3	4	5
4. 나는 아이디어를 토론하기 위하여 비공식적인 회합을 좋아한다.	1	2	3	4	5
5. 나는 도전적인 일이 아니면 떠나고 싶다.	1	2	3	4	5
6. 나는 애매한 성격의 직무를 거부하지 않는다.	1	2	3	4	5
7. 동료들은 내가 유머가 있다고 생각한다.	1	2	3	4	5
8. 나는 독창성을 보여 준다.	1	2	3	4	5
9. 나는 새로운 방법을 시도하는 첫 번째 사람이다.	1	2	3	4	5
10. 나는 규칙에 얽매이지 않는다.	1	2	3	4	5

<평가> 합계가 높을수록 독창성이 높다. 40점 이상이면 이상적이다.

GenAI를 활용한 토의 주제

● 다음 주제에 대하여 적절한 지시문을 만든 후, 여러 GenAI(예컨대, ChatGPT 3.5, Claude 3.5 sonnet, Copilot, Perplexity.ai) 중에서 하나를 선택하여 답변을 구하라.

① 기업의 핵심 프로세스 (답변의 예시가 부록 4에 제시되어 있음)

② 운영 프로세스의 개념

③ 제조 생산 프로세스

④ 서비스 운영 프로세스

⑤ 공급망 관리

제11장 경영 정보와 e비즈니스

제1절 데이터란 무엇인가

제2절 데이터 관리과 경영 정보

2.1 정보의 역할

2.2 기업의 정보 시스템

제3절 지식 경영과 학습 조직

3.1 기업에서 지식의 정의

3.2 지식 경영의 중요성

3.3 지식 경영과 지식경영시스템

3.4 지식 경영과 학습 조직

제4절 e비즈니스와 고객

4.1 e비즈니스

4.2 고객관계관리시스템

카카오

카카오(Kakao)는 2010년대 초반부터 메신저 서비스인 '카카오톡'을 통해 한국의 디지털 커뮤니케이션 시장에서 선두를 유지하고 있다. 초기에는 단순한 메신저 서비스로 시작했으나, 이후 고객 데이터를 활용한 다양한 서비스를 통합하여 고객의 니즈를 충족시키는 종합 플랫폼으로 성장했다.

1. 데이터 웨어하우스 구축 및 AI 기반 분석 도구 도입

카카오는 2023년부터 본격적으로 AI 기반 데이터 분석 도구를 도입하여 데이터 기반 마케팅 전략을 개발하였다. 이 프로젝트의 목적은 매스 마케팅에서 세그먼트 마케팅, 그리고 일대일 마케팅으로 전환하여 고객 가치를 창출하는 것이다. 이를 위해 머신러닝과 딥러닝 기술을 활용하여 고객 데이터를 분석하고, 맞춤형 마케팅 전략을 수립하였다.

2. 고객 맞춤형 서비스 및 신규 서비스 출시

카카오는 다양한 신규 서비스를 통해 고객 맞춤형 서비스를 제공하고 있다. 예를 들어, 카카오뱅크는 간편한 계좌 개설과 저렴한 수수료로 큰 인기를 끌며, 2023년 기준으로 1천만 명 이상의 고객을 확보하였다. 또한, 카카오는 '카카오모빌리티'를 통해 택시 호출, 대리 운전, 주차 등의 다양한 모빌리티 서비스를 제공하고 있으며, 2023년 3분기 기준으로 일일 이용자 수가 200만 명을 넘어섰다.

3. 데이터 센터와 인프라 투자

카카오는 안정적인 서비스 제공을 위해 2023년 안산에 자체 데이터 센터를 완공하였다. 이 데이터 센터는 12만 대의 서버를 운영할 수 있으며, 지진, 화재 등 재난 상황에서도 안정적으로 운영될 수 있도록 설계되었다. 또한, 카카오는 재생 에너지와 고효율 에너지 시설을 활용하여 친환경 데이터 센터로 인증받았다.

4. CRM 개발 및 고객 중심 전략

카카오는 지속적인 고객 만족과 이익 창출을 위해 CRM(customer relationship management)을 개발하고 있다. 이를 통해 고객 데이터를 기반으로 맞춤형 서비스를 제공하고, 고객의 요구에 신속하게 대응할 수 있다. 카카오는 고객 데이터를 활용하여 사용자 경험을 향상시키고, 고객 맞춤형 혜택과 서비스를 제공하는 데 주력하고 있다. 이는 고객 충성도를 높이고, 장기적인 수익성을 확보하는 데 중요한 역할을 한다.

카카오는 데이터 기반 마케팅 전략과 혁신적인 서비스 도입을 통해 한국의 디지털 플랫폼 시장에서 중요한 자리를 차지하고 있다. 데이터 웨어하우스와 분석 도구 도입, 다양한 신규 서비스 출시, 고객 맞춤형 서비스 제공, CRM 개발 등의 전략은 카카오가 경쟁력을 유지하고 고객 만족을 높이는 데 크게 기여하고 있다.

제1절 데이터란 무엇인가

온갖 정보가 난무하는 현대 사회에서 적절한 의사 결정을 내리려면, 데이터를 수집 정리하고, 분석하는 방법이 중요하다. 데이터는 사람, 물체, 조건, 상황 등을 묘사하는 상징으로서 기본적인 사실들의 집합이다. 데이터는 숫자뿐만 아니라 문자, 소리, 색상 등을 포함한다. 이제는 소리와 색깔도 모두 수치화되었기 때문에 분석이 가능하다. 제4차 산업혁명은 사물을 디지털화하여 체계적으로 배우고 이해하는 시대를 열게 되었다.

조직에서는 데이터를 수집하는 일에만 열중할 것이 아니라 어떻게 분석하고 활용할 것인가에 대해 깊이 있게 연구해야 한다. 재무적인 숫자 외에도 거래처의 이메일, 고객의 SNS 등도 잘 다룰 수 있어야 한다. 이 문제를 해결해 주는 것이 통계학과 GenAI인 것이다. 통계학은 과학적인 방법론이므로, 체계적으로 습득하면 전공에 관계없이 활용할 수 있는 막강한 무기를 보유하는 셈이다. 통계학의 특징은 작은 표본을 수집한 후 모집단 전체의 특성을 파악하는 데 중점을 둔다. 그러나 최근 인공지능 시대의 빅데이터 분석은 과거 데이터에서 미래를 예측하는 데 큰 도움을 얻을 수 있다.

이러한 데이터를 관리하는 데에 필요한 주요 요소는 데이터의 수집, 저장, 보호, 분석을 포함한다. 다양한 소스에서 수집된 데이터는 안전하게 저장 관리되어야 한다. 특히 오류가 없어야 하고 보안이 유지되도록 한다. 이러한 데이터에서 유용한 정보를 얻을 수 있기 때문이다.

데이터의 가치는 조직에서 매우 중요하며, 데이터가 올바르게 수집, 분석, 활용될 때 다음과 같은 가치를 제공한다.

- 의사 결정 지원: 데이터는 조직이 더 나은 결정을 내리는 데 근거를 제공한다. 정확한 데이터 분석을 통해 경영진은 시장 동향을 파악하고, 전략을 수립하며, 리스크를 관리할 수 있다. 예를 들어, 소비자 행동 데이터를 분석하여 마케팅 전략을 올바르게 수립할 수 있다.
- 문제 예측 및 예방: 데이터는 미래를 예측하거나 문제를 사전에 파악하는 데 도움을 준다. 예컨대, AI를 활용한 수요 예측은 재고 관리의 최적화를 얻을 수 있으며, 건강 데이터를 분석하여 질병 발생 가능성을 사전에 경고할 수 있다.
- 혁신 촉진: 데이터 분석을 통해 새로운 시장 기회를 발견하고, 제품 개발과 서비스 개선에 활용할 수 있다. 예를 들어, 쿠팡이나 넥플릭스에서 개인화된 사용자 경험을 제공하는 추천 시스템으로 혁신적인 솔루션 개발이 가능하다.
- 효율성 및 비용 절감: 데이터 분석은 운영 효율성을 높이고 비용을 절감하는 데 기여한다.

제조업에서는 사물인터넷(IoT) 센서를 통해 장비의 운영 데이터를 수집하고 유지 보수 시기를 예측하여 다운 타임을 줄일 수 있으며, 금융에서는 부정행위를 감지하고 사전에 차단할 수 있다.

따라서 데이터를 효과적으로 활용하는 조직은 시장에서 유리한 위치를 차지할 수 있다. 구글이나 아마존은 고객 데이터 분석을 통하여 맞춤형 서비스를 제공함으로써 충성도 증가와 함께 비용 절감으로 시장에서 일위를 지킨다. 데이터의 가치는 단순히 양에 달려 있는 것이 아니라 품질, 활용 방법, 그리고 전략과 연계된 분석 능력에 따라 결정된다. 올바른 데이터 관리는 전략적 의사 결정에 중요한 자산이 되는 셈이다.

제2절 데이터 관리와 경영 정보

데이터 관리와 경영정보시스템(management information systems, MIS)은 밀접한 관계를 가지고 있다. **데이터 관리**는 데이터를 수집, 저장, 보호, 분석하는 과정을 포함하며, 이는 조직의 의사 결정과 운영에 중요한 역할을 한다. **경영정보시스템**은 이러한 데이터를 효과적으로 활용하여 경영진이 더 나은 결정을 내릴 수 있도록 지원하는 시스템이다.

경영정보시스템에 대해 본격적으로 설명하기 전에 먼저 정보에 대해 알아보자.

2.1 정보의 역할

정보는 자료로부터 의미 있고, 이용 가능하게 유도된 지식이다. 즉, 자료가 부가가치 창출 프로세스를 거쳐서 정보로 변환되었다. 그러면 변환된 정보는 모두 쓸모가 있는 것인가? 정보는

[도표 11-1] 정보의 특성적 가치

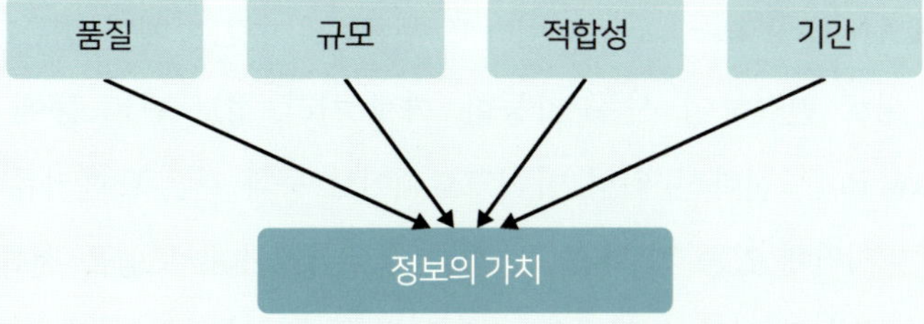

[도표 11-1]에서 보는 바와 같이 품질, 규모, 적합성, 기간 적절성 등의 특성을 가지고 있어야 가치가 있다.

첫째, 정보의 품질이란 현실을 나타내는 데에 있어 어느 정도 정확한가를 의미한다. 단기 정보는 정확하여야 하나, 장기 정보는 정확성이 떨어질 수밖에 없다. 둘째, 정보의 규모는 필요에 알맞게 적절한 크기를 갖고 있어야 한다. 많은 정보가 반드시 좋은 것은 아니다. 사용자의 필요에 따라 적절한 양의 정보가 제공되어야 한다. 셋째, 정보는 필요한 의사 결정에 직접 관련이 있고 도움이 되도록 적합해야 한다. 넷째, 정보는 사용자에 필요한 기간의 내용을 가지고 있어야 한다. 예컨대, 영업 사원은 매출 관련 일일 정보나 주간 정보가 필요하지만, 최고 경영자는 월간 또는 연간 정보가 필요하다. 기업에서는 이렇게 네 가지 속성을 가진 우수한 정보를 얻기 위하여 컴퓨터와 소프트웨어를 활용한다.

그런데 자동화 시대에서 하나의 컴퓨터를 이용한 정보 획득은 큰 의미를 갖지 못한다. 이것은 마치 고립된 섬에 지나지 않는다. 이 컴퓨터들을 연결하는 네크워크를 구축하여 필요한 정보를 사내 직원, 공급자, 고객들에게 전달할 수 있어야 한다. 컴퓨터 네트워크는 자료와 정보를 공유하기 위한 의사소통 채널로 연결한 컴퓨터 시스템이다. 이 시스템에는 수천 명이 연결되어 있고, 자료 이외에 오디오와 비디오도 전송할 수 있다. 이 연결망을 이용하면 정보 공유가 더 쉽고 빠르게 이루어지게 되므로, 일하는 방식을 개선할 수 있고 또한 생산성을 높일 수 있다. 시간과 장소에 구애받지 않고 의사소통과 협동 체제를 구축하게 되어 업무 효율성이 높아진다. 파일이나 데이터베이스를 이중으로 복사하지 않아도 되므로, 단지 한 방 안에서 동일한 스크린을 보는 것과 같다. 그리고 화상회의도 할 수 있다.

기업은 네트워크를 통하여 경영 활동을 하나로 통합한 소프트웨어로 운영할 수 있다. 예컨대, **전사적 자원 관리 시스템**(enterprise resource planning(ERP) system)은 재무, 인적 자원, 엔지니어링, 주문 처리, 구매 등의 하부 시스템을 모듈로 개발하여, 각각 독자적으로 운영하거나 또는 통합적이고 전사적으로 활용한다. 이 시스템은 경영 자원을 효율적으로 활용하여 구매, 생산, 물류, 영업, 회계 등에 대해서 전사적으로 최적화를 추구하는 목적을 갖는다.

한 지역에 있는 사람들이 동일한 하드웨어와 소프트웨어를 이용하여 자료와 정보를 교환하는 네트워크를 **LAN**(local area network)이라고 부른다. 이것은 메인 컴퓨터에 연결하기보다는 컴퓨터들 간에 서로 연결하여, 사무 자동화, 회계 처리, 정보 관리 등에 활용한다. 그리고 **WAN**(wide area network)은 전화선, 위성, 마이크로웨이브 등과 같은 텔레커뮤니케이션 미디어를 활용하여 서로 다른 지역에 있는 컴퓨터를 연결한 네트워크이다. 모뎀을 전화선에 연결하면 수 초안에 자료를 즉시 보낼 수 있다. 인터넷은 실제로 전 세계적인 WAN이다. WAN을 이용하면 지역에 구애받지 않고 24시간 일할 수 있는 체계를 갖춘 셈이다.

인터넷은 문자 그대로 네트워크와 네트워크 사이를 연결하는 네트워크로서 전 세계적으로 기업, 대학, 연구소 등을 모두 연결한 망이다. 이것은 고속도로와 같은 정보 네트워크이다. 인터넷을 이용하면 다음의 네 가지를 활용할 수 있다. 첫째, 전자우편(e-mail, electronic mail)을 이용하여 전 세계 사람들과 메시지를 주고받을 수 있다. 둘째, 텔넷(telnet)을 이용하여 멀리 있는 컴퓨터에 로그인하여 의사소통할 수 있다. 셋째, FTP(file transfer protocol)는 한 컴퓨터에서 다른 컴퓨터로 자료나 파일을 옮길 수 있다. 이를 이용하여, 책, 잡지, 서류, 소프트웨어, 그래픽 등을 다운로드 받을 수 있다. 넷째, WWW(world wide web, the Web)은 인터넷상에서 문서, 비디오, 소리 등을 보내고 받는 표준 양식이다. 여기서 브라우저(browser)는 사용자로 하여금 필요한 정보를 검색하고, 다운로드 받고, 저장하게 하는 응용 프로그램이다. 주요 브라우저는 Netscape Navigator, Microsoft Internet Explorer, AOL, Hotjava, iCab, Lynx, Mosaic 등이다. 이것은 검색 엔진(search engine)에 의하여 지원을 받는다. 검색 엔진은 인터넷상의 수천 수만의 문서를 이용자에 맞는 자료나 정보로 제공하는 프로그램이다. 예컨대, Yahoo!, Netscape, MSN, Lycos/Hotbox, GO/Infoseek, Excite, Altavista 등이다.

WAN에는 인트라넷(intranet)과 엑스트라넷(extranet) 등 두 종류가 있다. 인트라넷은 기업에서 광범위하게 활용되는 기업 내부 네트워크이며, 그룹웨어 기능을 수행한다. 그룹웨어는 그룹 내의 사람들이 효과적인 의사소통(전자우편, 전자게시판), 정보 검색(문서 관리 시스템, 지식경영시스템), 업무 조정(전자결재, 프로젝트 관리), 생산협업회의(화상 회의 시스템) 등에서 생산성 향상을 위하여 개발된 소프트웨어이다. 기업에서는 인터넷 기술을 활용하여, 세계 각처의 지사들을 연결하여 자체적으로 운영한다. 이것은 외부의 침입을 방지하는 방화벽을 설치하고, 오직 내부 조직 구성원들만 접근이 가능하다. 많은 비용을 들이지 않고서도, 인터넷처럼 조직 내부에서만 활용한다. 한편, 엑스트라넷은 인터넷을 회사 밖으로 연결하여 활용하는 네트워크이다. 예컨대, SCM과 같이 협력 회사, 고객 등과 연결한다. 이러한 네트워크는 인터넷과 달리 일반인들이 접근할 수 없다.

인터넷을 이용하는 사람들의 숫자가 증가함에 따라 제품과 서비스 구매가 기하급수적으로 증가하고 있다. 기업에서 인터넷을 사용하는 목적은 주로 정보 수집, 경쟁사 분석, 부서 간 연결, 주문 접수, 고객 서비스 등이다. 인터넷을 이용하여 상거래하는 경우를 그림으로 설명하면 [도표 11-2]와 같다.

인터넷을 통하여 판매하는 경우에는 소비자, 생산자, 판매자 등 모두에게 이익을 가져다준다. 소비자는 자신이 필요한 물건에 관한 규격, 품질, 가격, 구입 방법 등에 관한 정보를 쉽게 얻

[도표 11-2] 인터넷 상거래

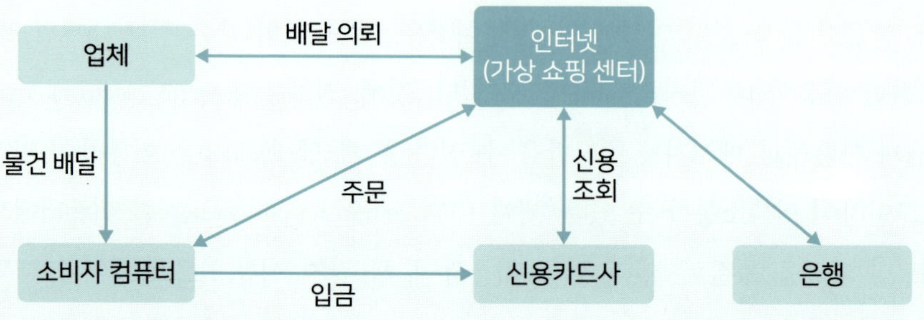

을 수 있어, 구매가 편리하고 신속하다. 생산자와 판매자는 광고 비용을 적게 들여 저가격으로 구매자가 필요로 하는 정보를 상세하게 제공하여 구매 의욕이 일어나게 할 수 있다. 기업에서 이러한 것이 가능하려면 우수한 정보 시스템을 구축하는 것은 물론이거니와 이를 이용한 정보 관리 체계 또한 중요하다.

2.2 기업의 정보 시스템

조직의 개인들은 업무를 수행하기 위하여 기업의 소프트웨어를 활용하면 된다. 그러나 조직은 개인과 다른 차원의 정보 관리를 한다. 의사 결정을 지원하는 사용자, 하드웨어, 소프트웨어 등을 하나의 정보 시스템으로 관리한다. 이 정보 시스템은 회사의 중요한 자료와 정보를 수집하고 저장하며, 경영자를 위해 정보를 제공하여 분석하고 의사 결정을 내리도록 한다. 이러한 정보 시스템은 생산 공정, 고객 주문 처리, 재고 관리 등을 자동화한다.

기업은 대체로 거래처리시스템, 경영지원시스템, 사무자동화시스템 등과 같이 몇 가지 유형의 정보 시스템을 보유하고 있다. 이들을 포함한 통합 경영정보시스템을 그림으로 나타내면 [도표 11-3]과 같다.

(1) 거래처리시스템

거래처리시스템(transaction processing system, TPS)은 일일 운영되는 업무를 처리한다. TPS는 내부 자료원과 외부 자료원을 통하여 수집한 자료를 데이터베이스(DB)에 저장한다. 관련 자료는 고객 주문, 가격 결정, 직원 임금 지급, 재고 관리, 환율 변동, 경쟁자 가격 등과 같은 것이다. 사실 기업은 하나의 DB를 가지고 중앙 집중식으로 자료를 보관한다. 그리고 자료를 처리하는 방

[도표 11-3] 통합 경영정보시스템

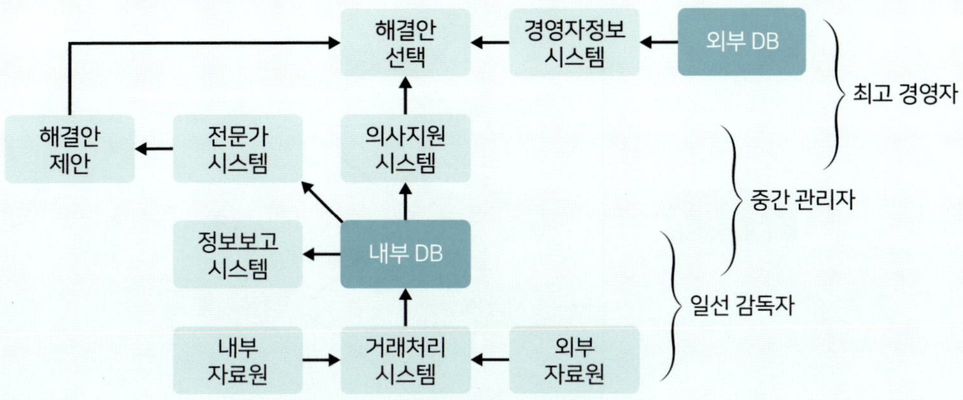

자료: The Best of the Future of Business, 2003.

식은 배치(batch) 방식과 온라인(online 혹은 real-time) 방식 두 가지가 있다. 배치 처리 방식은 예컨대, 직원 임금과 같이 자료를 일정 기간 수집한 후에 한꺼번에 처리하는 것을 말한다. 온라인 처리 방식은 수집된 자료를 즉시 분석한다. 예컨대, 예약이나 재고에 관한 상황은 필요하면 지속적으로 처리하여 알려준다. 온라인 처리 시스템은 회사의 자료를 최신의 것으로 유지하기 때문에 경쟁력 있는 의사 결정에 도움이 된다.

대기업에서 거래처리시스템은 필요한 기록을 조직마다 특성 있게 제공하도록 고객화된 시스템을 가질 수 있다. 그러나 대부분의 기업은 보편적인 표준 양식 위에 약간 수정하여 활용한다. 예컨대, [도표 11-4]에서 보는 회계정보시스템은 전형적인 거래처리시스템이다.

이와 같이 거래처리시스템은 매일 발생하는 자료를 정보로 변환시켜 준다. 회계 처리, 주문 처리, 재무 보고 등과 같은 일상적인 운영 업무는 이 시스템을 통하여 신속하게 처리된다.

(2) 경영지원시스템

경영지원시스템(management support system, MSS)은 경영자가 의사를 결정하는 데 필요한 동적인 시스템으로서, 거래처리시스템의 운영 자료를 포함한 각종 자료를 가지고 사업 추세를 분석하며, 예측을 내리며, 사업 전략을 구축한다. 정보 기술이 발전함에 따라, 기업은 **데이터 웨어하우스**(data warehouse)를 구축하여 거대한 단일 DB를 갖는 것이 가능하게 되었다. 이것은 각 기업이 가지고 있는 DB를 하나로 통합하여 의사 결정을 지원하는 시스템이다. 경영지원시스템은

[도표 11-4] 회계처리시스템

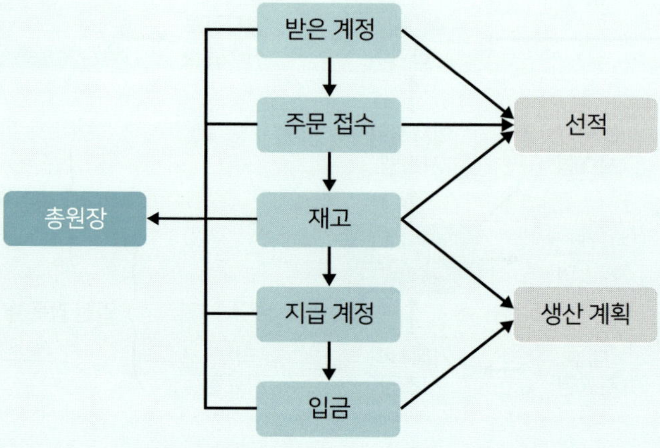

자료: The Best of the Future of Business, 2003.

[도표 11-3]에서 보는 바와 같이 정보보고시스템, 의사 결정지원시스템, 경영자정보시스템, 전문가시스템 등을 포함한다.

먼저, **정보보고시스템**(information reporting system)은 거래처리시스템으로부터 수집된 요약 자료를 넘겨받아 의사 결정이 필요한 경영자에게 통계 분석이 들어 있는 보고서를 만들어 낸다. 예를 들어, 임금 보고서에는 정규 근무 시간, 초과 시간 등을 포함하는 종합 임금을 개인별, 팀별, 부서별, 월별 등으로 나누어서 비교 분석한 내용이 들어 갈 수 있다. **의사결정지원시스템**(decision support system, DSS)은 경영자로 하여금 실제 거래 상황을 묘사한 컴퓨터 모형을 이용하여 의사를 결정하는 데에 도움을 준다. 이것은 내부 DB를 활용하여 제기된 문제를 해결하기 위한 도구이다. 예컨대, 현재의 작업자 수를 줄이거나 늘린다면 생산량에 어떠한 변화가 있을 것인가를 시뮬레이션할 수 있다. **경영자정보시스템**(executive information system, EIS)은 DSS와 유사하나 각 경영자가 특별히 관심 있는 문제에 대하여 의사 결정할 수 있도록 개인별로 지원한다. 예컨대, 금주의 가격 하락과 함께 실시한 광고 효과가 있는지 여부를 알고자 할 때에 이용될 수 있다. 끝으로, **전문가시스템**(expert system)은 경영자들이 전문 컨설턴트와 유사하게 컴퓨터로부터 정보나 상담을 받을 수 있다. 인공지능 기술의 개발 덕분에 컴퓨터가 인간처럼 추론하게 되었다.

(3) 사무자동화시스템

사무자동화시스템(office automation system)은 이메일, 팩스, 워드 프로세싱 등과 같은 정보 기술 도구를 활용하여 정보 흐름을 원활하게 한다. 이 시스템은 모든 조직 구성원을 지원한다. 이 시스템은 원격 의사소통이나 재택근무를 가능하게 해 준다.

특히 서비스에서 자동화는 서비스업이 단순 노동 집약적인 산업이 아니라 자본 집약적으로 가고 있음을 나타낸다. 예컨대, 도소매업에서 판매 단말기, 자동 보안 장치, 자동 위치 파악, 텔레마케팅 등은 서비스 직원들이 자동화된 시스템을 프로그램하고, 운영, 유지하는 것과 같은 복잡한 기술과 능력이 요구된다. 정보 시스템 관련 신기술 도입은 직무의 본질을 바꾸고 있으며, 기술 능력상 유연성이 있어야 직원으로서 가치가 있게 된다.

제3절 지식 경영과 학습 조직

3.1 기업에서 지식의 정의

지식은 기업에서 중요한 개인의 자산이자 경제적인 자원이며, 동시에 본원적 생산 요소 중에서 핵심적인 자원이 되고 있다. 지난 20세기 전반까지 노동에 지식을 적용하여 생산성에 커다란 변화를 가져왔다. 대표적인 예로, 테일러의 과학적 관리 방법은 작업을 분석할 때에 지식을 적용하였던 것이다. 21세기의 시점에서, 기업의 경쟁 우위 확보에 있어 지식은 자본과 노동보다 더 중요한 경제 요소로 부상하였다. 부가가치 창출에서 지식이 차지하는 역할은 과거 어느 때보다도 소중해지고 있다.

지식의 정의에 대한 연구는 과거에서부터 많이 있어 왔다. 그러나 지식 경영에서 의미하는 지식은 문법, 논리학, 수사학 같은 일반적인 지식을 의미하지 않는다. 지식이라고 생각하는 것은 스스로 행동을 증명하는 것이며, 행동을 하는 데 효과가 있는 결과에 초점을 맞추고 있다. 지식에 대한 또 다른 정의를 살펴보면 '강력한 정보'를 지식으로 규정하는 경우도 있다. 결국, 지식이란 보다 구체적이고 전문화된 성격을 가지고 있으며, 이를 통해 결과물을 산출해 내는 것이어야 한다.

Nonaka와 Takeuchi(1995)는 조직 내의 지식을 크게 **암묵지**(tacit knowledge)와 **형식지**(explicit knowledge)로 구분한다. 암묵지는 학습과 체험을 통해 개인이 소유하고 있지만, 겉으로 드러나지 않은 상태의 지식으로 표현되기 어렵다. 이는 개인, 집단, 조직의 경험, 이미지, 혹은 숙련적 기능, 조직 문화, 풍토 등의 형태로 존재한다. 반면에 형식지는 언어와 구조를 갖춘 형태로 존재

[도표 11-5] 지식의 두 종류

구분	암묵지	형식지
정의	언어로 표현하기 힘든 주관적인 지식	언어로 표현 가능한 객관적 지식
획득	경험을 통해 몸에 체득한 지식	언어를 통해 습득된 지식
지식의 형태	아날로그 지식	디지털 지식

하는 지식을 의미한다. 이는 제품의 모양, 문서, 데이터베이스, 매뉴얼, 공식, 컴퓨터 프로그램 등의 형태로 표현될 수 있다. [도표 11-5]에 암묵지와 형식지에 대한 내용을 정리하였다.

노나카가 구분한 암묵지와 형식지는 서로 배타적이지 않고, 상호 순환적, 보완적인 관계를 가지며, 시간이 지남에 따라 상호 간의 전이를 통해서 지식이 창조되고 확장된다는 것이다.

이외에도 지식 경영을 연구하는 이론가들과 컨설턴트들은 지식을 계층적인 접근에 의해서 체계적으로 이해하는 경향이 있다. 지식은 원천적인 거래 자료로부터 최고 단계인 지혜의 단계로 나누어진다. 이러한 지식의 피라미드를 그림으로 나타내면 [도표 11-6]과 같다.

[도표 11-6] 지식 피라미드

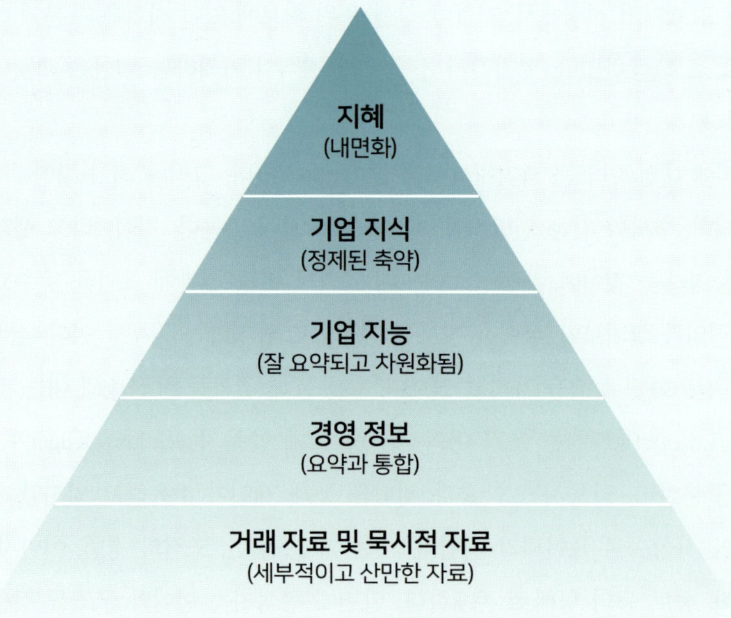

[도표 11-6]은 기업 경영 활동에 있어서 지식 피라미드를 나타낸 것이다. 지식 피라미드의 최하단에는 거래 자료와 묵시적 자료가 위치한다. 거래 자료는 데이터 베이스에 저장되어 있거나 다양한 방법에 의해서 저장되었거나 사용되는 자료를 의미한다. 묵시적 자료는 기록되어 있지 않은 자료를 의미한다(Radding, 1998). 거래 자료와 묵시적 자료는 경영 정보를 구성하는 중요한 요인으로 작용한다.

지식 피라미드에서 볼 때, 경영 정보의 단계에서는 중대한 변환이 발생한다. 이 수준에서는 거래 자료와 묵시적 자료가 그룹화, 저장되고 체계화되어 문장의 형태로 나타난다. 경영자는 보다 체계화된 정보를 이용하여 의사 결정을 하거나 행동 방안을 강구하게 된다. 다음으로, 경영 정보가 잘 요약되고 차원화되면, 이것을 기업 지능이라고 말할 수 있다. 또한, 기업 지능이 정제된 형태로 기업 경영에 영향을 미치게 되면, 이를 기업 지식이라고 한다. 다양한 기업 지식이 내면화되고 구체적인 실천 방안을 제시하게 되면 이것을 지혜라고 정의할 수 있다.

사실 지식과 정보를 정확하게 구분하는 것은 어렵다고 할 수 있으나, 지식은 정보보다 더 많은 즉시성과 축약성을 갖고 있어 인간의 두뇌에서 저장하기 알맞은 형태라고 하겠다. 그래서 이것은 정보보다 특수한 문맥의 상황을 넘어 다양한 상황에 적용될 수 있는 것을 의미한다. 결론적으로, 지식은 광범위하게 축약된 내용과 문맥을 가지게 되므로, 부의 원천과 지속적인 경쟁력의 원천으로서 기업의 자산이 된다고 하겠다.

3.2 지식 경영의 중요성

경영 패러다임의 변화가 지식 사회 또는 디지털 경제로 가속화되면서 효과적인 지적 자산의 확보 및 활용이 기업 경영의 경쟁력 원천이자 기업 성공의 핵심 요인이 되고 있다. 기업에서 지식은 신제품 개발과 마케팅, 고객 창출, 판매, 서비스, 연구, 전략적인 계획, 예측, 위험 관리 등에 결정적인 영향을 미친다. 따라서 지식은 기업 경영의 효율성과 효과성을 제고하는 데에 중요한 역할을 담당하게 된다.

지식 경영은 향후 업무 수행에 도움이 될 것으로 기대되는 정보와 경험, 선진 사례 등의 학습 내용을 전사적인 차원에서 체계적이고 용이하게 창출·수집·관리·활용하는 체계를 말한다. 따라서, 지식 경영의 대상은 제안서와 보고서 등 사내의 주요한 문서와 업무 관련 기술 및 노하우, 특허권 등의 전문 지식 및 접촉 지점, 업무 경험, 베스트 프랙티스, 실패 경험 등을 포괄한다. 또한 고객 정보, 협력 업체 정보, 제품 정보 등과 같은 핵심적인 기업 정보 또한 지식 경영 체제 내에서 관리된다.

지식 경영은 최고 경영층의 강력한 리더십하에서 경쟁 우위 창출을 위한 전략으로 활용될 때, 가치를 십분 발휘할 수 있다. 이를 위해서 전사적인 입장에서 전략적으로 관리해야 할 지식 요소를 도출하고 이를 체계화하는 노력이 필요하다. 지식 경영이 성공하기 위해서는 먼저 지식 창출과 공유의 프로세스가 각각의 업무 프로세스와 긴밀하게 연계되어 업무 프로세스 속으로 내면화되어야 한다. 지식 경영을 성공적으로 수행하는 기업들은 제품 개발에서부터 생산 판매에 이르는 전체 프로세스에 사내의 지적 자본을 효율적으로 이용하고 있다.

지식 경영이 성공하려면 사용자들이 지식경영시스템을 손쉽게 활용할 수 있어야 한다. 필요한 정보를 쉽게 검색할 수 있고 언제 어디서나 지식경영시스템에 접근할 수 있으며 새로운 정보기술의 성과들을 용이하게 접목시킬 수 있어야 한다. 예를 들어, HP는 전 세계 400여 개 사무소의 11만 명의 직원으로 구성되어 있는데, 철저하게 분권화된 조직이다. 그러나 이 지식경영시스템은 중앙 집권화되어 있어 관련 정보나 지식을 쉽게 접근할 수 있도록 설계되어 있다. 성공적인 지식 경영의 관건은 지식을 창출하고 공유함으로써 이를 업무 경쟁력 향상에 활용하기 위한 시스템 구축을 어떻게 설계하는가에 달려 있다고 하겠다.

따라서 기업의 생존과 경쟁의 근본 요소가 유연한 환경 적응력과 지식 창조 역량임을 인식하고 지식을 기업의 가장 중요한 자원으로 활용할 수 있는 방안을 수립하는 것은 중요하다. 기업은 조직 내의 지식을 창출하고 축적하고 이러한 지식이 기업 내에 확산될 수 있도록 제도를 개선하고 시스템을 갖추는 데 노력을 기울여야 한다.

3.3 지식 경영과 지식경영시스템

지식 경영은 조직의 성과 증대 및 가치 창출을 위하여 지식을 획득, 이전, 보존, 활용하며, 나아가서 새로운 지식을 창조하는 경영 활동의 포괄적인 프로세스를 의미한다. 이 연구자들은 지식 경영에 대한 연구 접근법이 지식 관리 시스템 중심과 지식 창조 과정 중심, 두 가지가 있다고 말한다. 전자는 지식의 입수, 관리, 공유를 위한 정보 인프라 구축을 기본으로 하며, 유럽이나 북아메리카 기업들이 상대적으로 선호하고 있다. 반면에, 후자는 노나카를 중심으로 일본 기업에서 강조되고 있으며, 집단 내 구성원 간의 암묵지의 교류 및 지식 형태의 전환 프로세스 등을 근간으로 지식 창조 활동을 강조하고 있다.

지식 경영은 기업이 생산적인 지식을 신속하게 습득하고 창출하고 공유하려는 데서 출발한다. 이것은 급진적이고 새로운 개념이 아니다. 지식 경영은 지식을 획득하고 획득된 지식을 활용하여 새로운 부가가치를 창출하는 모든 경영 활동을 말한다. 다시 말하자면, 보유된 지식의 활용이나 새로운 지식의 창출을 통해 수익을 올리거나 미래에 수익을 올릴 수 있는 역량을 구축하는 모든 활동을 말한다. 지식 경영의 목적은 기업이 지식을 습득하고 공유하며, 활용하는 과정 속에서 수익과 전략적인 경쟁 우위를 확보하는 데 있다(http://www.grapevine.com, 피터 드락커 외, 1999). 이러한 지식 경영의 전 과정을 하나의 프로세스 또는 시스템으로 보고 체계적인 접근을 할 수 있다.

각 기업에 적합한 지식경영시스템을 구축하기 위해서는, 먼저 사내에 가지고 있는 지식을 분류하고 저장하여 많은 사람들이 쉽게 접근할 수 있는 시스템을 갖추어야 한다. 형식지를 코드화하여 구성원들이 지식 창고의 지식을 재사용하여 업무를 효율적으로 사용할 수 있도록 한다. 이것은 주로 평범한 지식을 광범위하게 공유하여 원가 절감, 업무 프로세스, 고객 서비스 향상 등과 같은 기업의 경쟁력을 향상시키는 데 사용한다. 그리고 이 시스템이 지속적으로 유지되기 위해서는 구성원들 간의 상호 작용을 통하여 새로운 지식이 창출될 수 있어야 한다. 이것은 암묵지 속에서 휴먼 네트워크를 이용하여, 정보의 개인화를 추구하는 것을 의미한다. 예를 들어, 사내 컨설팅, 직무 순환 등과 같은 업무 수행 능력을 향상시키기 위하여, 자발적으로 지식 경영에 참여하고 스스로 학습할 수 있도록 동기를 부여하여야 한다. 기업을 지식 창조의 장소로 만들기 위해서는 최고 경영자의 역할이 주요하며, 조직 개방을 통하여 기반을 조성하여야 할 것이다.

지식 경영을 시스템이라는 측면에서 보는 것은 지식들의 생성, 활용, 소멸을 체계적인 프로세스로 접근한다는 것을 의미한다. 지식 경영을 협의로 정의한다면, 지식의 획득과 창출 그리고 지식 활용까지를 의미한다고 할 수 있다. 그러나 광의로 정의를 한다면 경영 자원과 기업의 노력에서부터 경영 목표 달성까지 모든 과정으로 정의할 수 있다. [도표 11-7]과 같이 지식경영시스템을 나타낸다.

[도표 11-7] 지식경영시스템

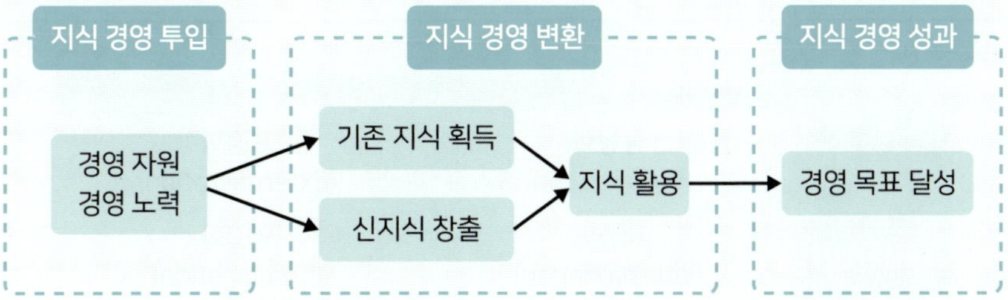

(1) 지식 경영의 투입 요소

기업이 필요로 하는 지식은 그것이 어떤 것이든 간에 그 원천을 크게 두 가지로 구분할 수 있다. 첫째는 이미 존재하는 지식으로 조직의 내부와 외부에 모두 존재한다. 둘째는 존재하지 않은 지식으로서 연구·개발 혹은 기존 지식의 활용 등을 통해서 새롭게 창출해야 하는 지식들이다. 기존 지식과 새롭게 탄생시킨 지식을 통해서 필요한 지식을 얻을 후에 그 지식은 활용되게 된다.

(2) 지식 경영의 변환 활동

대부분의 새로운 지식은 기존의 지식 기반이 있어야만 창출될 수 있다. 이러한 지식은 지식의 전달을 통해서 얻어진다. 과거와 달리, 현대 기업 경영에서는 지식의 전달 통로가 매우 다양해졌다. 지식의 이동 경로를 살펴보면, 회의, 세미나 모임, 전문 학술지, 인터넷을 통한 검색 등 개인이 자신의 환경을 벗어나서 보다 더 넓은 지식의 원천에 접근할 수 있는 것들은 모두가 포함된다.

노나카와 다케우찌(1995)의 연구는 다양한 지식 창출 지원 제도와 활동을 구축하는 이론적인 토대를 마련하고 있다. 이들은 바로 암묵지와 형식지가 서로 전환되는 과정에서 지식이 공유되며 창출된다고 설명하고 있다. 이들이 주장하는 지식 창조 과정을 [도표 11-8]에 정리하였다.

[도표 11-8]의 지식 변환 흐름은 영문 머리글자를 따서 SECI 모형이라고 한다. 공동화 과정은 하나의 암묵지가 다른 암묵지로 바뀌는 과정으로 타인의 느낌이나 이해 차원의 지식을 습득하는 과정이라고 할 수 있다. 표출화 과정은 암묵지에서 형식지로 지식이 변화되는 과정을 의미한다. 말로 표현되지 않는 느낌이나 이해를 문서나 데이터베이스로 형식화하는 과정이 이에 해당된다. 연결화 과정은 형식지에서 형식지로 지식이 변화되는 과정을 나타내며 문서나 데이터베이

[도표 11-8] 지식 변환의 흐름

	암묵지로	형식지로
암묵지에서	공동화 (Socialization)	표출화 (Externalization)
형식지에서	내면화 (Internalization)	연결화 (Combination)

스에 축적되어 있는 지식을 서로 결합하는 과정이 해당된다. 내면화 과정은 형식지에서 암묵지로 변화되는 과정을 나타낸 것으로 문서나 데이터베이스에 있는 내용을 학습하는 과정을 나타낸다.

이 지식 창조 모델이 주는 시사점은 지식의 이러한 전환 과정을 통해 지식의 창출과 활용이 더욱 활발해진다는 점이다. 또한 최근의 컴퓨터 통신 기술, 데이터베이스 기술의 발전으로 이러한 지식의 장이 기하급수적으로 늘어났다. 따라서 지식의 획득, 창출, 활동 등의 개인의 능력을 넘어서게 하는 결과를 가져왔다. 이는 지식의 소유자 및 활용자를 일개인 혹은 단일 조직 차원에서 내, 외부 조직으로 확장하여 생각하여야 함을 의미한다.

(3) 지식 경영의 방향

성공적인 지식 경영은 다음의 성과를 낼 수 있다. 지식 경영을 통하여 지식의 손실 방지, 향상된 의사 결정, 유연성 향상, 경쟁 우위 확보, 지적 자산의 증가, 제품과 서비스의 품질 향상, 고객 만족 달성, 인적 자원의 효율적인 관리 등의 성과를 달성할 수 있다. 또한, 지식 경영의 도입은 기업의 변화 역량도 제고하여 준다. 지식의 창출과 활용을 토대로 한 역량 구축은 바로 이러한 변화 역량을 길러준다.

지식경영시스템은 IT 기술을 활용하여 산재되어 있는 기존 지식을 획득, 정리, 공유한다. 기업에서 DB나 그룹웨어의 구축은 지식 공유를 위하여 핵심적으로 다루어져야 할 부분이다. 획득된 지식이 공유되고 재창조되기 위해서는 변환 과정에서 기업 나름대로 경쟁 우위를 갖는 독특한 지식을 창출하기 위하여 노나카의 프로세스를 제시하고 있다. 특히 컴퓨터 소프트웨어의 신제품 개발 프로세스에서 지식 경영의 활용은 제품이 경쟁 우위를 확보하는 데 도움을 주는 것으로 밝혀졌다. 기업은 지식경영시스템을 통해 환경 변화에 대하여 민감하게 변화할 수 있고, 그리고 프로세스 개선을 통한 서비스의 품질 향상으로 고객 만족을 달성할 수 있다.

결론적으로, 성공적인 지식경영시스템은 단순한 정보 네트워크의 구축으로 이루어지지 않는다. 기업 자신의 핵심 역량과 경쟁사의 지식화 정도를 파악하여, 부가가치를 높일 수 있는 경쟁력을 강화하여야 한다. 가시적인 성과를 위하여 축적된 지식을 공유하고, 신제품이나 신시장을 개발할 수 있어야 한다. 지식 경영의 활성화를 위해서는 리더십, 조직 문화, 그리고 정보 기술 등의 인프라가 성공적으로 구축되어야 한다.

지식경영시스템의 투입 원자재는 지식이다. 지식은 사람의 두뇌와 마음속에 있다. 그 속에 있는 내용을 어떻게 밖으로 표출시키는가에 따라 지식 경영의 성공 여부가 판가름 난다. 앞에서 설명한 바와 같이, 암묵지는 지식 보유자와 직접 접촉하여 경험 학습을 통하여 전수가 가능하다. 그리고 형식지는 DB, 그룹웨어(그룹의 공동 작업을 지원하기 위한 소프트웨어) 등 정보 시스템을 통하여 축적과 공유가 가능하며 교육과 같은 일반 수단으로 전달이 가능하다. 지식 경영의 실천은 인터넷과 웹에 주로 의존하게 된다.

정보 기술은 경영자들이 지식 경영 전략을 계획하는 데 중요한 역할을 하고 있다. 정보 기술은 지식정보시스템을 통하여 다양한 정보와 지식을 공유하게 해 주기 때문이다. 만약 최고 경영층에 의한 적절한 정보 기술의 채택이 실패하게 된다면, 지식 경영은 실패하고 말 것이다. 무엇보다도 중요한 것은, 최고 경영자의 강력한 리더십을 통해 지식 경영의 좌표와 실행 방안에 대한 방향을 제시해 줄 경우 지식 경영 활성화로 인한 기업의 성과는 증가할 것이다. 이를 위해서 기업은 자신이 추구하고 있는 미션과 비전이 무엇이며, 이것을 수행하기 위한 전략이 무엇인지를 깨닫는 기반 위에서, 다시 말해서 일관성 있는 경영 전략 위에서 지식 경영은 성공을 거둘 것이다.

3.4 지식 경영과 학습 조직

세계는 지금 생산 시스템의 IT화와 글로벌화가 진행되면서 아웃소싱을 활용한 스피드 주문 생산 시스템으로 변화하고 있다. 예컨대, 델컴퓨터는 인터넷을 통하여 고객에 직접 연결하는 생산 시스템을 구축하였다. 생산 패러다임의 새로운 변화는 정보와 지식의 중요성을 강조하며, 지식의 창출과 활용을 극대화하는 생산 시스템을 설계하고 운영할 것을 요구한다. 왜냐하면 효과적인 지식의 확보 및 활용이 기업 경쟁력의 원천이자 핵심 역량이 되기 때문이다. 정보로서의 지식은 신상품 개발, 고객 관계, 판매, 서비스, 전략 등에 결정적인 영향을 미친다.

성공적인 지식 경영은 지식을 창출하고 공유하는 시스템이 각자 업무 프로세스와 긴밀하게 연계되며, 업무 프로세스 속으로 내면화된다. 이것이 업무 흐름의 효율화로 귀결될 때 경영 혁신이 가능하다. 혁신의 성공 여부는 구성원들 개인 혹은 조직이 내재적으로 가지고 있는 지식 능력과 새로운 것을 배우고 습득하고 변화할 수 있는 능력에 달려 있다.

지식은 조직의 핵심 역량이 되어야 하며, 신상품과 신시장을 창출하는 중요한 요소가 되어야 한다. 지식은 기존의 자료나 정보 수준에 머무르지 않고, 구성원의 인지적인 활동을 거쳐서 경험이나 문제 상황과 만나면 부가가치를 창출할 수 있기 때문이다. 지식의 축적과 관리를 효과적으로 수행하는 조직의 프로세스는 경쟁력을 강화하는 밑거름이 된다. 오늘의 경영은 지적 자본의 축적과 이를 효과적으로 활용하는 데에 초점을 맞추고 있다. 기업 경영은 지식을 창출할 뿐만 아니라 지식을 체계적으로 관리하고 효과적으로 활용하는 업무 수행에 기여하여야 한다.

그러면 경영자들은 어떻게 지식을 창출하고, 활용하며, 또한 관리할 수 있는 것인가? 이것은 구성원들 개인 혹은 조직이 내재적으로 가지고 있는 지적 능력과 새로운 것을 배우고 습득하고 변화할 수 있는 능력에 달려 있다. 이 능력 향상을 위해 학습을 조직화하는 체계가 필요하다. 이를 학습 조직이라고 한다. 학습 조직은 학습하는 것도 업무 수행으로 간주하며, 학습 과정과 성과에 대하여 평가하고 보상하는 방안을 마련한다. 지식 능력은 하루아침에 형성되는 것이 아니며, 오랜 기간에 걸쳐서 축적된 결과이다. 이러한 학습 조직은 고객 욕구에 효과적이고 신속하게 대응하는 조직이 된다.

학습 조직의 경영자들은 효과적인 프로세스를 운영하고, 또한 변화하는 환경에 적응하는 조직을 창출한다. 때때로 전통적인 조직에서도 효과적인 성과를 얻을 수 있으나, 학습 조직을 창출하는 데에 갈등이 발생하기도 한다. 그럼에도 불구하고, 경영자들은 지속적인 개선과 학습을 위한 여건을 조성해 주어야 한다. 그 방법은 다음과 같다.

첫째, 구성원들을 창조적 긴장감 속에서 일하게 한다. 일반적으로 사람들은 안정 속에서 일하려는 경향이 높다. 리더는 부하 직원들이 '박스'에서 나오도록 하여, 존재하지 않은 가능성을 생각하게 한다. 급변하는 환경은 구성원들로 하여금 그 원인이 무엇인지를 알게 하려는 지적 호기심을 자극하게 한다. 따라서 창조적 긴장감은 기업의 비전과 목표가 혼돈스런 현실 속에서 제대로 성취되고 있는지 여부를 검토한다.

둘째, 실험을 지원하는 풍토를 만든다. 조직에서 작은 실험들이 지원되면, 학습은 더 잘 이루어진다. 실험의 목적은 통제된 조직에서 시행 착오로 배우는 데 있다. 실험은 실제 비용과 위험을 줄여 주고 자신감을 가지게 한다. 문제를 정의하고 제기함으로써 문제를 해결하려는 지적인 창의력이 왕성해진다. 직원들은 자율적이고 창의적으로 자신이 하고 있는 일을 조직 전체의 관점에서 바라보게 한다.

셋째, 조직 구조를 수평적으로 만든다. 전통적인 수직 조직은 경영자와 직원들의 사이에 거리감이 있어, 두 개의 별도 그룹이 만들어지며, 또한 부서 간의 장벽이 높아지는 경향이 있다. 학습 리더십은 이러한 조직을 파괴하여, 프로세스 조직으로 만든다. 프로세스는 고객 욕구에 부응하는 업무의 흐름 중심이다. 따라서 수평적 조직은 재무나 인적 자원과 같은 지원 부서를 제외하고 평평해진다. 전통적인 관리 업무는 모두 하부로 위임된다.

넷째, 재량권이 위임된 역할을 수행하도록 한다. 부하 직원들이 조직에 전적으로 참여하도록 격려하는 아이디어가 바로 임파워먼트이다. 임파워먼트는 조직 누구나 함께 권력(power)을 공유하여, 직무 완수를 위해 자유롭게 활동하는 것을 말한다. 이러한 학습 조직은 유연하고 적응력 있는 조직 구조를 가진다. 여기에서는 직무 책임이 덜 명확하고 권한은 말단까지 위임되어 내려간다. 조직 구성원들 간의 상호 작용을 통하여 역할을 조정해 나간다. 규칙이나 절차는 거의 없으며, 업무 지식과 통제는 관리자보다는 직원 자신에게 있다. 개인들은 팀 내에서 실험하고, 배우고, 그리고 문제를 해결하도록 장려된다.

다섯째, 학습과 혁신에 대한 보상을 제공한다. 리더들은 보상을 통하여 팀원들의 학습과 혁신을 고무시킨다. 혁신적이고 성공적인 아이디어에 대한 보상은 누구나 다 알아보게 크게 실시한다. 보상은 조직의 학습과 혁신 능력을 강화하기 때문이다.

여섯째, 전체는 부분보다 더 중요하며, 부문 간의 경계는 최소화되어야 한다. 학습 조직의 모든 구성원은 전체 시스템을 알아야 하고 조직 부서들 간의 관계를 잘 알아야 한다. 각자는 자신의 행동이 전체에 어떻게 미치는가를 배려하여야 한다. 전체에 대한 강조는 조직 내와 다른 조직 간의 경계선을 최소화한다. 사람, 정보, 아이디어는 자유롭게 흘러야 한다.

일곱째, 평등성은 우선적인 가치이다. 학습 조직의 문화는 커뮤니티, 열정, 관심 등의 감정을 생성한다. 각 사람은 가치 있는 존재이며, 조직은 모든 사람들이 잠재력을 최대한으로 발휘하도록 관계를 형성해 주어야 한다. 학습 조직은 임원을 위한 전용 식당, 전용 주차장 같은 지위 상징물을 없애야 한다. 모든 사람을 관심과 존경으로 대우하는 것을 강조하면 안전과 신뢰의 분위기를 만든다. 이를 통하여 사람들은 마음 놓고 실험하며, 실수하며, 실패하면서 배우게 된다.

결론적으로 말해서, 학습 조직은 '아는 것이 힘'이라는 고전적인 명제하에 지적인 열의를 가진 조직이다. 획득한 지식을 체계화한 경영이 지식 경영이다. 지식 경영은 전사적으로 조직 내·외부의 지적 자원을 획득 창출하고, 이를 핵심 역량으로 축적시켜 가치 창출로 연결시키는 체계적인 관리 활동이다. 이를 통해 조직 학습의 효과를 최대화함으로써 조직의 전략적 경영 능력을 확대하고 경쟁 우위를 지속적으로 유지할 수 있다. 이것은 최고 경영자의 리더십하에서 경쟁 우위 창출을 위한 전략으로 활용될 때, 가치를 십분 발휘할 수 있다.

지적 능력은 하루 아침에 형성되는 것이 아니다. 오랜 기간에 걸쳐서 축적된 결과이다. 조직은 지식을 창출, 획득, 확산하는 데에 능숙한 학습 조직이 되어야 하며, 새로운 지식을 활용하여 업무를 수행하는 능력을 가져야 할 것이다. 이를 위해 지식을 학습화하여 부가가치 지식으로 전환시키는 노력과 행동이 매일 필요하다. 지식 경영을 통한 혁신은 학습 리더십을 가진 행동 지향적인 조직에서 가능하다.

제4절 e비즈니스와 고객

4.1 e비즈니스

이제 제조업자와 소비자는 직접 연결되고 있으며, 그 사이에 중간 유통업자 제거 현상이 일어나고 있다. 도매상, 대리점, 소매상, 브로커, 중간 소개업자 등이 수행하던 일을 네트워크를 통하여 처리함으로써 이러한 일을 하던 사람의 수가 줄어드는 추세에 있다. 예를 들어, 음악가가 연출한 음악은 음반 제조 회사, 소매 창구, 방송 업자 등을 거칠 필요 없이 네트워크의 DB에 직접 입력하면 된다. 요식업자도 도매상이나 슈퍼마켓을 통하여 식료품을 구매하지 않고, 매주 쇼핑 리스트 DB에 쇼핑할 내역을 입력시키면 집까지 배달이 가능하게 된다. 많은 기업이 인터넷을 통하여 고객과 커뮤니케이션을 한층 더 효과적으로 할 수 있는 기반을 갖게 되었다. 일반적으로 e비즈니스는 컴퓨터 네트워크를 기반으로 경제 주체들(기업, 정부, 개인 등)이 제품, 서비스, 정보 등을 대상으로 가치를 창출하고 교환하는 것이다. 전통적 비즈니스와 e비즈니스를 비교하면 [도표 11-9]와 같다.

시장의 주도권이 생산자로부터 소비자로 넘어가고 있다. 따라서 이러한 시장 환경하에서 경쟁 우위를 갖추기 위해서는 고객 가치를 파악하고, 고객 관계를 관리하는 것이 요구된다. 따라서 고객을 위한 가치를 부가하는 것이 중요하게 되었다. 고객이 요구하는 것을 파악하고 충족시킬 상품을 만들고, 제공하도록 고객과 공동의 노력을 기울여야 하다.

[도표 11-9] 전통적 비즈니스와 e비즈니스

항목	전통적 비즈니스	e비즈니스
유통 채널	기업→도매상→소매상→소비자	기업→인터넷→소비자
물적 소유권	물적 소유와 비분리	물적 소유와 분리
판매 촉진	개별적 촉진 활동	네트워크로 통합된 촉진 활동
판매 방법	전시에 의한 판매	정보에 의한 판매
시장 세분화	인구통계학적 시장 세분화	고객 특성에 의한 시장 창출
판매 거점	시장, 상점	네트워크
고객의 구매 내용	제품/서비스 구매	가치/경험 구매
대금 지급	현금, 신용카드	전자 자금 이체, 전자 화폐, 신용카드 등
고객 정보 획득	시장 조사 및 영업 사원에 의존	온라인으로 수시 획득, 입력

예를 들어, 아메리칸에어라인사는 매년 고객의 항공권 예약 업무를 위해 지출되는 비용이 20억 달러를 넘어서면서 웹을 활용하기 위한 방안을 고안하였다. 웹을 통하여 고객은 수하물 제한, 기내식과 영화, 공항 안내도는 물론 출발지와 도착지, 출발 일자와 도착 일자의 입력에 의해 조건에 맞는 항공편을 선택할 수 있다. 또한 항공료를 온라인으로 조회할 수 있는 정보를 제공하고 있으며, 특별 할인 요금 목록이 첨부된 이메일도 발송한다. 특히 우량 고객을 목표로 하여 여행 목적지의 숙박 시설과 음식점 가운데 아메리칸에어라인과 제휴한 마일리지 서비스 가맹점을 쉽게 찾을 수 있는 정보를 제공하며, 음식의 종류 및 가격별 상세 음식 정보까지 제공한다. 이러한 고객 맞춤형 서비스를 제공하는 데 가장 중요한 것은 바로 회원 정보 데이터베이스이며, 고객들은 자신의 기본 정보에 추가적인 상세 정보를 입력함으로써 보다 나은 서비스를 제공받을 수 있다는 것을 인식하게 되었다.

e비즈니스 성공의 첫 단계는 기존 고객에게 눈길을 돌리는 것이다. 문제는 대면 접촉 없이도 고객을 유치하고 관계를 유지할 수 있는가 여부이다. 고객이 무엇을 원하고 필요로 하는지, 그리고 어떻게 해야 그들의 삶이 한층 더 편리해지는가 그리고 어떠한 고객 가치를 제공하여야 하는가 등을 연구하여야 한다. 인터넷이 제공하는 고객 가치는 [도표 11-10]과 같다.

기본적으로 e비즈니스에서 고객을 기쁘게 하는 것은 직원이 아니라 기술적인 시스템이다. 따라서 이 시스템은 직원 역할을 담당하면서 서비스 지향적이어야 한다. 이러한 시스템이 되려면, 직원들 스스로가 다루기 쉬운 시스템을 만들어야 한다. 시스템을 변경하고 관리하는 사람

[도표 11-10] 인터넷이 제공하는 고객 가치

가치	기업	내용
매력적인 가격	e-Trade	기존 브로커 수수료의 10분의 1
	Key Fuels	법인 고객을 대상으로 750여 가맹 주유소에서 도매 가격으로 휘발류 판매
풍부한 선택	아마존닷컴	600만 종 이상의 도서, CD, 장난감, SW 등
	UA항공	500여 개의 여행 관련 기업의 상품을 온라인 판매(100개 이상의 항공사 포함)
높은 편의성	Intuit	개인 및 중소기업에 대한 포털 금융 정보 서비스
	월마트	매장 대비 10배에 이르는 진열 상품을 배송
맞춤화	eToys	선물을 친구, 가족에게 요청 송부 가능 생일 환기 등 다양한 부가가치 기능 보유
	존슨앤존슨	온라인 일기로 아이의 성장 기록을 보존 아이의 성장 시기에 걸맞는 정보를 이메일로 전송

자료: 디지털 시대의 경영 전략, 삼성경제연구소, 디지털심포지엄, 2000년 10월.

들은 고객과 항상 가까운 곳에 있어야 하며. 그리고 서비스 제공자에게 즉각적인 조치를 취할 수 있는 권한이 주어져야 한다. 그렇지 않으면, 직원이 고객의 불평을 들어줄 수도 없고, 회사 규정을 무시할 수도 없는 심각한 고민에 빠질 것이다.

e비즈니스는 얼굴 표정을 시스템 안에 얼마나 사실적으로 그려 넣을 수 있는가에 따라 성패가 좌우된다. 고객 가치를 창출하기 위하여 고객이 소중히 여기는 편리성, 신속성, 다양성, 안전성 등의 욕구가 충족되어야 한다. 이것은 단지 고객 서비스 측면뿐만 아니라, 컨텐츠와 내비게이션에도 적용된다. 감성적인 부분이 제대로 자리를 잡았다면, 다음 단계에서는 무엇보다도 접속이 쉽고 빠르며, 안전하여야 한다. e고객은 원하는 정보를 얻는 과정에서 8초 이상을 기다리지 못한다고 한다. 한 페이지가 뜰 때마다 고객을 잃을 수 있는 위험을 안고 있는 셈이다. 전통 기업은 흔히 정책이나 절차에 얽매여서 직원들도 경직되기 쉽다. 일반 고객들은 회사 방침상 특정 서비스를 제공할 수 없다는 거절에 쉽게 물러난다. 그러나 e고객은 네티즌들에게 큰 소리로 불평하며, 다시는 나타나지 않는다. 더 좋은 곳에서 서비스를 받을 수 있기 때문이다. 동네 슈퍼마켓은 필요하면 어쩔 수 없이 다시 가야하지만, 여기는 다르다.

기업이 고객을 e비즈니스에서 만족시키는 것은 쉬운 일이 아니다. 그들은 오프라인에서 서비스를 충분히 경험하고 있기 때문이다. 제품과 서비스 품질에 대한 기대감은 한껏 높아져 있다. 격심한 경쟁 속에서 서비스를 효과적으로 제공하려면 더 많은 연구가 필요하다. 서비스 만족의 정도는 고객마다 주관적으로 다르다. 서비스는 기술적으로 모방이 쉽다. 그래서 서비스업에서의 성공은 여간 어려운 것이 아니다. 그럼에도 불구하고, 가능하다, 금광을 캐러 간 사람들이 모두 실패하는 것이 아닌 것처럼. 성실성을 바탕으로 고객이 원하는 바를 지속적으로 확인하고, 그들이 필요로 하는 것을 제공하면 된다. 성경에서 '모든 일을 하나님께 하듯 하라'는 것과 같이, 보이지 않는 이에게 성실함과 헌신은 기업에게 차별화 전략을 가져다주고 성공에 이르게 한다. 게임의 규칙에서 성실성은 제1조가 되어야 한다. 성실성은 경쟁자가 모방하기 어려운 전략이다.

4.2 고객관계관리시스템

고객관계관리시스템(customer relatiop management(CRM) system)은 전사적 관점에서 고객 관계 정보를 집중 관리하고, 고객을 그 특성에 따라 세분화함으로써 목표 고객의 이해와 장기적인 이익 관계를 구축하려는 전략을 지원하는 시스템이다. 전통적인 매스마케팅에서는 불특정 다수에 대한 판매를 통하여 시장 점유율과 단기적인 고객 거래를 중요시하였으나, CRM은 시장 점유율보다는 고객 확보와 유지를 중시하고, 그들과의 장기 관계를 전략적 요소로 간주하는 개념이다. 이것은 제품보다는 고객의 니즈와 라이프 스타일을 우선시하면서 일대일 마케팅을 통하여 고객화를 추구한다.

CRM 도입의 목적은 더 나은 고객 관계를 확보, 개발, 유지하는 것이다. 고객 관계의 확보란 기존 고객의 특성을 분석하고, 잠재 고객의 니즈와 원천을 찾아서 관계를 형성하려는 것이다. 고객 관계의 개발은 기존 고객으로부터 우수 고객을 확인하고 수익성 증대 방안을 모색하며, 그리고 잠재 니즈를 깨우쳐주는 것이다. 고객 관계 유지는 우수 고객과 평생 관계를 맺으면서, 이탈을 방지하는 방안을 모색한다. 이와 같이 CRM은 고객 중심적인 사고이지만, 궁극적으로는 비용 절감과 매출 증대를 위하여 효율성과 효과성을 목표로 하고 있다.

모든 사업에 CRM이 필요한 것은 사실이다. 특히 고객의 평생 가치가 크거나 고객 접촉이 많은 업종에 필요하다. 예컨대, 금융, 자동차, 가전제품과 같이 평생 이용하면서 차별화가 요구되는 업종에서는 더욱 필요하다. 그리고 e비즈니스의 도서, 음반, 의복 같은 서비스업에서도 필요하다. 성공적인 CRM을 구축하려면 CRM 개념을 올바르게 표현하는 모형이 필요하다. [도표 11-11]은 CRM 모형을 나타낸다.

CRM 모형의 제1단계는 고객 만족 경영에 근거한 경영 전략이다. 고객 니즈에 부응하는 전략을 세워서 고객 만족을 추구하여야 한다. 제2단계는 고객 전략와 일치하는 고객 관계 가치에 대한 분석이 이루어져야 한다. 고객을 적정하게 세분화하여 정보를 수집하고 개별 대응 능력을 강

[도표 11-11] CRM 모형

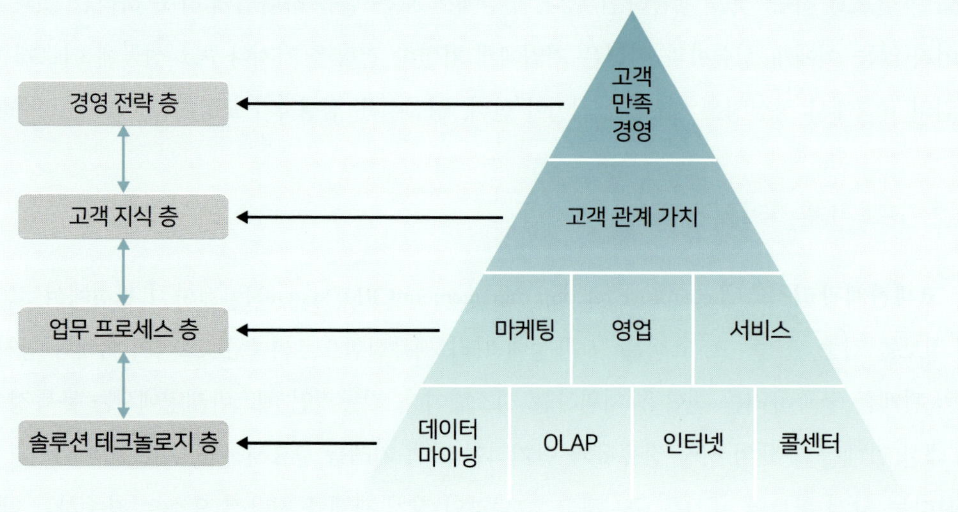

화한다. 제3단계에서는 고객 관점의 프로세스 조직을 구축한다. 마케팅은 목표 고객의 특성을 파악하고 니즈를 충족시키는 소요를 개발한다. 영업은 구매 의욕이 있는 고객을 획득하며, 서비스는 고객을 유지하고 지속적으로 구매하도록 유도한다. 끝으로, 제4단계에서는 데이터베이스 마케팅(DBM)을 위하여 OLAP(on-line analytical processing)을 구축하여, 최종 사용자가 디지털 정보에 직접 접근하여 다차원의 분석 도구를 이용해 문제 해결을 위한 지식 수집으로 사용자들이 다양한 정보를 제공받는다. 데이터마이닝은 수집 분석된 자료를 사용자에게 제공하기 위해 분류·가공하는 기술이다. 이것은 자료들 사이의 관련성을 규명하여 의사 결정에 도움을 주는 통계적인 알고리즘을 사용한 기법을 의미한다. 예를 들어, 마케팅 부서에서 특정 제품에 대한 주된 판매층, 연령대별 소득액 등의 세부 정보를 통해 판매 촉진 정책을 운용할 수 있다. 그리고 인터넷과 콜센터도 솔루션 테크놀로지에 포함되는 정보 기술이다.

기업은 고객의 변화에 대응하여 그 변화를 공략하고 힘을 갖추어야 살아남을 수 있다. 중요한 것은 자료이다. 자료의 축적이 없으면 정보화될 수 없고 지식화될 수 없다. 성실한 자료 수집은 정확한 분석의 기초 단계이다. 고객 자료가 있을 때 마다 개인적으로 잘 정리하여야 하며, 조직에서 지식 경영을 활용하여 체계적으로 축적하는 것이 중요하다. 그 자료는 어디에 있는가? 그 정보는 어디에 있는가? 그 지식은 누가 가지고 있는가? 이 질문에 곧장 대답을 구할 수 있어야 경영정보시스템은 효과성을 발휘할 수 있다.

사업은 프로세스로 이루어져 있다. 가치 창출 프로세스와 경영 정보 지원 프로세스의 목표 달성 기준은 효율성, 효과성, 유연성 등 세 가지이다. 우리 조직은 이 프로세스들을 활용하여 고객에게 어떻게 '서비스'하고 있으며 어느 정도로 성과를 거두었나?

다음 편에서 이 답을 구해 보자.

GenAI를 활용한 토의 주제

- 다음 주제에 대하여 적절한 지시문을 만든 후, 여러 GenAI(예컨대, ChatGPT 3.5, Claude 3.5 sonnet, Copilot, Perplexity.ai) 중에서 하나를 선택하여 답변을 구하라.

  ① 빅데이터 (답변의 예시가 부록 4에 제시되어 있음)

  ② 경영정보시스템

  ③ CRM

  ④ 정보와 윤리

  ⑤ e비즈니스의 성공과 실패

제5편 고객

제12장 고객

제12장
고객

제1절 고객이란 무엇인가

1.1 고객의 정의

1.2 고객의 변천

1.3 고객의 분류

제2절 고객 가치의 명제

2.1 고객 만족

2.2 고객 만족 측정

제3절 고객 만족 경영

제4절 고객 충성도

파타고니아

파타고니아(Patagonia)는 혁신적인 아웃도어 의류 브랜드로, 고객 가치 창출을 통해 글로벌 시장에서 높은 인지도를 유지하고 있다. 최근 몇 년 동안 파타고니아는 고객 중심의 지속 가능성 전략을 통해 브랜드 가치를 크게 향상시켰다.

1. 고객 중심의 지속 가능성 전략

파타고니아는 환경 보호와 지속 가능성을 핵심 가치로 삼고 있다. 이를 위해 고객이 사용하는 제품의 환경 영향을 최소화하고, 제품 수명을 연장하는 다양한 프로그램을 운영하고 있다. 예를 들어, 파타고니아의 Worn Wear 프로그램은 고객이 사용한 의류를 재사용하거나 수리하여 다시 판매하는 프로그램으로, 이를 통해 자원 낭비를 줄이고 고객에게 지속 가능한 선택을 제공하고 있다. 2022년 기준으로, Worn Wear 프로그램을 통해 10만 개 이상의 의류가 재사용되었으며, 이는 약 400톤의 탄소 배출을 절감한 효과를 가져왔다.

2. 혁신적인 제품 출시

파타고니아는 혁신적인 제품을 지속적으로 출시하여 고객의 요구를 충족시키고 있다. 예를 들어, 파타고니아의 R1 Air 풀오버는 뛰어난 통기성과 경량성으로 아웃도어 활동에 최적화된 제품이다. 이 제품은 재생 폴리에스터 소재로 제작되어 환경 영향을 최소화하면서도 높은 성능을 제공한다. 2023년에는 재생 소재를 90% 이상 사용한 제품 라인을 출시하여, 연간 약 1,500톤의 플라스틱 폐기물을 줄이는 데 기여하고 있다.

3. 데이터 분석과 AI 기술 활용

파타고니아는 데이터 분석과 AI 기술을 활용하여 고객의 요구를 파악하고 맞춤형 서비스를 제공하고 있다. 고객의 구매 패턴과 선호도를 분석하여 개인화된 마케팅 전략을 수립하고, 이를 통해 고객 만족도를 높이고 있다. 이러한 접근 방식은 고객 충성도를 높이는 데 중요한 역할을 하고 있다. 예를 들어, AI 기반 추천 시스템을 도입하여 고객이 선호할 만한 제품을 제안함으로써 매출이 20% 증가하는 성과를 얻었다.

4. ESG(환경, 사회, 지배 구조) 활동

파타고니아는 지속 가능한 발전을 위해 ESG 활동을 강화하고 있다. 파타고니아는 제품 제작 과정에서 환경 영향을 최소화하기 위해 지속 가능한 소재를 사용하고, 공정 무역 인증을 받은 생산 과정을 채택하고 있다. 2022년에는 전체 제품의 80% 이상을 지속 가능한 소재로 제작하였으며, 이는 전년 대비 10% 증가한 수치다. 또한, 파타고니아는 수익의 1%를 환경 보호 단체에 기부하며, 2023년에는 1,200만 달러 이상을 기부하였다.

파타고니아는 고객 중심의 지속 가능성 전략, 혁신적인 제품 출시, 데이터 분석과 AI 기술 활용, 그리고 ESG 활동을 통해 글로벌 시장에서 높은 경쟁력을 유지하고 있다. 이러한 접근 방식은 파타고니아가 고객 가치를 창출하고, 장기적인 성공을 거두는 데 중요한 역할을 하고 있다.

제1절 고객이란 무엇인가

1.1 고객의 정의

일반적으로 말해서, **소비자**란 최종적으로 제품/서비스를 구매하는 최종 소비자를 뜻하고, **고객**이란 최종 소비자를 포함하여 가치 사슬 프로세스에서 가치를 제공받는 모든 사람을 말한다. 고객은 제품/서비스를 통하여 가치를 제공받는 사람을 총칭하는 개념이다. 고객은 조직이 아니고 사람이다. 기업 대 기업의 거래에서 담당자들이 각각 자기 회사를 대신하여 업무를 수행할 때에, 고객은 회사가 아닌 담당자가 되는 것이다. 상대방 회사는 고객 회사이며 고객이 아니다. 따라서 고객 관계에서는 사람들 사이에서 발생하는 상호 작용에 주목하여야 한다. 고객 관계에서 업무 담당자들은 상호 존중과 신뢰 관계를 유지하는 것이 중요하다.

고객에는 내부 고객과 외부 고객이 있다. **내부 고객**은 조직 내에서 마음과 정성을 다하여 내가 서비스하는 사람들이다. 상사이든, 부하이든, 혹은 동료이든 상관없다. 후공정 사람이 내부 고객이 되므로 전공정 사람은 그 고객에게 불량 제품/서비스를 넘겨서는 안 된다. 함께 일하는 사람들이 나의 고객이라는 생각을 가져야 가치 창출이 가능하며, 또한 고객 만족이 가능하다. **외부 고객**은 우리 회사 외부에 있는 가치 사슬상의 고객 회사나 사람들이다. 예컨대, 협력 업체, 대리점, 최종 소비자 등이 우리 회사와 구체적으로 연관이 있는 경우에 외부 고객이 되는 것이다. 소비재 생산 기업은 대개 최종 소비자와 직접 거래하지 않고 판매 대리점을 상대로 한다. 이들은 일종의 중간 고객인 셈이다. 외부 고객 중에서 최종 소비자는 우리 회사가 창출하는 가치를 최종으로 구매해 주는 고객이다. 그들은 우리 회사 직원들에게 월급을 '주는' 사람들이다. 일반적으로 고객은 최종 고객을 의미하며, 본 서에서도 이를 뜻한다.

고객 만족 관점에서 볼 때, 기업이 외부 고객을 만족시키려면 먼저 내부 고객, 즉 **직원 만족**에 관심을 기울여야 한다. 이에 관한 것은 앞의 제3편에서 이미 설명하였다. 만족한 내부 고객만이 좋은 제품/서비스를 생산·제공하여 외부 고객을 만족시킬 수 있기 때문이다. 외부 고객에 대한 가치 제공은 회사가 존재하는 이유를 말해 준다. 고객이 없으면 회사도 없다. 고객은 손님이다. 텅 빈 교실, 빈 좌석의 비행기, 파리 날리는 음식점, 아무도 찾아오지 않는 잔칫집 등을 떠올리면 고객 존재의 소중함은 한층 더 절실해진다.

최근에 고객이 사업의 중심이 되는 추세는 더욱 두드러진다. 고객은 VIP(very important person)라는 약자에서 볼 수 있듯이, 기업에게 소중한 사람이다. 고객은 기업 체계의 맨 윗부분에 있어야 한다고 주장하기도 한다. 기업이 아무리 훌륭한 제품과 서비스를 가지고 있다 하더라도, 고객이 없다면 그 기업과 더불어 제품과 서비스는 무의미하게 될 것이며, 기업의 존립은 보장될 수 없는 것이다. 고객 가치가 고객 입장에서 본 것이라면, 고객은 기업 입장에서 보았을 때 기업 가치를 실현시켜 주는 대상이다. 고객은 다양한 니즈로 시장에서 어떠한 제품이나 서비스를 제공하여야 할 것인가를 결정하여 주며, 구전으로 세일즈맨 역할을 담당해 준다. 그들은 기업을 변화시키는 원천이다. 따라서 그들의 변화 추세를 잘 살펴보는 것이 중요하다.

1.2 고객의 변천

소비자의 니즈가 다양화되고 개성화되고 있는 상황에서, 고객은 자신만의 욕구를 충족시키는 특화된 제품을 요구하고 있어 이에 대한 신속한 대응이 요구되고 있다. 그리고 교육과 소득 수준의 향상과 함께 정보 통신의 발달은 소비자 욕구의 다양화, 개성화, 특성화를 촉진시키고 있다. 소비자들은 자신만의 개성과 개별적인 욕구를 중시하며 나만을 위한 제품이나 서비스를 제공받기 원한다. 과거의 소비자는 수동적이었다. 반면에, 현대의 소비자는 적극적으로 권리를 찾기 위해 노력하며, 프로세스에서 자신이 직접 개입할 수 있기를 원한다. 소비자가 생산에 직접 참여하여 공급자와 소비자의 역할을 동시에 담당하는 생산 소비자 시대가 되었다. 이 역할은 특히 서비스업에서 중요하다. 예컨대, 고객의 불평이 서비스에 제대로 반영된다면, 그들은 생산 프로세스에 참여하는 역할을 하는 셈이다.

이제 비즈니스는 생산자와 소비자의 차이가 없어지는 생산 소비화가 되고 있다. 소비자들의 지식, 정보, 아이디어가 제품 사양의 결정에 스며들어 실제로 생산 프로세스에 참여하고 있다. 소비자와 생산자 간의 협동은 네트워크 연계를 통하여 생산 공장의 역할을 한다. 예컨대, 소비자

[도표 12-1] 고객의 변화 추세

구분	전통적 고객	오늘의 고객
정의	구매자: 기존 고객은 물론 잠재 고객까지 설득 대상이 되는 수동적인 고객	협력자: 제품을 선택하는 입장에서 더 나아가, 기업이 제공할 제품/서비스를 결정하는 능동적인 고객
중점	회사 중심적	직원 및 고객 중심적
능력	시장 점유율을 중시하여, 많은 수의 고객에게 판매하는 것이 능력	기존 고객과 관계를 지속적으로 유지하는 것이 능력
차별화	제품으로 차별화(품질 제품)	고객으로 차별화(충성 고객)
욕구	동질 욕구를 가진 고객 집단	이질적 욕구를 가진 개별 고객

가 선호하는 자동차 쇼룸에 들어가서 사양을 선택하면 원하는 자동차를 구입할 수 있다. 자동차 제조 회사는 소비자가 원하는 사양을 종합하여 보편적이면서도 그가 원하는 종류의 자동차를 만들 수 있어야 한다. 고객의 변화 추세는 [도표 12-1]에 나와 있다.

1.3 고객의 분류

고객은 여러 가지 관점에 따라 분류될 수 있다. 구매 시기, 구매 빈도, 구매 금액에 따라 분류되기도 하며, 기업과의 관계 발전 정도에 따라 분류되기도 한다. 또한 고객 만족과 충성도에 따라 분류되기도 하고, 고객의 기대에 따라 분류되기도 한다. 각각의 분류에 대해 살펴보면 다음과 같다.

(1) 구매 시기, 구매 빈도, 구매 금액 등에 따른 분류

먼저 구매 시기, 구매 빈도, 구매 금액 등에 따라 고객을 분류하면, 고객은 기존 고객과 잠재 고객으로 나눌 수 있다. **기존 고객**은 현재 고객과 과거 고객으로 재분류하며, 현재 고객은 현재의 주 고객을 말하고, 과거 고객은 지금은 빈번하지는 않으나 과거 한때 주요 고객이었음 의미한다. 그리고 **잠재 고객**은 가까운 장래에 단골로 자리잡을 수 있는 신규 고객과 미래 고객으로 나눈다. 신규 고객은 최초 구매 이후로 일정 기간 동안 세심한 관심이 요구되는 고객이고, 미래 고객은 아직 거래가 없지만 미래에 고객이 될 가능성이 있는 가망 고객을 의미한다.

(2) 기업과 관계 발전에 따른 분류

기업의 관계 발전 정도에 따라 고객을 분류하면 불특정 다수, 잠재 고객, 고객, 단골 고객, 충성 고객 등으로 분류할 수 있다. 첫째, **불특정 다수**는 구매력을 가진 모든 사람을 의미한다. 둘째, **잠재 고객**은 불특정 다수 중에서 자사의 상품과 서비스를 구입할 가능성이 있는 사람을 말한다. 셋째, **고객**은 잠재 고객 중에서 자사의 상품이나 서비스를 최초로 구매한 고객을 말한다. 넷째, **단골 고객**은 고객이 자사의 상품을 지속적으로 구매하여 사용하게 되는 고객을 말한다. 다섯째, **충성 고객**은 단골 고객 중에서 기업의 서비스 노력의 결과로 타인에게 긍정적인 구전을 통하여 추천을 하는 적극적인 고객을 말한다.

기업의 마케팅 노력에 따라 고객은 불특정 다수에서 충성 고객으로 전환되며, 충성 고객으로 전환 및 유지가 기업의 고객전략에 대한 주요목적이다. 일반적으로 전체 고객의 20% 정도가 기업 전체 이익의 80%를 점유한다고 한다. 그러므로 충성 고객은 기업의 입장에서 매우 중요한

[도표 12-2] 관계 발전에 의한 고객 분류

[도표 12-3] 질레트 회사의 고객 분류

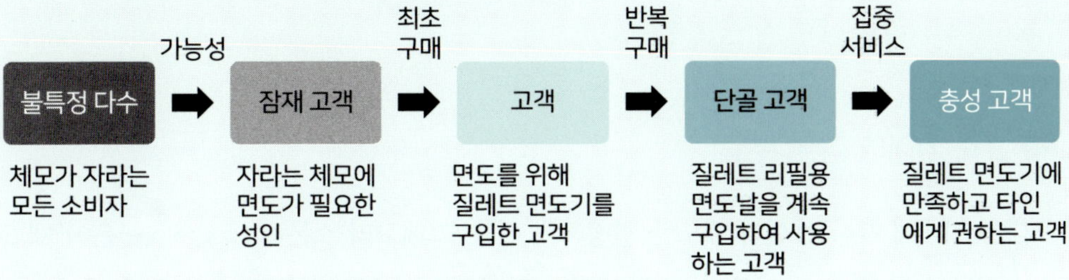

존재이다. 질레트는 이 개념에 따라 고객들을 [도표 12-3]과 같이 분류하고 있다.

(3) 고객 만족과 충성도에 따른 분류

고객 만족은 고객의 욕구와 기대가 충족되어 그 결과로서 제품과 서비스의 재구매가 계속 이루어지고, 아울러 고객과 신뢰 관계가 지속되는 상태라고 정의할 수 있다. 제록스(Xerox)는 고객 만족에 대해 설문 조사를 했을 때 매우 만족이라고 답한 고객이 만족이라고 답한 고객보다 제록스 제품을 6배나 더 재구매하려고 한다는 사실을 발견하였다.

존즈와 쌔서(1995)는 고객 만족과 충성의 정도에 따라 소비자들을 사도(apostle), 용병(mercenary), 인질(hostage), 테러리스트(terrorist) 등의 네 그룹으로 분류하고 정의하였다. 먼저, **사도 그룹**은 충성도가 높을 뿐만 아니라 다른 사람에게도 이용을 적극 권하는 사람들이다. **용병 그룹**은 만족도가 높지만 가격이 낮다면 다른 쪽으로 옮겨갈 사람들이다. **인질 그룹**은 불만이 많지만 다른 대안이 없는 사람들이고, 마지막으로 **테러리스트 그룹**은 그들의 불만을 토로하며 떠들고 다니면서, 어떻게 하든지 사람들이 다른 쪽으로 전환하도록 애쓰는 사람들이다. 이러한 분류는 이탈 가능성을 가진 고객을 이해하기 위한 올바른 방향을 제시하고 있으며 고객 만족과 충성의 관계를 이해하는 데 도움을 준다.

[도표 12-4] 고객 만족과 충성에 따른 고객 분류

구분	만족도	충성도	행동
사도	높음	높음	지속적인 구매와 추천
용병	높음	낮음	구매와 이탈 반복
인질	낮음	높음	구매 전환이 불가능
테러리스트	낮음	낮음	이탈 및 부정적 구전

(4) 고객 기대에 따른 분류

고객은 기대에 따라 자신의 태도를 결정하게 된다. 그레고리 스톤(Gregory Stone)은 구매 고객을 가치 지향적 고객, 윤리 지향적 고객, 개인 지향적 고객, 편의 지향적 고객 등 네 가지로 분류하였다.

가치 지향적 고객은 자신의 투입한 비용(시간, 노력, 금전 등) 대비 획득한 가능한 가치를 극대화하려고 한다. 이들은 이러한 목적을 이루기 위해 관련 정보를 수집하고 비교하여 최종 선택을 하게 된다. 또한 이들은 구매에 있어 합리적으로 구매하려고 하며, 인지 부조화를 쉽게 느끼며, 변덕스러움을 보이기도 한다. 이들은 기업 입장에서는 매우 까다로운 고객이며, 보다 유리한 가치 획득을 위해 이리저리 떠돌아다니는 철새 고객이 되기 쉽다.

윤리 지향적 고객은 사회적으로 신뢰가 높고 선행에 앞장서는 명망이 있는 기업의 고객이 되는 것이 윤리적이라고 인식하며, 때론 결집하여 폐수 오염 등 환경적 폐해를 일으키는 반사회적 기업에 대하여 불매 운동을 시도하기도 한다.

개인 지향적 고객은 서비스 과정에서 개인적으로 기억되길 원하고, 환영받길 원하며, 중요한 사람으로 인식되길 원한다. 이들을 위해 기업은 고객DB을 이용하여 개인적 서비스 경험을 제공할 수 있다.

편의 지향적 고객은 구매보다는 기업이 제공하는 편의 제안에 관심이 많으면 보다 개인적이고 고객화된 서비스에 대하여 별도의 비용을 지불할 의사를 가지고 있다. 기업의 입장에서는 이들에게 보다 차별적이고 고객화된 편의를 제공함으로써 그에 따른 추가 수익을 창출할 수 있다.

지금까지 고객의 개념과 특성에 대하여 알아보았으며, 여러 기준에 따라 고객을 분류하여 보았다. 과거의 기업은 신규 고객을 확보하는 데에 열을 오렸다. 그러나 이제는 시장이 성숙하

Ⅱ 기존 고객 관리의 중요성

아마존은 고객 유지 전략을 성공적으로 구현한 대표적인 사례이다. 아마존은 프라임 멤버십을 통해 고객 충성도를 높이고 있다. 프라임 멤버십은 무료 배송, 스트리밍 서비스, 특별 할인 등 다양한 혜택을 제공하여 고객의 재방문율을 높인다. 2023년 기준으로, 아마존 프라임 회원은 전체 매출의 약 60%를 차지하고 있으며, 이는 충성 고객의 중요성을 잘 보여 준다.

- 기업의 비즈니스 중 65%는 만족을 얻은 기존 고객을 통해 이루어진다.
- 신규 고객을 획득하는 데는 기존 고객을 서비스하는 비용의 5배가 소요된다.
- 일주일에 60원을 소비하는 고객을 매일 한 사람씩 1년 동안 잃는다면, 그 다음 해에는 백만 원의 판매 손실을 얻게 된다.
- 만족을 얻지 못한 고객의 91%는 절대로 그 기업의 물건을 다시 구매하지 않을 것이며, 최소한 9명에게 자신이 겪은 불쾌감을 이야기한다.
- 불만족한 소비자의 10% 미만만이 자신이 느낀 불만을 호소하기 위해 해당 기업에 연락한다.

또한, 아마존은 개인화된 추천 시스템을 통해 고객 경험을 향상시키고 있다. 고객의 구매 이력과 선호도를 분석하여 맞춤형 제품을 추천함으로써, 고객 만족도를 높이고 재구매를 유도한다. 이러한 전략은 아마존의 매출 증대와 브랜드 충성도를 강화하는 데 크게 기여하고 있다.

자료: www.D&I.com

고, 열정적인 고객들은 기업에 충성도를 보이고 있어 기존 고객의 유지가 중대한 사안이 되고 있다. 기업의 과제는 어떻게 하면 현재의 고객들을 만족시켜서 충성 고객으로 전환시킬 것인가를 전략적으로 개발하는 것이다. 이를 위해서 먼저 고객 만족 경영에 대하여 알아보자.

제2절 고객 가치의 명제

2.1 고객 만족

기업의 존재 목적은 앞의 파타고니아 사례에서와 같이 제품이나 서비스를 통하여 가치를 창출하여 고객을 만족시키는 데에 있다. 사람들은 자동차, 냉장고, TV 등과 같은 제품을 사용하면서 만족감을 얻는다. 그리고 고객은 제품 이외에 무엇을 통하여 만족감을 얻는 것인가? 제조업이 서비스화하면서 사람들은 더욱 서비스 가치에 관심을 두고 있다. 소비자들은 냉장고나 세탁기와 같은 가전제품의 경우, 고장 수리는 누가 더 신속하고 정확하게 서비스할 수 있는가에 관심이 높다. 심지어는 사용하던 제품을 재활용으로 수거해 가는지 여부에도 관심이 있다. 그리고 제품을 판매하는 기업의 사회적 이미지도 중요한 요소가 된다. 똑같은 품질의 제품을 판매하는 두 회사가 있다 하더라도, 광고나 사회 활동에 대한 좋은 이미지가 구매에 더 큰 영향을 미칠 것이다. 따라서 소비자들은 전형적으로 제품, 서비스, 이미지 등 세 가지 요인에 의하여 만족감을 얻는다고 할 수 있다.

고객 만족은 제품이나 서비스를 이용함으로써 얻어진 결과로부터 기대감이 충족된 정도를 말한다. 고객의 욕구와 필요에서 생겨난 기대를 충족시키면 고객은 만족하지만, 그렇지 못하면 불만이 발생한다. 그리고 진정으로 만족한 고객은 재구매를 하여 고객의 충성도가 높아진다. 왜 고객을 만족시켜야 하는가? 그들은 소비의 주체이며, 구전의 세일즈맨이기 때문이다. 만족한 고객은 재구매하거나 타인 추천을 실행하여 기업의 매출 신장을 도모해 준다. 요컨대, 고객은 기업이 성장하는 데에 필수적인 요소로서 존재한다. 고객 만족의 일반 모형은 [도표 12-5]와 같다.

고객 만족 조사는 기업 활동을 고객 입장에서 평가하고, 계량화하여 경영 지표로 삼는 데

[도표 12-5] 고객 만족의 일반 모형

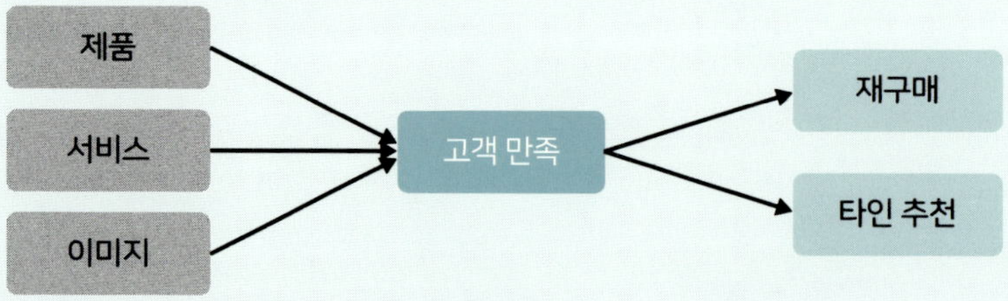

그 목적이 있다. **고객 만족도**를 알아내기 위하여, 측정 가능한 항목을 추출하여 통계 처리를 하고 그 분석 결과를 경영의 개선 목표로 삼는 데 있다. GE는 정보 분석을 통하여 차별화된 고객 관계의 서비스를 지향한다. 예컨대, 가전제품 사업부에서는 고객이 상담하기를 원하는 곳은 제품을 구입한 대리점이 아니라 본사라는 점을 깨달았다. 그래서 본사 고객 서비스 센터에서는 통화 동안(평균 4분)에 고객과의 관계를 증진시키는 방안을 모색했다. 고객 문의에 효과적인 대답을 통하여 미래 구매와 연관된 고객 특성에 관한 정보의 양을 추가할 수 있었다. 현재의 고객 문제를 해결하면서, 미래의 재구매 성향을 파악하고 고객 만족 상태를 증진시켜 주었다.

일반적으로 **만족**이란 기대에 대한 충족을 의미한다. 따라서 고객 만족은 고객의 욕구와 기대에 최대한 부응하여 그 결과로서 상품과 서비스의 재구입이 이루어지고 아울러 고객의 신뢰감이 연속적으로 이어지는 상태라고 정의할 수 있다. 예를 들어, 고객 만족을 위한 제품의 품질 요건은 다음과 같이 충족되어야 한다.

애플

애플(Apple)은 혁신적인 제품과 우수한 고객 서비스로 전 세계적으로 높은 고객 만족도를 유지하고 있는 대표적인 기업이다. 애플의 성공 요인은 강력한 리더십과 혁신적인 문화에서 비롯된다. 이 회사의 전 CEO 스티브 잡스는 비전과 열정을 바탕으로 회사의 방향을 제시했으며, 팀 쿡은 이를 이어받아 고객 중심의 경영을 지속하고 있다.

애플은 6시그마와 같은 품질 관리 방법론을 도입하여 제품의 품질과 고객 만족도를 높이고 있다. 애플의 리더십은 명령 체계보다는 혁신과 창의성을 강조하며, 직원들이 자율적으로 일할 수 있는 환경을 조성한다. 스티브 잡스와 팀 쿡은 직원들에게 영감을 주는 좋은 선생의 역할을 수행하며, 회사의 비전을 공유하고 이를 실현하기 위해 헌신했다.

애플은 고객 교육에도 많은 투자를 하고 있다. 애플 스토어에서는 정기적으로 고객을 대상으로 한 워크숍과 교육 프로그램을 운영하여 제품 사용법과 새로운 기술을 교육한다. 이는 고객이 애플 제품을 더 잘 활용할 수 있도록 돕고, 브랜드 충성도를 높이는 데 기여한다.

결론적으로, 애플의 성공은 강력한 리더십, 혁신적인 문화, 그리고 고객 중심의 접근 방식에서 비롯된다. 이는 애플이 전 세계적으로 높은 고객 만족도를 유지하고, 지속적인 성장을 이룰 수 있게 하는 주요 요인이다.

첫째, 결함이 없는 상태로 인도되어야 한다. 결함은 제품이나 부품에 필요한 특성 변화가 생긴 것으로서, 이 변화가 목표를 상당히 벗어났기 때문에 고객이 필요로 하는 물리적 기능적 요건을 충족시키지 못한 것을 의미하다. 둘째, 약속한 기일 내에 인도한다. 약속 이행은 신뢰성의 지표이다. 납기는 매기와 상관관계가 높다. 즉, 납기를 놓친 상품은 팔거나 전달되기 어렵다. 셋째, 초기 고장이 나지 말아야 한다. 초기 고장의 발생 원인은 잠재적 결함으로 시간이 얼마간 경과하면 드러난다. 잠재적 결함을 발견하는 것은 어려운 일이다. 넷째, 사용할 때 고장이 나지 말아야 한다. 제품 설계가 강건(robust)하다면, 제품은 원자재의 장기적 변화에 영향을 별로 받지 않으며, 우연히 잘못 사용하여도 별다른 영향을 받지 않는다.

서비스에서의 고객 만족도는 서비스 품질 요소에 대한 사전기대와 제공받은 서비스의 인지된 결과를 비교하여 측정하기도 한다. 서비스 품질 요소로는 신뢰성, 확신성, 공감성, 대응성 등이 있다. 이러한 품질 요소에 대하여 고객 인지가 기대보다 높을 때에는 그 서비스가 특별한 품질로서 인식되며 고객 감동으로 연결된다. 그러나 인지가 기대에 미치지 못할 때에 고객은 서비스에 대하여 불만스러워 한다. 그리고 인지된 서비스가 기대와 동등한 수준일 때에는 서비스가 만족스러운 것으로 수용된다. 이때 사전 기대는 구전, 개인적인 욕구, 과거 경험 등으로 형성된다. 이것을 그림으로 나타내면 [도표 12-6]과 같다.

그러나 일반적으로 만족은 특정한 거래에 한정되어 경험하는 것이므로 고객의 감정적 과정에 의하여 강하게 영향을 받는다. 만족은 이와 같이 주관적인 기대 수준에 의해 좌우되므로, 객관적으로 높은 품질을 가지고도 고객 개인의 기대에 따라 만족을 얻거나 얻지 못하는 경우가 발생한다. 이러한 문제를 해결하기 위하여 기업은 서비스의 가치 창출을 위하여 한층 더 많은 노력을 기울인다. 예를 들어, 어느 보험 회사는 보험 가입자에 대한 요구와 절차를 최소화하고,

[도표 12-6] 서비스에 대한 기대와 인식

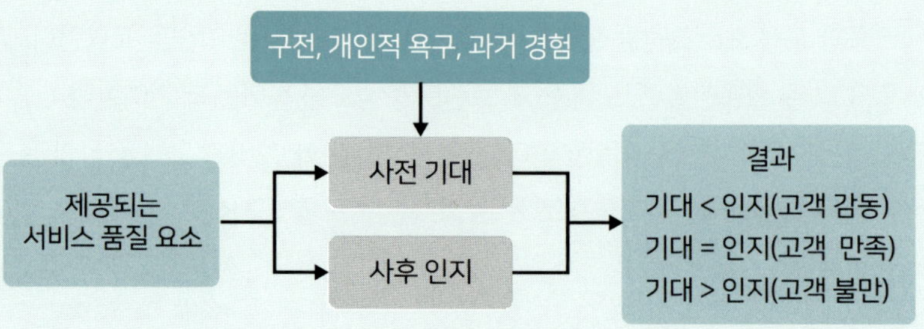

재해가 발생하였을 때에 보험 전담반을 급파하여 보험료 지불을 신속 처리한다. 그리하여 가입 고객이 가치 있는 보험 서비스를 받고 있음을 느끼도록 하여 고객 만족을 구현하고 있다.

고객 만족의 중요성은 여러 가지 측면에서 살펴볼 수 있다. 무엇보다 중요한 것은 고객을 만족시키는 것이 기업의 생존과 직결된다는 점이다. 과거에는 기업의 경쟁 우위 요소가 대부분 기업 내부에 존재하는 것으로 인식되어 왔다. 즉 기술력, 자본력, 생산성 등과 같은 양적인 지표들이 경쟁 우위 요소를 나타내는 것으로 인식되었다. 그러나 지금과 같은 시장 중심적인 상황에서는 양적인 지표와 함께 질적인 지표의 중요성이 더욱 커지고 있다.

고객 만족이 필요한 전반적인 이유는 이것이 고객 충성도를 높이기 때문이며, 고객 충성도는 다시 수익성과 성장을 창출하기 때문이다. 그 이유를 좀 더 상세하게 살펴보면 다음과 같다. 첫째, 고객의 욕구와 기대에 대한 예측이 가능하여 불필요한 비용을 절감할 수 있다. 둘째, 원가 절감을 들 수 있다. 일단 만족한 고객은 가격에 크게 민감하게 반응하지 않은 경우가 많기 때문이다. 셋째, 판매 비용 및 마케팅 비용 대폭 절감된다. 특정 제품/서비스에 만족한 고객에게는 판매비와 광고비 등이 적게 든다. 넷째, 만족한 고객의 계속적인 재구매 의사가 높다. 다섯째, 긍정적인 구전 의도를 들 수 있다. 만족한 고객은 주변의 이웃이나 친지에게 만족한 서비스에 대하여 적극적인 추천을 함으로써 부수적으로 광고 효과를 볼 수 있다.

불만 고객에 관한 여러 사실

불만 고객 관리의 중요성은 기업의 지속 가능성과 수익성에 크게 영향을 미친다. 고객 불만을 적극적으로 해결하고, 고객의 피드백을 수집하여 개선하는 것은 기업의 성공에 필수적이다. 이러한 통계는 기업이 고객 만족도를 높이고, 불만족 고객을 충성 고객으로 전환하는 데 집중할 필요성을 강조한다.

① 불만 고객의 96%는 기업에 불평을 하지 않는다. 즉, 10명의 불평 고객이 있으면 250명 정도의 불만족한 고객이 있는 셈이다.
② 불만 고객은 평균 8~10명의 타인에게 소문을 낸다.
③ 어떤 경우라도 25% 정도의 고객은 더 좋은 대안이 있으면, 상표를 바꿀 준비가 되어 있다.
④ 문제를 해결하지 못한 불만 고객의 90%는 다시는 그 기업과 상대하려 하지 않는다.
⑤ 문제를 해결한 고객의 54%는 애호 고객이 된다.
⑥ 불평 해결을 위한 투자의 평균 수익률은 약 170%에 달한다.
⑦ 고객 한 명을 잃는 비용은 20년 동안 자동차 제조업자에게는 15만 달러, 가전제품 업자에게는 3천 달러, 은행에게는 600달러, 슈퍼마켓에는 11만 달러 어치의 손실을 초래한다.

2.2 고객 만족 측정

기업에서 고객에 대한 설문 조사는 흔히 이용되는 자료 수집 방법이다. 그러나 경영자나 고객들은 장황한 설문 문항에 지쳐 있다. 아주 간단하고 통찰력 있는 문항이 중요하며, 지속적으로 빈번하고 일관성 있는 측정이 중요하다. 특히 수시성과 일관성은 설문 내용 자체보다 더 중요하다. 질문이 간단하고 전반적인 만족도를 묻는 질문이 있는 경우엔 더욱 그렇다. 반면에, 어쩌다 한번 시행되는 복잡한 설문은 기업에서 고객 니즈의 변화 추세를 분석하는 데에 필요한 자료를 제공해 주지 못한다. 물론 이것도 만족도를 개선시키기 위한 의사 결정을 도출하는 데에 필요한 절차이기는 하다.

[도표 12-7]은 고객 만족을 측정하는 가장 간단한 질문이다. 이 질문의 대답은 리커트 5점 척도로 하게 된다.

1번 문항의 고객 만족 점수를 목표로 정하는 데에는 두 가지 방법을 생각해 볼 수 있다. 첫째, 5점 척도에서 계산한다. 만일 우리 회사가 올해의 고객 만족 점수가 5점 만점에 3.5라고 하면, 이것을 100점 만점으로 환산하면 어떻게 되는가?

$$\text{고객 만족} = (3.5 - 1) \times 0.25 = 62.5(\text{점})$$

이 점수는 D학점에 속한다. 이것을 내년에는 3.8로 목표를 정할 수 있다. 둘째, 4점(만족함)과 5점(매우 만족함)에 응답한 사람의 비율을 예컨대 75%에서 80%로 정할 수 있다.

사실 고객 만족의 평균 점수는 고객 특성을 이해하는 데에 크게 도움을 주지 못한다. 통계학의 평균치는 모든 특성을 한꺼번에 획일적으로 보기 때문이다. 평균 점수 해석의 한계를 극

[도표 12-7] 고객 만족 측정 질문

문항	전혀 아니다		보통		매우 그렇다
1. 우리 회사 제품/서비스에 대해 얼마나 만족스러운가?	1	2	3	4	5
2. 이 제품/서비스를 다시 구매할 것인가?	1	2	3	4	5
3. 우리 회사의 다른 제품/서비스도 구매하고 싶은가?	1	2	3	4	5
4. 우리 회사 제품/서비스를 다른 사람에게도 추천하고 싶은가?	1	2	3	4	5

복하기 위하여 기업은 고객 충성에 대한 표현인 재구매(도표의 2번 문항)와 타인 추천(도표의 4번 문항) 의도에 대한 응답치를 조사하고 또한 신중하게 해석한다. 고객은 동일 제품의 재구매에 관해서 좀 과장해서 말하는 경향이 있다. 그래서 일부 회사에서는 도표의 3번 문항처럼 우리 회사의 '다른 제품이나 서비스'도 구매할 용의가 있는지 보완하여 물어보기도 한다. 위의 네 가지 설문 문항에서 모두 4또는 5에 응답한 사람들은 가히 충성 고객이라고 할 수 있다.

성공적인 기업은 고객 만족 전략을 다음과 같이 실천한다.[1] 첫째, 고객이 누구인지 잘 알고 있다. 그들의 이름과 특성을 알고 있다. 둘째, 고객에게 편의를 제공한다. 그들의 시간을 낭비하지 않고, 주문과 서비스 이용을 편리하게 해 준다. 그리고 제품과 서비스를 그들에게 알맞게 제공해 준다. 셋째, 최종 고객에게 초점을 맞춘다. 제품이나 서비스를 이용하는 최종 고객이 누구인가를 파악하고, 최종 고객의 입장에서 고객 업무를 설계한다. 넷째, 고객 충성을 확보한다. 일정기간 동안의 고객 수입과 비용의 관계를 분석하며, 그리고 고객의 이탈 요인, 충성 요인 및 선호도를 분석한다.

제3절 고객 만족 경영

기업은 이제 충성도가 높은 고객을 확대하고 유지하여야 한다. **충성 고객**은 '사도'로서 높은 재구매와 긍정적인 구전 의도를 보이기 때문이다. 전체 고객의 20%가 기업의 전체 이윤의 80%에 기여한다는 측면에서 볼 때 충성 고객의 확대와 유지는 기업에 있어서 매우 중요한 사안임을 알 수 있다. 고객 만족 성과는 재무제표뿐만 아니라, 충성 고객의 보유 수로 측정되어야 한다. 기업은 고객 충성의 중요성을 강조하여야 하며, 고객 만족의 함정에서 빠져 나와야 한다. 만족은 상대적이지만, 충성은 절대적이다. 고객 만족이 반드시 매출을 높여 주는 것이 아니다. 고객 충성이 매출을 증대시켜 준다. 이미 많은 시장은 성숙기에 접어들었다. 신규 고객을 획득하는 일은 많은 고통과 비용을 수반한다. 그리고 위험도 따른다. 이제는 기존 고객에서 충성 고객을 찾아내는 일이 시급하다. 기존 고객에 대한 서비스 개선을 통해 빈도를 높이고 구매량을 늘리도록 하여야 한다.

고객이라고 해서 다 고객은 아니다. 고객은 전술한 바와 같이 분류 관점에 따라 각각 여러 갈래로 나누어진다. 그중에는 기업에게 지속적으로 커다란 이익을 주는 고객이 있는 반면, 기업

[1] 인터넷 시대의 기업 전략, 나노미디어, 2000.

[도표 12-8] 고객 만족과 고객 충성

고객 만족 → 고객 충성 → 수익성

측면에서 볼 때 있으나 마나한 고객도 존재한다. 우리는 여기서 기업의 마케팅 능력을 고려하여 효과적인 마케팅 자원의 이용을 위해 앞으로 어느 고객이 우리 기업에 이익을 줄 고객인지를 파악하는 것이 중요하다. 기업 측면에서 볼 때, 최소의 마케팅 비용 대비 최대의 이익을 가져올 수 있는 고객 집단이 바로 충성 고객이라고 말 수 있다.

사우스웨스트 경영진은 서비스 산업에서 소비자 혜택에 관하여 면밀하게 조사하였다. 이 조사를 통해 상당수의 산업에서 수익을 결정하는 요소는 시장 점유율보다는 고객 충성도라는 결론에 도달했다. 5%의 고객 충성도 신장은 25%에서 85%까지 수익 신장을 가져올 수 있는 것이다. 결국 고객 충성도로 대변되는 시장 점유율의 질적인 측면은 시장 점유율의 양적 측면만큼이나 중요하다. 따라서 늘 일선 직원이 고객의 욕구를 파악해 고객 충성도에 대한 감각을 유지하도록 했다.

항공 산업은 고객 충성도를 측정하는 수단이 마일리지 프로그램 외에는 거의 없다. 그럼에도 불구하고 사우스웨스트 경영진은 최고의 고객 충성도를 얻으려고 노력하였다. 이 회사는 신뢰성 있는 서비스, 거점을 통하지 않고 비교적 짧은 항로를 자주 출항하는 서비스, 저렴한 요금, 친절한 직원의 서비스 등을 중요시하였다. 이것들은 지정 좌석제, 기내 식사, 수하물 연결, 다른 항공사와 연계 등 다른 항공사가 제공하는 서비스보다 더 중요시하였다. 고객은 항공사를 세 번만 이용해도 인식하므로, 3회 탑승 전략으로 고객 충성도를 높이려고 노력하였다. 출장이 잦은 비즈니스 승객이 표적 시장으로 설정된 후, 그들에게 가장 높은 가치를 제공하기 위한 서비스를 설계하였다. 이 항공사 부사장은 "고객들이 우리 항공사를 세 번만 이용하면 떠나지 못할 것이다."라고 자신 있게 말한다.

오늘의 고객은 가치 지향적이다. 고객은 희생하는 시간과 가격을 뛰어넘는 서비스 결과물과 프로세스의 품질을 원한다. 사우스웨스트가 경쟁사들이 제공하는 모든 편의를 다 제공하지 못한다 할지라도, 고객들은 이 항공사의 서비스 가치를 높게 평가한다. 이는 2만 4천명 이상의 직원이 매일 고객들과 접하고 보고한 시장 조사를 통해 높은 고객 만족 수준은 빈번한 출발, 정시 도착, 친절한 서비스, 저렴한 요금 등에서 비롯된다는 것을 경영진이 알고 있기 때문이다. 조사에 의하면, 고객 1,000명당 고객 불만 건수 및 화물 분실 건수가 가장 낮으며, 정시 도착률은 가장 높다.

서비스의 과제는 무형적인 요소들을 고객 기대에 부응하여 어떻게 제공할 것인가를 다루는 문제이다. 서비스 구매자는 상품을 통하여 혜택을 얻는다. 혜택이란 고맙게 베풀어주는 은혜이다. 이것은 단순히 구매 과정에서 친절한 말로 손님을 대하는 것에 그치지 않는다. 구매자는 제공자로부터 약속을 이행하는 신뢰성 있는 서비스를 원한다. 실천적인 행동만이 혜택을 베푼다. 말로 하는 약속은 실망감만 주게 된다. 몸을 움직여서 약속을 실천하는 행동만이 소비자에게 혜택을 준다. 다시 말해서, 고객 가치를 창출하게 해 준다,

충성 고객은 저절로 만들어지지 않는다. 기업의 노력이 필수적이라는 것에는 이견은 없을 것이다. 그러하다면 충성 고객은 어떻게 만들어지는가? 일반적으로 충성 고객은 개인적인 서비스에 가치를 두며 보다 인간적인 관계에 만족하는 경향이 있다. 그러므로 기업은 고객 만족에 따른 충성 고객 확보를 위해 개별화되고 인간적인 서비스에 중점을 두어야 한다. 이것이 정도에 따른 충성 고객의 확보를 위한 노력이라 할 수 있다.

일반 고객을 충성 고객으로 만들고 유지하는 기업의 노력은 다양하며 사례별 분류에 따라 크게 긍정적 요인과 부정적 요인으로 나눌 수 있다. 긍정적 요인은 고객이 충성도를 자발적으로 보이는 요인으로서 최초 요인, 후광 요인, 품질 요인, 준거 요인, 윤리 요인, 몰입 요인이 있다. 부정적 요인은 고객의 자발적인 충성도를 유도하기보다는 기존 고객의 이탈 방지를 위한 타의적인 방법론이다. 여기에는 습관 요인, 전환 장벽 요인, 강제 요인, 대안 부재 요인이 있다. 이를 정리하면 [도표 12-9]와 같다.

기업은 고객 만족과 고객 충성의 상관관계를 조사하여야 한다. 산업의 특성에 따라 고객 만족 점수가 낮더라도 높은 충성도를 보이는가 하면, 아무리 만족도가 높다하더라도 낮은 충성도를 보이는 것도 있다. 예를 들면, [도표 12-9]에서 보는 바와 같이 과거의 담배 회사 같은 경우에는 비교 대상이 없어서 낮은 만족도에도 불구하고 충성도가 높을 수밖에 없다. 전화 회사의 경우에도 이와 비슷하다. 병원의 경우에는 만족도와 충성도가 거의 정비례적인 관계를 갖는다. 고몰입 제품인 경우 예컨대, 자동차에 대한 만족도에 4점과 5점에 응답한 고객 집단 간의 차이는 하늘과 땅 만큼 차이가 크다. 4점 고객의 충성도가 1점 고객의 것과 거의 차이 없이 수평을 유지하다가, 5점에서 갑작스럽게 올라가는 경우이다. 기업은 고객 만족도와 충성도 사이의 원만한 상관관계를 구축키 위해 여러 가지 보완적인 측정 방법을 갖고 있어야 하며, 별도의 부서를 만들어 일단 측정한 결과를 수집·분석하고 다른 부서에서 활용하도록 전달하여야 한다. 결론적으로 기업은 5점 만점의 총체적인 고객 만족을 보이는 고객을 확보하고 유지하여야 한다.

[도표 12-9] 충성 고객의 요인별 분류

요인의 종류		의미	사례
긍정적 요인	최초	최초가 최고이다.	우리나라 최초의 라면, 삼양라면이 제일 맛있다.
	품질	품질이 타사 제품보다 월등하다.	화질은 아남TV가 최고이다.
	후관	A가 만든 제품은 무엇이든지 훌륭하다.	삼성은 뭐든지 최고의 제품만 만들고 믿을 수 있다.
	준거	멋쟁이들은 A가 만든 제품을 사용한다.	나는 할리데이비슨 오토바이를 타며 할리매니아그룹인 HOG소속이다. 모임 친구들은 루이비통가방만 들고 다닌다.
	물입	현재 A사가 최고는 아니지만 나는 A와 동거동락한 고객이다.	한겨레신문은 창간준비 때부터 나는 작으나마 도움을 주었고 앞으로 크게 성장할 것으로 믿으며, 현재 나는 열렬한 독자이다.
부정적 요인	습관	A가 제품을 먹어야 속이 편안하다.	우리 아기가 신생아실에서 남양분유를 처음 접하고 이후로 모유나 다른 분유를 먹으면 설사를 한다. 그래서 이유식 전까지 남양분유만 먹인다.
	전환 장벽	A가 제품에서 B가 제품으로 바꿀려면 추가비용이 든다.	엡슨프린터의 몇 가지 모델은 잉크카트리지가 리필이 안되어 값비싼 전용잉크카드리지만 사야 한다.
	강제	국가정책에 부응하기 위해 특정 제품을 구비한다. 특정 서비스를 받으려면 A사 제품을 구입해야 한다.	병원에서는 국가의료정책에 맞추어 일회용 주사기를 사용해야 하며 의료보험공단 요청에 따라 저렴한 제품을 사용해야 한다. 원하는 동영상서비스를 받기 위해 Jun(핸드폰이름)을 구입해야 한다.
	대안 부재	비교 대상이 없다.	과거에 합법적인 담배는 전매청 담배뿐이었다.

제4절 고객 충성도

고객은 감성의 배를 타고 회사에 상륙한다. 그들은 '내가 누구인지 아는가?' 하면서 접근한다. 일반 고객이든 충성 고객이든 간에 그들은 감정을 갖고 있다. 따라서 거래 담당자는 정서적 미덕을 유지하는 방법과 고객 관계를 능숙하게 형성하는 능력을 배워야 한다. 예를 들어, 학교에서는 고객이 '고맙다'라는 마음이 들어야 하며, 병원에서는 고객이 '믿음직하다'라는 느낌이 있어야 한다. 한 조사에 의하면 고객을 잃는 이유는, 서투른 서비스가 68%, 비싼 가격이 15%, 불량 상품이 12%, 기타 5%라고 한다. 오늘의 서비스는 정서적이어야 올바른 서비스가 된다. 모든 고객은 수천 명에게 회사의 서비스에 대하여 말할 수 있고, 실제로 그렇게 하고 있다.

기업에서 점차로 정서적 가치 제공을 통해 고객 충성도를 구축하는 것이 핵심 업무가 되고 있다. 따라서 기업은 일대일 접촉을 통하여 고객 서비스 향상, 충성도 증대, 커뮤니티 형성을 모색하여야 한다. 고객은 제품이나 서비스를 구매하는 것보다는 경험하고 싶어 한다. 즉, 제품이나 서비스에 내포된 이야기를 얻고 싶어 한다. 예컨대, 사람들은 스키를 타러 가는 것보다는 스키를 타면서 스릴을 경험하고 싶어 한다. 스키장에서 연인과 추억을 만들기를 원한다. 이러한 이야기 꺼리가 없다면, 그냥 스키만을 타러 스키장에 가려고 하지 않을 것이다. 고객은 만족 이상의 총체적인 정서를 얻고 싶어 한다.

고객 만족과 정서적 반응은 상관관계가 높은 것인가? 다시 말해서, 만족할수록 마음 속에 좋은 감정이 더 많이 자리 잡고 있는 것인가? 논리적으로 볼 때 만족도가 높은 고객은 긍정적인 감정이 대부분이며 부정적인 것은 약간 남아 있고, 중간 정도의 만족도를 보이는 고객은 반반의 감정을 갖고 있어야 한다. 그리고 매우 불만스런 고객은 대부분이 부정적인 감정이고, 긍정적인 것은 약간 있다고 보아야 한다. 여기서 긍정적인 감정과 부정적인 감정의 합은 100%로 본다.

실증적인 조사 결과를 정리한 [도표 12-10]에서 보면, 만족도가 높을수록 긍정적인 감정이 많아지고 부정적인 감정이 적어지고 있다. 이것은 당연한 결과이지만, 만족도가 높은 경우(5점과 6점)에도 부정적인 감정이 상당히 남아 있다는 점은 유의할 만하다. 특히 중간 만족도 점수인 4점에서는 부정적인 감정이 74%로서 긍정적인 감정 26%보다 무려 3배나 높다. 그리고 5점인 경우에는 부정적인 감정이 긍정적인 감정보다 아직도 더 많다는(55% 대 45%) 것을 보여 주고 있다.

이 사례는 고객 만족 조사의 결과 해석에서 주의를 기울여야 함을 보여 준다. 비록 5점을 주었으나 아직도 서운한 감정이 더 많이 남아있다는 것을 볼 때에 이러한 고객으로부터 재구매 의도를 확인하기가 쉽지 않다. 그리고 6점에서도 부정적인 감정이 여전히 남아있어, 회사가 충성

[도표 12-10] 만족도에 따른 긍정적인 감정과 부정적인 감정의 비율

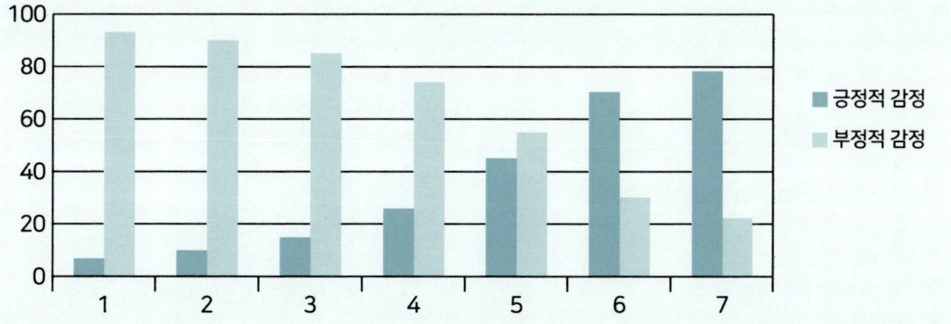

자료: 숨겨진 힘 감성, 김영사, 2003, 164쪽.

도를 높이는 데에 아직도 할 일이 많다는 것을 시사한다.

고객은 거래에서 감정 이입을 원한다. 기쁨, 분노, 슬픔과 같은 감정은 소비자의 미래 행동을 잘 보여 주는 지표가 될 수 있다. 기쁜 감정을 경험한 고객은 만족하여 충성도가 높아질 가능성이 많지만, 실망과 분노를 경험한 고객은 재구매할 가능성이 매우 낮다. 예컨대, 호텔, 병원, 학교 등과 같은 서비스업에서는 고객이 환영받는다는 느낌이 충성도를 높이는 데에 결정적인 역할을 한다. 이와 반대로, 고객이 앞에 서 있는 데에도 여전히 자기 할일을 위해 컴퓨터 화면을 들여다보는 직원들은 '당신은 사랑받기 위하여 태어난' 고객들의 정서를 무시하는 것이다. 이들이 충성고객이 되는 것은 요원할 것이다. 기업에서 환대의 정서가 있으면 만족하지만, 이것이 없으면 정말로 신나는 고객을 얻기 어렵다.

진정한 만족은 깊이 있는 고객 가치에 근거한다. 고객이 원하는 가치를 제공해야 한다. 그들과의 감성적인 교감이 지속적인 관계를 유지하게 해 준다. 장기간에 걸쳐 얻어지는 지속적인 자료 수집만이 제품과 서비스에 대한 고객 기대와 가치를 어느 정도로 만족시켜주는지를 알게 해준다. 그런데, 고객 관련 자료는 측정하기 쉬운 항목과 어려운 항목이 있다. 이것을 [도표 12-11]에 정리하였다.

기업은 중요한 고객 자료를 확보하여야 한다. 비록 위 표의 오른쪽 지표가 측정하기 어렵기는 하지만, 노력을 기울여야 한다. 이 지표들은 감성과 연관되어 있어 더욱 어려워 보인다. 현실적으로 이러한 자료를 보유하고 있는 기업의 수는 그리 많지 않을 것으로 추측된다. 어쨌든 측정해야 한다. 측정 없이는 개선이 없다. 개선 없이는 고객 만족도 없고, 고객 만족 없이는 경영성과도 없다.

[도표 12-11] 고객 만족에 관한 측정 지표

정량화 측정이 비교적 쉬운 지표	정량화 측정이 까다로운 지표
• 브랜드 인지도 • 고객 수 • 고객의 유형 • 불만 수 • 기존 고객 대 신규 고객의 비율 • 유지 고객 수 • 이탈 고객 수 • 고객에 대한 반응 속도	• 고객 감정의 폭과 강도 • 고객의 재구매 의도 • 고객의 타인 추천 의도 • 고객 충성도 경향 • 고객 신뢰감 • 고객이 존중받는다는 느낌 • 고객의 정보 수준 • 고객이 제품/서비스에 대해 갖는 자부심

자료: 숨겨진 힘 감성, 김영사, 2003, 168쪽.

▌스마트 헬스케어 고객 경험

헬스케어 서비스 제공 업체는 환자 경험을 개선하고 의료 서비스를 개인화하기 위해 스마트 기술을 도입했다. 이들은 웨어러블 디바이스와 AI 기반 건강 관리 시스템을 통합하여 고객의 건강 데이터를 실시간으로 모니터링하고 분석한다.

① 웨어러블 디바이스: 고객은 스마트워치와 같은 웨어러블 디바이스를 통해 심박수, 수면 패턴, 운동량 등의 데이터를 수집한다.
② AI 건강 분석 시스템: 수집된 데이터를 AI 시스템이 분석하여 고객의 건강 상태를 실시간으로 평가하고, 필요한 경우 의료진에게 경고를 보낸다.
③ 개인화된 건강 관리: AI는 고객의 건강 데이터를 기반으로 개인화된 운동 및 식단 계획을 제안한다.
④ 원격 진료: 고객은 앱을 통해 원격으로 의료 상담을 받을 수 있으며, 필요 시 AI가 사전 진단을 지원합니다.

결과적으로 스마트 헬스케어 기술의 도입으로 고객들은 보다 적극적으로 자신의 건강을 관리할 수 있게 되었으며, 건강 관련 문제를 조기에 발견하여 예방할 수 있는 기회가 늘어났다. 고객 만족도가 크게 향상되었고, 의료 비용 절감에도 기여하였다.

이 사례는 실제 헬스케어 산업에서의 스마트 기술 활용을 기반으로 한 가상의 시나리오이다. 헬스케어 분야에서 스마트 기술의 도입은 환자 중심의 의료 서비스를 제공하는 데 중요한 역할을 하고 있다.

자료: Johnson, R. (2021). "AI and Wearables: Transforming Patient Care in Healthcare." *HealthTech Innovations Journal*, 12(3), 88-97. Lee, S., & Kim, H. (2023). "The Role of IoT in Personalized Healthcare Services." *Journal of Modern Healthcare Systems*, 10(1), 45-58.

GenAI를 활용한 토의 주제

● 다음 주제에 대하여 적절한 지시문을 만든 후, 여러 GenAI(예컨대, ChatGPT 3.5, Claude 3.5 sonnet, Copilot, Perplexity.ai) 중에서 하나를 선택하여 답변을 구하라.

① 고객 (답변의 예시가 부록 4에 제시되어 있음)

② 고객 만족 경영

③ 고객 충성

④ 고객 만족이 탁월한 기업 사례

⑤ 고객의 미래 역할

부록 1: GenAI와 함께 보는 미래 경영

제1절 미래 경영의 특징
제2절 AI 에이전트와 미래 경영

미래는 바로 내일부터 시작된다. 오늘은 세상의 끝이 아니라 어제 준비한 것을 실행하고 내일을 위해 준비하는 날이다. 인생의 불확실성은 우리에게 내일을 대비하기를 촉구한다. 조직도 마찬가지다. 회계장부는 과거를 설명해 줄 뿐이다. 미래 전망은 어떻게 판단할 수 있을까? 경영자의 리더십, 조직원의 사명과 비전 인식, 전략, 시장 점유율 등이 있을 것이다. 그럼 시장에서 고객들은 어떤 지표로 판단할 것인가? 그것은 바로 주식 시가총액이다. 이것은 미래 경영을 냉정하게 바라보는 지표이다. 예컨대 삼성전자, 구글, TSMC 등 세 회사의 2000년과 2020년의 시가총액을 원화로 환산하여 비교해 보자. 삼성전자(42조 → 520조), 구글(2004년 상장 → 1,563조), TSMC(113조 → 533조). 이 세 회사는 엄청난 미래 가치를 보여 주고 있지만, 어느 사이엔가 TSMC는 삼성전자보다 더 빠른 속도로 성장하기 시작하였다.

성장하지 않는다는 것은 도태를 의미한다. 단순 멈춤이 아니다. 사람이나 조직 모두에게 해당되는 말이다. 최근 AIDT(Artificial Intelligence Digital Transformation)는 기업 성장에 지대한 영향을 미치고 있다. 이 기술 변화는 미래 경영에 어떻게 작용할 것인지 구체적으로 살펴보자. 여기서는 GenAI의 답변을 그대로 전달하기로 한다.

제1절 미래 경영의 특징

Copilot이 답한 미래 경영의 특징

미래 경영의 특징은 **디지털 전환**, **지속 가능성과 사회적 책임**, **민첩성과 유연성**, **원격 및 하이브리드 근무 모델**, **고객 중심 접근** 등 다섯 가지로 요약할 수 있다. 다음에서 차례로 살펴보자.

(1) 디지털 전환

디지털 전환(Digital Transformation)은 미래 경영에서 핵심적인 역할을 하는 요소로, 기업이 디지털 기술을 활용하여 운영을 최적화하고 혁신을 이루는 과정을 의미한다. 디지털 전환의 중심에는 인공지능(AI)과 머신러닝 기술이 있다.

인공지능(AI)과 머신러닝 기술은 방대한 데이터를 분석하고, 이를 바탕으로 정교한 의사 결정을 내리며, 자동화된 시스템을 통해 비용을 절감하고 효율성을 높인다. 빅데이터 분석 역시 디지털 전환의 중요한 축으로, 고객 행동과 시장 동향을 실시간으로 파악하여 맞춤형 제품과 서비스를 제공하는 데 활용된다.

사물인터넷(IoT)은 생산 공정을 자동화하고 공급망을 최적화하며, 스마트 기기를 통해 고객 경험을 혁신한다. 또한 클라우드 컴퓨팅 기술은 데이터 저장과 공유를 간소화하고, 원격 근무 환경을 지원하며, 기업의 IT 인프라를 보다 유연하게 만든다. 이러한 디지털 기술의 통합은 기업의 경쟁력을 강화하고, 새로운 비즈니스 모델을 창출하며, 궁극적으로 고객과의 관계를 개선하는 데 기여한다.

(2) 지속 가능성과 사회적 책임

지속 가능성과 사회적 책임(Sustainability and Social Responsibility)은 현대 경영의 필수 요소로 자리 잡고 있다. 기업은 환경 보호와 사회적 기여를 통해 장기적인 성장을 도모한다. 이를 위해 탄소 배출 감소를 목표로 재생 가능 에너지를 활용하고, 에너지 효율적인 기술을 도입하며, 탄소 중립을 위한 전략을 수립한다. 친환경 제품 개발도 중요한 부분으로, 재활용 가능한 자재를 사용하고, 폐기물을 줄이는 디자인을 채택하며, 생분해성 소재를 활용한 제품을 출시한다. 기업은 지역 사회와의 협력을 강화하여 사회적 기업과 파트너십을 맺고, 지역 사회 프로젝트를 지원하며, 포용적 고용 정책을 시행한다. 마지막으로 ESG(환경, 사회, 지배구조) 경영 원칙을 준수하여 투명한 경영을 실천하고 이해관계자의 신뢰를 확보하며 지속 가능 보고서를 통해 성과를 공개한다. 이러한 노력을 통해 기업은 단순히 경제적 이익을 넘어 환경과 사회에 긍정적인 영향을 미치고, 지속 가능한 미래를 구축하는 데 기여한다.

(3) 민첩성과 유연성

민첩성과 유연성(Agility and Flexibility)은 급변하는 시장 환경에서 기업이 생존하고 성장하기 위해 반드시 필요한 요소다. 애자일 방법론은 이러한 민첩성을 실현하는 데 핵심적인 역할을 하며, 소규모 팀 단위의 작업, 단기 목표 설정, 신속한 피드백 수집 및 조정을 통해 빠르게 변화하는 요구 사항에 대응할 수 있다. 또한 위기 관리 시스템을 구축하여 시장 변동이나 예기치 못한 상황에 신속히 대응할 수 있도록 한다. 이를 위해 정보 공유를 강화하고, 리스크 관리를 체계적으로 실행하며, 다양한 시나리오를 미리 대비한다. 직원 역량 강화도 중요하다. 이를 위해 크로스 트레이닝을 통해 다양한 기술을 습득하게 하고, 지속적인 학습과 개발 기회를 제공하여 변화에 대응할 수 있는 인재를 양성한다. 마지막으로 고객 피드백을 제품과 서비스 개선에 적극 반영하며, 고객 요구에 맞춘 개인화된 솔루션을 제공한다. 이러한 민첩성과 유연성은 기업의 경쟁력을 유지하고 변화에 능동적으로 대응하는 데 중요한 역할을 한다.

(4) 원격 및 하이브리드 근무 모델

원격 및 하이브리드 근무 모델(Remote and Hybrid Work Models)은 최근 몇 년간 급격히 증가한 경향으로, 미래의 일하는 방식을 재정의하고 있다. 디지털 협업 도구의 도입은 이러한 근무 모델을 지원하는 데 필수적이다. 화상 회의, 클라우드 기반 프로젝트 관리, 실시간 커뮤니케이션 플랫폼은 팀 간 협력을 가능하게 하고, 업무 효율성을 유지한다. 생산성을 관리하기 위해 기업은 성과 지표를 명확히 정의하고, 개인별 성과를 평가하며, 결과 중심의 업무 방식을 채택한다. 직원 참여를 증진하기 위해 가상 이벤트를 열고, 정기적인 피드백 세션을 통해 직원의 의견을 반영하며, 조직 문화를 유지하는 다양한 전략을 실행한다. 또한 유연한 근무 환경을 조성하여 직원들이 근무 시간과 장소를 자유롭게 선택할 수 있도록 하고, 사무실 근무와 원격 근무 간의 균형을 유지한다. 이러한 변화는 직원의 워라밸(Work-Life Balance)을 개선하고, 기업의 유연성을 증대하며, 전 세계적으로 인재를 유치하는 데 기여한다.

(5) 고객 중심 접근

고객 중심 접근(Customer-Centric Approach)은 미래 경영의 핵심 전략 중 하나로, 고객의 요구와 기대에 초점을 맞추는 것을 의미한다. 이를 위해 기업은 데이터 기반으로 고객을 이해하고, 소비자 행동, 구매 패턴, 선호도를 분석하여 맞춤형 제품과 서비스를 제공한다. 옴니채널 경험을 통해 고객은 온라인과 오프라인에서 일관된 경험을 누릴 수 있으며, 이러한 통합된 접근은 고객 만족도를 높인다. 실시간 고객 지원은 중요한 요소로, 챗봇과 AI 기반 고객 서비스 시스템을 통해 고객의 문제를 신속히 해결하고 지원한다. 또한 고객 피드백을 적극 활용하여 제품 개발과 서비스 개선에 반영하고, 이를 통해 고객 충성도를 강화한다. 이러한 고객 중심 접근은 기업이 경쟁력을 확보하고, 장기적인 고객 관계를 구축하며, 고객의 신뢰와 만족도를 높이는 데 기여한다.

Perplexity에서 미래 경영의 특징 다섯 가지(디지털 전환, 지속 가능성과 사회적 책임, 민첩성과 유연성, 원격 및 하이브리드 근무 모델, 고객 중심 접근)에 대해 자세한 답변을 받았다.

1. Perplexity: 디지털 전환

디지털 전환은 현대 기업 경영의 핵심 요소로, 기업이 디지털 기술을 전략적으로 활용하여 비즈니스 모델과 운영 방식을 근본적으로 혁신하는 과정을 의미한다. 이는 단순히 새로운 기술을 도입하는 것을 넘어, 조직 문화와 업무 프로세스 전반을 변화시키는 포괄적인 접근을 요구한다.

디지털 전환의 핵심 기술은 다음과 같다.

① **인공지능(AI)과 머신러닝**

인공지능과 머신러닝은 디지털 전환의 중추적 역할을 담당합니다. 이 기술들은 방대한 데이터를 분석하여 패턴을 식별하고, 미래를 예측하며, 정교한 의사 결정을 지원합니다2. 예를 들어, 고객의 구매 패턴을 분석하여 미래 판매량을 예측하거나, 공급망의 비효율성을 식별하여 운영을 최적화할 수 있습니다.

② **빅데이터 분석**

빅데이터 분석은 디지털 전환의 또 다른 중요한 축입니다. 이를 통해 기업은 고객 행동, 시장 동향, 비즈니스 성과 등에 대한 깊이 있는 통찰력을 얻을 수 있습니다. 실시간 데이터 분석은 기업이 시장 변화에 신속하게 대응하고, 맞춤형 제품과 서비스를 개발하는 데 핵심적인 역할을 합니다.

③ **사물인터넷(IoT)**

사물인터넷 기술은 생산 공정의 자동화, 공급망 최적화, 스마트 기기를 통한 고객 경험 혁신 등 다양한 영역에서 활용됩니다. IoT 센서를 통해 수집된 데이터는 실시간 모니터링과 예측 유지 보수를 가능하게 하여 운영 효율성을 크게 향상시킵니다.

④ **클라우드 컴퓨팅**

클라우드 컴퓨팅은 디지털 전환의 기반 기술로, 데이터 저장 및 처리, 애플리케이션 호스팅, 원격 협업 등을 지원합니다. 클라우드 인프라는 기업의 IT 리소스를 유연하게 확장하고 비용을 절감할 수 있게 해주며, 특히 원격 근무 환경을 효과적으로 지원합니다.

다음은 디지털 전환의 영향과 중요성에 대해 살펴보자.

디지털 전환은 기업의 경쟁력 강화에 결정적인 역할을 합니다. 이를 통해 기업은 운영 효율성을 높이고, 고객 경험을 개선하며, 새로운 비즈니스 모델을 창출할 수 있습니다. 또한, 급변하는 시장 환경에 신속하게 대응할 수 있는 능력을 갖추게 됩니다.

① **비즈니스 프로세스 최적화**

디지털 기술의 도입은 기업 내부 프로세스를 획기적으로 개선합니다. 예를 들어, AI와 머신러닝을 활용하여 생산 공정의 결함을 사전에 예측하고, 자동화된 시스템을 통해 인적 오류를 줄이며 생산성을 향상시킬 수 있습니다.

② **데이터 기반 의사 결정**

디지털 전환은 데이터 중심의 의사 결정 문화를 촉진합니다4. 실시간 데이터 분석을 통해 기업은 더 빠르고 정확한 의사 결정을 내릴 수 있으며, 이는 시장 변화에 대한 민첩한 대응으로 이어집니다.

③ **고객 경험 혁신**

디지털 기술을 활용한 개인화된 서비스와 제품은 고객 만족도를 크게 향상시킵니다. 예를 들어, AI 기반 추천 시스템이나 챗봇을 통한 24/7 고객 지원 등은 고객과의 관계를 강화하는 데 중요한 역할을 합니다.

결론

디지털 전환은 단순한 기술 도입을 넘어 기업의 전략적 필수 요소가 되었습니다. AI, 빅데이터, IoT, 클라우드 컴퓨팅 등의 기술을 효과적으로 통합하여 활용하는 기업은 미래 시장에서 주도적인 위치를 차지할 수 있을 것입니다. 따라서 기업은 디지털 전환을 통해 지속적인 혁신과 성장을 추구해야 하며, 이는 곧 기업의 장기적인 생존과 번영을 위한 핵심 전략이 될 것입니다.

> Perplexity에서 관련 질문을 직접 클릭하면 추가 답변을 얻을 수 있다.
> - 디지털 전환을 성공적으로 이행하기 위한 첫 번째 단계는 무엇일까?
> - 디지털 전환을 통해 기업이 얻을 수 있는 주요 혜택은 무엇일까?
> - 디지털 전환을 위한 주요 기술은 무엇이 있을까?
> - 디지털 전환과 관련된 주요 도전 사항은 무엇일까?
> - 디지털 전환을 위한 교육과 훈련 방법은 무엇이 있을까?

2. Perplexity: 지속 가능성과 사회적 책임

지속 가능성과 사회적 책임은 현대 경영의 필수 요소로 자리 잡고 있다. 기업은 환경 보호와 사회적 기여를 통해 장기적인 성장을 도모한다. 이러한 접근 방식은 '트리플 바텀 라인' 이론과 밀접하게 연관되어 있으며, 이는 기업이 사람, 지구, 이익이라는 세 가지 측면을 균형 있게 고려해야 한다는 개념이다.

(1) 환경적 책임

① 탄소 배출 감소 전략: 기업들은 탄소 배출 감소를 위해 다양한 전략을 수립하고 있다.
- 재생 가능 에너지 활용: 태양광, 풍력 등 친환경 에너지원으로의 전환
- 에너지 효율적 기술 도입: 스마트 빌딩 시스템, 고효율 생산 설비 등 구축
- 탄소 중립 전략 수립: 과학기반 감축목표 이니셔티브(SBTi)를 통한 목표 설정

② 친환경 제품 개발: 환경 영향을 최소화하는 제품 개발에도 주력하고 있다.
- 재활용 가능한 자재 사용: 플라스틱 대체 소재 개발 및 적용
- 폐기물 감소 디자인: 제품 수명 연장 및 수리 용이성 향상
- 생분해성 소재 활용: 자연 분해되는 포장재 및 제품 소재 개발

(2) 사회적 책임

① 지역 사회와의 협력 강화: 기업의 사회적 책임은 지역 사회와의 긍정적인 관계 구축에서 시작된다.
- 사회적 기업과의 파트너십: 지역 경제 활성화 및 사회 문제 해결 지원

- 지역 사회 프로젝트 지원: 교육, 보건, 환경 분야의 지역 이니셔티브 후원
- 포용적 고용 정책: 다양성과 형평성을 고려한 채용 및 승진 제도 시행

② 윤리적 경영 실천: 기업의 윤리적 책임은 내부 운영에서부터 시작된다

- 공정한 노동 조건 제공: 안전한 근무 환경과 적정 임금 보장
- 인권 존중: 공급망 전반에 걸친 인권 정책 수립 및 이행
- 차별 방지: 직장 내 모든 형태의 차별을 근절하기 위한 노력

③ ESG 경영 원칙 준수: ESG(환경, 사회, 지배구조) 경영은 기업의 지속 가능성을 평가하는 중요한 기준이 되고 있다.

- 투명한 경영 실천: 기업 정보의 적극적 공개와 이해관계자와의 소통 강화
- 이해관계자 신뢰 확보: 고객, 투자자, 직원, 지역 사회와의 신뢰 관계 구축
- 지속 가능 보고서 발간: ESG 성과와 목표를 정기적으로 공개하고 평가

결론

지속 가능성과 사회적 책임은 기업의 장기적 성공을 위한 핵심 요소가 되었다. 환경 보호, 사회적 기여, 윤리적 경영을 통해 기업은 단순한 경제적 이익을 넘어 사회와 환경에 긍정적인 영향을 미치고 있다. 이러한 노력은 기업의 평판을 높이고, 리스크를 관리하며, 새로운 비즈니스 기회를 창출하는 데 기여한다. 앞으로 기업들은 더욱 적극적으로 지속 가능한 비즈니스 모델을 개발하고, 사회적 책임을 다하는 경영 전략을 수립해 나갈 것으로 예상된다. 이를 통해 기업은 지속 가능한 미래를 구축하는 데 중요한 역할을 담당하게 될 것이다.

Perplexity에서 관련 질문을 직접 클릭하면 추가 답변을 얻을 수 있다.

- CSR을 구현할 때 가장 중요한 요소는 무엇일까?
- 탄소 배출 감축을 위한 효과적인 전략은 무엇이 있을까?
- 친환경 제품 개발을 위한 주요 기술은 무엇일까?
- 지역 사회와의 협력을 강화하는 방법은 무엇일까?
- ESG 경영 원칙을 준수하는 방법은 무엇일까?

3. Perplexity: 민첩성과 유연성

민첩성과 유연성은 급변하는 시장 환경에서 기업이 생존하고 성장하기 위해 반드시 필요한

요소다. 이는 기업이 변화를 수용하고 불확실성을 기회로 활용할 수 있게 하는 핵심 역량이다.

(1) 애자일 방법론의 역할

애자일 방법론은 이러한 민첩성을 실현하는 데 핵심적인 역할을 한다. 이 방법론의 주요 특징은 다음과 같다.

- 소규모 팀 단위의 작업
- 단기 목표 설정
- 신속한 피드백 수집 및 조정

이러한 접근 방식을 통해 기업은 빠르게 변화하는 요구 사항에 효과적으로 대응할 수 있다. 예를 들어, 우아한형제들은 애자일 방법론을 채택하여 짧은 개발 주기로 '배달의민족' 앱을 지속적으로 개선하고 있다.

(2) 위기 관리 시스템 구축

기업의 민첩성과 유연성을 높이기 위해서는 효과적인 위기 관리 시스템을 구축하는 것이 중요하다. 이를 통해 시장 변동이나 예기치 못한 상황에 신속히 대응할 수 있다. 위기 관리 시스템의 주요 요소는 다음과 같다.

- 정보 공유 강화
- 체계적인 리스크 관리
- 다양한 시나리오 대비

예를 들어, 항공사들은 노선 다양화, 예비 항공기 유지, 승객과의 강력한 커뮤니케이션 채널 확보 등을 통해 예상치 못한 사건에 대비한다.

(3) 직원 역량 강화

민첩성과 유연성을 갖춘 조직을 만들기 위해서는 직원들의 역량 강화가 필수적이다. 이를 위한 방법으로는

- 크로스 트레이닝을 통한 다양한 기술 습득
- 지속적인 학습과 개발 기회 제공

이를 통해 변화에 유연하게 대응할 수 있는 인재를 양성할 수 있다. 예를 들어, 비트윈과 같

은 회사들은 스크럼 프레임워크를 사용하여 팀원들의 역량을 지속적으로 개발하고 있다.

(4) 고객 중심 접근

민첩성과 유연성의 핵심은 고객의 요구를 신속하게 이해하고 대응하는 데 있다. 이를 위해 기업은

- 고객 피드백을 제품과 서비스 개선에 적극 반영
- 고객 요구에 맞춘 개인화된 솔루션 제공

예를 들어, 토스는 사용자 중심 개발을 실천하며, 사용자 피드백을 적극 수용하여 제품을 지속적으로 개선하고 있다.

결론

민첩성과 유연성은 기업의 경쟁력을 유지하고 변화에 능동적으로 대응하는 데 중요한 역할을 한다. 애자일 방법론, 효과적인 위기 관리 시스템, 직원 역량 강화, 고객 중심 접근 등을 통해 기업은 불확실한 비즈니스 환경에서도 성공적으로 성장할 수 있다. 이러한 요소들을 균형 있게 적용함으로써, 기업은 시장의 변화를 기회로 활용하고 지속 가능한 경쟁 우위를 확보할 수 있을 것이다.

Perplexity에서 관련 질문을 직접 클릭하면 추가 답변을 얻을 수 있다.

- 민첩성과 유연성을 구현할 때 가장 큰 도전은 무엇일까?
- 애자일 방법론을 도입할 때 주의해야 할 점은 무엇일까?
- 민첩성과 유연성을 유지하기 위한 리더십의 특징은 무엇일까?
- 민첩성과 유연성을 강화하기 위한 직원 교육 프로그램은 어떻게 구성해야 할까?
- 민첩성과 유연성을 평가할 때 중요한 지표는 무엇일까?

4. Perplexity: 원격 및 하이브리드 근무 모델

원격 및 하이브리드 근무 모델은 최근 몇 년간 급격히 증가한 경향으로, 미래의 일하는 방식을 재정의하고 있다. 이러한 근무 모델은 코로나19 팬데믹으로 인해 더욱 가속화되었으며, 많은 기업들이 이를 장기적인 전략으로 채택하고 있다.

(1) 디지털 협업 도구의 중요성

디지털 협업 도구의 도입은 이러한 근무 모델을 지원하는 데 필수적이다. 이러한 도구들은 물리적 거리에 상관없이 팀원들이 효과적으로 소통하고 협업할 수 있게 해준다.

- **화상 회의**: Zoom, Microsoft Teams, Google Meet 등의 플랫폼을 통해 실시간 얼굴 대면 회의가 가능해졌다.
- **클라우드 기반 프로젝트 관리**: Asana, Trello, Jira 등의 도구를 사용하여 팀원들이 실시간으로 프로젝트 진행 상황을 확인하고 업데이트할 수 있다.
- **실시간 커뮤니케이션 플랫폼**: Slack, Microsoft Teams 등을 통해 즉각적인 메시지 교환과 파일 공유가 가능하다.

이러한 도구들은 팀 간 협력을 가능하게 하고, 업무 효율성을 유지하는 데 큰 역할을 한다.

(2) 생산성 관리

원격 및 하이브리드 근무 환경에서 생산성을 관리하는 것은 새로운 도전 과제가 되었다. 기업들은 다음과 같은 방법을 통해 이를 해결하고 있다.

- **성과 지표 명확화**: 각 직무와 프로젝트에 대한 명확한 KPI(핵심성과지표)를 설정한다.
- **개인별 성과 평가**: 정기적인 성과 리뷰를 통해 개인의 업무 성과를 평가하고 피드백을 제공한다.
- **결과 중심의 업무 방식**: 근무 시간보다는 실제 업무 성과에 초점을 맞춘다.
- **직원 참여 증진**: 원격 근무 환경에서 직원들의 참여도를 유지하고 높이는 것은 매우 중요하다. 기업들은 다음과 같은 전략을 실행하고 있다.
  - **가상 이벤트 개최**: 온라인 팀 빌딩 활동, 가상 happy hour 등을 통해 직원들 간의 유대감을 형성한다.
  - **정기적인 피드백 세션**: 직원들의 의견을 청취하고 반영하는 시간을 가진다.
  - **조직 문화 유지**: 온라인 환경에서도 회사의 가치와 문화를 공유하고 실천할 수 있는 방안을 마련한다.

(3) 유연한 근무 환경 조성

유연한 근무 환경은 원격 및 하이브리드 근무 모델의 핵심이다. 이를 위해 기업들은 다음과 같은 노력을 기울이고 있다.

- **근무 시간 및 장소 선택권 부여**: 직원들이 자신의 상황에 맞게 근무 시간과 장소를 선택할 수 있도록 한다.
- **사무실과 원격 근무의 균형**: 필요에 따라 사무실 근무와 원격 근무를 병행할 수 있는 옵션을 제공한다.
- **필요한 장비 및 기술 지원**: 원격 근무에 필요한 장비와 기술적 지원을 제공한다.

(4) 원격 및 하이브리드 근무 모델의 영향

이러한 근무 모델의 변화는 다음과 같은 긍정적인 영향을 미치고 있다.

- **직원의 워라밸(Work-Life Balance) 개선**: 통근 시간 절약, 유연한 시간 관리 등을 통해 직원들의 삶의 질이 향상된다.
- **기업의 유연성 증대**: 급변하는 비즈니스 환경에 더 빠르게 대응할 수 있는 능력이 향상된다.
- **글로벌 인재 유치**: 지리적 제약 없이 전 세계의 우수한 인재를 채용할 수 있는 기회가 확대된다.

그러나 이러한 변화는 새로운 도전 과제도 함께 가져왔다. 예를 들어, 원격 근무 환경에서의 팀 결속력 유지, 업무와 개인 생활의 경계 설정, 데이터 보안 문제 등이 새롭게 대두되고 있다. 기업들은 이러한 문제들을 해결하기 위해 지속적으로 노력하고 있으며, 이는 앞으로의 근무 환경 발전에 중요한 역할을 할 것이다.

결론

원격 및 하이브리드 근무 모델은 현대 비즈니스 환경에서 필수불가결한 요소가 되었다. 이러한 모델의 성공적인 구현을 위해서는 적절한 기술 도구의 활용, 효과적인 생산성 관리, 직원 참여 증진, 그리고 유연한 근무 환경 조성이 필요하다. 이를 통해 기업은 더 나은 업무 효율성과 직원 만족도를 달성할 수 있을 것이며, 미래의 일하는 방식을 선도해 나갈 수 있을 것이다.

Perplexity에서 관련 질문을 직접 클릭하면 추가 답변을 얻을 수 있다.

- 원격 근무와 하이브리드 근무 모델의 차이점은 무엇일까?
- 디지털 협업 도구의 발전이 원격 근무에 미치는 영향은 무엇일까?
- 원격 근무가 직원의 워라밸에 미치는 영향은 무엇일까?
- 하이브리드 근무 모델을 성공적으로 운영하기 위한 전략은 무엇일까?
- 원격 근무의 단점을 극복하기 위한 방법은 무엇일까?

5. Perplexity: 고객 중심 접근

고객 중심 접근은 미래 경영의 핵심 전략 중 하나로, 고객의 요구와 기대에 초점을 맞추는 것을 의미한다. 이는 단순히 고객 서비스를 개선하는 것을 넘어, 기업의 모든 활동과 의사 결정 과정에서 고객을 최우선으로 고려하는 전략적 접근 방식이다.

(1) 데이터 기반 고객 이해

기업은 데이터 기반으로 고객을 이해하고, 소비자 행동, 구매 패턴, 선호도를 분석하여 맞춤형 제품과 서비스를 제공한다. 이를 위해 다음과 같은 방법을 활용한다.

- **고객 데이터 수집**: 구매 이력, 웹사이트 방문 기록, 소셜 미디어 활동 등 다양한 채널에서 데이터를 수집한다.
- **고급 분석 기술 활용**: 머신러닝과 AI를 활용하여 고객 데이터를 심층 분석한다.
- **고객 세그먼테이션**: 분석된 데이터를 바탕으로 고객을 세분화하여 각 그룹에 맞는 전략을 수립한다.

(2) 옴니채널 경험 제공

옴니채널 경험을 통해 고객은 온라인과 오프라인에서 일관된 경험을 누릴 수 있으며, 이러한 통합된 접근은 고객 만족도를 높인다. 옴니채널 전략의 주요 요소는 다음과 같다.

- **채널 간 일관성**: 모든 접점에서 일관된 브랜드 메시지와 고객 경험을 제공한다.
- **원활한 전환**: 고객이 채널 간 이동 시 끊김 없는 경험을 제공한다.
- **통합된 고객 데이터**: 모든 채널에서 수집된 고객 정보를 통합하여 관리한다.

(3) 실시간 고객 지원

실시간 고객 지원은 중요한 요소로, 챗봇과 AI 기반 고객 서비스 시스템을 통해 고객의 문제를 신속히 해결하고 지원한다. 이를 통해 다음과 같은 이점을 얻을 수 있다.

- **24/7 지원**: 언제든지 고객의 문의에 대응할 수 있다.
- **신속한 문제 해결**: AI 기술을 활용하여 일반적인 문제를 빠르게 해결한다.
- **개인화된 서비스**: 고객의 이전 상호작용 기록을 바탕으로 맞춤형 지원을 제공한다.

(4) 고객 피드백 활용

고객 피드백을 적극 활용하여 제품 개발과 서비스 개선에 반영하고, 이를 통해 고객 충성도를 강화한다. 피드백 활용 프로세스는 다음과 같다.

- **피드백 수집**: 다양한 채널을 통해 고객의 의견을 수집한다.
- **분석 및 인사이트 도출**: 수집된 피드백을 분석하여 개선점을 파악한다.
- **개선 계획 수립 및 실행**: 도출된 인사이트를 바탕으로 구체적인 개선 계획을 수립하고 실행한다.
- **결과 모니터링**: 개선 조치 후 고객 반응을 지속적으로 모니터링한다.

이러한 고객 중심 접근은 기업이 경쟁력을 확보하고, 장기적인 고객 관계를 구축하며, 고객의 신뢰와 만족도를 높이는 데 기여한다. 또한 고객 생애 가치(Customer Lifetime Value)를 증대시키고, 브랜드 충성도를 높이는 데 효과적이다.

결론

결론적으로, 고객 중심 접근은 단기적인 전략이 아닌 기업의 문화와 가치관을 변화시키는 장기적인 여정이다. 이를 성공적으로 구현하기 위해서는 경영진의 강력한 의지, 조직 전체의 참여, 그리고 지속적인 혁신과 개선 노력이 필요하다. 이러한 노력을 통해 기업은 급변하는 시장 환경에서 지속 가능한 성장을 이룰 수 있을 것이다.

Perplexity에서 관련 질문을 직접 클릭하면 추가 답변을 얻을 수 있다.

- 고객 중심 접근을 구현할 때 주의해야 할 점은?
- 옴니채널 경험을 구현하는 데 필요한 기술은?
- 고객 피드백을 효과적으로 활용하는 방법은?
- 실시간 고객 지원 시스템의 주요 기능은?
- 고객 중심 접근이 기업의 경쟁력에 미치는 영향은?

제2절 AI 에이전트와 미래 경영

Perplexity: AI 에이전트와 미래 경영

AI 에이전트는 미래 경영에 혁신적인 변화를 가져올 것으로 예상됩니다. 이들은 단순한 응답 생성을 넘어 복잡한 작업을 자율적으로 수행하며, 기업의 업무 프로세스와 개인의 일상에 큰 영향을 미칠 것입니다.

(1) AI 에이전트의 주요 특징과 경영 적용

① 고도화된 분석 및 예측 능력

AI 에이전트는 다양한 데이터를 통합 분석하여 정교한 예측을 수행합니다. 예를 들어, 제조업에서는 시장 동향, 소비자 행동 패턴, 경쟁사 활동, 거시경제 지표 등을 종합적으로 고려하여 생산량 조정과 같은 구체적인 행동 방안을 제시할 수 있습니다.

② 자율적 행동과 실행 능력

AI 에이전트는 복잡한 업무 프로세스를 자율적으로 실행할 수 있습니다. 예를 들어, 판매, 공급망 관리, 회계와 같은 복잡한 비즈니스 프로세스를 통합적으로 처리하며, 영업 관리 영역에서는 잠재 고객 발굴부터 데이터 입력까지 전 과정을 자동화할 수 있습니다.

③ 지속적 학습과 맥락 이해

AI 에이전트는 사용자와의 모든 상호작용을 누적하여 학습하고 이를 미래의 의사 결정에 반영합니다. 이는 경험을 통한 학습과 최적화를 가능하게 하며, 기업의 의사 결정 과정을 지속적으로 개선할 수 있습니다.

(2) AI와 경영 전략의 변화

① 데이터 기반 의사 결정

AI는 기업이 보유한 대량의 데이터를 분석하여 보다 정확한 의사 결정을 지원합니다. 이를 통해 제품 개발, 마케팅, 고객 서비스 등 다양한 분야에서 혁신을 이룰 수 있습니다.

② 운영 효율성 향상

AI 기술을 도입하여 내부 운영 프로세스를 최적화함으로써 생산성을 높이고, 실수와 오류를 줄이며, 비용을 절감할 수 있습니다.

③ 경제적 영향

AI의 활용 확대는 세계 경제에 연간 7% 성장을 가져올 것으로 예상됩니다. 이는 다양한 산업에서 AI 기술이 활용되어 업무 자동화와 인력 재배치를 통해 효율성을 높이기 때문입니다.

(3) 미래 경영을 위한 AI 전략

① ESG 통합 전략

AI는 환경, 사회, 지배구조(ESG) 전략을 통합하는 데 중요한 역할을 합니다. 자연어 처리 기술을 활용한 ESG 자료 분석 및 평가, 블록체인 기술을 활용한 모니터링 등을 통해 지속 가능한 경영을 추진할 수 있습니다.

② 기업 성과 향상

AI 기술의 도입은 복잡하고 반복적인 작업을 자동화하고, 비정형 데이터에서 새로운 인사이트를 도출하여 기업 성과를 향상시킵니다. 이는 전 세계 기업들이 제품 및 서비스 개발에 AI 기술을 적극적으로 활용하려는 이유입니다.

AI 에이전트와 AI 기술의 발전은 미래 경영 전략에 있어 핵심적인 역할을 할 것입니다. 기업들은 이러한 기술을 효과적으로 활용하여 생산성을 높이고, 새로운 비즈니스 모델을 창출하며, 지속 가능한 성장을 이룰 수 있을 것입니다.

Perplexity에서 관련 질문을 직접 클릭하면 추가 답변을 얻을 수 있다.

- AI 에이전트가 기업의 수요 예측에 미치는 영향은 무엇인가요?
- AI 에이전트가 자율적으로 수행할 수 있는 업무 프로세스는 무엇인가요?
- AI 에이전트가 고객 서비스 개선에 어떻게 기여하나요?
- AI 에이전트가 기업의 내부 운영 프로세스를 최적화하는 방법은 무엇인가요?
- AI 에이전트가 혁신적인 변화를 가져올 수 있는 분야는 무엇인가요? (아래 답변)

Perplexity(관련 질문): AI 에이전트가 혁신적인 변화를 가져올 수 있는 분야는 무엇인가요?

AI 에이전트는 다양한 분야에서 혁신적인 변화를 가져올 수 있습니다. 주요 분야는 다음과 같습니다.

(1) 비즈니스 및 금융

- 의사 결정 향상: AI 에이전트는 방대한 데이터를 분석하여 기업의 전략 최적화와 경쟁력 유지에 도움을 줍니다.
- 금융 서비스: 대출 심사 보고서 작성 시간을 20-60% 단축하고, 정확성을 높일 수 있습니다.

(2) IT 및 소프트웨어 개발

- 레거시 코드 현대화: 수백만 줄의 레거시 코드를 자동으로 분석하고 현대적인 프로그래밍 언어로 변환할 수 있습니다.

(3) 마케팅 및 고객 서비스

- 온라인 마케팅 캠페인: 전략 수립부터 콘텐츠 제작, 타겟 고객 선정, 광고 집행까지 전 과정을 관리합니다.
- 24시간 고객 서비스: 복잡한 문의에 대응하고 맞춤형 서비스를 제공할 수 있습니다.

(4) 연구 및 개발

- 신약 개발: 방대한 양의 학술 논문과 연구 데이터를 분석하여 새로운 연구 방향을 제시하고 실험 설계를 최적화할 수 있습니다.

(5) 교육

- 맞춤형 교육: AI 에이전트가 개인 튜터 역할을 하여 각 학생의 학습 속도와 스타일에 맞는 교육을 제공할 수 있습니다.

(6) 의료 서비스

- 진단 및 치료 개선: 의사를 보조하여 더 정확한 진단과 치료, 개인화된 건강 관리가 가능해집니다.

(7) 창의적 작업

- 아이디어 발상 및 초안 작성: AI 에이전트가 인간의 창의적 능력을 증폭시키는 데 도움을 줄 수 있습니다.

이러한 변화는 새로운 비즈니스 모델과 직업의 탄생으로 이어질 것이며, AI 에이전트 훈련 전문가, AI 윤리 컨설턴트, 인간-AI 협업 관리자 등의 새로운 직업이 생겨날 수 있습니다.

Perplexity(관련 질문): AI 에이전트가 혁신적인 변화를 가져올 수 있는 분야는 무엇인가요?

AI 에이전트는 마케팅 분야에 혁신적인 변화를 가져올 것으로 예상됩니다. 주요 혁신 영역은 다음과 같습니다.

(1) 개인화된 마케팅 전략

AI 에이전트는 방대한 고객 데이터를 분석하여 개별 고객의 선호도와 행동 패턴을 파악합니다. 이를 바탕으로 각 고객에게 최적화된 콘텐츠를 자동으로 생성하고 추천할 수 있습니다.이러한 개인화 전략은 고객 경험을 크게 향상시키고 브랜드 로열티를 높일 수 있습니다.

(2) 실시간 캠페인 최적화

AI 에이전트는 실시간으로 마케팅 캠페인의 성과를 분석하고 자동으로 최적화합니다. 다양한 마케팅 채널에서의 고객 반응을 지속적으로 모니터링하면서 캠페인 전략을 조정하여 마케팅 ROI를 극대화할 수 있습니다.

(3) 예측 분석 기반 전략 수립

- 방대한 데이터를 기반으로 미래 트렌드와 고객 니즈를 예측하여 새로운 제품 개발, 신규 시장 공략, 프로모션 전략 등에 대한 인사이트를 제공합니다. 이를 통해 기업은 선제적인 마케팅 활동을 펼칠 수 있습니다.

(4) 지능형 고객 서비스

AI 에이전트는 챗봇이나 음성봇 형태로 구현되어 고객과 직접 상호작용합니다. 단순 질의응답을 넘어 고객의 감정까지 인식하고 공감하며 문제를 해결해 주는 수준 높은 서비스를 제공할 수 있습니다.

(5) 마케팅 업무 자동화

콘텐츠 제작, 데이터 분석, 리포트 생성 등 반복적이고 단순한 업무들을 AI 에이전트가 자동화함으로써 업무 효율을 대폭 향상시킬 수 있습니다. 이를 통해 마케터들은 더 창의적이고 전략적인 업무에 집중할 수 있게 됩니다.

(6) 통합적 업무 처리

메타 에이전트의 등장으로 개별적으로 운영되던 마케팅 활동들이 하나로 연결되어, 브랜드 전략부터 실행, 성과 분석까지 마케팅 전반의 업무가 유기적으로 처리될 것입니다.

이러한 혁신은 마케팅 업계의 판도를 크게 바꿀 것으로 예상되며, AI 에이전트를 효과적으로 활용하는 능력이 기업과 개인의 경쟁력을 좌우하는 핵심 요소가 될 것입니다.

Perplexity에서 관련 질문을 직접 클릭하면 추가 답변을 얻을 수 있다.

- AI 에이전트가 마케팅에서 가장 큰 혜택을 제공할 것으로 예상되는 분야는 어디일까요?
- 메타 에이전트가 마케팅 전략에 어떤 변화를 가져올까요?
- AI 에이전트가 현재 마케터들이 수행하는 업무 중 어떤 부분을 자동화할까요?
- AI 에이전트가 고객 경험을 어떻게 향상시킬 수 있을까요?
- AI 에이전트가 실시간 타겟팅을 어떻게 활용할 수 있을까요?

부록 2: GenAI에 들어가기

여기서는 생성형 인공지능(GenAI = Generative AI)을 이용하여 "경영에 대하여 중학교 수준으로 200자 정도로 설명해 줘."라는 지시문(prompt)을 입력하고 결과를 얻는 방법을 소개한다. GenAI의 종류는 이미 수백 가지가 넘게 소개되고 있다. 여기서는 현재 무료 버전인 ChatGPT 3.5, Claude 3.5 sonnet, Copilot, Perplexity.ai 등 네 가지를 소개한다.

1. ChatGPT 3.5

OpenAI에서 최초로 개발한 이 GenAI에 접근하려면 Google의 브라우저인 Chrome에서 chat.openai.com을 입력하고 클릭한다. 회원 가입 완료 후, 아래 초기 화면에서 지시문를 입력하면 된다.

지시문을 입력하고 [엔터] 또는 ⬆ 단추를 클릭하면 다음과 같이 결과를 보여 준다.

경영에 대하여 중학교 수준으로 200자 정도로 설명해 줘.

경영이란 조직이나 회사를 효율적으로 운영하고 목표를 달성하기 위해 계획을 세우고, 자원을 배분하며, 사람들을 관리하는 활동이에요. 예를 들어, 가게를 운영하려면 무엇을 팔지, 물건을 어떻게 구할지, 직원들을 어떻게 배치할지를 고민해야 해요. 경영은 좋은 결과를 내기 위해 문제를 해결하고, 창의적인 아이디어를 사용하며, 팀원들과 협력하는 과정이에요. 이를 통해 회사는 이익을 얻고, 고객은 만족하며, 직원들은 보람을 느끼게 돼요.

더 상세한 설명을 요청한다.

이 내용을 좀 더 상세하게 설명해 줘.

경영은 조직이나 회사가 목표를 달성하기 위해 자원을 효과적으로 관리하고 운영하는 과정이에요. 자원에는 돈, 사람, 시간, 그리고 기술 같은 다양한 요소가 포함돼요. 경영의 주요 역할은 **계획(Plan), 실행(Do), 평가(Check), 개선(Act)**으로 요약할 수 있어요. 이를 PDCA 사이클이라고도 해요.

경영의 핵심 요소

1. **계획(Planning)**: 무엇을 할지 목표를 세우고 이를 달성하기 위한 전략과 구체적인 계획을 수립하는 단계예요. 예를 들어, 가게를 운영할 때 어떤 물건을 팔지, 언제 팔지, 가격은 어떻게 정할지를 결정해요.
2. **조직화(Organizing)**: 목표를 이루기 위해 자원을 배분하고, 조직의 구조를 설계해요. 직원들에게 역할을 나누고 책임을 정하는 것도 이 단계에 포함돼요.
3. **지휘(Leading)**: 구성원들이 목표를 향해 열심히 일할 수 있도록 동기를 부여하고, 협력을 이끌어내요. 리더십이 중요한 역할을 해요.
4. **통제(Controlling)**: 진행 상황을 점검하고, 계획과 실제 결과를 비교해요. 만약 계획대로 이루어지지 않으면 이를 개선하기 위한 조치를 취해요.

왜 중요한가요?

경영이 잘 이루어지면 조직은 효율적으로 작동하고, 고객이 만족하며, 직원도 보람을 느낄 수 있어요. 반대로, 경영이 부족하면 자원이 낭비되거나 목표를 달성하지 못할 수 있어요. 좋은 경영은 문제를 창의적으로 해결하고, 변화에 빠르게 적응하는 능력도 포함돼요.

예를 들어, 한 식당이 고객이 좋아하는 메뉴를 늘리고 서비스 품질을 높여 매출을 증가시킨다면, 이는 효과적인 경영의 결과라고 볼 수 있어요.

ChatGPT의 장점은 다양한 지식을 폭넓게 제공하며, 작업한 내용을 목록으로 정리해서 다시 찾아보기가 편리하다.

2. Claude 3.5 sonnet

클로드는 OpenAI에서 근무했던 프로그래머들이 세운 Anthropic 회사에서 개발한 GenAI이다.

[1단계] 클로드에 접근하기 위해 Chrome에서 무료 버전인 "claude 3.5 sonnet"를 입력한 후 아래 타원을 클릭한다.

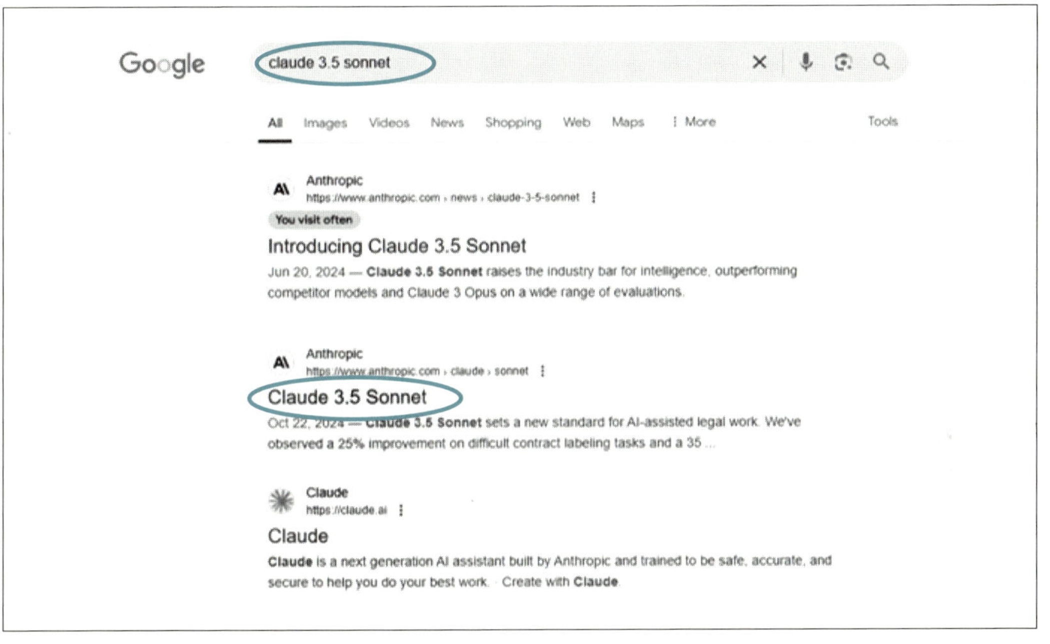

[2단계] 초기 화면에서 타원을 클릭한다.

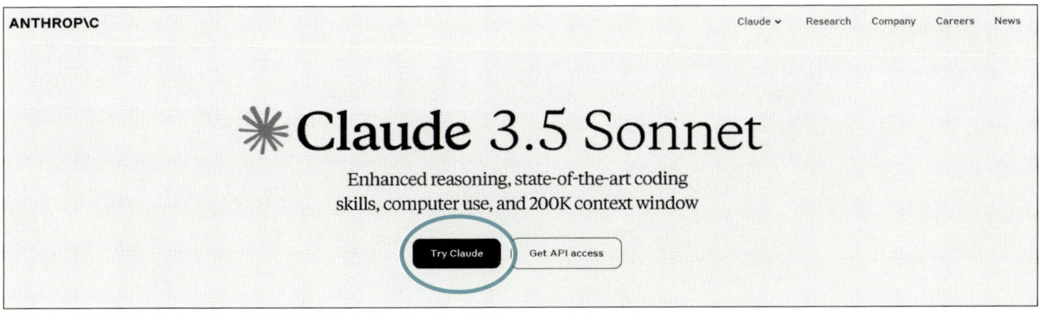

[3단계] 초기 화면에서 지시문을 입력하고 〈엔터〉 또는 〈화살 표시〉를 클릭한다.

✳ Good morning

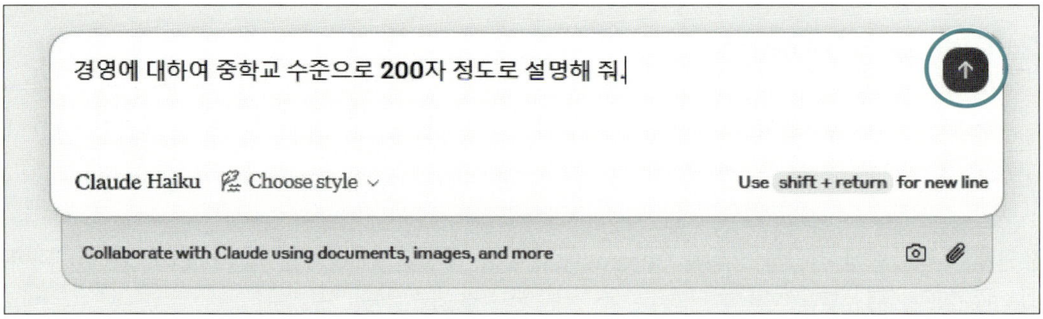

[4단계] 결과를 보여 준다. 〈Copy〉를 선택하면 내용을 복사할 수 있다.

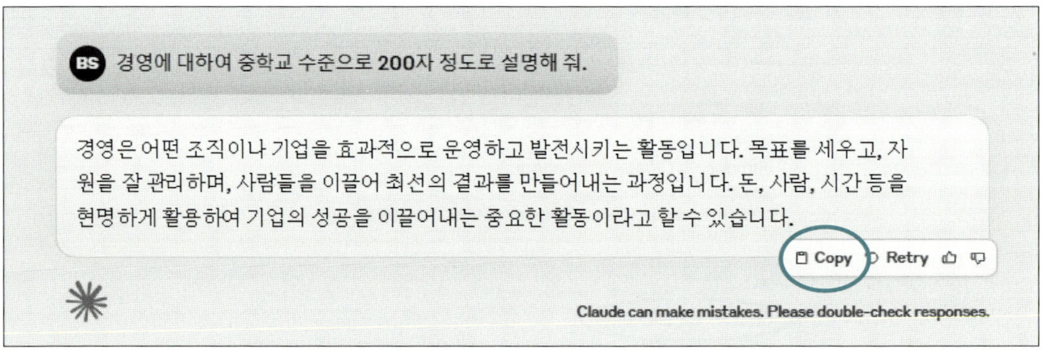

[5단계] 계속해서, 좀 더 상세하게 설명하라고 지시한다.

BS 조금 더 상세하게 설명해줘.

경영은 조직이 성공적으로 목표를 달성하기 위해 필요한 복잡하고 중요한 활동입니다. 크게 다섯 가지 핵심 기능으로 나눌 수 있습니다:

1. 계획(Planning):
- 조직의 목표를 설정하고 그 목표를 달성하기 위한 구체적인 전략을 수립합니다.
- 미래의 상황을 예측하고 대비하는 과정입니다.
- 예를 들어, 학교 축제를 준비할 때 언제, 어디서, 어떻게 할지 계획하는 것과 비슷합니다.

2. 조직(Organizing):
- 목표 달성을 위해 필요한 자원과 인력을 체계적으로 배치합니다.
- 업무를 나누고, 역할을 정하며, 책임을 할당합니다.
- 팀 프로젝트에서 누가 무슨 일을 할지 정하는 것과 유사합니다.

3. 지휘(Leading):
- 조직의 구성원들을 동기부여하고 방향을 제시합니다.
- 효과적인 소통과 리더십을 통해 팀원들의 잠재력을 끌어냅니다.
- 학급에서 반장이 동급생들을 이끄는 것과 비슷한 개념입니다.

4. 조정(Coordinating):
- 조직 내 다양한 부서와 개인 간의 협력을 촉진합니다.
- 서로 다른 부서나 팀 간의 갈등을 해결하고 조화를 이룹니다.
- 학교 동아리들이 서로 협력하여 행사를 진행하는 것과 같습니다.

5. 통제(Controlling):
- 설정한 목표와 실제 성과를 비교하고 차이를 분석합니다.
- 문제점을 찾아내고 개선 방안을 마련합니다.
- 시험 성적을 확인하고 부족한 부분을 보완하는 것과 유사합니다.

이러한 다섯 가지 기능은 서로 밀접하게 연결되어 있으며, 경영의 핵심 원리를 형성합니다. 기업뿐만 아니라 학교, 비영리 단체, 심지어 가정에서도 이러한 경영 원칙을 적용할 수 있습니다. 결국 경영은 주어진 자원을 최대한 효율적으로 활용하여 목표를 달성하는 지혜로운 과정입니다.

Copy Retry

Claude can make mistakes. Please double-check responses.

Claude는 텍스트에 강점을 가지고 있어 작문이나 시를 쓰는 데에 좋다.

3. Copilot

동일한 명령문을 Copilot에서 실행해 보자. 이 GenAI는 Microsoft 자회사인 GitHub에서 개발한 도구이다. Edge(또는 Chrome) 브라우저의 초기화면에서 bing.com/chat을 입력하고 엔터하면 다음 새 화면이 나온다.

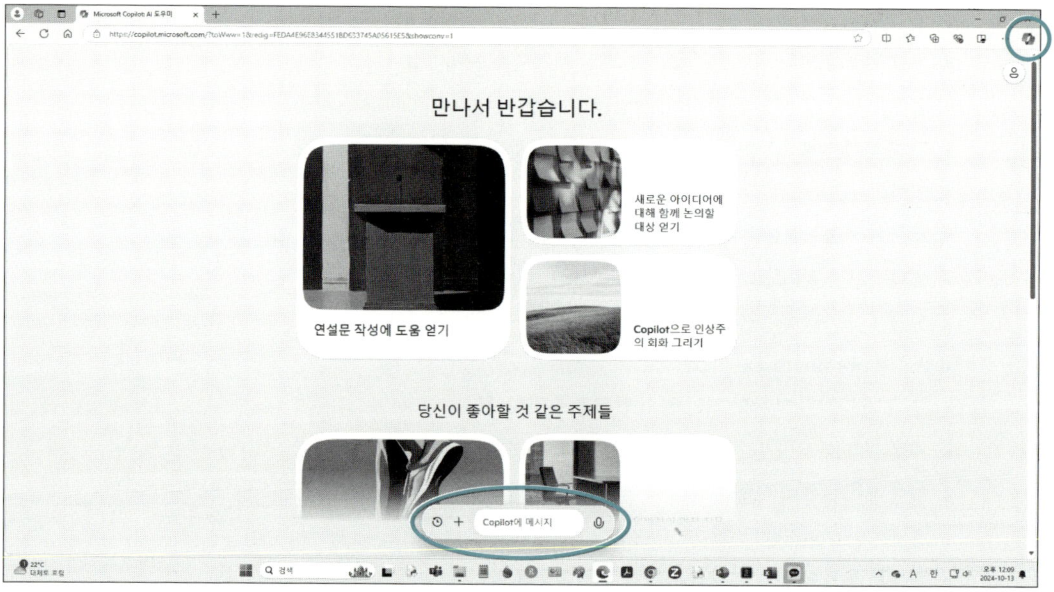

위 화면 화면의 하단에 직접 입력해도 되지만 우상단 로고 를 클릭하고 지시문을 입력하면서 진행해도 된다.

그러나 여기서는 MS Edge 의 초기 화면에서 우상단의 로고 를 선택하면 입력 화면이 우측에 마련된다. 지시문을 입력하고 〈엔터〉 혹은 〈화살 표시〉를 클릭한다.

Copilot
아시아나항공 "기내에선 승객이 직접 선반에 짐 올려주세요"

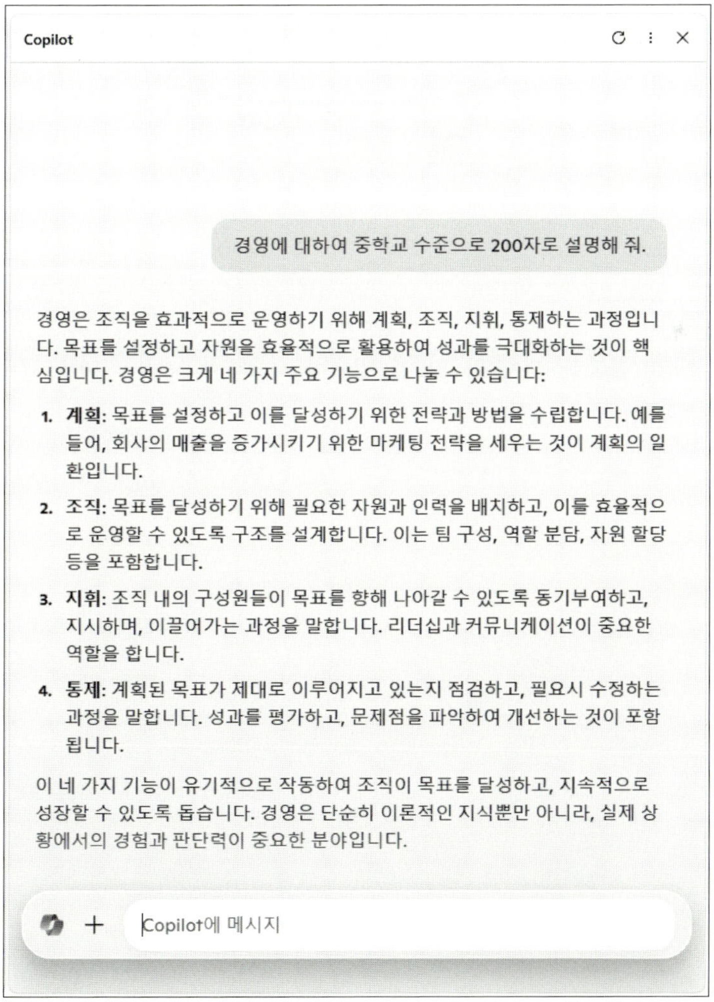
Copilot
경영에 대하여 중학교 수준으로 200자로 설명해 줘.
경영은 조직을 효과적으로 운영하기 위해 계획, 조직, 지휘, 통제하는 과정입니다. 목표를 설정하고 자원을 효율적으로 활용하여 성과를 극대화하는 것이 핵심입니다. 경영은 크게 네 가지 주요 기능으로 나눌 수 있습니다:
1. **계획**: 목표를 설정하고 이를 달성하기 위한 전략과 방법을 수립합니다. 예를 들어, 회사의 매출을 증가시키기 위한 마케팅 전략을 세우는 것이 계획의 일환입니다.
2. **조직**: 목표를 달성하기 위해 필요한 자원과 인력을 배치하고, 이를 효율적으로 운영할 수 있도록 구조를 설계합니다. 이는 팀 구성, 역할 분담, 자원 할당 등을 포함합니다.
3. **지휘**: 조직 내의 구성원들이 목표를 향해 나아갈 수 있도록 동기부여하고, 지시하며, 이끌어가는 과정을 말합니다. 리더십과 커뮤니케이션이 중요한 역할을 합니다.
4. **통제**: 계획된 목표가 제대로 이루어지고 있는지 점검하고, 필요시 수정하는 과정을 말합니다. 성과를 평가하고, 문제점을 파악하여 개선하는 것이 포함됩니다.
이 네 가지 기능이 유기적으로 작동하여 조직이 목표를 달성하고, 지속적으로 성장할 수 있도록 돕습니다. 경영은 단순히 이론적인 지식뿐만 아니라, 실제 상황에서의 경험과 판단력이 중요한 분야입니다.
Copilot에 메시지

여기서는 나오지 않았지만, Copilot은 참고문헌도 소개하고 다음 질문에 대한 예시도 보여 준다. 그리고 Edge 초기 화면의 기사 하나를 선택한 후에 "이 기사를 간단하게 요약해 줘."라고 하면 요약도 해 준다.

4. Perplexity.ai

크롬에서 이 GenAI 이름을 입력하면 곧장 다음의 초기화면이 나온다. 지시문을 입력하고 〈엔터〉하면 결과를 보여 준다.

이 GenAI는 다음 질문을 제시하고 url을 입력하고 요약해 달라고 하면 그대로 실행하기도 한다. 물론 다른 GenAI도 가능하다.

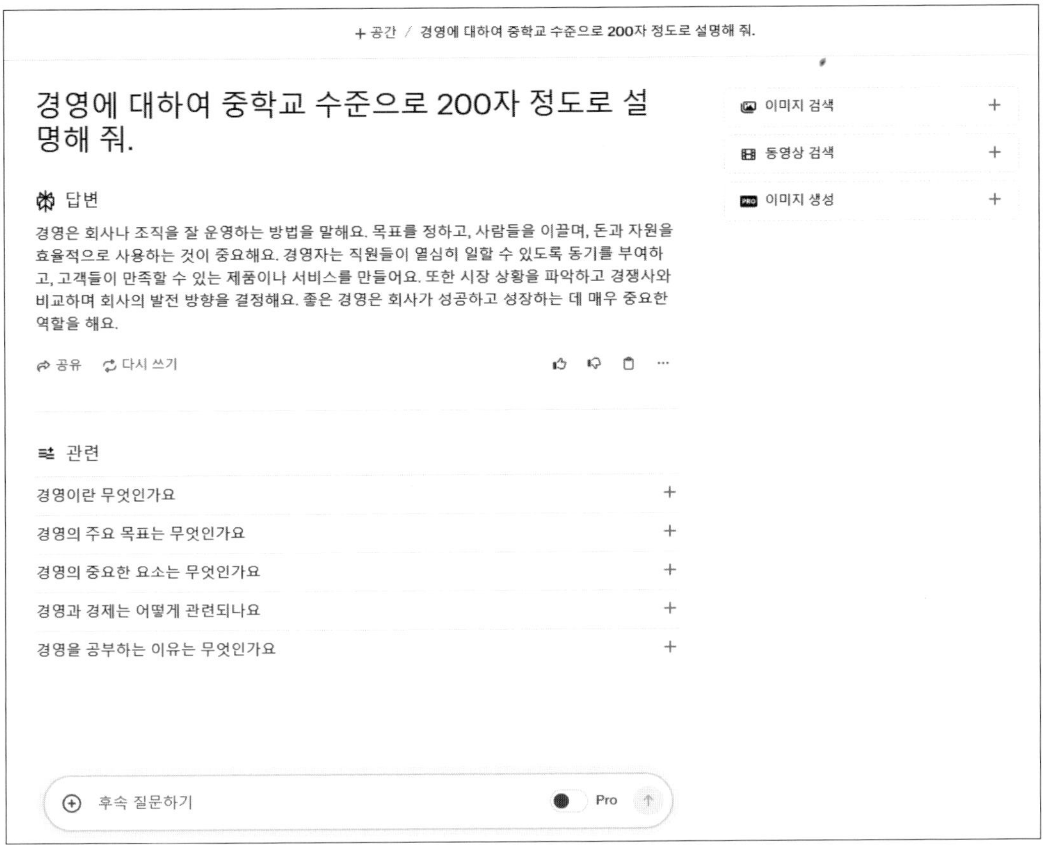

지금까지 4종류의 GenAI를 소개하였다. 동일한 질문에 대해 거의 유사한 답변을 한 것으로 보아 '경영'에 대해 올바른 답을 제시한 것으로 보인다. 인공지능은 가끔 엉뚱한 답을 보여 주기도 하므로 조심해서 사용해야 한다. 이렇게 여러 GenAI를 활용하면 일관된 지식을 얻을 수 있다. 그러나 무료 GenAI는 지식의 한계를 보여 준다. 비록 '프로(유료)' 전향을 집요하게 권하지만 전문 지식이 필요할 때까지 여러 무료 버전을 돌려가면서 활용하면 상당한 도움을 받을 수 있을 것이다.

GenAI의 핵심은 지시를 잘 해야 한다는 점이다. 지시문(prompt)은 한 번에 하나씩 하는 것이 좋다. "질문하는 것 만큼 배운다."라는 말이 있다. 이 금언은 인공지능에 정확하게 들어맞는 말이다. 질문 수준을 높여야 좋은 해답을 얻는다. GenAI는 도서관의 책을 모두 읽고 암기하여 거대 언어 모델을 가지고 있다. 엄청난 지식으로 수학, 통계학, 과학, 사회, 외국어, 음악, 미술 등에 활용이 가능하다. 이를 훌륭한 가정교사 또는 비서로 삼을 수 있다.

부록 3: 경영의 영어 프롬프트 예시

Top 8 ChatGPT Prompts

That Will Make You More Productive Than a Team of 20 Employees

Anish Singh Walia

Let's get started and copy and paste these prompts and use them.

INDEX

1. The McKinsey 7S Framework
2. Learn Complicated Topics Faster
3. Business Analysis
4. The Cynefin Framework
5. Write a copy for your Business
6. Strengthen your Persona Development Skills
7. Create a successful product launch strategy
8. Get Advice from your Business Idols

Prompt 1: The McKinsey 7S Framework

Prompt: "Analyze [MY PRODUCT/BUSINESS] using the 7S framework.
How aligned are our strategy, structure, systems, shared values, skills, style, and staff?"

Prompt 2: Learn Complicated Topics Faster

Prompt: "Explain [COMPLEX TOPIC] like I'm a 5 year old"

Prompt 3: Business Analysis

Prompt: "Analyze the current state of the [INDUSTRY] and describe its trends, challenges, and opportunities.
Support your analysis with relevant data and statistics.
Additionally, provide a comprehensive list of key players in the industry."

Prompt 4: The Cynefin Framework

Prompt: "Evaluate the problems [MY PRODUCT/BUSINESS] faced using the Cynefin Framework.
Are they simple, complicated, complex, chaotic, or in disorder?"

Prompt 5: Write Copy for Your Business

Prompt: " Write a 50-word copy for a product called [PRODUCT NAME] that helps struggling [TARGET AUDIENCE] get more followers and earn money in 30 days with a guarantee, then ask them to sign up at [COMPANY]."

Prompt 6: Strengthen your Personal Development Skills

Prompt: "[DESCRIBE YOUR PERSONAL DEVELOPMENT GOALS AND CHALLENGES].
Using the GROW(Goal, Reality, Options, Will) coaching model helped me create a personal development plan to achieve my goals."

Prompt 7: Create a successful product launch strategy

Prompt: "[INSERT A BRIEF DESCRIPTION OF YOUR PRODUCT AND TARGET AUDIENCE] Guide me through developing a product launch strategy using the Product Launch Formula to generate interest and sales."

Prompt 8: Get Advice from your Business Idols

Prompt: "Here is the situation I'm currently facing: [INSERT SITUATION]
Based on these circumstances, what would [STEVE JOBS]? recommend me to do?"

CONCLUSION

I hope you enjoyed reading this blog about some handpicked and tested top 8 ChatGPT Prompts that will make you more productive than a team of 20 employees.

Try out these prompts, save this post in your reading list, and keep experimenting with the ChatGPT prompts mentioned here.

출처: https://medium.com/aimonks/top-8-chatgpt-prompts-that-will-make-you-more-productive-than-a-team-of-20-employees-dff8091ef586

부록 4: 토의 주제 답변 예시

제1장 가치 경영

① 가치 경영 — 〈Claude〉

BS 가치 경영에 대해 설명해 줘.

가치 경영(Value Management)은 기업이 단순히 경제적 성과뿐만 아니라 사회적, 윤리적, 환경적 가치를 동시에 추구하는 경영 접근법입니다. 이 개념은 기업의 존재 목적과 역할을 더 넓은 관점에서 바라보는 현대적인 경영 패러다임을 대표합니다.

가치 경영의 주요 특징은 다음과 같습니다:

1. 다차원적 가치 창출
- 단순한 재무적 성과를 넘어 사회적 책임, 환경 보호, 직원 행복, 고객 만족 등 다양한 차원의 가치를 추구합니다.
- 기업의 성공을 이해관계자 전체의 가치 증대로 측정합니다.

2. 이해관계자 중심 접근
- 주주뿐만 아니라 직원, 고객, 협력업체, 지역사회, 환경 등 모든 이해관계자의 가치를 고려합니다.
- 장기적이고 지속 가능한 성장을 목표로 합니다.

3. 윤리적 경영
- 기업의 사회적 책임(CSR)과 지속가능경영(ESG)을 중요시합니다.
- 윤리적 의사결정과 투명한 경영을 강조합니다.

4. 혁신과 가치 창출
- 기술 혁신, 사회 혁신을 통해 새로운 가치를 창출합니다.
- 사회 문제 해결에 기여하는 비즈니스 모델을 개발합니다.

5. 지속가능성 추구
- 환경 보호와 사회적 책임을 경영 전략에 통합합니다.
- 기업의 장기적 생존과 성장을 위해 지속 가능한 발전을 추구합니다.

실제 적용 사례로는 다음과 같은 것들이 있습니다:

- 친환경 제품 개발
- 공정한 노동 환경 조성
- 지역사회 공헌 활동
- 다양성과 포용성 증진
- 사회적 가치를 고려한 투자 결정

가치 경영은 단기적 이익을 넘어 기업의 장기적 지속 가능성과 사회적 책임을 중요시하는 현대 기업 경영의 핵심 트렌드라고 할 수 있습니다.

Copy Retry

Claude can make mistakes. Please double-check responses.

②~⑤ 생략

제2장 윤리 경영과 ESG

① 기업의 사회적 책임 — 〈ChatGPT〉

기업의 사회적 책임에 대하여 중학교 지식 수준으로 200자 요약해줘

기업의 사회적 책임(CSR)이란, 기업이 이익을 추구하는 것뿐 아니라 사회와 환경에 긍정적인 영향을 미치기 위해 노력하는 것을 말합니다. 예를 들어, 환경 보호를 위해 친환경 제품을 만들거나, 공정한 근로 조건을 제공하며, 지역사회를 돕는 활동을 포함합니다. 이는 단순히 법을 지키는 것을 넘어선 행동으로, 기업이 더 신뢰받고 지속 가능하게 성장할 수 있게 합니다. 사회적 책임을 다하는 기업은 소비자와 투자자에게 좋은 이미지를 주며, 장기적으로도 성공할 가능성이 높아집니다.

이것에 대한 기업 사례를 3가지 설명해 줘

1. 스타벅스: 환경 보호와 공정 무역

스타벅스는 지속 가능한 커피 원두 공급을 위해 공정 무역을 지지하며, 농부들에게 적절한 대가를 지불합니다. 또한, 재사용 가능한 컵 사용을 장려하고 플라스틱 빨대 사용을 줄이는 등 환경 보호 활동에도 앞장서고 있습니다.

2. 삼성전자: 교육 기회 제공

삼성전자는 "삼성 드림클래스" 같은 사회공헌 프로그램을 통해 저소득층 학생들에게 교육 기회를 제공합니다. 이를 통해 지역사회 발전에 기여하며, 미래 인재를 양성하는 데 도움을 주고 있습니다.

3. 파타고니아: 환경 중심 경영

아웃도어 브랜드 파타고니아는 제품의 수명을 늘리고 재활용을 촉진하는 등 환경 보호를 우선시합니다. 또한, 수익의 일부를 환경 단체에 기부하며, 지속 가능한 생산 방식을 적극 실천합니다.

이런 기업들은 사회적 책임을 다하며 소비자들에게 신뢰받는 브랜드로 자리 잡았습니다.

② 미국 기업 중에서 ESG를 실행하여 성공한 예를 제시하라. — 〈Perplexity〉

크롬에서 "perplexity"를 넣고 엔터하면 초기 화면이 나온다. 그러면 다음 영어 지시문을 입력하고 실행한다.

당신은 저희의 무료 플랜에 있습니다. 업그레이드
지식이 시작되는 곳
Find a recent article of the American company performing successfully the ESG practice in the Wall Street Journal.
모드
첨부
Pro
유럽 여행을 위한 충전기 및 어댑터
2024년 정신 건강 앱
현재 계절의 야채
혼란스러운 AI는 무엇인가요?

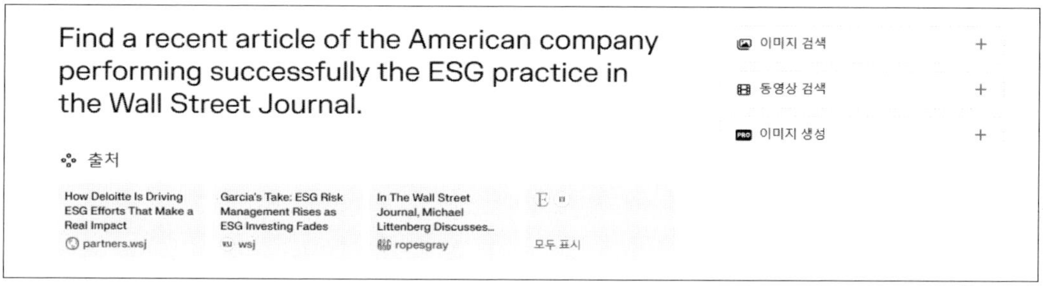
Find a recent article of the American company performing successfully the ESG practice in the Wall Street Journal.
출처
How Deloitte Is Driving ESG Efforts That Make a Real Impact
partners.wsj
Garcia's Take: ESG Risk Management Rises as ESG Investing Fades
wsj
In The Wall Street Journal, Michael Littenberg Discusses...
ropesgray
모두 표시
이미지 검색
동영상 검색
이미지 생성

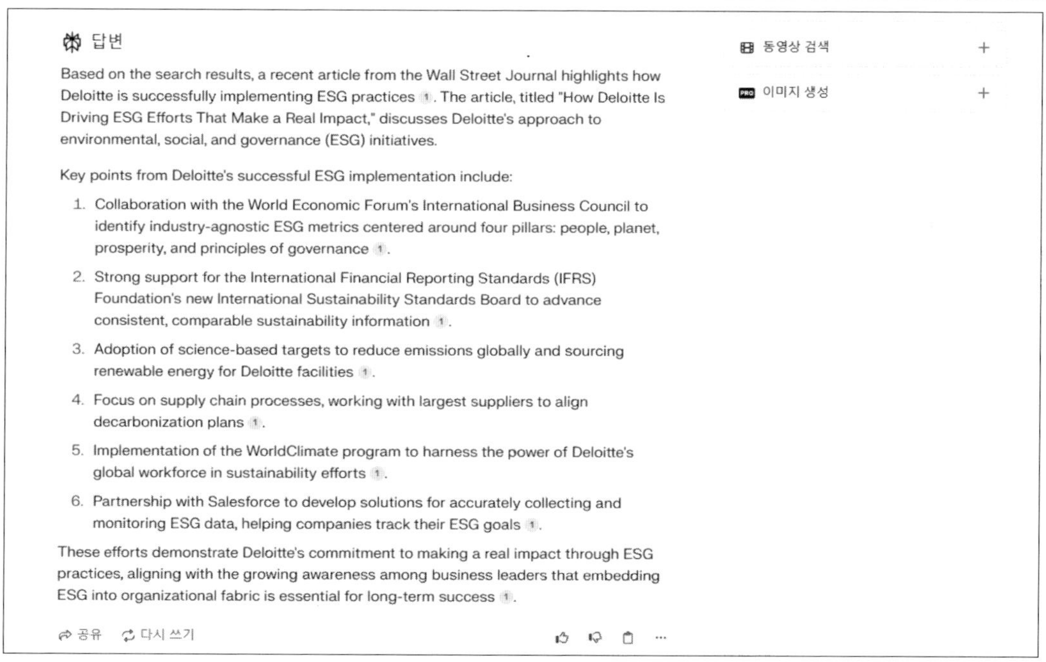
답변
Based on the search results, a recent article from the Wall Street Journal highlights how Deloitte is successfully implementing ESG practices 1. The article, titled "How Deloitte Is Driving ESG Efforts That Make a Real Impact," discusses Deloitte's approach to environmental, social, and governance (ESG) initiatives.
Key points from Deloitte's successful ESG implementation include:
1. Collaboration with the World Economic Forum's International Business Council to identify industry-agnostic ESG metrics centered around four pillars: people, planet, prosperity, and principles of governance 1.
2. Strong support for the International Financial Reporting Standards (IFRS) Foundation's new International Sustainability Standards Board to advance consistent, comparable sustainability information 1.
3. Adoption of science-based targets to reduce emissions globally and sourcing renewable energy for Deloitte facilities 1.
4. Focus on supply chain processes, working with largest suppliers to align decarbonization plans 1.
5. Implementation of the WorldClimate program to harness the power of Deloitte's global workforce in sustainability efforts 1.
6. Partnership with Salesforce to develop solutions for accurately collecting and monitoring ESG data, helping companies track their ESG goals 1.
These efforts demonstrate Deloitte's commitment to making a real impact through ESG practices, aligning with the growing awareness among business leaders that embedding ESG into organizational fabric is essential for long-term success 1.
공유
다시 쓰기
동영상 검색
이미지 생성

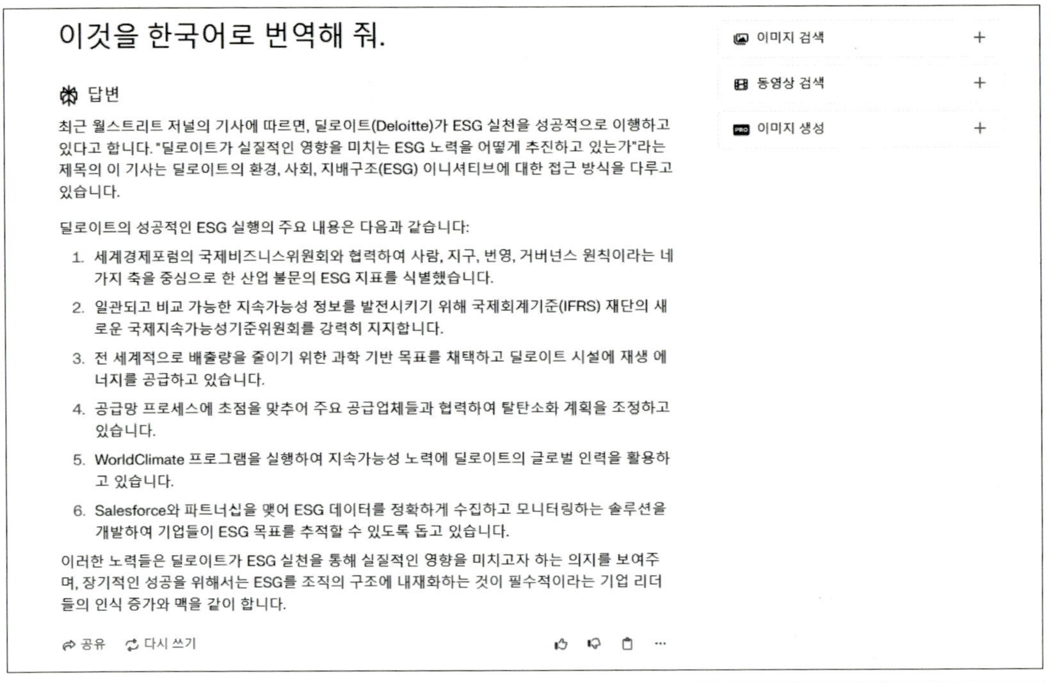

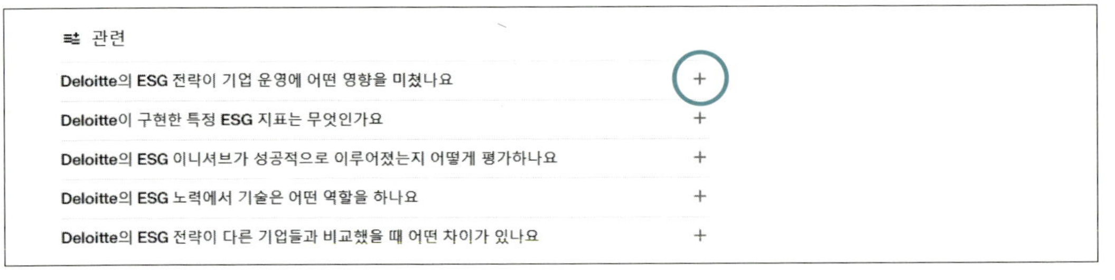

계속해서 위의 첫 번째 질문을 클릭해 보았다.

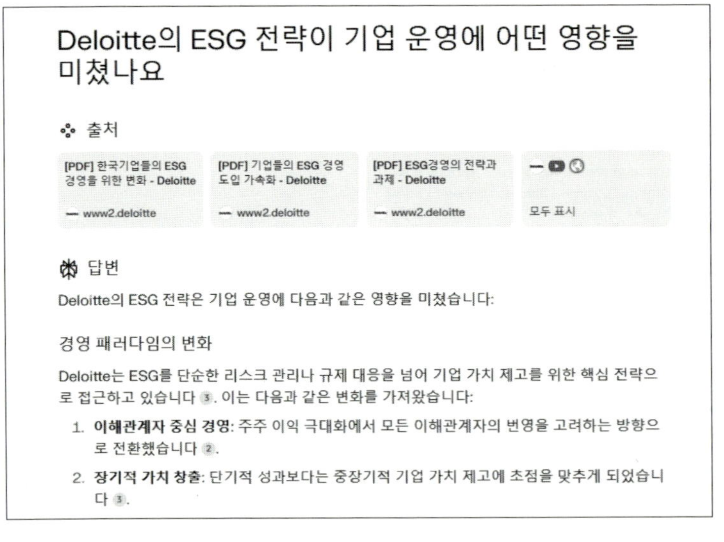

비즈니스 전략 통합

ESG를 기업의 핵심 비즈니스 전략에 통합하여 다음과 같은 영향을 미쳤습니다:

1. **가치사슬 확장**: ESG 관리 영역을 전체 가치사슬로 확대하여 글로벌 경쟁력을 강화했습니다 1.
2. **혁신 촉진**: 친환경 제품 개발 및 신시장 진출을 위한 R&D 투자가 증가했습니다 1.
3. **리스크 관리 강화**: 환경, 사회, 거버넌스 관련 리스크를 비즈니스 기회로 전환하는 노력이 이루어졌습니다 1.

기업 문화 및 운영 변화

ESG 전략은 기업의 일상적인 운영과 문화에도 영향을 미쳤습니다:

1. **임직원 관리**: 직원의 안전, 건강, 다양성을 중시하는 인사 정책이 강화되었습니다 1.
2. **공급망 관리**: 환경 및 인권 이슈에 대한 평가와 모니터링이 강화되었습니다 1.
3. **투명성 제고**: ESG 성과에 대한 투명한 공시와 커뮤니케이션이 증가했습니다 2.

이러한 변화들은 Deloitte가 ESG를 통해 지속가능한 성장과 사회적 책임을 동시에 추구하는 통합적 경영 방식을 채택하고 있음을 보여줍니다.

공유 다시 쓰기

관련

Deloitte의 ESG 전략이 고객 만족도에 어떤 영향을 미쳤나요 +

ESG 전략이 Deloitte의 브랜드 가치에 미친 영향은 무엇인가요 +

Deloitte의 ESG 전략이 재정 성과에 어떤 영향을 미쳤나요 +

Deloitte의 ESG 전략이 인재 확보에 어떤 도움을 주었나요 +

③ ~ ⑤ 생략

제3장 경영 전략

① ~ ④ 생략

⑤ 현대자동차에 대하여 SWOT 분석을 실시하고 전략 및 액션 플랜을 수립하라. —〈ChatGPT〉

[1단계] SWOT 도표 만들기

현대자동차에 대하여 SWOT 분석을 실시해 줘.

현대자동차(Hyundai Motor Company)에 대한 SWOT 분석은 기업의 **강점(Strengths)**, **약점(Weaknesses)**, **기회(Opportunities)**, **위협(Threats)**을 체계적으로 평가하는 방법입니다. 아래는 현대자동차의 SWOT 분석입니다:

1. 강점 (Strengths)

1. **글로벌 브랜드 파워**
   - 현대차는 전 세계적으로 인지도가 높은 글로벌 자동차 브랜드로, 2023년 기준 **글로벌 자동차 브랜드 가치** 상위권에 이름을 올림.
2. **다양한 제품군**
   - 세단, SUV, 전기차, 수소차까지 폭넓은 라인업을 보유해 다양한 소비자층을 겨냥.
3. **전기차(EV)와 친환경 기술 리더십**
   - 현대 아이오닉(IONIQ) 시리즈 및 수소차 넥쏘(NEXO)로 친환경 차량 시장에서 선도적 역할.
4. **수직 통합 생산체계**
   - 현대모비스, 현대제철 등 계열사를 통한 안정적인 부품 공급망과 제조 효율성.
5. **R&D 투자**
   - 자율주행, 커넥티드카, 배터리 기술 등 미래 모빌리티 분야에 대한 적극적인 연구개발 투자.

2. 약점 (Weaknesses)

1. **브랜드 고급화 이미지 약점**
   - 제네시스 브랜드를 통해 고급화 전략을 시도 중이지만, 독일 프리미엄 브랜드(벤츠, BMW, 아우디)와 비교 시 여전히 부족한 점.
2. **품질 문제와 리콜**
   - 일부 모델에서 엔진 결함 및 소프트웨어 문제로 인해 리콜이 발생하며 신뢰도 저하.
3. **가격 경쟁력 하락**
   - 전기차와 같은 고사양 차량의 가격이 높아지면서 경쟁사 대비 가격경쟁력 약화 우려.
4. **시장 의존성**
   - 북미 및 중국 시장에 높은 의존도를 보이며, 특정 지역의 경기 변동에 민감.

3. 기회 (Opportunities)

1. **전기차 시장 성장**
   - 전기차(EV) 시장의 급성장으로 인해 현대차의 아이오닉 시리즈와 같은 전기차 판매 확대 기회.
2. **정부의 친환경 정책 강화**
   - 글로벌 정부의 환경규제 강화와 보조금 정책으로 친환경차 시장의 수요 증가.
3. **자율주행 기술 발전**
   - 현대차가 투자 중인 자율주행 및 커넥티드카 기술이 상용화될 경우 새로운 수익 창출 가능.
4. **신흥 시장 확장**
   - 동남아시아, 인도 등 신흥국 자동차 시장의 성장세로 추가적인 매출 확보 가능.

4. 위협 (Threats)

1. **경쟁 심화**
   - 테슬라, BYD 등 전기차 전문 업체와의 치열한 경쟁 및 기존 글로벌 완성차 업체의 전기차 시장 진입.
2. **원자재 가격 상승**
   - 리튬, 니켈과 같은 배터리 원자재 가격 상승이 비용 부담으로 작용.
3. **글로벌 경기 침체**
   - 경제 불확실성으로 인해 자동차 구매력이 저하될 위험.
4. **규제와 정책 변화**
   - 각국의 자동차 수출입 정책 및 환경규제가 현대차의 운영에 영향을 미칠 가능성.
5. **기술 유출 및 보안 위협**
   - 첨단 기술 개발로 인한 지적 재산권 침해 및 사이버 보안 문제.

결론 및 전략적 시사점

현대자동차는 지속적인 R&D 투자와 친환경 기술을 통해 자동차 산업의 변화를 선도할 수 있는 강점이 있지만, 치열한 경쟁과 품질 신뢰성 문제는 극복해야 할 과제입니다.

- **단기 전략**: 가격 경쟁력 강화 및 품질 개선 노력.
- **중장기 전략**: 친환경 및 자율주행 기술에서의 경쟁우위 확보, 신흥 시장에서의 입지 강화.

더 자세히 알고 싶은 부분이 있으면 말씀해주세요!

[2단계] SO, WO, ST, WT 전략 도표 만들기

이것을 이용하여 SO, WO, ST, WT의 4가지 전략을 세워 줘.

현대자동차의 SWOT 분석을 바탕으로 **SO, WO, ST, WT** 전략을 수립해 보겠습니다. 각 전략은 강점과 약점, 기회와 위협 간의 관계를 고려해 구체적인 방향성을 제시합니다.

1. SO 전략 (Strengths-Opportunities)

강점을 활용하여 기회를 극대화하는 전략

1. **전기차 및 수소차 리더십 강화**
   - 현대차의 전기차와 수소차 기술을 활용해 신흥 시장(동남아시아, 인도)에서 친환경차 보급 확대.
   - 정부의 친환경 정책에 발맞춰 아이오닉 및 넥쏘 같은 모델의 보조금 혜택을 극대화한 마케팅 전개.
2. **자율주행차 및 커넥티드카 선도**
   - 자율주행 기술 R&D 결과를 조기 상용화하여 프리미엄 시장에서 차별화된 이미지 확보.
   - 글로벌 IT 기업과의 협업(구글, NVIDIA 등)을 통해 커넥티드카 기술 플랫폼 개발 가속화.
3. **브랜드 고급화로 글로벌 시장 공략**
   - 제네시스 브랜드를 통해 북미 및 유럽 시장에서 고급 세단/SUV 판매 확대.

2. WO 전략 (Weaknesses-Opportunities)

약점을 개선하며 기회를 활용하는 전략

1. **품질 개선과 소비자 신뢰 회복**
   - 리콜 문제를 최소화하기 위해 품질 관리 체계 강화 및 고객 중심의 사후 서비스 제공.
   - 전기차 및 자율주행차에 대해 더욱 신뢰할 수 있는 테스트 시스템 구축.
2. **친환경차의 가격 경쟁력 강화**
   - 배터리 생산 공장을 계열사화하거나 원자재 공급망 다변화를 통해 비용 절감.
   - 글로벌 정부 보조금을 활용해 신흥국에서 합리적인 가격의 전기차 출시.
3. **신흥시장 특화 모델 개발**
   - 동남아시아와 인도 시장의 소득 수준에 맞춘 중저가 모델의 전기차 및 내연기관차 개발.

3. ST 전략 (Strengths-Threats)

강점을 활용해 위협에 대응하는 전략

1. **효율적 공급망 구축으로 원자재 가격 상승 대응**
   - 현대제철 및 계열사를 통한 수직 통합의 장점을 활용해 원자재 가격 상승 영향을 최소화.
   - 배터리 재활용 및 대체 소재 연구에 투자하여 원가 구조 개선.
2. **경쟁 심화에 대응한 차별화 전략**
   - 아이오닉 5/6 및 넥쏘 같은 독창적인 디자인과 기술로 테슬라, BYD 등 경쟁사와의 차별화 강화.
   - 서비스 부문에서 차별화된 고객 경험 제공(충전소 네트워크, 구독형 차량 소유 서비스 등).
3. **글로벌 경기 침체 대비 경제형 모델 확대**
   - 전기차 모델의 보급형 버전 출시로 경기 침체기에 저렴한 옵션을 제공.

4. WT 전략 (Weaknesses-Threats)

약점을 보완하며 위협을 최소화하는 전략

1. **품질 리스크와 사이버 보안 강화**
   - 리콜 이슈를 근본적으로 해결하기 위해 공정 자동화와 품질 모니터링 시스템 도입.
   - 차량 내 소프트웨어 및 커넥티드카의 보안 기술을 강화하여 해킹 및 데이터 유출 방지.
2. **시장 다변화를 통한 의존도 감소**
   - 북미 및 중국 시장에 대한 의존도를 줄이고 동남아시아, 아프리카 등 신흥 시장으로 진출 확대.
3. **비용 효율성 강화**
   - 고정 비용 구조를 개선하고 스마트 제조 시스템(스마트 팩토리) 도입으로 생산성을 향상.

결론

현대자동차는 강점을 적극 활용하여 기회를 극대화하고, 약점을 보완해 위협에 대비해야 합니다. 특히 **친환경 기술과 자율주행 기술**을 기반으로 글로벌 시장에서의 입지를 강화하며, **품질 및 신뢰도 개선**을 통해 지속 가능한 성장을 추구할 필요가 있습니다.

궁금한 점이나 보완할 점이 있다면 말씀해 주세요! 😊

[3단계] 액션 플랜 세우기 (전략 하나만 예시함)

SO 전략 1. 전기차 및 수소차 리더십 강화

"현대차의 전기차와 수소차 기술을 활용해 신흥 시장(동남아시아, 인도)에서 친환경차 보급 확대."
에 대하여 구체적인 액션 플랜을 세워 줘.

현대자동차가 전기차 및 수소차 리더십 강화를 위해 신흥 시장(동남아시아, 인도)에서 친환경차 보급을 확대하려면 다음과 같은 구체적인 **액션 플랜**을 실행할 수 있습니다.

1. 제품 현지화 전략

- **신흥 시장 특화 모델 출시:**
  - 동남아시아와 인도의 소득 수준과 인프라를 고려해 **경제형 전기차(EV)** 및 **소형 수소차** 개발.
  - 차량 크기, 배터리 용량, 가격대를 해당 시장 소비자에게 최적화.
  - 인도의 경우 정부 보조금을 활용할 수 있도록 4미터 미만 소형 전기차를 설계.
- **지역 특화 이름 및 브랜드 전략:**
  - 지역 소비자 선호에 맞춘 네이밍과 마케팅을 통해 브랜드 친밀도 강화.

2. 충전 및 연료 인프라 확충

- **현지 정부 및 기업과의 협력:**
  - 각국 정부와 협력하여 충전소 및 수소 충전소 설치 지원.
  - 인도에서는 **FAME II 보조금 정책**을 활용해 충전 인프라 구축에 기여.
  - 동남아시아의 주요 기업과 합작 투자로 충전소 네트워크 확장.
- **모바일 충전 솔루션 개발:**
  - 인프라가 부족한 지역을 위해 이동식 충전기 또는 배터리 교환 스테이션 도입.

3. 가격 경쟁력 확보

- **현지 생산 및 조립 공장 설립:**
  - 인도 및 동남아시아 주요 국가에 조립 공장을 설립하여 생산 비용 절감 및 현지화 촉진.
  - 동남아시아의 경우 **태국이나 인도네시아**를 생산 허브로 활용.
- **부품 현지화:**
  - 현지 부품업체와의 협업을 통해 생산 비용 절감.
  - 배터리 제조는 정부와 협력하여 현지에서 생산 가능성을 모색.
- **적극적 보조금 활용:**
  - 각국의 친환경차 구매 보조금을 소비자 혜택으로 전환하여 초기 구매 부담 완화.

4. 마케팅 및 소비자 접근성 강화

- **체험 기반 캠페인:**
  - 동남아시아와 인도 주요 도시에서 **EV 및 수소차 체험 행사**를 개최해 친환경차의 이점을 소비자에게 직접 알림.
- **지역 딜러망 강화:**
  - 현지 파트너와 협력해 딜러망 확대 및 서비스 네트워크 구축.
  - 차량 구매부터 유지보수까지 원스톱 솔루션 제공.
- **구독형 서비스 도입:**
  - 신흥 시장의 구매 부담을 줄이기 위해 전기차 구독 또는 리스 프로그램 출시.

5. 지속 가능성 및 ESG 전략 연계

- **ESG 경영과 결합:**
  - 전기차 및 수소차 확대를 통해 해당 지역의 탄소 배출량 감축 목표를 지원하며, 브랜드의 친환경 이미지를 강화.
  - 현지의 재생 가능 에너지 프로젝트와 협력하여 차량 운영의 탄소 배출 감소.

6. 정부 및 규제 대응 전략

- **정부 지원 프로그램 적극 활용:**
  - 인도의 전기차 보조금(FAME II) 및 동남아 국가의 친환경차 장려 정책을 활용해 판매 및 생산 유리한 환경 조성.
- **세제 혜택 협상:**
  - 친환경차 보급 확대를 위한 관세 인하 또는 면제 협상 추진.

성과 목표 (KPI)

1. **시장 점유율 확대:**
   - 5년 내 신흥 시장에서 친환경차 시장 점유율 15% 확보.
2. **연간 판매 목표:**
   - 인도: 연 30만 대 이상 EV 판매.
   - 동남아시아: 연 20만 대 이상 EV 및 수소차 판매.
3. **충전소 설치 목표:**
   - 주요 도시마다 충전소 1,000개 이상 구축.

이러한 액션 플랜을 통해 현대자동차는 신흥 시장에서 친환경차 리더십을 공고히 할 수 있을 것입니다. 추가적인 상세 계획이나 특정 지역에 대한 맞춤형 전략이 필요하면 알려주세요!

제4장 조직 구조와 조직 문화

① ~ ② 생략

③ 한국의 조직과 K-문화 특성 — 〈Copilot〉

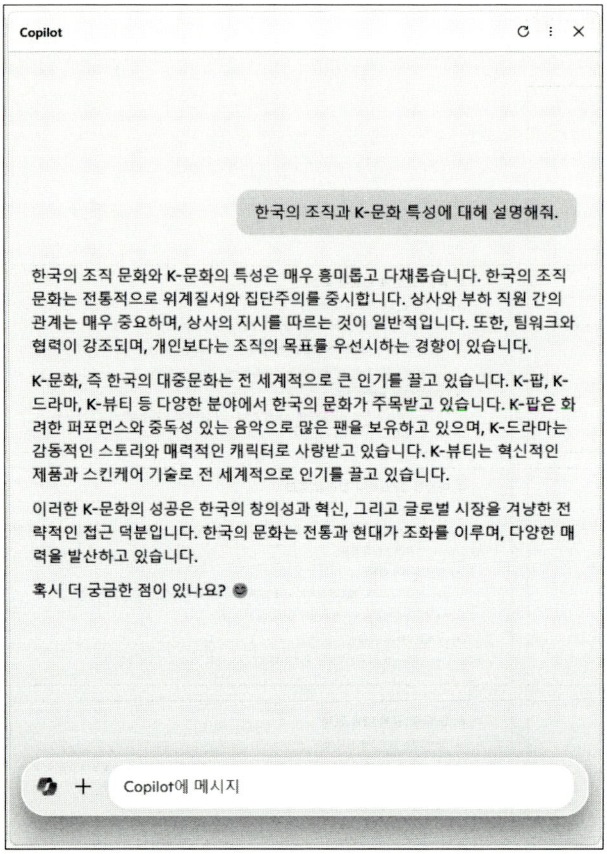

④ 스타벅스 조직 문화의 7S — 〈ChatGPT〉

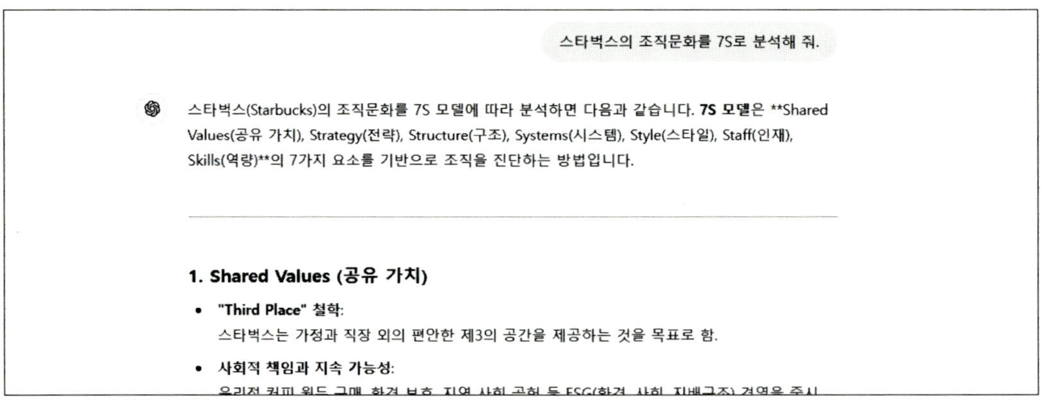

〈ChatGPT의 답변을 복사하여 붙임〉

1. **Shared Values (공유 가치)**

- "Third Place" 철학: 스타벅스는 가정과 직장 외의 편안한 제3의 공간을 제공하는 것을 목표

로 함.

- 사회적 책임과 지속 가능성: 윤리적 커피 원두 구매, 환경 보호, 지역 사회 공헌 등 ESG(환경, 사회, 지배구조) 경영을 중시.
- 직원(파트너) 중심 문화: 직원들을 "파트너"로 부르며, 상호 존중과 협력을 강조.

2. **Strategy (전략)**

- 프리미엄 브랜드 이미지: 고품질 커피와 차별화된 매장 경험으로 프리미엄 브랜드로 자리 잡음.
- 글로벌 확장: 다양한 문화에 맞춘 현지화 전략을 통해 80여 개국 이상에 진출.
- 디지털 혁신: 모바일 주문 앱, 스타벅스 리워드 프로그램, AI 기반 맞춤형 추천 등 디지털 기술을 활용해 고객 충성도를 강화.
- 지속 가능성: 탄소 중립 및 폐기물 감축 목표를 기반으로 한 장기적인 성장 전략.

3. **Structure (구조)**

- 지속적인 혁신을 위한 유연한 조직 구조: 본사에서 주요 전략을 수립하되, 지역 및 매장 단위에서의 자율성을 부여하여 현지화된 의사 결정을 지원.
- 파트너십 기반: 본사와 매장 간 긴밀한 협력을 통해 직원들이 고객에게 최고의 서비스를 제공할 수 있도록 설계.

4. **Systems (시스템)**

- 표준화된 운영 시스템: 음료 제조 프로세스, 매장 관리, 직원 교육 등이 전 세계적으로 표준화되어 높은 일관성을 유지.
- 디지털 플랫폼: 모바일 주문 및 결제 시스템, 로열티 프로그램 등을 통해 고객 경험을 간소화.
- 지속 가능성 관리 시스템: 윤리적 원두 구매 인증 및 재활용 시스템을 구축하여 지속 가능성을 모니터링.

5. **Style (스타일)**

- 고객 중심의 리더십: CEO 및 관리자가 고객 경험과 직원의 행복을 강조하는 방향으로 리더십 스타일을 유지.
- 현장 중심 관리: 매장 관리자와 바리스타가 조직의 최전선에서 브랜드 가치를 실현하며, 상향식 피드백을 적극 수용.
- 공동체 문화: 직원 간 협업과 고객과의 관계 형성을 중시하며, 개방적이고 수평적인 분위기를 조성.

6. **Staff (인재)**

- 포괄적 채용 및 다양성: 다양한 배경을 가진 인재를 고용하며, 포괄적이고 평등한 직장을 만들기 위해 노력.
- 전문성 강화 교육: 신규 채용자는 기본 커피 제조부터 고객 응대까지 철저한 교육을 받으며, 정기적인 재교육 시스템을 통해 역량을 강화.
- 직원 복지: 건강보험, 학비 지원, 주식 옵션 등 업계 최고 수준의 복지를 제공하여 직원의 만족도를 높임.

7. **Skills (역량)**

- 고객 경험 설계 역량: 음료 제조 기술뿐만 아니라 매장 경험을 설계하는 능력이 뛰어남.
- 현지화 역량: 각국의 문화와 취향에 맞는 메뉴 개발 및 매장 설계 능력.
- 디지털 및 데이터 분석 역량: 고객 데이터를 분석하여 개인화된 추천 및 프로모션을 제공.
- 지속 가능성 역량: 친환경 패키징, 윤리적 원두 구매 등 지속 가능한 운영을 구현하는 능력.

결론

스타벅스의 7S 분석은 조직이 프리미엄 브랜드 이미지, 고객 중심의 경험, 그리고 지속 가능성을 기반으로 설계되었음을 보여줍니다. 특히 공유 가치와 전략이 전 세계적으로 표준화된 시스템 및 유연한 구조와 결합되어 강력한 조직 문화를 형성합니다.

⑤ 생략

제5장 리더십

① 리더십 —〈Claude〉

BS 조직에서 효과적인 리더십이 무엇인지 설명해 줘.

조직에서 효과적인 리더십은 다음과 같은 핵심 요소들을 포함합니다:

1. 명확한 비전과 목표 설정 효과적인 리더는 조직의 방향성을 명확하게 제시합니다. 단순히 목표를 제시하는 것을 넘어 구성원들이 그 비전을 이해하고 공감할 수 있도록 설득력 있게 커뮤니케이션합니다. 이는 모든 팀원들에게 공통된 목적의식을 부여하고 동기부여의 기반이 됩니다.
2. 구성원 개발과 권한 위임 훌륭한 리더는 팀원 개개인의 잠재력을 인식하고 성장을 지원합니다. 단순히 업무를 지시하는 것이 아니라 구성원들에게 의미 있는 책임과 권한을 위임하여 자율성과 성장 기회를 제공합니다. 이를 통해 구성원들의 역량을 높이고 조직의 전체 성과를 향상시킬 수 있습니다.
3. 감성적 지능과 소통 능력 조직의 리더는 높은 감성 지능을 바탕으로 구성원들과 효과적으로 소통해야 합니다. 구성원들의 감정을 이해하고, 적절한 피드백을 제공하며, 갈등을 건설적으로 해결할 수 있어야 합니다. 이는 팀의 신뢰와 협력을 강화하는 핵심 요소입니다.
4. 지속적인 학습과 적응력 빠르게 변화하는 비즈니스 환경에서 리더는 끊임없이 학습하고 변화에 적응할 수 있어야 합니다. 기존의 관행에 안주하지 않고 새로운 아이디어와 혁신을 수용하는 개방적인 태도가 중요합니다.
5. 윤리적 가치와 진정성 리더의 윤리적 행동과 진정성은 조직 문화의 근간입니다. 일관된 원칙과 가치를 바탕으로 공정하고 투명하게 의사결정을 내리며, 자신의 행동으로 모범을 보여야 합니다. 이는 구성원들의 존중과 신뢰를 얻는 기본입니다.
6. 결과 지향적 접근 효과적인 리더는 과정뿐만 아니라 최종 결과에 집중합니다. 명확한 성과 지표를 설정하고, 이를 달성하기 위한 전략적 접근을 취합니다. 동시에 결과를 달성하는 과정에서 팀원들의 성장과 웰빙도 고려합니다.

이러한 리더십 요소들은 상호 연결되어 있으며, 조직의 성과와 구성원들의 만족도를 높이는 데 중요한 역할을 합니다. 훌륭한 리더는 이러한 요소들을 균형 있게 실천함으로써 조직의 지속가능한 성공을 이끌어갑니다.

BS 이순신 장군의 리더십 특징 세 가지를 말해줘.

이순신 장군의 리더십 특징에 대해 말씀드리겠습니다:

1. 높은 도덕성과 충성심: 이순신 장군은 개인의 이익보다 국가와 백성을 먼저 생각하는 높은 도덕성을 지녔습니다. 조선 시대 임진왜란 당시 정치적 박해와 불리한 상황에서도 흔들리지 않고 국가를 위해 헌신했습니다.
2. 뛰어난 전략적 사고와 혁신: 당시 조선 수군의 열세에도 불구하고, 이순신 장군은 거북선과 같은 혁신적인 무기를 개발하고 학익진 같은 독창적인 해전 전략을 구사했습니다. 제한된 자원으로 일본 함대를 상대로 놀라운 승리를 거두었습니다.
3. 병사들에 대한 깊은 애정과 존중: 이순신 장군은 군인들을 단순한 병사가 아닌 함께 나라를 지키는 동료로 대했습니다. 병사들의 사기를 높이고 그들의 어려움을 이해하며, 개인의 능력을 존중하고 신뢰했습니다. 그의 '난중일기'에서 이러한 리더십의 따뜻함을 볼 수 있습니다.

이러한 특징들로 이순신 장군은 단순한 군사 지도자를 넘어 국가의 위기를 극복한 위대한 지도자로 기억됩니다.

② ~ ⑤ 생략

제6장 인적 자원 관리

① 생략

② 영업직 면접에서 어려운 질문 5가지 — 〈Claude〉

BS 영업직 면접에서 어려운 질문 5가지를 가르쳐 줘.

영업직 면접에서 자주 등장하는 어려운 질문 5가지와 그에 대한 대응 방법을 알려드리겠습니다:

1. "왜 영업직을 선택했나요?" 이 질문은 단순한 호기심이 아니라 지원자의 동기와 열정을 평가합니다.
   - 단순히 "돈을 벌기 위해"와 같은 피상적인 답변은 피해야 합니다.
   - 예시 답변: "저는 고객의 문제를 해결하고 가치 있는 솔루션을 제공하는 과정에서 큰 보람을 느낍니다. 영업은 단순히 상품을 파는 것이 아니라 고객과의 신뢰 관계를 구축하는 전문적인 커뮤니케이션 능력이 필요한 직업이라고 생각합니다."
2. "가장 어려웠던 영업 실패 경험과 그로부터 배운 점은?"
   - 실패를 부정적으로 인식하지 않고 성장의 기회로 보여주세요.
   - 구체적인 사례와 함께 배운 교훈을 명확히 설명하세요.
   - 예시: "대형 고객사와의 계약을 놓친 경험이 있습니다. 그 과정에서 고객의 니즈를 충분히 파악하지 못했다는 점을 깨달았고, 이후 더 깊은 고객 리서치와 맞춤형 접근 방식을 개발했습니다."
3. "영업 성과가 좋지 않을 때 어떻게 대처하나요?"
   - 긍정적이고 적극적인 해결 의지를 보여주세요.
   - 스트레스 관리와 자기 개선 노력을 강조하세요.
   - 예시: "부진한 성과에 좌절하기보다는 원인 분석에 집중합니다. 선배들과 상담하고, 영업 기법을 재점검하며, 필요하다면 추가 교육이나 멘토링을 요청합니다."
4. "우리 회사 제품/서비스에 대해 얼마나 알고 있나요?"
   - 사전 준비의 중요성을 보여주는 질문입니다.
   - 회사와 제품에 대한 철저한 사전 조사가 필수적입니다.
   - 단순 나열이 아니라 해당 제품/서비스의 차별화된 가치를 이해하고 있음을 보여주세요.
5. "5년 후 자신의 모습은 어떤 모습인가요?"
   - 장기적인 비전과 성장 가능성을 평가하는 질문입니다.
   - 현실적이면서도 야심찬 목표를 제시하세요.
   - 예시: "향후 5년간 뛰어난 영업 실적을 바탕으로 팀 리더로 성장하고 싶습니다. 개인의 성과를 넘어 팀 전체의 성과를 높이는 리더가 되는 것이 제 목표입니다."

이러한 질문들은 단순히 답변을 듣는 것이 아니라 지원자의 태도, 사고방식, 잠재력을 종합적으로 평가합니다. 진정성 있고 자신감 있는 태도로 대응하는 것이 가장 중요합니다.

Copy Retry

Claude can make mistakes. Please double-check responses.

③ ~ ⑤ 생략

제7장 제품

① 한국 제조업의 특징 – 〈Perplexity〉

한국의 제조업 특징 3가지 알려 줘.

출처

제조업 현황 - 대한민국 국가지도집
nationalatlas.ngii.go

01 - 제조업의 현황 진단과 주요 과제 - 기술과혁신 웹진
webzine.koita.or

[다큐S프라임] 대한민국을 선진국 반열에 올려놓은 제조업 ... - YouTube
youtube

모두 표시

답변

한국의 제조업은 다음과 같은 3가지 주요 특징을 가지고 있습니다:

1. **급속한 성장과 경제 발전의 원동력:** 한국의 제조업은 지난 반세기 동안 눈부신 발전을 거듭해 왔으며, 경제 성장의 중추적 역할을 담당하고 산업 구조 고도화에 기여했습니다 1. 1960년대 초반의 노동집약적 경공업에서 시작하여 현재는 세계가 인정하는 첨단 기술 국가로 발전했습니다 3 6.
2. **주력 산업과 대기업 의존도 높음:** 한국 제조업은 일부 주력 산업과 수출 대기업에 크게 의존하고 있습니다. 상위 10대 산업의 수출과 생산이 총 수출과 생산의 70%를 차지하며, 수출에서 대기업 비중이 80%로 높습니다 2.
3. **핵심 소재·부품 해외 의존도 높음:** 국내 주요 산업의 생산을 위한 중간투입에서 국산 비율이 제조업 전체는 54%에 불과합니다. 반도체, 디스플레이, 자동차, 기계, 가전 등 주요 산업에서도 수입 중간재 의존도가 높아 취약한 산업 생태계를 보여줍니다 2.

공유 다시 쓰기

관련

한국 제조업의 주요 과제는 무엇인가요 +

한국 제조업의 수출 둔화 원인은 무엇인가요 +

한국 제조업의 생산성 격차는 어떻게 해결할 수 있을까요 +

한국 제조업의 미래 고부가가치 산업은 무엇인가요 +

한국 제조업의 글로벌 경쟁력은 어떻게 향상될 수 있을까요 +

② ~ ⑤ 생략

제8장 서비스

① 서비스 — 〈ChatGPT〉

서비스의 개념과 특성을 알려 줘.

서비스의 개념

서비스는 고객의 욕구나 필요를 충족시키기 위해 제공되는 **비물질적인 활동, 혜택, 또는 만족**을 의미합니다. 이는 형태가 없으며, 고객 경험을 중심으로 가치가 창출됩니다. 예를 들어, 식당에서의 식사, 병원의 치료, 택배 서비스 등이 있습니다.

서비스의 특성

서비스는 상품(제품)과는 다른 고유한 특성을 지니고 있습니다. 이를 설명하는 주요 특성은 다음과 같습니다.

이하 생략

② 생략

③ 마케팅 믹스 — 〈ChatGPT〉

전통시장의 마케팅 믹스와 전략을 설명해 줘.

전통시장의 마케팅 믹스와 전략은 시장의 특성과 고객층을 고려하여 설계되어야 합니다. 다음은 전통시장에서 활용할 수 있는 마케팅 믹스(4P: 제품, 가격, 유통, 촉진)와 관련된 전략입니다.

1. 제품 (Product)

전통시장에서 제공되는 제품은 주로 신선 식품, 수공예품, 지역 특산물 등으로 구성됩니다.
전략:

- **품질 강화:** 신선한 농산물과 정성이 담긴 상품을 제공하여 고객 신뢰를 확보.
- **차별화된 상품:** 지역 특색을 강조한 제품 개발(예: 로컬 푸드, 전통 간식).
- **상품 다양화:** 계절별 상품, 명절 특화 상품 등 다양한 상품군을 구성.

2. 가격 (Price)

전통시장은 가격 경쟁력이 큰 장점입니다.
전략:

- **가성비 강조:** 대형마트 대비 높은 품질 대비 합리적인 가격 제공.
- **가격 투명성:** 정찰제 도입으로 신뢰를 구축.
- **할인 및 이벤트:** 정기 할인 행사나 묶음 판매로 고객 유도.

3. 유통 (Place)

전통시장은 주로 지역 주민을 대상으로 하며 접근성이 중요합니다.
전략:

- **위치 최적화:** 고객이 쉽게 접근할 수 있는 장소에 시장 배치.
- **온·오프라인 연계:** 온라인 플랫폼과의 협업(예: 배달앱, SNS 판매)을 통해 시장 외부 고객 유치.
- **편의시설 확충:** 주차 공간, 택배 서비스 등 고객 편의 제공.

4. 촉진 (Promotion)

효과적인 홍보는 전통시장의 고객 유입을 크게 향상시킬 수 있습니다.
전략:

- **지역 축제와 행사:** 전통시장 축제, 시식회, 체험 프로그램 등으로 방문 유도.
- **디지털 마케팅:** 소셜 미디어, 유튜브 등에서 전통시장 콘텐츠 홍보.
- **고객 로열티 프로그램:** 멤버십 카드, 포인트 적립 제도로 단골 고객 확보.
- **입소문 마케팅:** 시장 상인과 고객 간의 친근한 관계를 강조.

추가적인 전략

1. **환경 개선:** 깨끗하고 쾌적한 환경 조성.
2. **상인 교육:** 친절 서비스와 기본 마케팅 교육 제공.
3. **지역 협업:** 지자체 및 소상공인 단체와 협력하여 자원을 공유.

전통시장의 성공적인 마케팅은 지역 특성과 전통적 감성을 살리면서도 현대적 마케팅 도구를 활용하는 데 달려 있습니다.

④ 마케팅의 STP 전략

식당의 마케팅 STP 전략

식당의 마케팅 **STP 전략**은 **Segmentation(시장 세분화), Targeting(목표 시장 선정), Positioning(포지셔닝)** 단계를 통해 구체적인 마케팅 방향을 설정하는 방법입니다. 이를 통해 고객 니즈를 정확히 파악하고, 차별화된 가치를 제공할 수 있습니다.

중략

2. **프로모션:**
   - 타겟 고객층이 자주 사용하는 채널 활용(인스타그램, 블로그).
   - 신규 고객 유치를 위해 첫 방문 할인 제공.
3. **경험 강화:**
   - 고객 맞춤형 서비스(생일 이벤트, 특별 요구 사항 반영).
   - 예: 건강식당은 칼로리와 영양 정보를 제공.

결론

식당의 STP 전략은 타겟 고객의 특성을 철저히 분석하고, 차별화된 가치를 제공하여 경쟁력을 확보하는 데 핵심적인 역할을 합니다. 이를 통해 고객에게 강력한 인상을 남기고 재방문율을 높일 수 있습니다.

⑤ 생략

제9장 제품과 서비스 개발

①~③ 생략

④ K-pop 개발 전략 — 〈Coplilot〉

Copilot

K-pop 개발 전략에 대해 알려 줘.

K-pop의 성공은 다양한 전략과 혁신적인 접근 덕분입니다. 여기 몇 가지 주요 전략을 소개할게요:

1. **글로벌 시장 타겟팅:** K-pop은 처음부터 글로벌 시장을 겨냥하여 전략을 세웠습니다. 다양한 언어로 노래를 발표하고, 해외 팬들과의 소통을 강화하기 위해 소셜 미디어를 적극 활용합니다 1.
2. **문화 기술 (Culture Technology):** SM 엔터테인먼트의 이수만 회장이 제안한 개념으로, 음악, 퍼포먼스, 패션, 영상 등 다양한 요소를 결합하여 하나의 완성된 문화 상품을 만드는 전략입니다 2.
3. **철저한 트레이닝 시스템:** K-pop 아이돌은 데뷔 전부터 철저한 트레이닝을 받습니다. 노래, 춤, 외국어, 예능 등 다양한 분야에서 훈련을 받으며, 이는 높은 수준의 퍼포먼스를 가능하게 합니다 3.
4. **스토리텔링과 컨셉:** 각 앨범과 뮤직비디오는 독특한 스토리와 컨셉을 가지고 있습니다. 이는 팬들에게 더 큰 몰입감을 주고, 지속적인 관심을 유도합니다 4.
5. **팬덤 문화:** K-pop은 강력한 팬덤 문화를 가지고 있습니다. 팬들은 단순히 음악을 소비하는 것을 넘어, 적극적으로 아티스트를 지원하고 홍보합니다. 이는 K-pop의 글로벌 확산에 큰 역할을 합니다 3.

이러한 전략들이 결합되어 K-pop은 전 세계적으로 큰 인기를 끌고 있습니다. 혹시 더 궁금한 점이 있나요? 😊

1 bing.com　2 asiabrief.snu.ac.kr　3 m.blog.naver.com　4 www.earticle.net

⑤ 생략

제10장 가치 창출 프로세스

① 기업의 핵심 프로세스 — 〈ChatGPT〉

기업의 핵심 프로세스 개념이 무엇인지 설명해 줘.

기업의 핵심 프로세스 개념

핵심 프로세스(Core Process)란 기업의 비즈니스 목표를 달성하고 고객에게 가치를 제공하는 데 필수적인 활동과 작업 흐름을 말합니다. 이는 기업이 경쟁 우위를 확보하고, 효율적으로 운영되며, 고객 만족을 높이는 데 중요한 역할을 합니다.

핵심 프로세스의 주요 특징

1. **고객 중심성:**
   - 고객에게 가치를 전달하거나 문제를 해결하는 데 직접 기여.
   - 예: 고객 요청을 처리하는 프로세스나 제품 및 서비스 개발.
2. **비즈니스 목표와의 연계:**
   - 기업의 비전, 미션, 목표를 지원하며, 전략적 우선순위와 연결.
   - 예: 비용 절감을 위한 공급망 관리 프로세스.
3. **고유성:**
   - 기업의 차별화된 경쟁력을 보여줌.
   - 예: 특정 기술을 활용한 독특한 생산 방식.
4. **지속적인 개선:**
   - 효율성과 품질을 높이기 위해 지속적으로 관리되고 개선됨.
   - 예: 품질관리 프로세스에서 Six Sigma 또는 Lean 기법 도입.

핵심 프로세스의 유형

1. **운영 프로세스 (Operational Process):**
   - 제품 생산 및 서비스 제공에 직접 관여하는 프로세스.
   - 예: 제조, 배송, 고객 서비스.
2. **지원 프로세스 (Support Process):**
   - 운영 프로세스를 지원하며 직접적으로 고객과 상호작용하지 않음.
   - 예: 인사관리, IT 관리, 회계.
3. **관리 프로세스 (Management Process):**
   - 전략 수립과 의사결정, 조직 전체를 조율하는 프로세스.
   - 예: 전략 기획, 성과 관리, 리스크 관리.

핵심 프로세스의 예시

1. **제품 개발 프로세스:**
   - 신제품 아이디어 생성부터 시장 출시까지의 단계.
   - 핵심 가치: 혁신과 시장의 니즈 충족.
2. **고객 관리 프로세스:**
   - 고객 요구 파악, 주문 처리, 사후 서비스 제공.
   - 핵심 가치: 고객 만족과 충성도.
3. **공급망 관리 프로세스:**
   - 원자재 조달, 재고 관리, 유통.
   - 핵심 가치: 비용 효율성과 품질 관리.
4. **마케팅 및 판매 프로세스:**
   - 시장 분석, 고객 유치, 브랜드 구축.
   - 핵심 가치: 매출 성장과 시장 점유율 증가.

핵심 프로세스의 중요성

1. **경쟁 우위 확보:**
   - 핵심 프로세스는 기업이 경쟁사와 차별화되는 요소를 제공합니다.
   - 예: 고객에게 빠르고 정확한 맞춤형 서비스를 제공하는 물류 시스템.
2. **효율성 증대:**
   - 명확하게 정의된 핵심 프로세스는 시간, 비용, 자원의 낭비를 줄여줍니다.
3. **고객 가치 창출:**
   - 고객이 필요로 하는 것을 신속하고 정확하게 전달.
4. **조직 내 조정:**
   - 부서 간 협력을 촉진하고 목표 달성을 위한 조화를 이룰 수 있음.

결론

핵심 프로세스는 기업의 성공을 좌우하는 중요한 구성 요소로, 이를 명확히 정의하고 관리하면 기업의 경쟁력을 크게 향상시킬 수 있습니다. 기업은 핵심 프로세스를 지속적으로 분석하고 개선함으로써 변화하는 시장 환경에 적응하고 고객의 기대에 부응할 수 있습니다.

② ~ ⑤ 생략

제11장 경영 정보와 e-비즈니스

① 빅데이터 — 〈ChatGPT〉

빅데이터에 대해 설명해 줘.

****빅데이터(Big Data)**란?**

빅데이터는 기존의 데이터베이스 관리 도구로 처리하기 어려울 정도로 **크기**, **속도**, **다양성**이 큰 데이터를 말합니다. 빅데이터는 단순히 데이터의 크기가 클 뿐 아니라, 이를 분석하고 활용하여 가치를 창출하는 것을 포함합니다.

빅데이터의 특징 (3V + 확장된 V 모델)

1. **Volume** (규모)
   - 데이터의 양이 방대합니다. 소셜 미디어, IoT 센서, 웹 로그, 영상 데이터 등이 주요 데이터 소스입니다.
   - 예: 하루 동안 생성되는 유튜브 영상 데이터는 수백 페타바이트에 달합니다.
2. **Velocity** (속도)
   - 데이터 생성과 처리 속도가 매우 빠릅니다.
   - 실시간으로 데이터를 수집하고 분석해야 하는 경우가 많습니다.
   - 예: 금융 거래 시스템에서 부정 거래 탐지.
3. **Variety** (다양성)
   - 데이터 형식이 구조적, 반구조적, 비구조적 데이터로 다양합니다.
   - 예: 텍스트, 이미지, 동영상, 센서 데이터, 소셜 미디어 게시물.

4. **Veracity (신뢰성)**
    - 데이터의 정확성과 품질을 보장해야 합니다.
    - 데이터 노이즈와 부정확한 정보를 걸러내는 것이 중요합니다.
5. **Value (가치)**
    - 데이터를 분석하여 유의미한 정보를 추출하고, 비즈니스나 연구에 활용할 때 진정한 가치가 실현됩니다.

빅데이터의 주요 소스

1. **소셜 미디어**
    - 트위터, 페이스북, 인스타그램 등에서 생성되는 사용자 게시물, 댓글, 좋아요, 공유 데이터.
2. **사물인터넷(IoT)**
    - 스마트 기기와 센서에서 수집되는 데이터(예: 온도, 위치, 속도).
3. **거래 데이터**
    - 온라인 쇼핑몰, 은행, 카드사 등의 트랜잭션 기록.
4. **디지털 콘텐츠**
    - 비디오 스트리밍 플랫폼, 뉴스 웹사이트, 블로그 등에서 생성되는 데이터.
5. **정부 및 공공 데이터**
    - 교통 정보, 기상 데이터, 인구 통계.

빅데이터 기술과 도구

1. **데이터 저장 및 처리**
    - **Hadoop**: 분산 저장과 처리 기술.
    - **Spark**: 대규모 데이터의 실시간 처리.
2. **데이터 분석**
    - **Python, R**: 통계 분석과 머신러닝을 위한 프로그래밍 언어.
    - **Tableau, Power BI**: 시각화 도구.
3. **데이터 관리**
    - **MongoDB, Cassandra**: 비정형 데이터를 처리하는 NoSQL 데이터베이스.
    - **Kafka**: 실시간 데이터 스트리밍 처리.

빅데이터의 활용 사례

1. **마케팅**
    - 고객 데이터를 분석하여 개인화된 광고 캠페인 설계.
    - 예: 넷플릭스는 사용자 시청 데이터를 분석하여 맞춤형 콘텐츠 추천.
2. **의료**
    - 환자 데이터를 기반으로 질병 진단과 치료법 개발.
    - 예: 유전자 데이터를 분석하여 맞춤형 의약품 개발.
3. **금융**
    - 거래 데이터를 통해 사기 탐지와 신용 평가.
4. **스마트 시티**
    - 교통 데이터와 공공 데이터를 분석하여 도시 계획 최적화.
5. **스포츠**
    - 경기 데이터를 분석해 선수 성과를 개선하고 전략을 수립.
    - 예: 야구팀이 빅데이터 분석을 통해 선수 영입 전략 결정(영화 *머니볼* 참고).

빅데이터의 가치와 한계

가치

- 데이터 분석을 통해 혁신적인 비즈니스 모델과 문제 해결 방안을 제시.
- 효율성과 비용 절감 가능.

한계

- 데이터 저장 및 처리 비용 증가.
- 개인정보 보호 및 윤리적 문제.
- 잘못된 데이터 해석으로 인한 의사결정 오류.

빅데이터는 단순한 기술적 도구가 아니라, **가치 창출을 위한 핵심 자원**입니다. 이를 제대로 활용하려면 데이터 과학, 머신러닝, 클라우드 기술 등과 결합하여 전략적으로 접근해야 합니다. 😊

② ~ ⑤ 생략

제12장 고객

① 고객 — 여기서는 동일한 지시문을 중학생과 일반인 수준으로 나누어서 입력했다. 그리고 네 종류의 GenAI 모두를 활용해 보았다. 결과 만족에 대해 서로 이야기해 보기 바란다.

① 고객 — 〈ChatGPT〉

고객에 대해 중학생 지식 수준으로 200자 설명해 줘.

고객은 상품이나 서비스를 구매하거나 이용하는 사람을 말해요. 예를 들어, 아이스크림 가게에서 아이스크림을 사는 사람은 그 가게의 고객이에요. 고객은 회사나 가게에 아주 중요해요. 왜냐하면 고객이 있어야 회사가 돈을 벌고 계속 운영될 수 있기 때문이에요. 그래서 많은 회사는 고객이 원하는 것을 잘 이해하고, 만족시켜 주려고 노력해요. 고객이 만족하면 다시 찾아오고, 주변 사람들에게도 추천할 가능성이 높아지거든요.

고객에 대해 설명해 줘.

고객은 상품이나 서비스를 구매하거나 이용하는 사람 또는 조직을 말합니다. 예를 들어, 마트에서 물건을 사는 사람이나 온라인 쇼핑몰에서 제품을 주문하는 사람이 해당되죠. 고객은 기업의 핵심 존재로, 그들의 요구와 기대를 충족시키는 것이 비즈니스 성공의 열쇠입니다.

고객은 크게 두 가지로 나뉩니다. **소비자 고객**은 개인적으로 상품을 소비하거나 사용하는 사람이고, **기업 고객**은 사업 목적으로 제품이나 서비스를 이용하는 조직입니다.

기업은 고객의 만족을 높이기 위해 품질, 가격, 서비스 등을 개선하며, 고객의 의견을 경청해 신뢰를 쌓으려 노력합니다. 만족한 고객은 반복 구매와 긍정적인 추천으로 이어져, 회사 성장에 중요한 역할을 합니다.

① 고객 — 〈Claude〉

BS 고객에 대해 중학생 지식 수준으로 200자 설명해 줘.

고객은 상품이나 서비스를 구매하는 사람을 말해요. 가게나 회사에서 물건을 사거나 서비스를 이용하는 모든 사람들이 고객입니다. 예를 들어, 문구점에서 연필을 사는 학생, 음식점에서 식사하는 손님, 온라인 쇼핑몰에서 옷을 구매하는 사람 모두 고객이에요. 고객은 기업에게 매우 중요한 존재이며, 기업들은 고객을 만족시키기 위해 노력합니다.

Copy Retry

Claude can make mistakes. Please double-check responses.

BS 고객에 대해 설명해 줘.

고객은 기업이나 조직에서 제품이나 서비스를 구매하거나 이용하는 개인 또는 단체를 말합니다. 고객은 비즈니스의 핵심 요소로, 다음과 같은 특징들이 있습니다:

1. 기업의 성공에 중요한 역할 고객은 기업의 수익과 성장을 결정하는 가장 중요한 요소입니다. 고객 만족도와 충성도는 기업의 지속 가능성과 직접적으로 연관됩니다.
2. 다양한 유형 고객은 개인 소비자(B2C)와 기업 고객(B2B)으로 나눌 수 있습니다. 각각 다른 구매 동기와 의사결정 과정을 가지고 있습니다.
3. 가치 창출 기업은 고객에게 가치 있는 제품과 서비스를 제공함으로써 고객과의 관계를 발전시킵니다. 고객 경험과 만족은 기업의 핵심 전략입니다.
4. 커뮤니케이션의 중요성 효과적인 고객 커뮤니케이션은 신뢰 구축, 문제 해결, 피드백 수집에 필수적입니다. 고객과의 소통은 지속적인 관계 관리에 중요합니다.
5. 개인화된 접근 현대 비즈니스에서는 고객 개개인의 니즈와 선호도를 고려한 맞춤형 서비스가 중요해지고 있습니다.
6. 고객 관리의 진화 CRM(고객관계관리) 시스템, 데이터 분석 등을 통해 기업은 고객에 대해 더 깊이 이해하고 더 나은 서비스를 제공하려 노력합니다.
7. 피드백과 개선 고객의 의견과 경험은 기업의 제품과 서비스 개선에 핵심적인 역할을 합니다.

고객은 단순한 구매자가 아니라 기업의 성장과 발전에 핵심적인 파트너라고 볼 수 있습니다. 성공적인 기업은 고객에 대한 깊은 이해와 존중을 바탕으로 지속적인 가치를 창출합니다.

Copy Retry

Claude can make mistakes. Please double-check responses.

① 고객 — 〈Copilot〉

Copilot

고객에 대해 중학생 지식 수준으로 200자 설명해 줘.

고객은 제품이나 서비스를 구매하거나 사용하는 사람을 말해요. 예를 들어, 학교 매점에서 간식을 사는 학생도 고객이에요. 고객은 회사나 가게의 중요한 존재로, 고객이 만족해야 회사도 성공할 수 있어요. 그래서 회사는 고객의 의견을 듣고, 더 나은 제품과 서비스를 제공하려고 노력해요. 고객이 만족하면 다시 찾아오고, 다른 사람에게도 추천해 줄 수 있어요. 이렇게 고객의 만족이 회사의 성공에 큰 영향을 미친답니다. 😊

혹시 더 궁금한 점이 있나요?

Copilot

고객에 대해 설명해 줘.

고객은 제품이나 서비스를 구매하거나 사용하는 사람을 의미합니다. 고객은 기업의 성공에 중요한 역할을 하며, 고객의 만족도는 기업의 성과에 직접적인 영향을 미칩니다. 고객은 다양한 요구와 기대를 가지고 있으며, 기업은 이러한 요구를 충족시키기 위해 노력합니다.

고객의 중요성

1. **수익 창출**: 고객은 제품이나 서비스를 구매하여 기업의 수익을 창출합니다.
2. **피드백 제공**: 고객의 피드백은 제품과 서비스의 개선에 중요한 정보를 제공합니다.
3. **브랜드 홍보**: 만족한 고객은 긍정적인 입소문을 통해 브랜드를 홍보합니다.
4. **충성도**: 충성도 높은 고객은 반복 구매를 통해 기업의 안정적인 수익을 보장합니다.

고객 관리의 중요성

1. **고객 만족도 향상**: 고객의 요구를 충족시키고 만족도를 높이는 것이 중요합니다.
2. **고객 유지**: 기존 고객을 유지하는 것이 새로운 고객을 유치하는 것보다 비용 효율적입니다.
3. **고객 관계 강화**: 고객과의 신뢰 관계를 구축하여 장기적인 관계를 유지합니다.

고객은 기업의 핵심 자산이며, 고객의 만족과 충성도를 높이는 것이 기업의 성공에 필수적입니다. 😊

① 고객 — 〈Perplexity〉

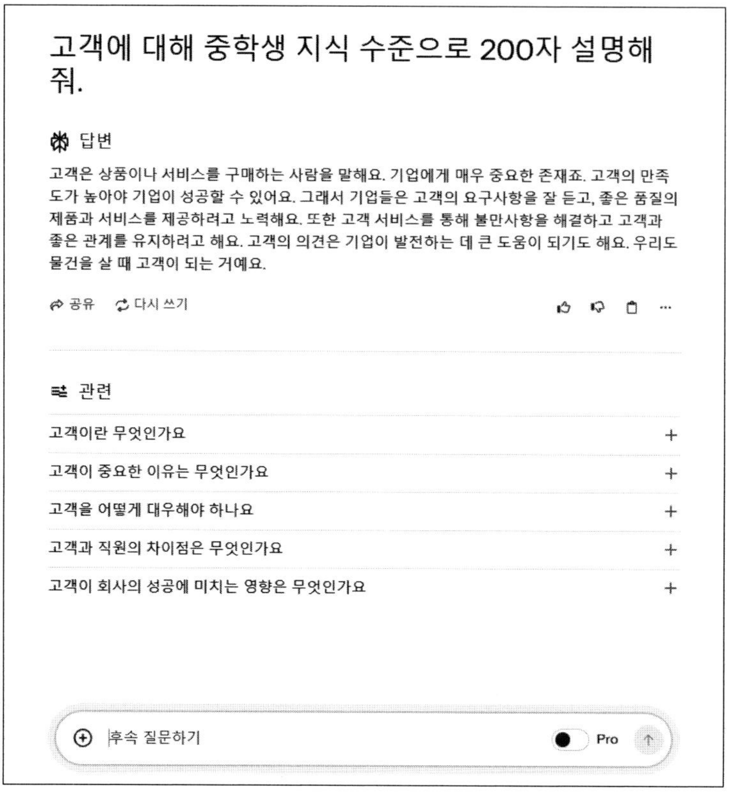

고객에 대해 중학생 지식 수준으로 200자 설명해 줘.

답변

고객은 상품이나 서비스를 구매하는 사람을 말해요. 기업에게 매우 중요한 존재죠. 고객의 만족도가 높아야 기업이 성공할 수 있어요. 그래서 기업들은 고객의 요구사항을 잘 듣고, 좋은 품질의 제품과 서비스를 제공하려고 노력해요. 또한 고객 서비스를 통해 불만사항을 해결하고 고객과 좋은 관계를 유지하려고 해요. 고객의 의견은 기업이 발전하는 데 큰 도움이 되기도 해요. 우리도 물건을 살 때 고객이 되는 거예요.

공유 다시 쓰기

관련

고객이란 무엇인가요 +

고객이 중요한 이유는 무엇인가요 +

고객을 어떻게 대우해야 하나요 +

고객과 직원의 차이점은 무엇인가요 +

고객이 회사의 성공에 미치는 영향은 무엇인가요 +

후속 질문하기 Pro

고객에 대해 설명해 줘.

출처

(3) 고객 - 브런치스토리 brunch.co

기업의 고객 지향성을 향상시키는 6가지 팁 - 젠데스크 zendesk

[PDF] 한비로가 생각하는 고객이란? hanbiro

모두 표시

답변

고객은 특정 조직의 상품이나 서비스를 구매하는 개인이나 집단을 의미합니다. 고객은 조직의 존재 이유이며, 그들의 요구를 충족시키기 위해 기업은 다양한 노력을 기울입니다 [1] [5]. 고객은 크게 **핵심 고객**과 **지원 고객**으로 나눌 수 있습니다. 핵심 고객은 조직의 사명 달성에 직접적으로 연결된 사람들로, 이들에게 맞춤형 상품과 서비스를 제공해야 합니다. 반면 지원 고객은 핵심 고객과 관계가 있는 사람들로, 이들도 만족시켜야 합니다 [1] [5].

고객의 역할은 단순한 구매를 넘어, 서비스 제공 과정에 참여하거나 피드백을 통해 기업의 발전에 기여하기도 합니다. 따라서 기업은 고객 경험을 중요시하며, 그들의 의견을 반영하여 지속 가능한 관계를 유지하려고 합니다 [2] [6]. 고객은 기업의 매출을 발생시키는 중요한 존재로, 그들의 충성도와 만족도가 기업 성공에 결정적인 영향을 미칩니다 [3] [4].

공유 다시 쓰기

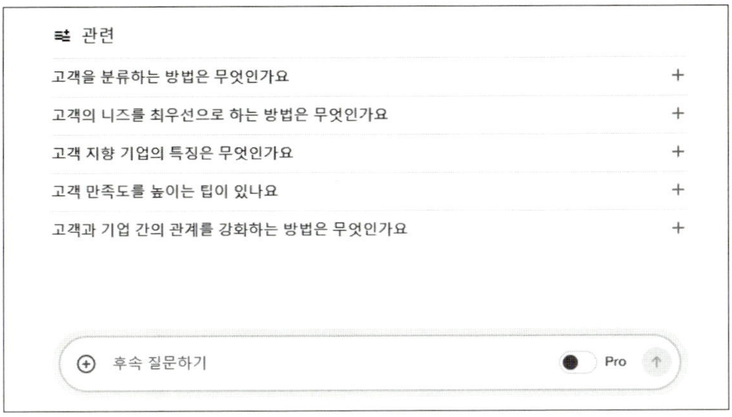

②~⑤ 생략

<참고 1> Top 200 AI tools! Index by Generative AI

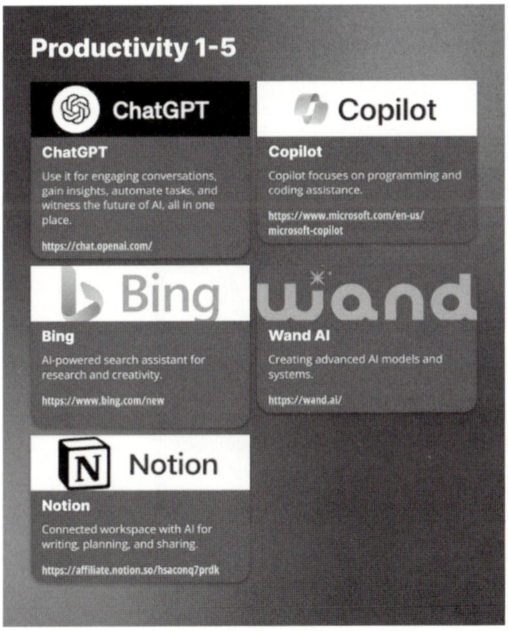

https://medium.com/@contact_27876/top-200-ai-tools-index-by-generative-ai-9c462d11e5fb

<참고 2> 프럼프트 엔지니어링 틀

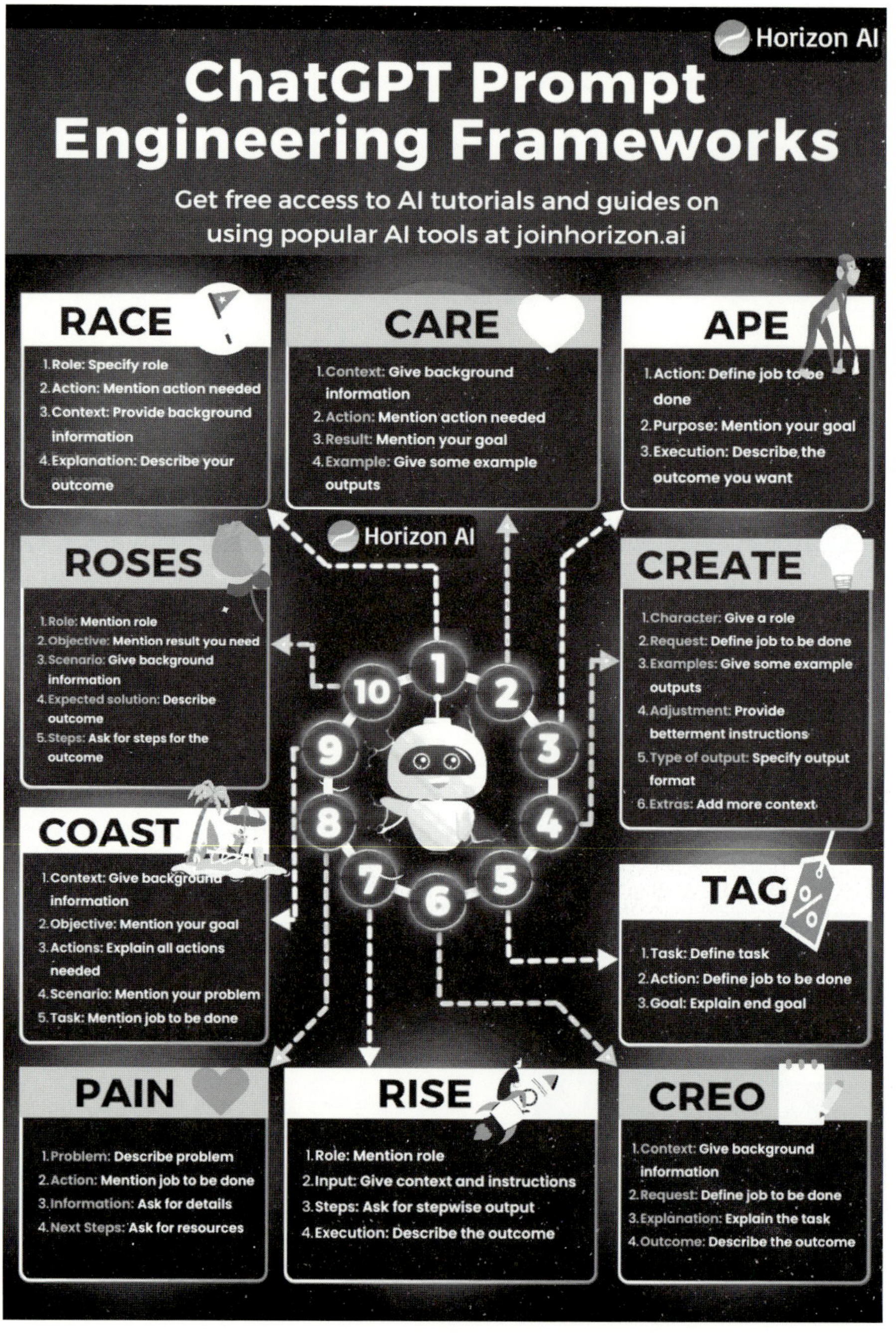

https://medium.com/@slakhyani20/10-chatgpt-prompt-engineering-frameworks-you-need-to-know-41d4b76ed384

참고 문헌

제1장 경영과 경영자

김광수 옮김, 로열티 경영의 원칙, F. Reichheld 원저, 모라비안바젤, 2002.

정준희 옮김, How to Become CEO, 제프리 폭스 원저, 황금가지, 2001.

프레더릭 F. 라이히헬드, 로열티 경영의 원칙, 2002.

Hellriegel, D., Jackson, S. and Slocum, J., Management, 9th ed., South-Western, 2002.

Heskett, J., Sasser, Jr. W. and Schlesinger, L., The Value Profit Chain, The Free Press, 2003.

Kaplan, R. S. and Norton, D. P., The Strategy-Focused Organization, Harvard Business School Press, 2001.

McKinsey, "How to become a CEO" 및 "Actions that define CEO leadership in 2023", TeamBuilding, "19 Top CEO Tips for Aspiring Executives" (McKinsey & Company) (McKinsey & Company) (teambuilding. com) (McKinsey & Company).

Walter Isaacson의 "Steve Jobs: The Exclusive Biography" (Simon & Schuster, 2021) (Simon & Schuster Books).

제2장 윤리 경영과 ESG

"우리 기업의 윤리경영 현주소와 미래," 전경련 월보, http://www.fki.or.kr, 2003년 5월."윤리가 경쟁력이다," 전경련 월보, http://www.fki.or.kr, 2002년 5월.

김경섭 번역, 성공하는 사람들의 8번째 습관, 스티븐 코비 원저, 김영사, 2005.

김경섭과 김원석 옮김, 성공하는 사람들의 7가지 습관, 스티븐 코비 원저, 김영사, 1994.

Ding, H., He, M., & Deng, C. (2014). Lifecycle approach to assessing environmental friendly product project with internalizing environmental externality. Journal of Cleaner Production, 66, 128-138.

Helbling, T. 2010. "What Are Externalities?" Finance & Development47(4).www.imf .org/external/pubs/ft/fandd/2010/12/basics .htm.

Hellriegel, D., Jackson, S., and Slocum, J., Management, 9th ed., South-Western, 2002.

Henisz, W., Koller, T., & Nuttall, R. (2019). Five ways that ESG creates value. McKinsey Quarterly, 4, 1-12.

Landrigan, P. J. 2018. "The Lancet Commission on Pollution and Health." Lancet Commissions 391 (3 February): 462-512.

National Ocean Service 2021. "How Much Oxygen Comes from the Ocean?" https://oceanservice .noaa .gov/facts/ocean-oxygen .html.

Wainwright, S. 2010. "Putting a Price on Global Environmental Damage." Trucost News (5 October).

제3장 경영 전략

"다각화 기업의 시너지 창출 경영," 주간경제, 512호, LG경제연구원, 1999, 3, 31.

"홍진크라운," 품질경영, 한국표준협회, 2004년 3월.

영림원 소프트 랩, CEO를 위한 신경영학 I, II, III, 무역경영사, 2001.

은종학 옮김, 초일류 서비스기업의 조건, 레오나드 L. 베리 원저, 김앤김북스, 2001.

장세진, 경영 전략, 박영사, 1996.

조동성과 정몽준 옮김, 경쟁전략, 마이클 포터 원저, 경문사, 1990.

할렘 글로브트로터스 공식 웹사이트, https://www.harlemglobetrotters.com/

Collins, J. C. and Porras, J. I., "Building Your Company's Vision," HBR, September-October, 1996, pp. 65~77.

Hellriegel, D., Jackson, S. and Slocum, J., Management, 9th ed., South-Western, 2002.

Kaplan, R. S. and Norton, D. P., The Strategy-Focused Organization, Harvard Business School Press, Boston, Massachusetts, 2001.

Kim, Chan W. and Mauborgne, Renee, "Blue Ocean Strategy," HBR, October, 2004.

제4장 조직 구조와 조직 문화

Adam Lashinsky, "Inside Apple: How America's Most Admired—and Secretive—Company Really Works", Business Plus, 2012.

Hellriegel, D., Jackson, S. and Slocum, J., Management, 9th ed., South-Western, 2002.

Peters, T., and Wterman, R., In Search of Excellence, New York: Harper & Row, 1982

Walter Isaacson, "Steve Jobs", Simon & Schuster, 2011.

제5장 리더십

서비스경영연구회 옮김, 서비스수익모델(The Service Profit Chain), 제임스 헤스켓 외, 삼성경제연구소, 2000

이호정, "이건희 시대의 삼성: 위기와 도전의 20년", 21세기북스, 2010.

장석훈 옮김, 감성의 리더십, 다니엘 골먼, 리처드 보이에치스, 애니 맥키 원저, 청림출판, 2003.

채천석 옮김, 리더십의 21가지 불변의 법칙, 존 맥스웰 원저, 청우, 2000.

최종범 옮김, 숨겨진 힘, 자넬 발로와 다이애너 몰 원저, 김영사, 2002.

Daft, R. L., Leadership, The Dryden Press, 1999.

제6장 인적 자원 관리

서비스경영연구회 옮김, 서비스수익모델, 제임스 헤스켓, 얼 쌔서, 레너드 슐레신저 원저, 삼성경제연구소, 2000.

Heskett, J., Sasser, Jr. W. and Schlesinger, L., The Value Profit Chain, The Free Press, 2003.

제7장 제품

강병서, 생산경영론, 무역경영사, 1996.

김명자, 김건 번역, 엔트로피, 제레미 리프킨 원저, 동아출판사, 1994.

손세일 번역, 제조업은 영원하다, 마키노 노보루 원저, 청계연구소, 1990.

영림원 소프트 랩, CEO를 위한 신경영학 I, II, III, 무역경영사, 2001.

Kim, J. "The Role of 3D Printing in Personalized Medicine." Journal of Medical Devices, 14(1), 2021, 45-58.

Smith, L., & Johnson, R. "Advancements in 3D Printing for Biomedical Applications." International Journal of Biomedical Engineering, 2023, 17(3), 100-112.

제8장 서비스

김기승, "서비스업 생산성 제고 시급하다," LG 주간경제, 2001.

서비스경영연구회 편역, 서비스경영, 제임스 피츠시몬즈와 모나 피츠시몬즈 원저, 한경사, 2001.

송경근, 허도행 번역, BIG히트상품 24편의 성공이야기, 로버트 토머스 원저, 한·언, 1995.

Hyundai Research Institute, "국내 서비스업 문제점," 2002.

Lovelock, H. C., "Classifying Services to Gain Strategic Marketing Insight," Journal of Marketing, Vol. 47, Summer 1983, pp.12-18.

제9장 제품 서비스 개발

서정환 옮김, 드림 소사이어티, 한국능률협회, 롤프 옌센 원저, 2000.

송경근, 허도행 번역, BIG히트상품 24편의 성공이야기, 로버트 토머스 원저, 한·언, 1995.

이민훈, "기술과 감성의 융합 시대," CEO Information(417호), 삼성경제연구소, 2003. 9. 17.

최중범 옮김, 숨겨진 힘 감성, 김영사, 자넬 발로와 다이애너 몰 원저, 2002.

Lee, H. "The Making of K-pop Idols: Inside JYP's Training System." Journal of Music Industry Studies, 2022, 5(2), 75-89.

Park, J., & Kim, S. "Global Strategies of K-pop Entertainment Companies." International Journal of Cultural Industries, 2023, 9(1), 30-44.

제10장 가치 창출 프로세스

영림원 소프트 랩, CEO를 위한 신경영학 I, II, III, 무역경영사, 2001.

Chopra, S. and Meindl, P., Supply Chain Management, Upper Saddle River.

제11장 경영 정보와 e-비즈니스

김형동 옮김, 지식창조의 경영, 노나카 이부지로 원저, 1999.

함유근 외, SNS에 대한 4가지 오해, SERI 경영노트, 제103호, 삼성경제 연구소, 2011년 5월 19일.

디지털 시대의 경영 전략, 삼성경제연구소, 디지털심포지엄, 2000년 10월

Gitman, L. and McDaniel, C., The Best of the Future of Business, Thomson: South-Western, 2003.

Nonaka, I., Takeuchi, H., The Knowledge-Creating Company, New York: Oxford University Press, 1995.

http://www.grapevine.com

http://www.kmworld.com

제12장 고객

강명주 편역, "래디컬 마케팅", Sam Hill, Glen Rifkin 원저, 한국경제신문사, 2001.

김경미, 우순교 옮김, 불평하는 고객이 초일류를 만든다 (Complain Is A Gift), Janelle Barlow, Claus Moller 원저, 세종서적, 2002.

김경자, 송인수, 채미경 옮김, 세계최고의 고객만족, 조나단 바스키 원저, 시그마프레스, 1998.

서비스경영연구회 편역, "서비스 경영," 한경사, 2006

신영석 옮김, 관계가치경영, 로버트 웨일랜드, 폴 콜 원저, 세종서적, 1998.

임종원, 김재일, 홍성태, 이유재, "소비자 행동론," 경문사, 1999.

정석배 옮김, 인터넷시대의 기업전략, 패트리샤 세이볼드 원저, 나노미디어, 2000.

최중범 옮김, 숨겨진 힘 감성, 자넬 발로와 다이애너 몰 원저, 김영사, 2003.

Heskett, J., Sasser, Jr. W. and Schlesinger, L., The Value Profit Chain, The Free Press, 2003.

Johnson, R. "AI and Wearables: Transforming Patient Care in Healthcare." HealthTech Innovations Journal, 2021, 12(3), 88-97.

Jones, Thomas O. and Sasser. Jr., W. Earl, "Why Satisfied Customers Defect," Harvard Business Review, November/December 1995, pp. 88-99.

Lee, S., & Kim, H. "The Role of IoT in Personalized Healthcare Services." Journal of Modern Healthcare Systems, 10(1), 2023, 45-58.

찾아보기

ㄱ

가격 237
가치 41
가치관 132
가치 사슬 280
가치 지향적 고객 322
간트차트 211
갈등 단계 130
강제 권력 149
개인 권리 55
개인 지향적 고객 322
거래처리시스템 296
경력 개발 186
경로-목표 모형 168
경영자 27, 29
경영자정보시스템 298
경영 전략 83
경영정보시스템 293
경영지원시스템 297
경제적 책임 59
계획 23
고객 46, 48, 318, 320
고객 가치 43
고객관계관리시스템 311
고객 만족 318, 324
고객 만족도 325
고객 만족 조사 324
고객 참여 방식 278
고위 관리자 29, 30
공급 사슬 관리 279
공리주의 55
공식성 122
공유 가치 138
공정성 이론 155
공평성 56
과대 포장 76
관계 279
관련 사업 다각화 87, 88
관료적 문화 134
관리 그리드 모형 160
관리 능력 38
관리 시스템 138
교차기능 팀 128
구성원 138
구조 138
국부론 115
권력 148
권한 148
규범 133
기계적 조직 122
기능별 부서화 116
기능 팀 127
기술 138
기업가 문화 135
기업 가치 44
기업 윤리 57
기업 전략 85
기업 지배 구조 73
기존 고객 320
기후 변화 65

ㄴ

내부 고객 318
납기 205
노동조합 190
노사 관계 189
노사 관리 190

ㄷ

다각화 전략 87
단골 고객 320
데이터 관리 293
데이터 웨어하우스 297
독재적 리더십 158
동기 부여 152
동기 요인 154
동시성 233
두 요인 이론 154

ㄹ

라인-스태프 조직 124
라인 조직 124
리더십 144, 145, 148
리더십 스타일 138
리드 타임 205, 272

ㅁ

마케팅 믹스 237
만족 325
매트릭스 조직 125
멘토링 186
명령의 연쇄 원칙 118
명령 일원화의 원칙 118
모집 182
목적 46, 47
목표 101

무형성 230
민주적 리더십 158

ㅂ

배려 리더십 160
법적 책임 59
벤치마킹 287
변혁적 리더 171
보상 관리 188
보상 권력 149
복잡성 121
본원적 전략 모형 106
부서화 116
분권화 119
분업화 115
불특정 다수 320
비관련 사업 다각화 87, 89
비전 98

ㅅ

사도 그룹 321
사명 95
사무자동화시스템 299
사업별 부서화 117
사업부 전략 85
사업 영역 84
사회 63
사회적 요인 71
사회 정의 56
상황 리더십 166
상황 리더십 이론 162
생산 계획 208
생산 관리 202
생산 능력 211
생산 라인 방식 276
생산 전략 204
생산 탄력성 206
서번트 리더십 144
서비스 청사진 275
서비스 패키지 234
선발 183
성격 156
성과 단계 131
세계화 인식 능력 39
소멸성 231
소비자 318
수직적 통합 87
시장 문화 134
시장 세분화 238
씨족 문화 134

ㅇ

암묵지 299
업적 평가 187
오하이오 주립대학교 모형 159
외부 고객 318
욕구 계층 153
용병 그룹 321
운영 관리 202
운영 프로세스 268
원가 204
원가 주도 전략 107
위생 요인 154
위임형 168
유기적 조직 123
유연성 19, 21
유연 운영 방식 278
유통 237
윤리 52
윤리 경영 57
윤리적 책임 59, 60
윤리 지향적 고객 322
의사 결정 35
의사결정지원시스템 298
의사소통 36, 237
의식적 자본주의 62
이해관계자 59
인적 자원 계획 179
인적 자원 관리 178
인질 그룹 321
일선 감독자 29, 30
일정 계획 211

ㅈ

자기 관리 능력 40
자산 관리 프로세스 268
자선적 책임 59, 61
자재 소요 계획 210
자주관리 팀 128
잠재 고객 320
재고생산 271
재량권 137, 187
전략 138
전략적 사고 38
전략적 사업 단위 90
전문가 권력 149
전문가시스템 298
전문화 115
전방 통합 87
전사적 자원 관리 시스템 294
정보보고시스템 298
제조 198
제품 237
제품 개발 246
제품/서비스 46, 47
제품 수명 주기 247
제품 혼합 206
조정의 원칙 120

조정 프로세스 268
조직 114
조직 구성원 46, 47
조직 내의 능력 92
조직도 116
조직 문화 114, 131
조직화 23, 24, 114
존경 권력 149
주도적-구조 리더십 160
주문생산 271
주생산 계획 210
중간 관리자 29, 30
지도형 168
지배 구조 63
지시형 167
지식 경영 301
지원 프로세스 268
지원형 168
지휘 23, 25
직무 기술서 181
직무 명세서 181
직무 분석 181
직무 현장 교육·훈련 186
직무 현장 외 교육·훈련 187
직원 가치 42
직원 만족 318
집중성 122
집중화 전략 107

ㅊ

차별화 전략 107
책임 119
천연자원 고갈 68
총괄 계획 209
최고 경영자 29, 31
충성 고객 320, 329

ㅋ

콩글러머릿트 89

ㅌ

테러리스트 그룹 321
통제 23, 26
통제 범위의 원칙 120
특성 156
특성 이론 156
팀 정신 127

ㅍ

편의 지향적 고객 322
평등성 56
포지셔닝 238
표적 집단 238
표준화 76, 121
품질 205
프로세스 46, 48, 266
프로세스별 전략 85, 86
플랫폼 94
피들러의 상황 모형 163

ㅎ

합법적 권력 149
핵심 가치 96
행동 이론 157
형성 단계 130
형식지 299
홍보 237
확립 단계 131
환경 63, 64
환경 분석 102
환경 오염 67
효과성 19, 20
효율성 19
후방 통합 87
훈련 186
희생적인 비용 237

기타

4P 237
5P 46
SWOT 분석 104
X이론-Y이론 158

A

accountability 119
APP(aggregate production planning) 209
asset creating process 268
authority 148

B

backward integration 87
behavior theory 157
bureaucratic culture 134
business strategy 85

C

career development 186
centralization 119
CEO(Chief Executive Officer) 31
chain of command 118
clan culture 134
coerce power 149
communication 237
conglomerate 89
conscious capitalism 62
contingency theory 162
controlling 23
core values 96

corporate strategy 85
cost to consumer needs 237
cross-functional team 128
customer relationship management(CRM) system 311

D

data warehouse 297
decentralization 119
departmentalization 116
diversification strategy 87
divisional departmentalization 117
division of labor 115
DSS(decision support system) 298

E

EDI(electronic data interchange) 281
effectiveness 20
efficiency 19
EIS(executive information system) 298
EMS(electronics manufacturing service) 273
empowerment 137, 187
enabling process 268
enterprise resource planning(ERP) system 294
entrepreneur culture 135
environment 63, 64
equality 56
ESG 63
expert power 149
expert system 298
explicit knowledge 299

F

fairness 56
flexibility 21
forward integration 87
functional departmentalization 116
functional team 127

G

generic strategies model 106
governance 63
governing process 268
greenwashing 76

H

HRM(human resource management) 178
human resource planning 179
hygiene factor 154

I

individual rights 55
information reporting system 298

J

job analysis 181
job description 181
job specification 181

L

labor relations 189
labor union 190
LAN(local area network) 294
leading 23
lead time 205, 272
legitimate power 149
line organization 124

M

make-to-order 271
make-to-stock 271
managerial grid model 160
manufacturing 198
market culture 134
matrix organization 125
mechanic organization 122
mission 95
motivation 152
motivator 154
MPS(master production schedule) 210
MRP(material requirements planning) 210
MSS(management support system) 297

N

norms 133

O

objective 101
office automation system 299
Off JT(off the job training) 187
OJT(on the job training) 186
operational process 268

operations management 202
organic organization 123
organization 114
organizational capability 92
organizational culture 131
organization chart 116
organization culture 114
organizing 23, 114

P

path-goal model 168
people 48
People 46
performance appraisal 187
personality 156
personnel 47
Personnel 46
place 237
planning 23
platform 94
PLC(product life cycle) 247
positioning 238
power 148
price 237
process 48, 266
Process 46
process strategy 85
product 237
production capacity 211
production management 202
production planning 208
product mix 206
product/serevice 47
promotion 237
purpose 47
Purpose 46

R

recruitment 182
referent power 149
related business diversification 87
relationship 279
reward power 149

S

SBU(strategic business unit) 90
scalar command principle 118
SCM(supply chain management) 279
segmentation 238
selection 183
self-managed team 128
servant leadership 144
shared value 138
situational leadership 166
skill 138
social 63
social factor 71
span of control principle 120
specialization 115
staff 138
standardization 121
strategy 138
structure 138
style 138
system 138

T

tacit knowledge 299
targeting 238
team spirit 127
TPS(transaction processing system) 296
training 186
traits 156
traits theory 156
transformational leader 171
two-factor theory 154

U

unity of command principle 118
unrelated business diversification 87
utilitarianism 55

V

values 132
VAN(value-added network) 281
vertical integration 87
vision 98

W

WAN(wide area network) 294
WCO(World Class Organization) 138
Wealth of Nation 115

저자 소개

김상만

김상만 교수는 미국 University of Nebraska-Lincoln에서 경영학 박사 학위를 취득하였고, 현재 경희대학교 경영대학 경영학과 및 대학원 의료경영학과의 교수로 재직 중이다.

그는 경희대학교에서 재정경영원장, 대외협력처장 등을 역임하였으며, 국내외 주요 학회의 임원진과 학술지의 편집위원으로 활동 중이다. 또한 KCI 등재 학술지인 의료경영학연구의 편집위원장을 맡고 있다.

주요 연구 분야는 공급사슬관리와 의료서비스경영으로 International Journal of Production Economics, Service Business, International journal of Project Management 등 국내외 주요 학술지에 50여 편의 논문을 발표하였다.

강병서

서울대학교 상과대학 경영학과를 졸업하고 미국 University of South Carolina에서 경영학 박사 학위를 취득하였다. 경희대학교 경영대학 교수로 재직하였으며 경영대학장, 대학원장 등을 역임하였다.

퇴직 후 명예교수로서 코딩 및 AI 교육과 저술에 관심을 가지고 있으며 도서관, 학교, 50+센터, 여성능력개발센터, CTS, 문화원 등에서 일반인들을 상대로 가르치고 있다.

주요 저서로는 코딩 어드벤처 스크래치 중급(2022), 플랫폼적 사고를 펼쳐라(2022), 코딩 어드벤처 with 성경 이야기(2021), R과 파이썬: 머신러닝어프로치(2020), 스크래치와 R 코딩 어드벤처(2019), 알기 쉬운 R 데이터 분석(2019), 현대통계학(2006, 2013, 2019) 외 다수가 있다.